인류 역사에 담긴

음식문화 이야기

CUISINE & CULTURE

A History of Food and People

Published by John Wiley & Sons, Inc., Hoboken, New Jersey.
Published simultaneously in Canada.

ISBN-13: 978-0-471-74172-5
ISBN-10: 0-471-74172-8

인류 역사에 담긴

음식문화 이야기

린다 시비텔로 지음 | 최정희, 이영미, 김소영 옮김

CUISINE & CULTURE

A History of Food and People

LANN

| 목 차 |

고대 그리스와 로마제국

밀과 포도 그리고 올리브

중세의 기독교와 이슬람, 비잔틴 세계

미친 빵, 커피 그리고 궁중예법

17세기의 프랑스, 러시아, 네덜란드, 미국

오트 퀴진과 추수감사절

18세기와 계몽운동

프랑스혁명과 미국

19세기 유럽, 아시아, 아프리카 그리고 미국

식민주의와 코카콜라

20세기 초

유럽과 미국

20세기 중반 ~ 21세기

현대음식

| 역자 서문 |

역사가 함께하는 만찬

이 책은 선사시대부터 현대에 이르기까지 일어났던 중요한 역사적 사건들이 어떤 형태로 또는 어떻게 인류의 다양한 식문화에 영향을 미쳤는지에 관하여 쓴 린다 시비텔로Linda Civitello의 Cuisine and Culture(음식과 문화) 제 2개정판을 편역한 것으로, 열두 개의 만찬 코스 중 중요한 내용들만을 모아 열 개의 코스로 재구성하였다.

이 책은 음식을 매개체로 하여 인류의 역사를 통찰하고 있다. 음식은 한 사회를 구성하는 사람들의 정서와 가치관 그리고 생활습관 등이 응축되어 있는 대표적인 문화코드이다. 그러므로 우리 자신은 물론 다른 사회의 구성원, 더 넓게는 인류를 이해하기 위해서는 당연히 음식에 대한 이해가 동반되어야 한다. 이는 음식의 역사가 곧 인류의 역사이기도 하기 때문이다. 이런 점에서 이 책은 '무엇을 먹느냐' 하는 가장 기본적인 차원에서 인류의 역사를 되돌아보는 기회를 제공한다.

이 책은 단순히 음식의 역사를 훑어보는 것에서 그치지 않는다는 점을 염두에 두고 볼 필요가 있다. 저자는 단순히 음식의 재료나 조리법 혹은 독특하고 기발한 음식들을 소개하려는 것이 아니라 음식을 중심에 두고 그것과 연관된 역사의 여러 측면들을 포괄적으로 담아내고 있다. 다시 말해 음식을 둘러싼 인류의 역사가 이 책에서 다루는 중요한 화두이다. 원서에 '음식과 인류의 역사 A history of food and people'라는 부제가 붙은 이유도 바로 이 때문일 것이며, 이 책의 우리말 제목을 '인류 역사에 담긴 음식문화 이야기(부제: 선사시대부터 21세기까지)'라고 정한 것도 같은 맥락에서이다.

이 책을 통해 우리는 인류가 걸어온 역사가 우리의 식탁을 어떻게 변화시켜 왔는지 이해할 수 있다. 역사와 문화 그리고 음식이 복잡하게 뒤섞인 재미있는 이야기들은 인류가 겪어온 중요한 역사적 사건들이 왜 그리고 어떻게 다양한 음식문화와 전통들을 만들어냈는지를 말해준다. 이를 통해 우리는 프랑스 음식이 어떻게 세계적인 명성을 얻게 되었는지, 오늘날 미국 음식의 뿌리는 어디인지, 음식이 어떤 형태로 전쟁에서 무기로 사용되었는지 등을 알 수 있다.

첫 장을 열고 마지막 장을 닫는 순간까지 흥미로운 이야기들로 가득 채워져 있는 이 책은 말 그대로 '역사가 함께하는 만찬'이다. 어떤 코스는 상큼한 샐러드처럼 가볍고, 어떤 코스는 두툼한 스테이크처럼 묵직하고, 어떤 코스는 초콜릿 케이크처럼 달콤하다. 하지만 음식을 둘러싼 인류의 역사에는 결코 맛 좋고 기분 좋은 경험만 있는 것은 아니다. 엄청 매운 음식에 눈물샘이 자극되고 낯선 음식에 고개가 돌려지는 것처럼, 때로는 그냥 건너뛰고 싶을 만큼 식욕을 자극하지 않는 코스도 있을 것이다. 하지만 한 코스 한 코스 만찬의 접시를 비우면서 포만감을 채워나가듯 이 책을 읽다 보면 조금씩 역사를 바라보는 시각이 충만해짐을 느끼게 될 것이다. 게다가 '축제의 유래', '음식 에피소드', '요리 수첩' 같은 사이드 메뉴들을 통해 기분 좋은 휴식도 맛보게 될 것이다.

음식은 우리 모습을 잘 드러내주는 거울이자 돋보기다. 또 낯선 문화와 사고방식을 이해하고 다른 사람들과 더불어 사는 법을 배울 수 있는 가장 훌륭한 교과서이자 지혜를 얻을 수 있는 수단이기도 하다. 이 책을 통해서 우리가 먹고 있는 것들에 대한 관심과 애정이 커지기를 기대하며, 아무쪼록 이 긴 만찬을 마음껏 즐기기 바란다.

역자 일동

음식으로 읽는 인류 역사와 문화

"사람은 무엇을 먹고 마시는지에 따라 생각하고 꿈꾸고 행동한다."

– F.T. 마리네티

음식이란 무엇인가?

음식이란 무엇일까? 음식은 생존에 꼭 필요한 것일 뿐 아니라 풍요나 다산, 결혼이나 사후 세계를 표상하는 의식에 사용되는 상징물이다. 또 개인이나 기관의 권력과 부 또는 사회적 지위를 나타내는 표징으로서 인간의 문명화 정도를 나타내는 척도 중 하나이다.

문명화라는 개념에는 여러 가지 각기 다른 정의가 포함되는데, 예를 들어 문명인은 음식을 먹을 때 포크와 나이프, 스푼과 젓가락 등의 도구를 이용하는 데 반해, 원시인은 도구를 사용하지 않는다거나 문명인이라면 동물의 시체를 먹어서는 안 된다는 채식주의자들의 주장 등이 있다. 그러나 역사적으로 유명한 채식주의자들 중에는 프랑스혁명 직후 공포정치를 이끈 로베스피에르나 제2차 세계대전을 일으킨 히틀러도 포함되어서, 무엇이 문명화인지에 대한 기존의 관념을 뛰어넘기란 결코 쉽지 않을 것이다. 생존이 걸린 위급한 상황에서는 극히 어렵고 거의 불가능한 것 같다. 제 2차 세계대전 당시 미군 병사들이 오랜 굶주림으로 아사상태에 처한 상황에서도 주위에 기어다니는 벌레를 잡아먹지 못했던 사례가 이를 잘 보여준다.

종교적 · 국가적 · 인종적 정체성도 음식과 매우 밀접하게 관련되어 있다. 각각의 집단은 자신들이 예외적이고 특별한 존재로 여기며 그 사실을 음식을 통해 드러내고자 한다. 프랑스인은 하얀 빵으로, 남부 이탈리아인은 토마토소스를 식사 때마다 곁들임으로써 자신들의 정체성을 표현한다. 한편 어떤 음식을 먹지 않는 것으로 정체성을 표현하기도 하는데, 한 집단은 어떤 음식을 먹지 않고 다른 집단은 먹기 때문에 두 집단 간의 차이가 나타나는 것이다. 즉, 유대인이나 무슬림은 돼지고기를 먹지 않고 힌두교인은 쇠고기를 금기시하는 것으로 '우리'와 '그들'을 구별한다.

음식은 또 정치적 무기가 될 수도 있다. 미국이 이라크 침공을 감행했을 때 프랑스가 참전을 거부하자 일부 미국인들은 프렌치프라이에 대한 불매운동을 벌였지만 다른 가게에서 프렌치프라이를 프리덤프라이로 이름을 바꾸어 팔자 거부감 없이 사 먹었던 일화를 통해 이를 확인할 수 있다. 같은 음식이지만 이름이 상징하는 것에 대한 불매운동이었던 것이다. 역사를 통해 볼 때, 특정 지방의 사람들이 음식을 이용하여 다른 나라 사람들을 비하해서 부르는 일이 빈번했음을 알 수 있다. 영국인들이 괴혈병에 라임이 특효임을 발견하고 이를 먹을 것을 권고하자 유럽인들은 그들을 '라이미Limeys'라고 불렀다. 프랑스인들은 개구리 다리를 먹기 때문에 '프로그Frogs'라고 불렸고, 독일인들은 양배추 절임을 좋아하여 '크라우츠Krauts'라는 이름을 가지게 되었다.

누가 생선을 잡고 농사를 짓고 제분을 하며 도축을 하는지, 어떤 도구와 그릇들이 요리 준비에 사용되는지, 하루 중 언제 음식을 먹을 것인지, 누가 어느 자리에 앉을 것인지, 특정 음식이나 소금이 중요한 사람들에게 얼마나 가까이 있는지, 성별이나 인종, 지위가 다른 사람의 경우는 어떤지, 어떤 순서로 음식이 제공되며 누가 제공하는지, 뜨거운 음식인지 차가운 음식인지, 물을 넣고 끓인 음식인지 직화로 구운 음식인지, 사람들이 어떻게 요리하고 어떻게 먹는지 등 모든 것이 의미를 함축하고 있다. 유럽과 미국의 중요한 행사에서 통째로 끓인 닭을 제공하는 것은 거의 모욕에 가깝지만, 타이완에서는 통닭이 종종 연회의 센터피스centrepiece(식탁 중앙에 놓는 장식물)로 등장한다.

사과가 그저 단순한 사과가 아닐 때

'사과' 하면 무엇이 떠오르는가? 하루 한 개만으로 의사를 멀리하게 만든다는, 비타민 많은 그 사과인가 아니면 성경 속 이브가 따 먹은 선악과의 사과인가? 또는 질투심 많은 왕비가 백설공주에게 건네준 독사과인가? 트로이 전쟁을 일으킨 불화의 사과나 알렉산더 대왕이 찾던 불사의 사과인가?

술 역시 문화마다 다른 용도로 사용되었는데, 유대인들과 기독교인들에게 와인은 중요한 종교적 의미를 지닌다. 고대 그리스에서는 식사 후 남자들만 참여한 심포지엄에서 와인을 마셨는데, 이 역시 종교적이거나 정치적으로 중요한 의식의 일부였다. 이와 달리 고대 로마에서는 남녀가 모두 식사에 와인을 곁들였고, 게다가 미국인들은 식사 때까지 술을 기다리지 못한 나머지, 칵테일을 발명하여 식전에도 즐겼다.

차를 마시는 방식도 나라마다 다르다. 영국식으로 차에 설탕과 크림을 타고 작은 샌드위치를 곁들여 오후 티타임에 마실 수도 있고, 일본처럼 특정한 의식을 치르며 녹차를 만들어 마실 수도 있다. 미국처럼 얼음을 띄운 홍차를 마시거나 인도처럼 버터를 넣은 '차이Chai'를 마실 수도 있다. 이외에도 중국에서처럼 음식을 훈연燻煙할 때 찻잎을 쓰거나, 터키에서처럼 남은 찻잎으로 미래를 점치는 등 차를 가지고 행하는 일들 모두가 당신이 속한 문화에 따라 달라진다.

비슷한 환경에서 살지만 문화적으로 다른 두 가정을 예로 들어 보자. 둘 다 식물을 가꾸는 데 열심이고 조경에 자부심을 가지며 동물들을 키우고 물고기로 가득 찬 연못을 갖고 있다. 그러나 첫 번째 가정에서는 모든 것이 다 식재료용이다. 식물과 동물 모두 먹을 수 있는 것들이고 인공 연못들도 식용 생선으로 가득 차 있다. 두 번째 가정에서는 모든 것이 보기 위한 것이다. 식물들은 아름답고 동물들은 모두 애완용이며 수족관의 물고기들은 값비싸고 이국적인 어종으로 먹을 수 없는 것들이다. 첫 번째 가정은 고대 로마의 문명이고, 두 번째 가정은 현대 미국의 문명이다.

로마인들은 초원과 풀밭이라는 뜻의 '에르바Herba'라는 단어를 사용하였는데, 이는 그들의 양이 풀을 뜯을 수 있는 곳을 의미한다. 그러므로 300~400년 전의 유럽귀족 저택의 과시용 정원은 로마인들에게는 아무런 의미가 없다. 이처럼 문화마다 사람과 자연 그리고 식재료 사이에는 큰 차이가 있다.

역사 속 요리사

역사 속에서 요리사들의 역할은 무명의 고대 요리사부터 현대의 유명 셰프에 이르기까지 확연하게 변해왔다. 식품을 준비하는 데 관여하는 여러 직종의 의무와 사회적 지위 역시 시대에 따라 달라졌다. 원래 도축업자의 일은 동물을 죽이는 것에서부터 시작되었다. 그러나 산업화 이후, 그들은 죽은 동물을 분할하여 정육하는 일만 담당하게 되었다. 고대 인도와 같은 일부 문명권에서는 도축업자butcher는 더러운 계층으로 치부되었고 사회적으로 최하층에 머물렀다. 그러나 19세기경 동부 유럽의 유대사회에서 도축업자들은 식량을 보유한 직종으로 존중받았고 부모는 딸이 도축업자와 결혼한다면 더 이상 굶주리지 않을 것이므로 기쁘게 결혼을 허락했다.

인쇄된 요리책이 출현한 지는 겨우 500년밖에 되지 않았다. 이때부터 몇몇 요리사들은 동료 요리사들을 위해 요리책을 만들었지만 정확한 레시피나 지침이 나온 것은 250년 전의 일이다. 요리학교는 약 100년 전에 프랑스에서 시작되었다. 역사적으로 볼 때 가정에서의 요리는 대부분 여성들이 담당했지만 여성 요리사들이 나타난 것은 20세기 중반의 일로 아주 최근의 현상이라고 할 수 있다.

맛이란 무엇인가?

세상 모든 사람들이 모두 좋아하는 식재료란 없을 것이다. 맛이란 문화와 자연환경 그리고 유전적으로 결정되며, 우리가 언제 어디에서 먹을지도 문화적으로 결정되기 때문에 맛이란 교육에 의해 만들어지는 것이라고 말할 수 있다. 어떤 사람들은 프랑스 레스토랑에서 달팽이 요리에 거금을 내는 반면 어떤 사람들은 정원에서 달팽이를 발견하면 밟아서 쓰레기통에 버린다. 한 사람에게는 고급요리인 것이 다른 사람에게는 해충일 뿐이다.

맛은 또 해부학적으로도 구별될 수 있어서 과학자들은 사람들을 미각이 있는 사람과 미각이 없는 사람으로 크게 나눈다. 당신이 어떤 부류에 속하는지는 혀에 얼마나 많은 미뢰味蕾가 있는지에 달려 있고 이는 유전적인 영향을 받는다. 미맹味盲인 사람들은 미뢰를 가지고 있어도 그 숫자가 적어서 감귤류나 브로콜리의 쓴맛을 강하게 인지하지 못하며 매운 고추를 먹으면서도 별로 고통스러워하지 않는다. 미각을 가진 사람들은 미뢰가 많아서 쓴맛과 단맛에 아주 예민하고 지방과 탄산 같은 감각에도 아주 예민하다. 그중에서도 아주 탁월한 미각을 가진 사람들의 혀는 미뢰로 뒤덮여 있고 극도로 예민하다.

북애리조나 대학 환경유지센터 소장인 게리 나반Gary Nabhan은 "우리는 우리 조상이 먹고 마신 결과물이다."라고 했다. 만약 우리 조상이 한 지역에 오래 살았다면 우리가 이 환경의 음식들에 유전적으로 적응되었을 가능성이 높다는 것이다. 만약 우리가 현재 살고 있는 곳에서 동식물 등의 환경이 다른 낯선 장소로 이주한다면 우리는 익숙하지 않은 음식에 노출될 것이고 우리의 몸은 새로운 음식들에 알레르기나 질병 같은 부정적인 방식으로 반응할 수 있다. 반면 우리는 특정 음식이 싫다는 감정을(심지어 고추처럼 고통을 일으키는 것까지도) 문화적 압력에 의해 극복할 수 있고 나아가 싫었던 음식을 좋아하도록 자신을 움직일 수도 있다. 결국 맛의 감각은 학습되는 것이다.

과거에 제공됐던 식재료의 맛이 현재에는 더 이상 같은 감각을 주지 않는다는 점도 알아둘 필요가 있다. 예를 들어 유럽의 포도원은 필록세라라는 기생충에 의해 19세기경에 거의 다 파괴되었다. 따라서 오늘날의 포도는 그 이전의 포도와 동일한 유전형질을 가진 것이 아니며 맛과 향기 또한 달라졌다.

전쟁과 음식

전쟁은 모든 것을 근본적으로 변화시킨다. 전쟁이 일어나면 농부의 노동력은 전투에 투입되고 농경지는 여성들에게 맡겨지며 국경이 달라지고 식자재의 공급도 불안정해진다. 또 식량 자체가 무기가 되기도 하므로 식량 공급을 조절할 능력이 있다면 전쟁에서 이길 수 있게 된다. 세계대전을 포함하여 인류 역사상 수없이 많은 전쟁이 일어났으며, 어디선가 늘 누군가는 전쟁을 하고 있고, 전 세계적으로 평화의 시간들은 길지 않았다. 그래서 역사학자들은 그 짧은 평화기를 기념하여 로마제국의 평화시대를 팍스 로마나Pax Romana라고 명명하기까지 했다.

역사학: 짧은 음식사

음식의 역사는 새로운 분야이다. 최초의 종합적 저작물은 영국인 탄나힐의 『역사 속 음식Food in History』이라는 책으로 1973년에 출판되었다. 투상-사마트Toussaint-Samat의 『음식의 역사』는 1987년에 나왔지만 영어로 번역된 것은 1992년이 지나서였다. 마시모 몬타나리와 플랜드린에 의해 편집된 음식: 고대에서 현대까지 요리의 역사 는 1996년에 나왔고 영어판은 3년 뒤에 번역되어 출판되었다. 이 책들의 초점은 유럽이었고, 두 편집자들은 각각 중세와 르네상스기 전문가들이었다.

이 책의 초판이 나온 지 불과 몇 년 사이 음식에 관한 학술서적이 봇물처럼 쏟아져 나왔다. 그중 중요한 책으로는 앤드류 스미스가 대부분 저술하고 편집한 『미국의 식음료에 대한 옥스퍼드 지침서』가 있다. 본서에서는 이 같은 새로운 연구들을 가능한 한 많이 포함시켰지만 아직도 우리의 지식에는 부족한 점이 많다. 그 이유는 고대나 중세 문헌에서 찾아볼 수 없는 내용도 있고 아직 현대어로 번역되지 않은 문헌도 많기 때문이다. 또 고문서들을 번역할 때 오늘날의 주방 사정에 맞추어 변형시킨 사례가 많은 것도 또 하나의 문제이다. 1957년에 나온 폴란드의 만국 요리책 같은 것이 그 대표적인 예로 불행하게도 이런 번역서들은 역사적인 가치를 훼손하는 결과를 가져왔다. 영어로 된 책조차도 이런 함정을 피해갈 수는 없었다. 마샤 워싱턴의 『요리책』은 원래 18세기 후반에 나온 것이지만 영화 「바람과 함께 사라지다」가 개봉되자 남부 대농장 문화에 대한 마니아층을 상대로 1940년에 재출간되었다. 그러나 이 책에서는 1인분 분량이 너무 많고 일부 레시피들은 당시의 미각과는 거의 맞지 않았기 때문에 내용이 변형되어 나왔다. 캐런 헤스가 1981년에 새 개정판을 내고 나서야 역사학자들은 원본의 내용을 알 수 있었고 당시 음식과 문화에 대한 바른 해석을 내릴 수 있었다.

대부분의 음식 역사가들은 한 분야의 음식을 집중적으로 연구하기 위해 인생의 대부분을 투자한다. 찰스 페리의 중세 아랍과 몽골요리에 대한 방대한 지식이나 21세기 캘리포니아요리 연구, 라이트의 지중해요리 연구, 로텐의 아랍음식 연구, 바트만리의 페르시아음식에 대한 멋진 서술, 퍼셀의 옥수수 연구 등이 그 예이다.

이 책은 그와 같은 작품들이 지니는 깊이를 갖지는 못하였으나 지식의 저변을 넓히고 이런 역작들에 인도하는 역할을 할 수는 있을 것으로 기대된다. 이 도입부는 음식이 역사와 정치, 사회, 경제, 인류학과 언어에 미치는 영향을 소개한 맛보기 전채요리에 해당한다고 할 수 있다. 책 끝의 주와 참고서적들이 오히려 메인요리에 해당할 것이므로 열의 있는 독자들의 참조를 바란다.

금지된 열매

우리 인간들은 불안정한 존재이고 호기심과 탐욕도 많다. 우리는 저 언덕의 다른 편에 무엇이 있는지, 강가와 동굴 속에 있는 것을 모두 보고 싶어 한다. 그렇지 않으면 어떻게 라틴말로 빵을 나타내는 파니스panis가 포르투갈 사람 덕분에 일본에서 빵가루를 뜻하는 팡코panco가 되었는지를 설명할 수 있겠는가? 유명한 스웨덴 음식인 속 채운 양배추 요리 칼돌마kaldolmar가 양배추를 가리키는 스웨덴어 칼kal과 그리스·터키어로 속 채운 야채를 뜻하는 돌마dolmar의 결합에서 유래한 이유와 또 토마토가 이탈리아어에서는 뽀모도로pomodoro이고 폴란드어로는 뽀미도리pomidori인 이유를 인간의 유별난 호기심과 탐욕이 아니면 설명할 길이 없다.

우리가 음식에 대해 가지는 관념은 시간에 따라 변해왔다. 사람들은 한때 감자가 나병을 일으키고, 설탕이 치통을 낫게 한다고 철석 같이 믿은 적도 있었다. 로마인들은 계피가 거대한 흡혈박쥐가 지키는 늪지에서 자란다고 믿었고, 미국인들은 한때 맥주가 아이들에게 정말 유익하다고 생각했다. 어느 나라의 공주는 용감하게도 포크를 사용해서 전 국민의 웃음거리가 되었고, 한때 이탈리아 음식은 건강에 아주 나쁘다고 간주되기도 했다. 이 모든 것이 사실로서 이 책 안에 들어 있는 이야기들이다.

이 책은 지구라는 별에서 가장 강한 포식자인 인간의 긴 역사에 대한 짧은 기록이다. 그리스 철학자 소크라테스는 "샅샅이 탐색되지 않는 삶은 무가치한 생명이다." 라고 하지 않았던가? 이제부터 우리도 아프리카 사바나에서부터 캘리포니아의 주방에 이르기까지 우리가 음식으로 무엇을 해왔는지 샅샅이 살펴보도록 하자.

역사는 아름답지 않다

역사를 읽는 것은 상상력을 필요로 한다. 우리는 지금의 안락함과 함께 현대인의 고정관념을 버리고 과거 속으로 뛰어들어가야 한다. 때때로 과거는 그다지 아름답지 않다. 과거의 인류는 지금으로서는 생각할 수도 없고 여전히 우리를 격분하게 만드는 비열한 방식으로 타인들을 취급했다. 비잔틴제국이나 중국 황궁의 후궁에서 일하는 남자 요리사들은 모두 거세되었고, 로마인들은 단지 향락을 위해 기독교인들을 사자에게 집어던졌다. 그 후 기독교가 권력을 얻자 그들은 수백만 명의 아프리카인들과 아메리카 원주민 그리고 아시아인들을 단지 기독교인이 아니라는 이유만으로 노예로 만들었다.

긴 인류의 역사를 통하여 볼 때 여성은 아이를 낳는 능력만으로 가치를 인정받았다. 미국에서 '엄지손가락 법'이라는 유명한 악법이 존재했던 일도 그리 오래 전 일이 아니다. 이 법은 때리는 막대기가 엄지손가락보다 굵지만 않으면 남자가 아내를 때려도 무관하다는 것이다. 나치는 6백만 명의 유대인을 죽이고 수천 명의 알코올의존자들을 거세시켰다. 1949년 할렘의 흑인들로만 이루어진 농구팀 글로브트로터가 백인들로 구성된 미네아폴리스의 레이커스를 두 번이나 이길 때까지 모든 미국인들은 흑인들이 농구를 하는 것은 육체적으로 불가능한 일이라고 생각했다.

현재 우리의 요리와 문화는 옛날 사람들이 볼 때는 마치 공상과학 소설처럼 보일 것이다. 과거로 돌아가 이 책 전반에 걸쳐 기록된 이러한 불의한 일들을 바꿀 수만 있다면 아주 좋겠지만 그럴 수 없다는 것을 우리는 안다. 우리가 할 수 있는 것은 지금 이 생활을 누릴 수 있도록 생명을 바쳐 일한 앞 세대에게 감사하는 일이다. 그리고 이 지구를 더 살기 좋은 곳으로 만들기 위해 지금 우리가 무엇을 할 수 있는지 눈을 크게 뜨고 바라보는 일뿐이다. 일부 사람들에게는 이 일이 유기농과 환경을 고갈시키지 않는 음식을 의미할 것이고, 또 다른 사람들에게는 더 많은 이들을 먹일 수 있는 유전자변형식품을 뜻할 수도 있다. 만약 당신이 아이다호 감자를 먹고 선홍색의 감귤류와 밀, 옥수수 그리고 사과를 먹거나 카놀라유로 요리를 한다면 당신은 이미 유전자변형식품을 먹고 있는 것이다. 기원전에 재배될 때부터 이것들은 이미 유전자 조작을 거친, 소위 퓨전음식이었다.

첫 번째 코스

선사시대, 메소포타미아, 이집트, 중국, 인도

날것에서 익힌 것으로

BC 7백만 년 ~ BC 1천 년

땅 위로 떨어진 번개에서 불을 얻고 그 불을 꺼뜨리지 않는 방법을 알게 되면서부터 인간은 주변 환경을 마음대로 조절할 수 있는 강력한 무기를 손에 쥐게 되었다. 불 위에 던져놓은 고기는 맛도 더 좋고 소화도 잘될 뿐 아니라 금방 상하지 않고 오래 보존되었다. 이처럼 불은 채집과 사냥의 식생활에 큰 도움이 되었다. 인류는 남는 에너지를 춤과 예술로 승화시키면서 좋은 사냥감 잡기를 기원하고 부족의 안녕을 비는 축제의 서막을 열었다. 비옥한 초승달 지대에 정착한 인류는 밀과 보리를 경작하였고, 떠돌아다니는 생활에선 만들 수 없었던 빵과 꿀술, 맥주, 와인 등 발효음식을 생산하기 시작했다.

1. 선사시대

동물은 요리하지 않는다. 인간이 불을 이용하는 능력은 인간과 동물이 구별되는 특징 중 하나이다. 과학자들은 인간이 도구를 사용하고 언어를 가졌기 때문에 동물과 다르다고 생각했지만 사실은 동물도 도구를 사용하고 의사소통을 한다. 심지어 고고Gogo라는 고릴라처럼 인간의 언어를 배워 구사하는 유인원도 있다. 불에 대한 연구의 세계적인 권위자인 스테판 파인Stephen Pyne은 "자연적으로 불이 날 수 있는 지구라는 행성에서 인간은 의도적으로 불을 피우며 사는 유일한 종족"이라고 강조하였다.

1) 먹을 것을 발견하다: 사냥과 수렵

인간은 불을 발견하고 이용하기까지 수백만 년 동안 아주 천천히 진화해왔다. 불을 이용하게 된 것은 지금으로부터 50~100만 년 전으로 추정한다. 지금까지 발견된 화석 중 가장 오래된 화석은 600~700만 년 전에 아프리카 지역에서 인류가 처음 등장했음을 말해준다. 원시인류의 턱뼈와 치아를 통해 이들이 주로 채식을 했음을 추정할 수 있는데, 이들의 어금니는 마치 돌 같이 단단하고 넓적해 곡식과 채소를 갈기에 적합하며, 오늘날 우리가 음식을 씹을 때와 마찬가지 기능을 했던 것으로 보인다. 원시인류가 현재의 인간으로 진화하기까지 생존하는 데에는 아주 유리한 두 가지 큰 변화가 있었다. 첫째는 기원전 100~400만 년 사이에 일어난 두뇌 용량의 증가로 처음보다 약 세 배나 커져서 현생인류와 같은 크기인 약 1,400mL가 되었다. 둘째는 직립보행을 할 수 있게 되었다는 것인데, 인간이 몸을 일으켜 두 발로 이동이 가능하게 되자 더 먼 곳을 볼 수 있게 되었고, 무기를 사용하거나 식량을 얻기 위해 두 손을 자유롭게 사용할 수 있게 되었다.

식문화학자들은 초기 인류가 도마뱀처럼 쉽게 잡을 수 있는 작은 동물이나 조개류 또는 사자나 호랑이 같은 큰 동물이 남긴 고기를 먹으면서 고기의 맛을 알게 됐을 것으로 추정한다. 이들은 사냥꾼이자 채집자였고 식량을 얻기 위해 계속 떠돌아다니는 유민이었다. 식량을 구하는 활동에는 남녀의 역할이 달랐다. 남자들은 사냥감과 소금을 찾아 먼 곳을 떠돌아다녔고, 여자들은 과일과 견과류를 채집하면서 출산과 육아를 담당하였다. 이들은 채집을 통해 안정적인 식량을 확보할 수 있었고, 사냥을 통해 육식을 하면서부터 생존 확률이 더 높아졌다. 마침내 인간은 채식과 육식을 겸하는 잡식성이 되었는데, 고기를 뜯는 데 유용한 현대인의 앞니와 송곳니가 바로 그 증거이다.

그러나 인간의 앞니는 짐승의 가죽을 뚫을 수 있을 만큼 날카롭지 않아서 잡은 짐승의 가죽을 벗겨내기 위해서는 뭔가 다른 것이 필요했다. 과학자들은 인류가 약 160~190만 년 전 사이에 도구를 발명했다고 보는데, 초기의 인류는 돌칼로 짐승의 고기를 잘라내고 심지어 코끼리 가죽도 뜯어낼 수 있었다. 이 시기가 석기시대이며 인류학에서는 이들을 호모 하빌리스Homo habilis(손재주 있는 사람)로 분류한다.

50~150만 년 전에는 또 다른 종족이 나타났다. 과학자들이 호모 에렉투스 Homo erectus(직립인간)라고 부르는 이들은 북쪽의 유럽을 향해 그리고 동쪽의 인도와 중국과 서남아시아를 향해 옮겨갔다. 이들은 다른 종족에 비해 성능이 개선된 도구를 가지고 있었고 최초로 불을 사용했다.

2) 불을 발견하다: 조리의 시작

과학자들은 어느 날 땅 위로 떨어진 번개에서 우연히 불이 시작되었다고 믿는다. 인간은 이 불꽃을 꺼뜨리지 않고 계속 타오르게 만드는 방법을 알아냈고, 이제 불은 무력했던 인간이 마음대로 죽일 수도 다시 살려낼 수도 있는 대상이 되었다. 인류 최초의 직업인은 바로 불을 지키는 사람이었을 것이다. 또 불은 신성한 것이어서 초기 종교에서는 불을 관장하는 신이 가장 강력한 존재로 군림하였다. 대부분의 창조 신화에는 인간이 신에게서 불을 훔치거나 물려받았다는 이야기가 나오고, 불을 사용할 수 있는 신성한 지혜 때문에 고난을 겪는다는 내용도 들어 있다.

불을 다스림으로써 인류는 주변 환경을 마음대로 조절할 수 있는 막강한 무기를 손에 쥐게 되었다. 불은 캄캄한 밤의 공포를 잠재웠고 짐승들의 접근을 막았으며 음식을 더 이상 날것을 먹지 않아도 되도록 완전히 바꾸어놓았다. 이에 따라 인류는 그때까지 소화할 수 없었던 음식도 먹을 수 있게 되었고 상하기 쉬운 음식을 좀 더 오래 보관할 수 있게 되었다. 불을 사용할 수 있는 능력은 인간으로 하여금 식재료를 조절할 수 있도록 함으로써 인류의 생존에 크게 기여하였다.

인간이 불을 가지게 된 후 음식을 조리한다는 개념은 어떻게 생겨났을까? 이 역시 우연이었을 것이다. 인류학자들은 아직도 이에 대해 논쟁 중이다. 한 학설에 따르면 그들의 거처에 불이 붙어 무너지자 그 속에 있던 돼지들이 미처 피하지 못하고 타버렸는데, 불이 꺼진 후 그 주위를 헤매던 인간들이 그것을 먹고는 구운 고기의 맛을 좋아하게 되었다는 것이다. 비슷한 학설로는 낙뢰가 떨어져 숲이 타는 와중에 그 속에 살던 짐승들이 익어버렸다는 것이다. 또 다른 학설에 따르면 조리는 처음부터 인간이 의도적으로 식재료와 불을 조절하여 이루어진 행위라는 것이다. 어떤 주장을 따르든 이제 인간은 날고기 외에도 더 많은 것을 선택할 수 있게 되었다.

우리는 인류가 어떻게 불을 지배하고 조리를 시작했는지 정확하게 알지 못한다. 단지 50~100만 년 전에 그런 일이 있었다는 것을 알 뿐이다. 처음에는 그저 불 위에 고기를 던져 구웠을 것이고, 그 후에 땅을 파고 숯을 놓아 그 위에 재료를 올린 후 흙으로 덮어 서서히 익혀내는 구덩이 조리법이 뒤따랐을 것이다. 이 방법은 오븐처럼 열효율이 높으면서도 시커멓게 타지 않아 맛도 좋은 더 세련된 방법이었다. 그러다가 오늘날의 바비큐 같이 고기를 날카로운 창에 꽂아서 불 위에 매달아 놓고 슬슬 돌려가면서 익히는 꼬치구이 조리법이 발달했는데, 이것은 불길이 직접 닿지 않기 때문에 타지 않으면서도 연기와 열기를 쐬어 맛도 훌륭했다. 또 날카로운 돌칼로 고기를 잘게 잘라서 더 빨리 익도록 손질할 수도 있었고, 거북의 등껍데기나 대게 같은 갑각류 껍데기 아니면 동물의 가죽 속에 잘게 썬 식재료를 넣고 물을 부어 끓여낼 수도 있었다. 음식을 담는 그릇은 기원전 1만 년 전까지는 발명되지 않았고, 불에 올려도 될 만큼 튼튼한 진흙으로 만든 냄비는 기원전 5000년쯤에 만들어지기 시작하였다. 이로써 더 다양한 조리법이 개발되기 시작했다.

이런 시기를 거쳐 과학자들이 호모 사피엔스라고 부르는 현생인류의 조상이 10~100만 년 전에 나타났다.

3) 소통하는 법을 배우다: 춤과 노래 그리고 예술

언어가 만들어지기 전에 인류는 어떻게 의사소통을 했을까? 과학자들은 몸동

작으로 의미를 전달했을 것이라는 주장이다. 즉, 그들은 춤을 추었을 것이다. 춤 역사의 전문가인 조안 캐스Joan Cass는 춤이란 '목적 없는 움직임 속, 리듬감 있는 스텝'이라고 정의한다. 목적이 없다는 말은 어디로 이동하거나 옷을 입는 것처럼 무슨 일을 하려는 의도가 없었다는 뜻이다. 그들은 종교적인 축제에서 다산과 풍년을 기원하면서 춤을 추었다. 비가 오기를 기원한다든가 사냥에 성공하기를 바라는 춤도 추었을 것이다. 그러다가 어떤 춤이 나중에 그들이 원하던 결과를 가져왔다고 믿게 되면 그 성공적인 춤을 똑같이 여러 번 되풀이했을 것이다. 그러면서 그 춤이 의례儀禮가 되고 여기에 음악이 더해졌을 것이다. 처음에는 작은 돌이나 콩을 주머니에 넣고 흔들어 소리를 내거나, 동물 뼈에 구멍을 뚫어 불거나, 동물 가죽을 냄비 위에 씌워 두드리기도 했을 것이다.

그러다가 약 10만 년 전에 인류는 드디어 언어라고 부를 수 있는 소통체계를 만들어냈다. 이 역시 인류의 생존에 큰 도움이 되었으며 같은 부족민에게 위험을 알리거나 식량이 있는 장소를 말할 수 있게 되었다. 따라서 계획을 세우고 어떤 일에 협동할 수 있게 되었으며, 물건과 장소에 이름을 붙이면서 점차 주변세계를 체계적으로 파악할 수 있게 되었다. 이름을 붙이는 행위는 곧 그 주변의 환경을 조직적으로 이해하고 지배하는 방향으로 발전했을 것이다.

원시예술은 다산과 음식에 관련된 의사소통 행위였다. 3만 5천년 전에 그려진 프랑스의 동굴벽화에서는 가슴과 엉덩이가 과장되게 묘사된 여자나 여러 가지 동물가면을 쓰고 정체를 가린 사람을 볼 수 있다. 이 그림을 바위에 새긴 의도가 있었을까? 아니면 단순한 모사였을까? 그도 아니면 다른 뜻이 있는 것일까? 제임스 프레이저James Frazer 경이 쓴 『황금가지: 마술과 종교의 연구 Golden Bough: A Study in Magic and Religion』에 이러한 의문점이 잘 설명되어 있다. 원

프랑스 라스코(Lascaux)의 동굴벽화

시인들이 믿는 마법의 원리는 '바라는 것을 표현함으로써 이루어진다.'는 것이다. 즉, 원하는 바의 상징을 만들면 그것이 실현된다는 논리이다. 예를 들어 사냥을 잘하고 싶다면 잡고 싶은 동물의 그림을 그린다. 그러면 그 동물을 발견할 수 있을 것이다. 아이 갖기를 원한다면 풍만한 엉덩이와 가슴을 지닌 여성을 그린다. 그러면 아이가 잉태될 것이다. 가면을 쓴 사람들은 그가 누구든 그 가면이 나타내는 정령의 힘을 가진다고 믿는다. 그래서 가면은 일종의 감정이입적인 마술도구이다. 이러한 상징을 만듦으로써 인류는 환경과 운명에 대한 통제력을 가지게 되었다. 그 그림은 당신이 창조한 것이니 어떤 의미로는 미래도 당신 뜻대로 할 수 있는 것이다.

선사시대의 동굴벽화에 가장 자주 나타나는 동물은 말이고 다음으로 들소, 사슴, 노루, 숫소, 야생 염소이며 코끼리와 맘모스도 있다. 최소한 프랑스의 동굴벽화에서는 음식과 예술과 종교가 일체화되어 있으며 모든 초기 원시예술은 바라는 일을 묘사하는 데서 시작되었다.

4) 유적들: 유해와 쓰레기 그리고 배설물

문자가 없던 시절에 무슨 일이 일어났는지 고고학자들은 도대체 어떻게 알아낼까? 그리고 그 정보는 얼마나 정확할까? 원시의 수수께끼를 풀기 위해 고고학자들은 과학수사대처럼 DNA 분석이나 전자현미경 같은 첨단기술의 도움을 받는다. 선사시대에 대한 우리의 지식은 잘 보존된 시신과 패총貝塚(조개무지)에 섞인 고대의 생활쓰레기 그리고 화석이 된 배설물, 이 세 가지 자료에서 얻은 것이다.

선사시대의 것으로 추정되는 유해는 세계 각지에서 자주 발견된다. 특히 무더운 사막에서 바짝 건조되거나 한대지방에서 냉동되고 습지의 진흙탕 속에 파묻혀 밀폐되어 보존된 시신들은 우리에게 많은 정보를 준다. 예를 들어 시신의 오른팔 상박골(위팔뼈, 어깨와 팔꿈치 사이에 있는 긴 뼈)이 잘 발달되어 있다면 우리는 이들이 돌도끼를 던져 사냥을 했다고 추측할 수 있다. 시신의 소장小腸을 분석하면 죽기 전에 무엇을 먹었는지 알 수 있다. 많은 시신들의 창자에서 오늘날과 같은 기생충들이 발견된다는 것은 그 오랜 세월에도 변하지 않은 것이 있다는 증거다.

고대의 생활쓰레기 연구에서 인류학자들은 초기 원시인의 식습관이 오늘날과 그다지 다르지 않았다는 것을 발견한다. 원시인들은 짐승의 뼈를 깨뜨려서 그 속에 든 골수를 파먹었다. 그 이유는 고기가 없어서가 아니라 오늘날 우

선사시대 인간의 활동

시기(기원전)	지역	흔적
100~50만 년		불
10만 년 이전		춤
10만 년		언어
3만 3천 년	프랑스 쇼베	동굴 벽화와 다른 작품들
2만 5천~2만 년	독일	빌렌도르프 풍요의 여신 석상
1만 8천~1만 5천 년	프랑스의 라스코, 스페인의 알타미라	동굴 벽화와 기타 작품들
1만 4천 년	중동	개의 가축화
1만 년 이전	일본	도자기
8천 년	중동	빙하기가 끝나고 농업혁명 시작

리처럼 골수를 좋아했기 때문이다. 오늘날 이탈리아의 유명한 송아지 골수 요리인 오소 부꼬osso buco는 문자 그대로 '구멍 뚫린 뼈'라는 뜻이다. 원시인들이 이글거리는 불 앞에 둘러앉아 뼈를 구워 가며 손가락으로 골수를 파서 먹었던 반면, 오늘날 우리들은 멋진 레스토랑에서 잘 구워져 나온 송아지 등뼈의 골수를 가느다란 은 스푼으로 떠먹는다는 차이가 있을 뿐이다. 프랑스에서 요리사의 아버지로 불리는 에스코피에Escoffier의 책 『요리법 가이드Le Guide Culinaire』를 보면 골수는 여러모로 긴요한 식재료이다. 심지어 그의 책 달콤한 후식 푸딩Pouding à l'Américaine (#4438)and Pouding à la molle(#4439) 에도 골수를 넣으라고 적혀 있을 정도다. 짐승의 부서진 턱뼈와 구멍 뚫린 두개골의 흔적들은 원시인들이 동물의 혀와 뇌도 좋아했다는 것을 의미한다. 고대의 생활쓰레기 중 홍합이나 조개껍데기도 비교적 잘 보존되는 종류로, 이것들이 쌓인 더미를 보면 6~12만년 전에 원시인들이 조개류를 먹기 시작했음을 알 수 있다.

화석이 된 배설물 역시 중요한 자료이다. 씨나 섬유소, 그밖에 소화되지 않은 물질들이 배설물에 섞여 나오므로 배설물을 보면 그 주인이 무엇을 먹었는지 알 수 있다. 또 식물의 씨가 배설물을 통해 퍼지게 되므로 인간의 소화기관 역시 지구 순환 고리의 일부가 된다. 이런 방법으로 우리는 약 75만 년 전에 카자흐스탄의 고대 원시인들이 야생 돌사과를 먹었다는 사실을 알 수 있는 것이다.

유골이나 쓰레기 그리고 배설물이 얼마나 오래된 것인지 추정하는 방법에는 여러 가지가 있다. 최근에는 동식물의 유해에 남아 있는 방사선 동위원소의 양을 측정하는 탄소연대측정법이나 당시의 기후나 특정 기간의 강우량 같은 것까지 알아낼 수 있는 나이테연대측정법이 널리 쓰이고 있다. 또 식물의 꽃가루를 이용하여 발생 연대를 알아내는 방법도 많이 사용한다.

2. 고대 농업혁명

기후와 지형은 인류뿐 아니라 모든 동식물의 생존에 적합한 환경을 결정하는 가장 중요한 두 요소이다. 1만여 년 전에 빙하기가 끝난 뒤로 빙하가 녹고 지구가 따뜻해지기 시작했는데, 이것이 지구가 겪은 세 번의 중요한 기후변화 중 첫 번째 온난기에 해당한다. 다른 두 번의 기후변화는 서기 950~1300년까지의 중세 온난기와 약 100년 전에 끝난 소빙하기를 들 수 있다. 그 뒤로도 지구의 기후는 계속 변하고 있다. 일부 과학자들은 자동차와 공장의 배기가스에 의한 온실효과로 지구의 가열현상이 새로운 국면에 접어들었으며 시급한 조치가 필요하다고 주장한다. 반면 온난화가 자연스러운 기후변화라고 주장하는 학자들도 있다. 또 다른 이들은 현재의 기후변화는 인류가 제어할 수 없는 영역임을 강조하고 있는데, 그들의 주장은 과거 빙하기에서 온난기로 변한 것처럼 그 움직임은 여전히 예측할 수 없으며, 재난에 가까운 급격한 기후변화도 언제든지 발생할 수 있다는 것이다.

1) 식물을 재배하고 동물을 사육하다

열매와 씨를 따거나 풀을 뜯고 야생동물을 사냥하는 일은 규칙적이거나 효율적인 식량보급이 되지 못했다. 그런 방식으로는 종족의 일부에게만 식량을 공급할 수 있었기 때문에 더 많은 식량을 구하기 위해 인류는 계속 떠돌아다녀야 했다. 인간은 자신이 사는 환경을 장악하고 일정한 식량, 특히 좋아하는 음식을 확보하려는 욕구를 가지고 있다. 그래서 약 1만 년 전부터 인류는 야생의 식물과 동물을 길들이기 시작했으며 나아가 음식의 맛을 좋게 하거나 수확량을 늘리기 위해 혹은 더 간편하게 다루기 위해 동식물들을 교배했다. 요즘의 과학 용어로는 유전자조작 실험인 셈인데, 모든 동식물은 질긴 껍질이나 척추, 조개껍데기, 송곳니 같은 방어 체계를 갖추고 있기 때문에 그 작업은 시간이 오래 걸리고 어려운 일이었다. 이렇게 해서 처음으로 길들여진 동물은 양과 염소였고 이어 돼지와 소가 가축화되었다.

가축화와 더불어 농업이 발달하기 시작했으며 농업의 발전에 가장 큰 힘을 발휘한 것은 바로 불이었다. 들판을 태우는 화전火田은 잡목을 제거하여 농토를 일구는 가장 오래되고 확실한 농사법이었는데, 선사시대에 널리 사용한 이 방법은 보르네오나 아마존처럼 밀림이 우거진 곳에서 지금도 여전히 행해지고 있다. 화전의 방법을 보면, 먼저 밀림의 나무 등걸에서 속껍질을 칼로 벗겨내어 갈라진 틈으로 수액이 새어 나오게 만드는데, 수액이 잎 쪽으로 이동하지 못하면 나무는 더 이상 자라지 못하다가 결국 고사枯死한다. 마침내 잎이 떨어지고 햇볕이 밀림 바닥까지 들어오면 곡식을 심고, 떨어진 잎들이 썩어서 비료가 되면, 2~3년이 지나 땅의 기력이 고갈되는 징후가 나타날 때 불을 질러 죽은 나무들을 태움으로써 그 재가 양분으로 변해 더 많은 곡식을 얻을 수 있게 하는 것이다. 그러나 이 방법은 영원히 지속될 수 있는 것이 아니어서 새로운 개간지를 찾아 계속 이동하면서 화전을 개간했기 때문에 밀림이 파괴되었다.

처음으로 경작된 작물은 보리이며, 밀은 잡풀들에서 나왔는데 전 세계에 약 3만여 종이 있다. 엠머, 스펠트, 엔콘 품종의 고대 밀은 여러 겹의 껍질로 싸여 있는데, 특히 겉껍질은 매우 단단해 불에 구워야 제거할 수 있었고 그런 뒤 껍질을 비벼서 벗기는 타작을 거쳐야 비로소 먹을 수 있는 밀알을 분리해낼 수 있었다. 타작은 주로 소가 곡식을 밟아서 껍질을 벗기는 방식으로 하였고 그런 다음 켜에 쳐서 가벼운 왕겨를 날려보내고 남은 알곡들만 모아서 이를 돌절구에 빻아 가루로 만들었다. 기원전 800년대부터는 가축의 힘을 빌리면서 타작이 쉬워졌지만 그 전까지는 사람이 일일이 손으로 해야 하는 고된 노동이 필요한 작업이었다. 밀가루는 왕겨나 돌가루가 섞여 거친 밀가

납작한 빵을 굽는 터키 여인

루에서 왕겨를 제거하기 위해 굽거나 치거나 부수는 작업이 필요했다. 그런데 이는 밀반죽을 부풀게 만드는 성분인 글루텐을 파괴했다. 이에 따라 당시의 밀로 만든 빵은 부풀지 않은 납작한 모양을 하고 있었는데 아마 오늘날의 크래커와 비슷했을 것이다. 이처럼 납작한 빵 모양은 밀과 물을 반죽하여 뜨거운 팬에서 구워낸 인도의 차파티chapati(철판에 굽는 납작한 빵)나 기름에 튀겨낸 푸리poori(유월절에 먹는, 누룩을 넣지 않고 만든 빵), 오븐에서 구워낸 유대인들의 무교병matzo 같은 것에서도 그 흔적을 찾아볼 수 있다. 기원전 7천년경에는 돌연변이된 밀 중에서 껍질이 부드러운 품종을 재배하기 시작했다. 우리가 연질밀이라고 부르는 새 품종은 불에 굽지 않아도 껍질을 벗길 수 있었고 그 결과 반죽할 때 글루텐이 만들어져 빵을 부풀게 하였다. 부풀린 빵은 이집트에서 처음 발명되었는데 이는 아마도 우연의 소산이었을 것이다.

정착과 농사를 통해 인간은, 유목을 계속했다면 먹을 수 없었을 음식들을 먹을 수 있게 되었으며 그 대표적인 것이 와인이다. 와인생산을 위해서는 정착생활이 반드시 필요하다. 포도 줄기가 열매를 맺는 데만 2년이 걸리고, 열매가 익으면 아주 짧은 시간 안에 수확하여 발로 밟아서 즙을 짠 후에 발효가 되도록 간수했다가 반대로 더 이상 발효가 되지 않게 보관하는 일련의 과정은 정착하지 않고서는 불가능하기 때문이다.

농사는 특정 지역에서 생겨서 지구 전체로 퍼져나갔을까 아니면 여러 지역에서 따로따로 일어났을까? 보리나 렌즈콩 그리고 쌀 같은 작물들은 다른 장소에서 다른 시기에 각각 재배되었다. 돼지가 기원전 7천년경 중동지역의 제리코에서 사육되던 때와 같은 시기에 수천 킬로미터 떨어진 남태평양 뉴기니에서도 키워진 흔적이 있으므로 농사는 지구의 여러 지역에서 독립적으로 발생했다는 추정이 가능하다. 인간에 의해 길러지면서 동식물도 크게 변했다. 예를 들어 아메리카 대륙이 원산지인 옥수수는 원래 씨가 땅에 떨어져 퍼져나갔는데, 농사짓는 이들에게는 이를 수확하기가 어려웠을 것이다. 그러다가 씨가 옥수숫대에 오래 남아 있는 변종이 나타나자 인류가 이것을 주로 심으면서 옥수숫대에서 떨어져 나와 자가번식하는 원래의 종은 사라지고 껍질에 싸여 수확을 기다리는 오늘날과 같은 변종이 주축을 이루게 된 것이다.

2) 소금: 백색의 황금

고대에서 가장 귀한 거래품 중 하나는 소금이었다. 소금은 단순히 후추, 겨자, 케첩 같은 조미료가 아니라 염화나트륨NaCl이라는 무기질 공급원 중 하나이다. 무기질은 인간의 생존에 꼭 필요하며 이것이 없다면 우리의 신경계는 기능을 멈추게 된다. 소금의 귀중함은 속담이나 격언에도 많이 나오는데, '지상의 소금'은 예수가 열두 제자를 가리킨 말로 아주 가치 있는 사람을 의미하고, '소금 값도 못한다.'는 말은 자기소임을 다하지 못하는 사람을 의미한다.

소금을 얻기 위한 고전적 방법은 바닷물을 끓이거나 증발시켜서 가라앉은 결정을 수거하는 것인데, 고대 이집트인과 프랑스 지역에 거주하던 고대인 갈리아 족도 이런 방법으로 소금을 얻었다. 18세기까지 프랑스나 인도 등지에서는 정부가 매기는 과도한 세금이나 독점을 피하기 위해 이 방법을 사용하여 가내용 소금을 제조했다. 바닷물을 끓이거나 증발시켜 소금을 만드는 방법은 암염巖鹽을 캐내는 것에 비해 비용과 품이 많이 든다. 현재 미국의 소금 주산지는 디트로이트와 클리블랜드 남부에서 루이지애나까지 중부를 관통하는 암염 광산이며 매년 200~300만 톤의 소금을 여기서 캐내고 있다. 여기서 캐낸 소금의 약 4%만이 식용으로 쓰이고 나머지 96%는 화학제품이나 제빙용으로 쓰인다. 또 유타 주의 소금 사막과 자동차 시범주행 코스가 있는 본네빌의 소금 평원 등도 유명한 산지로 꼽힌다.

3) 발효음료: 꿀술, 와인과 맥주

꿀을 발효시킨 꿀술은 아마도 인류 역사상 처음으로 발효된 음료일 것이다. 최초의 꿀술은 들판에 남겨진 꿀 위에 비가 떨어져 고이고 거기에 이스트가 자라면서 만들어졌을 것으로 추정된다. 와인을 발명하기 전 그리스와 로마에서 꿀술은 신에게 바치는 귀중한 제물이었고, 꿀은 고대인에게 신비로운 물질이었다. 그리스인들은 꿀이 꿀벌과 관계가 있다는 것을 알았지만 어떻게 만들어지는지 정확히는 알지 못했으므로 로마인들은 하늘에서 떨어져 나뭇잎 위에 내려앉은 '별들의 타액'이라고 믿었다. 꿀벌들이 새끼를 먹이기 위해 이 꽃 저 꽃을 날아다니며 화분을 모으면 대부분의 화분에서 물이 증발되고 꿀이 남는데, 35~40%의 과당果糖과 30~35%의 전화당轉化糖 그리고 17~20%의 물과 약간의 효소들을 가진 복합물이 바로 그것이다.

인류는 매우 일찍부터 와인을 마셨다. 와인은 신화에 나오듯 디오니소스가 만들어낸 것이 아니라면 아마도 또 다른 우연의 산물이었을 것이다. 잘 익은 포도를 으깨어 상온에 놓아두면 자연적으로 발효되는데 어느 날 우연히 동물 가죽 주머니에 남아 있던 포도가 와인으로 변했을 것이다. 한편 동물 가죽은 단시간에 와인을 숙성시키거나 옮기는 데는 제격이지만 장기간 보관하기에는 부적당한 용기였다. 기원전 6천년경에는 진흙으로 만든 도기 호리병을 사용한 흔적이 있는데, 가느다란 병목과 마개를 가진 도기병은 와인이 공기와 접촉해 산

맥주 만드는 사람들(이집트 박물관)

화되어 식초로 변하지 않도록 했다. 고대인의 거주지에서 발굴되는 진흙 술병들의 바닥에는 타르타르산이 가라앉아 있으며 이 물질은 와인이 증발하고 남은 찌꺼기로 이를 통해 우리는 고대인이 얼마나 오래전부터 와인을 마셨는지 알 수 있다. 와인이 상류층 음료였다면 맥주는 대중 음료였고 맥주 역시 우연의 결과로 만들어졌을 것이다. 음식을 준비하는 여자들은 밀이나 보리에 싹이 자라면 단맛이 생기고 껍질을 까거나 빵을 만들기 쉽다는 사실을 알게 되었을 것이고, 그 뒤로 그들은 의도적으로 싹이 자라도록 내버려두었을 것이다. 그러다가 어느 날 싹을 틔운 곡식에 물이 들어가 발효가 시작되어 얼마 후에는 알코올 음료로 변하는 과정을 눈여겨본 여자들이 인류 최초의 주류 제조자가 아닐까?

초기인류의 촌락은 약 200~300명의 부족으로 이루어지거나 씨족처럼 조직된 확대가족들로 이루어진 작은 마을이었을 것이다. 나이 많은 남자들이 부족 내 분쟁 조정의 최종 권위를 가진 해결사이자 영적 지도자나 치료사 역할도 겸했을 것이다. 촌락은 무엇이 옳고 그른지가 모두의 동의로 결정되는 체제 하에 성문법이나 규율을 따로 갖고 있지 않았고, 모든 구성원이 같은 직업, 즉 음식 재료를 모으고 만드는 일에 참여하는 공동체였을 것이다.

천을 짠다거나 조각을 한다거나 진흙으로 그릇을 만들거나 바구니를 짜는 등 특별한 재주가 있는 사람들은 음식과 관련된 의무가 끝난 뒤 비로소 자기소임을 맡았을 것이다. 그러나 농사와 가축 사육의 유용함이 명백해진 뒤로는 상황이 바뀌어, 촌락은 더 커졌고 땅은 더 복잡한 방법으로 개간되었으며 물을 이용하기 위해 운하나 둑을 막는 등 조직과 협력이 필요한 경우가 생기면서 오늘날 정부라고 불리는 것이 등장했다.

4) 문명의 발달: 음식이 요리가 되다

원시의 문명사회는 점차 발달해 우리 시대의 문화가 보여주는 여러 특성을 모두 가지게 되었다. 수천 명의 사람들은 분화된 노동을 하며 촌락을 형성하게 되었고 기술도 발전시켰으며 정부와 같은 관료조직을 갖추게 되었다. 무엇보다 중요한 사실은 문자로 기록을 하게 되었다는 것이다. 이런 문화의 발달은 식재료에 대한 여유가 생기면서부터 시작되었다. 즉, 모든 이들이 농사에 종사하지 않아도 살아갈 수 있는 여력을 바탕으로 사람들은 예술가와 종교인, 전사와 추장, 교육가와 기록관으로 분화되었다. 기록관은 인구의 변화를 기록하여 세금을 걷거나 군대를 징발하는 데 중요한 역할을 했다. 문명의 발달이란 오직 생존을 위한 음식 만들기에서 벗어나 다른 목적을 지니고 요리를 하게 된 것을 의미한다.

여기서 다른 목적이란 여러 가지이다. 어떤 역사학자들은 신에게 바칠 목적으로 음식을 만들었다고 생각한다. 그저 한 인간의 연약한 목소리로 바친 기도가 신에게까지 잘 도달할 수 있었을까? 수천 명의 목소리라면 더 쉽게 다다랐을 것이다. 그리고 기도를 위해 사람들이 모이면 이내 신에게 바칠 선물도 필요했을 것이다. 형성된 이유야 어떻든 이렇게 촌락은 곧 물물교환의 중심이 되었다.

또 인간이 살기 위해서는 신선한 물이 필요하다. 따라서 초기의 문명이 강 주위에서 시작된 것은 자연스러운 일이다. 서남아시아의 티그리스 강과 유프라테스 강, 이집트의 나일 강 그리고 중국의 황하와 인도의 인더스 강은 인류문명이 최초로 결집되어 나타난 지역들이다.

3. 티그리스 강과 유프라테스 강 사이: 비옥한 초승달 지대

비옥한 초승달 지대란 지중해를 서쪽 끝에 두고 시작해 현재의 이라크 지역을 관통하는 티그리스 강과 유프라테스 강부터 페르시아 걸프 만에 이르는 구부러진 활모양의 지역을 일컫는다. 이 지역은 '두 개의 강 사이'라는 뜻을 가진 메소포타미아의 일부로 과학자들은 기원전 3천년경에 여기서 문명사회가 형성되었다고 본다.

메소포타미아 도시는 방어용 성벽으로 둘러싸여 있고 그 내부는 또 다른 작은 성인 신전으로 구분되어 다시 성벽이 둘려 있다. 신전 내부의 가장 중요한 건물은 곡물창고로 도시의 식량을 보관했다. 사제들은 신들을 위한 음식을 준비하고 축제를 주관하며 신전을 돌보는 일에 봉사했다. 이처럼 초기 문명사회에서는 식량관리와 종교의례와 정부의 기능이 일체화되어 있음을 볼 수 있다.

수천 명의 사람들이 도시에 모여 살게 되자 사회조직이 필요하게 되었다. 함무라비 왕이 제정한 함무라비법에는 메소포타미아의 모든 생활을 규정하는 내용이 담겨 있었는데, 관개운하의 정비부터 결혼, 이혼, 입양, 건축에 이르기까지 전반적인 사항을 세세히 기록되어 있다. 범죄에 관해서는 종류를 불문하고 말 그대로 '눈에는 눈, 이에는 이', '상대의 뼈를 부러뜨리면 그 사람의 뼈도 부러뜨리는 것'으로 응징했다. 공공에 대한 범죄는 개인에 대한 범죄보다 더 가혹한 징벌에 처했는데, 예를 들어 사원에서 양이나 돼지, 소를 훔치는 범죄는 다른 시민의 것을 훔쳤을 때보다 세 배나 무거운 처벌을 부과했다.

이 법전은 와인거래와 숙박에 대한 법령도 담고 있었는데, 대부분이 여성인 여인숙 주인들은 정부를 전복하려는 밀담을 들으면 즉시 보고해야 한다는 조항도 있었다. 또 물을 탄 와인의 유통에 대한 경고와 이런 죄를 저질렀을 때는 익사형에 처한다는 벌칙도 명시돼 있었다. 이 모든 내용이 메소포타미아에서 발명된 문자로 기록되어 있어서 우리는 이런 사실들을 알 수 있다. 당시 사용한 쐐기문자cuneiform로, 젖은 진흙으로 만든 벽돌에 침필로 눌러 새겼으며 진흙이 마르면 영구적인 기록이 되었다. 이 기록들은 유해나 배설물, 쓰레기 유적보다 훨씬 많은 정보를 제공하는데, 음식에 대한 생활상을 엿볼 수 있는 편지, 노래, 문학작품, 법률, 상거래 기록과 사원의 소모품 목록, 궁중과 부유한 개인가정의 반입품, 조리법 등을 기록했다. 그러나 쐐기문자는 기원전 1세기경

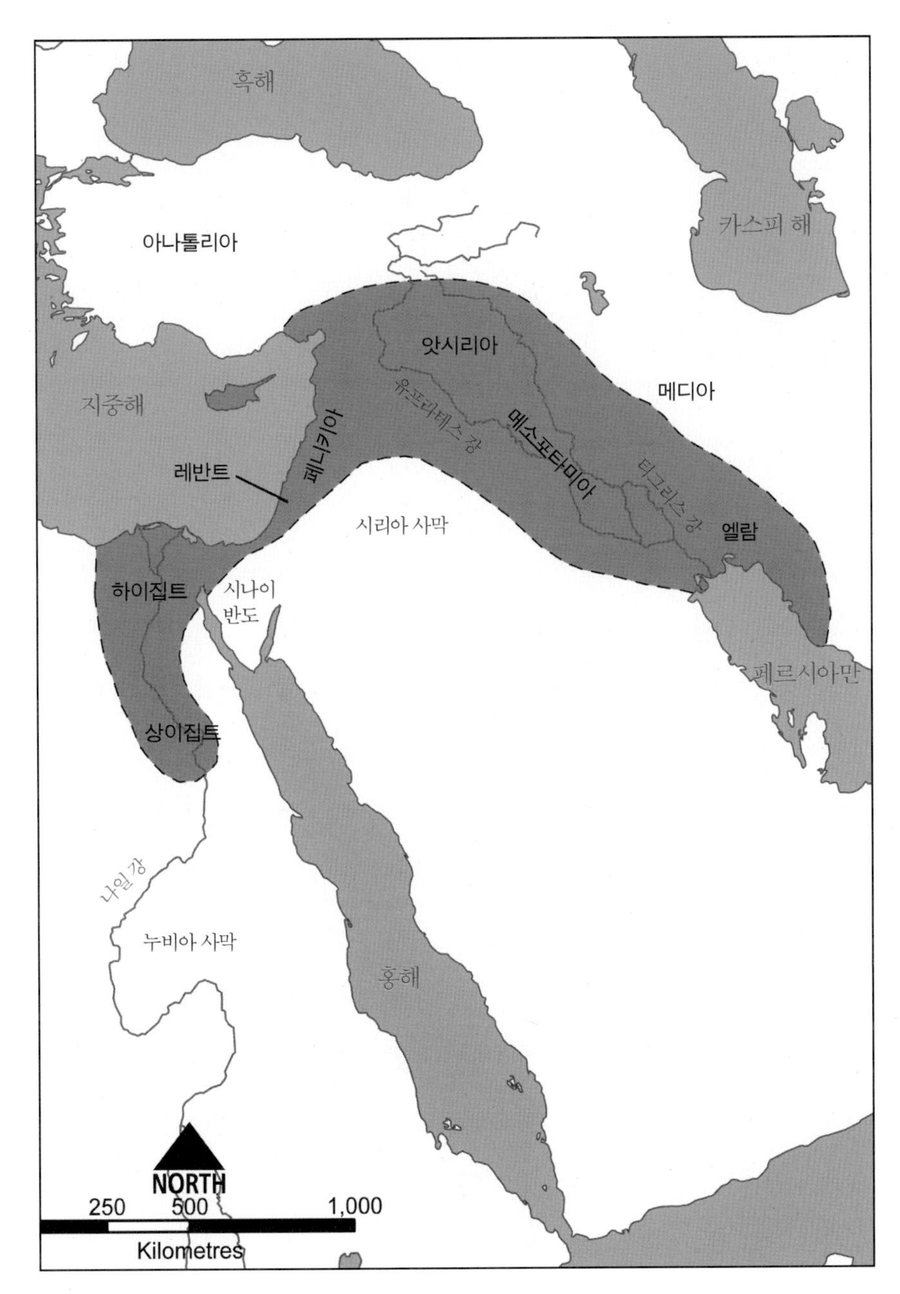
흑해
카스피 해
아나톨리아
앗시리아
메디아
지중해
페니키아
유프라테스 강
메소포타미아
레반트
티그리스 강
시리아 사막
엘람
하이집트
시나이
반도
페르시아만
상이집트
나일 강
누비아 사막
홍해
NORTH
250
500
1,000
Kilometres

비옥한 초승달 지대

에 사라졌고 더 이상 사용하지 않았다.

1840년 영국 고고학자들은 중동 지역 탐사에서 3만여 장에 달하는 쐐기문자 벽돌판을 발견했고, 여기에서 인류 최초의 맥주를 만드는 레시피를 발견했다. 이 기록에 의하면 수메르인들은 여덟 종의 보리 맥주, 여덟 종의 고보리 맥주, 세 가지 종류의 혼합맥주를 빚었다고 하는데, 유럽에서 홉이 맥주에 첨가된 것은 거의 4천여 년이 더 지난 중세부터다. 오늘날 수단에서는 맥주를 부자buza라고 부르는데, 여전히 홉을 넣지 않고 고대 수메르인의 방식대로 만들고 있다.

1) 신들에게 구운 고기를!

신과 여신들에게 바쳐진 물품의 기록을 보면 메소포타미아 지역에 식재료가 풍성했음을 알 수 있다. 고대 메소포타미아인들은 신들에게 하루 네 번의 식사를 바쳤는데 주식은 사람과 마찬가지로 빵이었다. 최고 신인 아누Anu와 세 여신안투Antu, 이쉬타르Ishtar, 나나야Nanaya에게는 하루에 빵 30덩어리와 최고 품질의 대추야자와 무화과, 포도를 제물로 올렸다. 그리고 그들보다 위계가 낮은 열명의 신들에게도 식사마다 많은 고기를 바쳤다. 다음 기록에서 그 사실을 엿볼수 있다.

> *"2년 간 보리를 먹여 키워 흠 없이 통통하게 살찐 최고 품질의 양 21마리, 특별히 가려 뽑아 우유를 먹여 키운 특별한 양 4마리, 우유를 먹이지 않은 2등급 양 25마리와 숫소 2마리, 우유를 먹여 키운 송아지 1마리와 어린 양 8마리, 새 30마리와 비둘기 20마리, 곡물 간 것을 먹여 키운 거위 3마리, 밀가루 반죽을 먹여 키운 오리 5마리, 2등급 오리 2마리, 겨울잠쥐 4마리, 타조알 3개와 오리알 3개……."*

위와 같이 준비된 신성한 음식들은 경건하게 요리되었다. 제분업자, 제빵업자, 도축업자들은 곡식을 갈거나 반죽하거나 짐승을 잡으면서 신에게 바치는 감사 기도를 노래하듯이 소리 높여 불러야 했다. 그러면 사제가 음식을 금쟁반에 담아 제단에 올려놓았다. 역사학자들에 의하면 그 뒤에 음식을 어떻게 처분했는지 확실한 답은 없지만 아마도 사제가 먹었거나 사원에 돈이 필요한 경우 내다 팔았을 것이라 한다.

과학자들은 종교적인 목적으로 작성된 음식 목록 외에도 최소한 세 군데 이상의 발굴지에서 메소포타미아 지역의 레시피 40여 개를 찾아냈다. 이들은 불과 400여 년 전까지 유지하던 전통적인 방식에 따라 작성된 것이지만 대부분 재료의 양을 정확하게 계량해 쓰지 않았으며 요리법도 구체적이지 않다.

"고기를 사용한다. 물을 준비하고 기름과 우유와 사이프러스를 원하는 만큼 넣는다. 그리고 파와 마늘을 다져 넣는다. 이제 내가면 된다."

어느 레시피는 사슴, 가젤 영양, 어린 암양, 어린 숫양, 숫양, 간 비둘기와 늙은 양과 더 이상 확인할 수 없는 '고기' 등으로 구성되어 있다. 순무 육수에 대한 레시피도 있는데, 향신료는 대개 양파, 파, 마늘을 썼고, 가끔 민트와 커민, 고수도 사용되었으며 대개 내오기 직전에 뿌린 듯하다. 수프는 체에 걸렀고 밀가루나 빵가루를 농후제로 사용했다. 좀 더 자세한 레시피에는 종교적인 제의를 위해 여러 종류의 새를 잡는 방법을 설명한다. 작은 새 요리를 기름지고 향을 낸 육수로 조리하는 방법을 설명하는 대목에서는 새를 찬물에 잘 씻어서 육수통에 넣고 끓이는 동안 위에 떠오르는 거품을 걷어내라는 당부가 나온다.

메소포타미아에서는 음식을 저장할 때 주로 말리거나 소금을 뿌리거나 오일에 절였고, 우유는 정제 버터나 치즈를 만들었다. 소스에는 석류나 아르굴라, 생선, 피스타치오, 체리, 자두, 렌즈콩과 아니스 씨, 메뚜기, 가지와 대추, 여러 종류의 콩과 꿀, 거북, 참깨, 돼지 등이 들어갔다. 수메르인은 말이나 개, 뱀 등은 먹지 않았는데 이런 요리들은 당시로서는 고난도 기술이 요구되는 것들이었다. 요리사는 제빵사나 제과사와는 차별화된 전문가 집단에 속했으며 요리사가 되기 위해서는 어린 시절부터 다른 전문가의 제자로 들어가 훈련을 받았다. 전문 요리사는 존경받는 직업 중 하나로, 가장 부유한 계층만 이들의 서비스를 받을 수 있었다.

왕가에서는 400명의 요리장과 제과장을 두었으며, 제례용 음식에도 비슷한 수의 요리장이 동원되었다. 당시 요리사의 위상이 어느 정도였는지는 마르둑Marduc 같은 주신主神이 거느린 작은 신들을 '마르둑의 요리사'라고 부른 것에서도 잘 알 수 있다.

2) 모여서 먹는 문화의 탄생

기원전 1천년 메소포타미아인들은 나라의 부와 권력을 과시하는 화려한 연회를 열었다. 다음은 왕의 궁궐 건축을 축하하기 위해 열린 연회 장면이다.

> *"...... 69,574명의 손님이 초대되었다. ...... 수십 가지 음식이 엄청난 분량으로 준비되었다. 통통한 암소 1천 마리, 양 1만 4천 마리, 어린 양 1천 마리, 사슴 수백 마리, 비둘기와 다른 새들 2만 마리, 생선 1만 마리, 들쥐 1천 마리, 달걀 1만 개와 맥주 수천 병과 수천 개의 가죽 주머니에 든 와인......"*

음식과 더불어 손님들의 머리에 바르는 향유도 제공되었다. 이처럼 메소포타미아에서는 음식의 양과 질로 대중을 압도하는 연회도 있었지만 세계 어느 곳과 마찬가지로 사적이고 소박한 모임과 축제를 즐기기도 했다.

3) 교역을 돕는 발명들: 바퀴와 쟁기 그리고 돛단배

메소포타미아에서 등장한 세 가지 발명품은 인류문화를 한 단계 끌어올리는데 결정적인 역할을 했다. 바로 바퀴와 쟁기 그리고 돛단배의 출현인데, 바퀴와 쟁기는 축력畜力을 노동력으로 전환할 수 있게 했다. 소나 말이 바퀴가 달린 수레를 끌자 더 많은 상품을 물물교환 시장에 가져갈 수 있었고, 동물이 쟁기를 끌어 땅을 갈아엎자 훨씬 효과적으로 농토를 경작하게 되었다. 바퀴 달린 수레는 전차로도 개조되어 강력한 병기로 쓰이기도 했다. 돛단배는 해로를 이용해 훨씬 빠르고 안정적인 무역을 가능하게 했고 해상으로만 접근할 수 있는 섬과도 교역이 가능하게 만들었다.

이런 발명들 덕분에 메소포타미아의 도시들은 유력한 무역중개지가 되어 3만 명 이상의 주민이 모여 사는 대도시가 형성되었다. 바퀴는 수레에만 쓰인 것이 아니라 특별한 음식의 제조에도 사용했다는 기록이 있다. 바로 양 사육 농가에서 양의 꼬리로 특별히 맛있는 기름을 만들 수 있었는데, 꼬리가 130cm나 되는 특수 품종의 양을 교배하여 길렀다. 그러나 긴 꼬리가 무거운 탓에 땅에 질질 끌고 다녀 상처가 나는 것이 문제였다. 그런데 누군가 이 양의 꼬리 밑에 바퀴 달린 작은 수레를 받쳐주어 상처 없이 다닐 수 있도록 했다. 오늘날에도 이 긴 꼬리 양은 특별한 꼬리 기름 때문에 고급 품종으로 인정받고 있다.

생물학적으로 지구에는 수만 종의 식용식물이 있는데 이를 재배하려는 수

천 년 간의 노력에도 불구하고 현재는 단지 600여 종만이 식량으로 길러지고 있다. 이들의 대부분은 비옥한 초승달 지대에서 처음 재배되었지만 이제는 유프라테스 강과 티그리스 강이 댐으로 막혔고, 비옥한 메소포타미아의 습지는 10%밖에 남아 있지 않으며 나머지 90%의 땅은 메마른 사막으로 변해버렸다.

4. 이집트: 나일의 강가

나일 강은 세계에서 가장 긴 강이다. 나일 강은 지중해에서 6,695km나 떨어진 아프리카 중앙부에서 발원하며 고대 이집트인에게는 생명의 수호신 같은 존재였다. 이들이 마시는 물과 먹는 물고기들은 모두 나일 강에서 왔고, 매년 봄 나일 강이 범람하면 산에서 싣고 온 영양분이 풍부한 흙이 계곡에 공급되었다. 이집트는 1년을 세 개의 계절로 나누는데, 모두 나일 강과 농사의 주기와 관련된다. 6월부터 10월 중순 사이는 강물이 둑을 넘어 범람하는 시기로, 넘친 물

축제의 유래… 키스푸Kispu

키스푸는 메소포타미아에서 매달 음력 마지막 날을 기념하는 축제이다. 이날은 망월에 해당하는 가장 어두운 밤으로, 산 자와 죽은 자를 막론하고 모든 가족이 모여 음식을 나눈다. 키스푸는 수메르어로 '조각조각 부수어 나눈다'는 뜻이다. 고대 메소포타미아에서 가족은 사후에도 늘 함께한다는 믿음을 지켜왔다. 키스푸는 이 오랜 신앙에서 비롯된 축제이다. 죽은 식구라도 함께 음식을 먹기 때문에 죽은 자의 몫까지 차려야 한다. 하지만 죽은 자는 많이 먹지 않으므로 음식이 줄어도 표시가 나지 않는다고 생각한다. 왕가에서 여는 키스푸는 나라 전체를 확대된 한 가족으로 여긴다. 왕이 주관하는 국가 행사인 키스푸는 조상들과 선왕 그리고 왕가를 위해 싸우다 죽은 이들을 존경하는 의미를 지닌다. 이때는 신들도 키스푸를 축하하며 영원의 세계에서 빵을 잘라 나눈다고 한다.

이 빠진 후 쌓인 새 흙에 사람들이 씨를 뿌리면 이때부터 2월 말까지 곡식이 자란다. 그러면 6월에 수확의 계절이 이어지고 그 뒤에 다시 강이 넘치면서 계절이 순환한다. 사람들은 보리와 밀의 씨를 뿌리고 그 뒤에 염소들을 풀어놓았다. 염소들이 휘젓고 다니는 통에 뿌린 씨가 새들이 먹어치우기 전에 땅속으로 파묻혔다. 기원전 1,300년경에는 나일 강가에도 메소포타미아처럼 관개시설을 만들고 강둑에 사과나무를 심었다. 하지만 강의 범람이 항상 좋은 일만은 아니었다. 때때로 넘쳐난 물이 땅속에 갇혀 썩어버렸기 때문이다. 이집트에서는 모기와 하루살이 같은 습지 벌레들과 쥐 같은 설치류가 식량 창고에 침입해 종종 문제를 일으켰다. 이를 해결하기 위해 고양이를 집에서 키운 것은 이집트인들이 처음이었다. 그들은 고양이가 쥐의 수를 줄이는 데 출중함을 높이 평가해서 고양이 숭배사상까지 만들 정도였다.

고대 이집트인이 먹던 음식 중 아직까지 널리 애용되는 것은 콩이다. '콩은 파라오도 만족시킨다.'는 말이 있을 정도로 인기가 높은데, 가장 유명한 품종인 파바콩과 갈색콩 요리는 이집트의 국민 요리가 되었다.

고대 이집트인의 문화는 나일 강과 연계된 죽음과 부활의 주기를 중심으로 형성되었다. 이집트의 많은 신과 여신들은 죽음과 관계되어 있다. 오시리스는 죽음을 넘어 승리하여 부활했으며 악을 이기는 선의 신이 되었다. 이집트인들은 만약 일생을 선하

요리 수첩 _ 이집트 갈색콩 요리

갈색콩 900g(하룻밤 물에 담근 것)

마늘 으깬 것 두서너 개

하미니 알 여섯 개(최소 6시간 이상 양파 껍질 넣은 물에 삶은 것)

파슬리 다진 것

올리브유

레몬 조각

소금과 후추

고 율법에 맞게 살았다면 죽은 후 오시리스와 하나가 된다고 믿었다. 그리고 심판의 날에는 심장이 저울에 올려져 생전에 지은 죄의 무게를 달며, 이때 자기는 이러저러한 죄를 짓지 않았음을 증명해야 한다고 생각했다. 그 죄의 대부분은 음식과 농사에 관한 것이었다.

"나는 소를 학대하지 않았고,
나는 사원에 바칠 소득이나 음식을 줄이지 않았으며,
나는 축복받은 죽은 이들의 빵을 취하지 아니하였고,
나는 아이들의 입에서 우유를 빼앗지 아니하였으며,
나는 밀려드는 물을 막으려고 둑을 짓지 아니하였나이다."

파라오는 나일 강과 동격이었고 생명의 주관자였다. 사람들은 파라오가 나일 강과 마찬가지로 죽은 후에 부활하리라고 믿었는데, 부활하기 위해서는 두 가지가 필요했다. 즉, 파라오가 다시 태어날 화려한 무덤인 피라미드의 보존과 부활 때까지 그의 시신이 잘 유지되도록 보살피는 일이었다.

1) 방부제: 계피와 소금

이집트인들은 시신을 보존해야 죽은 후에 영혼이 그 육체를 찾아올 수 있다고 믿었다. 먼저 코를 통해서 뇌를 다 빼내고 상체를 절개하여 위와 내장을 제거한 후 텅 빈 공간을 몰약이나 계피 같은 향신료로 채워 다시 꿰맸다. 그런 다음 시신을 나트론Na2CO3·10H2O이라는 미네랄 소금에 70일 간 절인 다음 소금을 씻어내고 시신을 면포로 감쌌다. 즉, 미이라를 만든 것이다.

미이라 만들기는 고위급 사제의 일이었다. 그들은 순결함의 상징이라며 삭발을 했는데 방충제가 없던 시절, 머리의 이를 미이라가 된 파라오에게 옮기지 않기 위해서였을 것으로 추측한다. 사제들은 방부 처리를 하면서 인체의 내장 구조에 대해 많이 알았을 것이다. 이집트의 의술은 매우 발달하여 사제들이 부러진 뼈를 맞추고 기원전 2500년경에는 뇌 수술까지 수행했다고 한다. 상처에는 꿀과 곰팡이 핀 빵을 발라 치료했다고 전해지는데, 현대의 관점으로 보면 꿀의 높은 당분이 세포에서 수분을 끌어냈을 것이고 곰팡이 핀 빵은 항생 효과를 냈을 것이다. 이는 1928년 영국의 플레밍A. Fleming이 푸른곰팡이에서 페니실린을 추출하면서 확인한 바 있다.

2) 사자死者의 서書: 사후의 음식들

옛 이집트 왕국에서는 기원전 2686~2181년에 거대한 피라미드들을 건설하였다. 피라미드에는 왕이 사후에도 제국을 다스리기 위해 필요한 모든 것이 갖추어져 있었다. 왕비와 하인들은 왕의 시신과 함께 매장되어 사후의 왕을 보위하는 역할을 맡았다. 왕이 죽으면 그 측근도 함께 생매장하는 순장殉葬의 관습은 왕이 가까운 측근에 의해 암살될 위험을 막기 위한 것이기도 했다.

피라미드에서는 버터와 치즈 등이 발견되었으며, 이밖에도 그림과 공예품에 고기와 생선을 비롯해 유제품, 과일, 야채, 거위알, 과자 등이 그려져 있는 것을 보아 파라오가 다양한 음식을 먹었다는 것을 알 수 있다. 심지어는 맥주 만드는 법도 그림으로 남아 있다.

3) 발효식품: 빵

나일 강이 생명을 주는 신이라면 빵은 생명 그 자체였다. 실제로 고대 이집트에서는 빵과 생명을 가리키는 말이 같다. 초기의 빵은 아주 단순했다. 밀가루와 물을 섞어서 동그랗고 납작한 반죽을 만들어 불가의 뜨거운 바윗돌에 올려놓아서 구워내면 끝이었다. 나중에는 좀 더 다양하고 독특한 모양의 빵이 만들어졌다. 음식 역사가들의 주장에 의하면 부푼 빵은 이집트인이 처음 만들었다고 하는데, 이것은 아마도 우연이었을 것이다.

한 학설에 따르면 굽고 남은 빵 반죽을 불가에 두었는데 공기 중의 이스트균이 표면에 묻어 자라면서 부풀었을 것이고, 이 반죽을 구워 보니 맛과 질감이 더 좋아져 그 일부를 남겨 다음 반죽을 만들 때 넣었다는 추측이 있다. 다른 가설은 이집트인이 빵을 반죽할 때 물 대신 맥주를 넣었는데 그 속에 있던 이스트균이 자랐다는 이야기다.

어쨌든 물과 닿은 밀가루에서는 글루텐이라는 단백질이 확장되면서 켜를 만들고 그 켜에 이스트가 내뿜은 이산화탄소가 차면서 놀라운 조직과 질감을 갖춘 부푼 빵이 만들어진다. 반죽이 확실히 부풀어 오르면 다음의 반죽에 넣기 위하여 그 일부를 떼어놓는다. 이렇게 해서 사워도우sourdough 빵이 등장했다. 예전의 반죽을 일부 넣거나 맥주를 붓거나 맥주 발효통의 찌꺼기를 이용하면 반죽이 부푼다는 것을 알게 되자 새로운 제빵기술들이 나왔다. 밀폐 공간에서 가열할 때 빵이 더 잘 부푼다는 것을 알면서 오븐이 발명되었고, 빵의 형태를 잡기 위해 쓰는 삼각 또는 사각형 틀도 만들어졌다. 직업 제빵사들은 최소한 40여 가지 종류의 빵과 과자를 만들었다는 기록이 있다. 그들은 파라오의 축제에 없어서는 안 되는 존재였다.

이집트의 먹거리 : 부풀린 빵을 들고 가는 여인과 우유를 짜는 남자

"비스킷 1만 개…… 아시아 빵 1천 2백 개, 말린 고기 1백 바구니, 고기 3백 조각… 소내장 250덩어리…… 털 뽑은 거위 10마리, 조리한 오리 40마리, 양 70마리, 생선 12종류, 살찐 메추라기와 여름 비둘기, 우유 60통, 크림 90통, 가로브carob 씨 30병, 상추 1백 다발, 일반 포도 50송이, 오아시스 포도 1천 송이, 무화과 3백 줄, 벌꿀 50 항아리, 오이 50항아리, 파 50바구니……."

이집트인들은 음식을 모두 손으로 집어먹었다. 상류층은 마루에 깔린 양탄자에 앉아 쿠션에 기댄 채, 낮은 테이블에 차린 음식을 먹었고, 세월이 지나면서 요즘과 같은 높이의 식탁과 의자가 사용되었다. 부유한 집에는 음식을 조리하기 위한 독립된 공간이 따로 있었으며 노예들이 완성한 음식을 가져왔다. 일반인들은 지붕 위나 집 뒤에서 조리를 했고, 대다수 하류층의 식습관은 상류층의 것과 전혀 달랐다는 것이 정설로 되어 있다.

4) 피라미드를 지은 사람들: 유대인의 식사

노예제도는 초기의 사회조직에서 흔히 나타나는 유형이다. 고대 사회에서 노예란 그저 때와 장소를 잘못 타고난 운명을 의미했다. 자신이 속한 부족이나 국가가 전쟁에 졌다면 승자의 재산이 되는 식이다. 그렇게 유대인은 이집트인의 노예가 되었다. 유대인은 유일신을 믿은 최초의 민족이었다. 유일신은 특정한 장소나 사물과 관련이 없어서 유목민에게 적합한 신앙이다. 다신교의 신이 어느 강이나 산 또는 계곡과 연결되어 존재한다는 믿음을 바탕으로 한다면, 유일신은 세상 그 어디에도 존재할 수 있다. 즉, 고대 이집트의 모든 신들은 나일 강과 연관되어 있었기 때문에 나일 강이 아닌 다른 지역에서 숭배할 수 없었다.

유대인은 식사와 관련해 많은 규칙을 가지고 있었다. 그중 가장 중요한 것은 코셔Kosher 도살법이다. 이에 따르면 신의 창조물 중 하나인 동물을 도살할 때는 되도록 고통을 주지 않아야 한다. 유대인은 동물을 거꾸로 매달아 아주 날카로운 칼로 단숨에 경동맥을 끊었다. 이 방법은 사람이나 동물 모두에게 유익했다. 동물은 바로 의식을 잃어 고통이 짧았다. 그리고 몸속의 피가 중력에 의해 모두 빠져나와 사람에게 해롭다고 알려진 흰색 조직들을 모두 구별하여 떼어낼 수 있었다. 이러한 규칙을 따르지 않고 도살된 고기는 불결한 것으로 간주되었다. 가축이 병이나 사고로 죽어도 마찬가지로 트레이프treyf(부정한 고기)라며 금기시되었다. 코셔의 과정은 주방에서도 이어졌다. 고기는 물에 담갔다가 소금에 절이고 다시 씻기면서 남은 핏자국을 모두 제거했다. '코셔'나 '트레이프'라는 단어는 나중에 영국으로 건너가 음식과는 관계없지만 원래의 의미를 살리는 쪽으로 그 뜻이 바뀌었는데, 예를 들어 영어로 코셔는 '정직하다, 고상하다, 깨끗하다.', 트레이프는 '불결하다.'라는 뜻이 되었다.

이밖에도 네발짐승 중 초식동물이 아닌 것은 금하는 규칙도 있었다. 초식동물이 아닌 돼지와 설치류, 파충류, 비늘이 없는 어패류 등도 금식 품목에 해당했다. 또 유대인은 '고기를 그 어미의 젖으로 요리하지 말라'는 금령도 지켰다. 따라서 쇠고기와 우유를 함께 먹어서는 안 되었다. 정통파 유대인들은 고기를 먹은 후에는 최소한 6시간이 지나야 우유를 마신다고 한다. 코셔 주방에서는 고기와 유제품이 서로 닿지 않게 따로 조리했다. 그러므로 반드시 두 대의 조리 테이블과 두 세트의 냄비와 접시를 사용하여 각기 다른 찬장에 섞이지 않게 보관했고, 심지어 두 벌의 조리도구와 식기세트도 보유했다고 한다. 전통적으로 붉은 접시는 정육용이고, 푸른 접시는 유제품용이다. 요즘에도 코셔 주방에는 싱크대와 식기세척기를 두 벌씩 준비한다.

유대인의 부풀리지 않은 빵, 무교병(matzo)

유대인의 주방에는 고기도 아니고 유제품도 아닌 제 3의 범주에 속하는 식품이 있다. 파레베pareve(어떤 짐승 고기도, 우유도 재료로 쓰지 않는 요리로) 불리는 이 식품에는 밀가루, 과일, 채소, 설탕, 음료, 생선 등이 속한다. 이것들은 우유나 그 무엇과도 곁들일 수 있었다. 하지만 이때도 약간의 제한은 있는데, 열매를 맺기 시작한 지 3년이 지나지 않은 나무의 열매는 먹어서는 안 된다. 아마도 척박한 환경에서 어린 나무가 자생력을 가질 때까지 보호하려는 의도에서 나온 금기일 것이다.

유대인이 노예로 잡혀 있는 동안 모세는 파라오에게 하나님이 "나의 사람들을 가게 하라. 그래서 그들이 광야에서 나를 위한 제사를 베풀 수 있도록 허락하라."는 명을 내렸다고 전했다. 그러나 파라오는 유대인이 떠나도록 허락하지 않았다. 그러자 유대인은 그들의 하나님에게 자유를 달라고 기도했고, 하나님은 이집트 땅에 여러 가지 역병을 돌게 하여 그것에 응답했다. 역병은 나일강을 피로 물들여 마실 수 없게 만들었다. 물고기가 죽고 땅은 개구리로 덮여서 주방의 오븐과 그릇 속까지 뛰어들었다. 메뚜기와 하루살이가 하늘을 가렸고 이집트인의 가축을 공격해 쓰러뜨렸다. 사람과 가축을 가리지 않고 피부병이 돌았고 곡식과 나무는 태풍에 휩쓸려갔다. 수많은 메뚜기떼가 남은 곡식을 먹어치우고 하늘을 덮어 사흘이나 암흑천지였지만 아직도 가장 혹독한 재앙이 남아 있었다. 바로 하나님이 죽음의 천사를 보내 모든 이집트인 장자들의 목숨을 앗아간 것이다. 이날 유대인의 가정만이 재앙을 면했으므로, 유월절은 바로 이날을 기념하는 가장 성스러운 유대교의 의식이 되었다.

축제의 유래… 유월절

유대인은 하나님의 계시에 따라 태어난 지 1년 된 어린 흰 양을 잡았다. 그리고 히솝 가지에 양의 피를 적셔 문설주와 기둥에 발라 유대인의 집이라는 증거를 남겼다. 그들은 양고기를 구워서 부풀리지 않은 빵과 쓴 나물에 곁들여 먹었다. 죽음의 천사들이 문설주에 바른 피를 보고 유대인의 집은 건너뛰고 이집트인의 집으로 가 자식과 가축 중 첫 배 난 것들을 모두 죽였다. 이집트 전역에서 통곡이 높게 울렸고 파라오는 마침내 유대인을 풀어주었다.
이날을 기념하는 유월절은 음력 정월 14일 저녁에 시작해 같은 달 21일 저녁에 끝난다. 유월절 만찬에는 특징적인 음식들이 차려진다. 다진 사과로 만든 세더seder와 견과류 믹스로 만든 하로셋harosset은 이스라엘인이 피라미드를 짓기 위해 쌓던 벽돌을 상징한다.
홀스래디시는 노예생활의 쓰라린 고난을, 소금물에 담근 삶은 달걀은 그들의 눈물을 상징한다. 부풀리지 않은 빵은 유월절 내내 먹는데, 이스라엘인이 황급히 이집트를 떠나는 탓에 미처 빵을 부풀릴 수 없었던 역사를 상징한다. 기독교의 부활절은 이 유월절과 연관이있다(2장 참조).

이러한 재앙의 결과 유대인은 결국 자유를 얻을 수 있었고, 지도자 모세와 함께 홍해를 가르고 젖과 꿀이 흐르는 가나안으로 향할 수 있었다. 여기서 가나안의 풍요가 젖과 꿀이라는 음식으로 상징되고 있다.

5. 중국: 황하

중국은 지역에 따라 기후와 지형이 다양하고 동식물의 종류도 이에 버금가게 많다. 서쪽의 티베트에는 히말라야 산맥이 세계에서 가장 높은 봉우리를 형성한다. 8,800m가 넘는 에베레스트 산은 미국에서 가장 높은 캘리포니아의 휘트니 산의 두 배를 넘는다. 중국의 최저 지대는 해수면보다 270m나 낮은데 이는 미국의 데스밸리보다 세 배나 아래로 꺼져 있는 셈이다. 중국의 기후는 만년설이 있는 지역부터 열대우림까지 다양하며, 지중해성 기후는 없지만 한발과 몬순우기가 교차한다. 인구는 2세기경에 이미 6천만 명을 넘어섰다.

역사학자들은 농업이 중국과 메소포타미아에서 독자적으로 발생했다고 믿는다. 메소포타미아에서 밀농사를 짓기 시작할 때 중국인들은 중동에는 알려지지 않은 기장millet을 재배했다. 기원전 6천년경 북중부 황하 강가에 있었던 반포半坡에서 최초의 중국문화 유적이 발견되었다. 이 마을은 성벽이 아니라 해자垓子로 방어되었으며 사람들은 황토벽과 초가지붕이 있는 집에서 살았고, 돼지와 닭을 키우면서 기장을 수백 개의 구덩이에 파묻었다. 2005년에 인류학자들은 보존 상태가 뛰어난 기장국수의 흔적을 발견했다. 그러자 중국과 이탈리아 중에서 누가 국수를 먼저 발명했는가를 놓고 논쟁이 일어났다. 이 논쟁의 발단은 마르코 폴로Marco Polo의 『동방견문록』에서 시작되었지만 지금까지도 두 나라 모두 자기네가 먼저라고 주장하며 특히 이탈리아인들은 "발견된 것이 국수이지 경질밀로 만든 파스타는 아니지 않는가?"라고 맞서고 있다.

비슷한 시기에 북중국에서는 여름의 마른 호수에서 소금을 건져 올렸다. 소금은 바닷물을 증발시켜서 얻든, 호수에 가라앉혀 얻든 중국에서 흔히 쓰이는 간장보다 생산 시점이 훨씬 앞선다. 소금은 기원전 2천년 즈음에 만들어졌고, 간장은 기원전 1300년경에 등장했다. 원래 간장은 생선에 소금을 넣고 발효시킨 것에서 유래했는데 나중에 대두가 첨가되고 생선이 빠지면서 오늘날과 같은 간장이 되었다. 대두는 영양 만점의 작물로 콩은 그것을 섭취하는 사람이나 재배하는 땅을 모두 기름지게 만든다. 또 중국에서 쓰이는 가장 오래된 향신료 중 하나인 계피는 기원전 2700년 약초학 책에 처음 등장한다.

축제의 유래… 중국의 춘절

중국에서는 설을 춘절春節이라고 부른다. 이 이름은 달의 움직임과 오래된 농경문화에 깊이 연관되어 있으며 봄과 가장 가까운 달의 시작일로 잡는다. 대개 동지冬至로부터 두 번째 달에 해당하며, 1월 21일부터 2월 21일 사이에 시작되어 보름 동안 이어지는 긴 축제이다.

설의 저녁식사는 새해에 행운과 부귀를 가져온다고 알려진 전통 음식으로 차려진다. 지방마다 고유한 음식들이 있는데, 바다 가까운 곳에서는 새우나 말린 굴, 날생선 샐러드, 해초, 물만두를 먹고, 남부에서는 나뭇잎에 싼 쌀떡을 먹으며, 북부에서는 밀로 만든 찐만두를 먹는다. 짐승을 통째로 요리하는 것은 풍요의 상징이다.

흰 두부는 죽음을 상징하는 색깔이기 때문에 먹지 않으며, 국수는 자르지 않고 먹는다. 긴 면발이 장수를 의미하기 때문이다.

춘절의 마지막 밤에는 빛의 축제가 벌어진다. 불꽃놀이 화약에서 나는 빛과 소리가 귀신을 쫓아내고 새해를 길하게 만든다고 믿는다. 설날에는 행운을 나타내는 붉은색 종이에 돈을 싸서 새해 인사와 함께 지인들에게 선물한다. 서기 2011년은 중국력으로는 4708년이다.

중국의 설날은 세계에서 가장 오래된 축제 중 하나다. 기원전 2600년대 중국의 황제는 달의 운동을 중심으로 달력을 만들고 열두 동물들을 본떠 12간지干支를 고안했다. 서양에 처녀자리, 전갈자리, 물병자리 등이 있다면 중국의 달력에는 쥐, 호랑이, 토끼 등이 있다. 지금도 일부 아시아 지역에서는 나라마다 날짜와 계산법이 다르기는 하지만 중국인처럼 음력 설을 새해의 첫날로 잡는다. 설날은 종교적인 축제이자 마음과 정신을 정화하는 날이며 가족이 모두 모이는 즐거운 명절이기도 하다.

잘 알려진 중국 사상가이자 유교의 창시자 공자孔子는 신하가 임금을, 젊은이가 노인을, 부인이 남편을, 벗들이 서로를 공경하면 세상 만물이 자연스럽게 돌아간다고 했다. 공자는 세상 변화의 이치를 담은『주역周易』과 궁중과 서민들의 노래를 적은『시경詩經』을 저술했다.『시경』은 그 당시의 문화와 음식에 대해 많은 것을 알려 주는데 여기에는 죽순, 배추와 셀러리, 복숭아와 대추, 살구와 잣, 헤이즐넛 등 모두 44가지의 채소와 향초가 언급되어 있다. 공자를 시조로 하는 중국의 대표적 사상 유교는 수백 년 간 중국 조정의 통치철학이 되었다. 15세기경에 중국을 지배한 유학자들은 다른 세계와의 교역을 금지했는데, 이는 근대사회로의 발전을 막는 결과를 낳았다.

소금값으로 지어진 만리장성

기원전 221년 진시황은 중국의 첫 번째 황제가 되었다. 그는 북쪽에서 내려오는 몽골족의 침입을 막기 위해 성을 쌓을 것을 명했다. 이 일에 필요한 막대한 자금은 국가가 소금 생산을 독점하여 징수한 세금으로 충당했다. 이 소금세는 상품에 대한 최초의 독점권 행사의 사례로 추정된다. 7.6m 높이에 수천 km

음식문화 비교: 신년축하 행사

나라/지역	축제 이름	날짜	축하음식과 놀이
한국	설날	1월 1일	떡국
캄보디아	차울 츠남 트메이	4월 12,13 또는 14일	집안 청소, 불교 사원 방문
덴마크	뉴 이어스 이브	12월 31일	삶은 대구와 머스터드 소스
그리스	뉴 이어스 데이	1월 1일	교회에서 행운의 동전을 넣은 달콤한 바질 빵 교환
인도 힌두교인	디왈리	10월 또는 11월	불꽃놀이, 기름등잔, 선이 악을 이김을 축하
이란	나우룻쯔	춘분	모닥불로 정화의식, 봄맞이 대청소, 생선과 허브를 넣은 쌀요리
고대 아일랜드	샤마인	10월 31일 11월 1일	모닥불 피우기, 상징적인 마술 사과 놀이
베트남	카포 단노	12월 31일	불꽃놀이, 렌즈콩, 샴페인
일본	쇼가츠	1월 1~3일	새해맞이 청소, 일출 보기, 소바(장수를 위한 메밀국수)
유대교	로쉬 하사나	유월절 첫날부터 162일째 되는 날	청소, 목욕재계, 달콤한 음식들
러시아	노비이 갓	1월 1일	구운 거위나 닭, 달콤한 과자와 보드카
미국	뉴 이어스 이브	12월 31일 1월 1일	파티와 풋볼 관람, 술
아프리카계 미국인	뉴 이어스 데이	1월 1일	호핑 존(팥과 쌀)
태국	송크란	4월 13일	물로 씻는 청결의식
베트남	텟 누엔 단	음력 1월 1일	붉은 봉투의 새뱃돈, 불꽃놀이

에 이르는 만리장성을 쌓는 데 100만 명 이상의 인력이 동원되었다고 한다. 만리장성은 우주에서 관측할 수 있는 지구상의 몇 안 되는 인공 구조물이기도 하다. 진시황 이전에 파라오가 그랬던 것처럼, 또 그 이후 로마 황제들이 그랬던 것처럼 진시황은 계속해서 초대형 건축물을 짓기 시작했다. 그중에는 4만 명 이상을 수용할 수 있는 거대한 궁전도 있다. 그는 죽어서도 중국을 통치하기 위해 6천 명의 전사와 말, 1천 4백 대의 전차를 진흙으로 빚어서 묘 속에 두었다. 진시황은 문자와 측량법을 표준화해서 중국을 통일하는 데 크게 기여했다. 그러나 가혹한 세금과 강제노역은 농민들의 반란을 불러왔고 결국 황제의 제국은 무너지게 되었다.

6. 인도: 인더스 강

메소포타미아, 이집트, 중국과 같이 인도의 초기 문명도 강 주변에서 시작되었다. 인도의 서쪽을 흐르는 인더스 강이 그 주역이다. 지리적으로 동양과 중동의 한가운데 위치한 인도는 수많은 교차 이주를 통해 이루어진 대규모 문화교류의 혜택을 입었다. 최초의 문화교류는 약 6만 5천년 전에 있었다. 다음에는 기원전 6천년경 중동사람들이 동쪽으로 이주하면서 인도로 들어왔는데, 이들은 가축화된 소와 양, 염소와 말을 키우던 경험을 인도 땅에 전수했고 중국인들은 서쪽에서 인도로 들어와 쌀과 차를 전파했다. 기원전 750년경 인도-유럽인들은 건조한 초원 지대인 북쪽의 스텝에서 인도의 중심부로 이동했고, 인도에 말馬을 소개하고 철기 문화를 퍼뜨렸다. 이와는 조금 다른 인도-유럽어 계통의 언어를 쓰는 사람들도 동부 유럽에서 이주해왔다. 그 결과 오늘날 유럽과 인도, 이란과 남북 아메리카에서 쓰이는 거의 모든 언어가 여기서 유래하게 되었다. 인도는 수학 분야에서도 앞서 최초로 영零, zero의 개념을 갖고 있었고 십진법을 사용했다. 또 많은 중요한 식품의 기원지이기도 한데, 기원전 2800년경 처음으로 들판에 쟁기질이 등장했으며 닭의 원산지이기도 하다. 사탕수수를 정제당으로 바꾸는 기술도 기원전 800년대에 이미 갖추고 있었으며 설탕이라는 뜻의 영어 슈가sugar는 인도어 샤르카르sharkar에서 온 것이다. 이처럼 요리나 식품에 관련된 단어 중에는 인도어에 기원을 둔 것들이 많다. 쌀요리를 뜻하는 필라프pilaf, 필라브, 풀라우pulao는 각각 페르시아어와 아랍어인데, 모두 인도어 팔라오pallao에서 왔다. 또 영어의 라이스rice는 아리시arisi, 페퍼pepper는 피팔리pippali, 망고mango는 아망가amagga, 오렌지orange는 나가랑가nagaranga, 커리curry는 카리kari에서 기원한 말이다. 타마린드tamarind는 아랍어로 '인도의 과일'이라는 뜻이다.

인도에서는 콩류 중에서 완두와 병아리콩, 렌즈콩 등을 먹었고 과일은 코코넛, 석류, 대추야자, 레몬, 멜론, 바나나 등이 고대로부터 전해졌다. 초기의 인도는 채식 전통이 그다지 강한 지역이 아니었으며, 소를 숭배하는 의식은 나중에야 나타났다.

1) 힌두교

인도는 주요 종교인 힌두교와 불교의 발상지이다. 힌두교는 기원전 750~550년에 아리안들이 북쪽에서 남하하면서 발생했으며, 여타 종교와 달리 특정한 창시자가 없다는 것이 특징이다. 힌두교의 교리는 『베다Veda』라 불리는 경전에 기록되어 있는데, 문자화되기 이전에는 암송으로 전달되는 구전문학의 형태로, 영양학에 근거한 질병 치유에 관해서도 적혀 있다. 이는 '아유르베다Ayurveda 의학'이라고 불리며, 산스크리트어로 생명과 일상생활에 대한 지식을 뜻한다. 인도에서 오늘날까지 사용되고 있으며, 티베트를 거쳐 중국 의학에도 영향을 미친 아유르베다 요법에 의하면 '치유의 기본은 음식의 유형에 따라 몸의 균형을 찾는 것이다. 음식은 뜨거운 것, 차가운 것, 습한 것, 건조한 것으로 나뉘는데 어떤 음식은 특정한 체질에는 약이 되지만 다른 체질에는 해를 입힌다.'고 한다. 『베다』에는 보리가 언급된 반면 밀이나 쌀은 보이지 않으며 설탕과 증류주, 돌절구와 돌공이가 등장하고 축제 때 사제들을 위한 쇠고기를 준비하는 방법 등이 실려 있다.

힌두교의 기본 교리 중 하나는 엄격한 카스트 제도이다. 한 사람의 인생 만사를 결정하는 이 제도에는 누구와 함께 어떤 음식을 먹어야 하는지와 같은 사소한 일까지 모두 정해져 있으며, 그 바탕에는 인종주의가 깔려 있다. 카스트에 따르면 지배자인 아리안은 최고 계층인 브라만에 속한다. 이들은 부유하고 교육을 받았으며 사제이자 귀족이다. 다음이 전사이고, 그 밑에는 검은 피부를 가진 가난한 비아리안계 서민이 있다. 가장 낮은 계층은 불가촉천민으로 육체노동자 또는 백정이나 청소부처럼 사회에 필요하지만 부정하다고 간주되는 사람들이었다. 불가촉천민은 문자 그대로 아주 사소한 접촉이나 심지어 그림자를 스치는 것만으로도 브라만을 육체적이나 영적으로 오염시킨다고 여겼기 때문에 그럴 경우 특별한 정화의식이 행해졌다. 이 의식에는 버터를 가열해 유단백 성분을 제거한 기ghee라고 하는 정제된 버터가 사용되었는데, 부패를 유발하는 단백질 성분이 사라져 뜨거운 날씨에도 오래 보관할 수 있었다.

힌두교도는 한번 태어난 이상 현생에서는 신분을 바꿀 수 없지만 내생에서는 상위의 카스트로 갈 수 있다고 믿었다. 몇 번의 환생을 통하여 사람들은 과거의 업(카르마)을 벗어버리고 종국에는 영원한 평화를 획득한다고 믿는데, 영원한 평화는 힌두교에서 궁극적으로 추구하는 네 가지 목표 중 하나이다. 다른 목표로는 부와 권력 그리고 육체의 쾌락이 있다. 육체의 쾌락에 대한 찬미는 힌두교 사원에 있는 다양한 체위의 성행위를 묘사한 조각들에서 엿볼 수 있다. 카스트는 오늘날에도 지속되며 여전히 일상생활을 지배하는 수많은 사회관계를 형성하고 있다.

고대 인도에는 소마soma라는 사제들이 신, 특히 달의 여신에게 바치는 신성한 음료가 있었다. 그 이름도 '달의 여신'이라는 뜻인데, 이 음료는 단순한 알코올이 아니라 강력한 환각 작용을 일으키는 약초들을 배합하여 만들기 때문에 마치 마약을 먹은 것처럼 자신이 강해지고 온갖 질병을 물리친 것처럼 느낀다고 한다. 소마는 어떤 식물을 갈아 쇠똥을 섞은 다음 양털로 짠 천에 걸러서

음식 에피소드 성스러운 소

비아시아권의 많은 사람들은 인도의 소 숭배가 비합리적이라고 생각한다. 하지만 인도에서 소가 숭배받는 이유는 농경사회에서 가장 중요한 노동력인 숫소를 낳기 때문이다. 숫소는 논에서 쟁기를 끌고 길에서 수레를 끈다. 소똥은 중요한 연료이자 농토를 비옥하게 가꾸는 비료이다. 그래서 소를 키우는 농부는 가족을 먹일 수단을 갖춘 사람이지만 만약 소가 죽으면 그들은 굶거나 도시로 이주해야 한다. 폭우가 내리는 우기와 비가 한방울도 오지 않는 건기가 교차되는 기후 탓에 단시간에 농토를 갈아야 하는 인도의 농부는 이웃에게 소를 빌릴 수도 없다. 인도의 토착 소인 제부zebu종은 낙타처럼 물과 음식을 저장할 혹이 있고 열대우림의 풍토병에도 저항력이 강하여 가혹한 기후 교차에도 잘 적응하여 살아남았다. 소는 인도가 제 2차 세계대전 후에 독립국가가 되는 데에도 중요한 경제적 영향을 미쳤는데, 그 결과 인도의 헌법에는 소의 권리에 대한 조항이 있다. 인도의 이웃인 티베트에서도 토착 소인 야크가 고대 인도의 소처럼 노동력, 운송수단, 연료, 비료 등을 제공한다.

만들었으며 우유나 커드, 밀가루와 섞어서 마셨다고 한다. 원료의 정체에 대해서는 여러 가지 설이 있는데 인도음식 역사학자인 아차야K. T. Achaya는 환각작용을 내는 광대버섯amanita muscaria이 사용되었다고 추정하고 있다.

2) 불교

인도에서 두 번째 큰 종교인 불교는 기원전 5세기경에 발생하였다. 불교의 창시자인 부처라고 알려진 싯다르타는 하루에 쌀알 여섯 톨만으로 연명하고 세상을 방랑하면서 삶의 고통苦의 원인을 알기 위한 고행을 실천했다. 부처는 힌두교의 카스트 제도와 다신교적 교리를 거부했기 때문에 하위계층에게 큰 지지를 받았고 고통이 없는 완전한 평화nirvana(열반)에 도달하기 위한 방법으로 윤회 사상을 받아들였다. 부처는 코끼리, 말, 하이에나, 곰, 사자, 호랑이 같은 육식을 금했는데 쇠고기를 먹어서는 안 된다고 한 적은 없다. 소를 먹는 것이 금지된 시기는 부처 사후, 지금으로부터 약 2천년 전으로 이 시기 소는 중요한 재산으로 부족사회 농경의 중심 동력이자 유용한 필수품인 우유를 제공하는 동물이므로 소를 도축하여 식용으로 쓰는 것은 지역사회에 큰 손실을 가져왔기 때문이다.

지금까지 살펴본 것처럼 아프리카와 중동, 인도와 아시아에서 인류가 진화함에 따라 인간관계도 발달했다. 수백만 년을 거치면서 인류는 직립보행을 하게 되었고 뇌의 용적이 점점 커졌으며 돌에서 시작해 청동과 철기로 도구와 무기를 만들게 되었다. 그리고 채집물을 먹는 채식성에서 육식으로 그리고 잡식성으로 변해갔다. 인간은 불을 장악했고 조리를 시작했으며 춤과 언어와 예술과 종교를 만들었다. 이 과정에서 수백 종의 동식물을 기를 수 있게 되었고 복잡한 수로水路를 공사하고 정부와 법 조직을 만들었다. 기원전 1천년경 여러 문명권에서 나온 상인들은 무역로를 개척해 돌아다니기 시작했고 그들을 따라 음식과 문화도 이동했다. 근동近東의 와인 만드는 법, 이집트의 올리브유, 비옥한 초승달 지대의 염소와 양 그리고 인도의 후추를 비롯한 향료들이 지중해를 따라 서쪽과 북쪽으로 전파되었다. 결국 이 모든 요리와 문화는 서구문화의 기초가 되는 어느 작은 나라로 흘러들었다. 그곳은 바로 그리스였다.

이 시기 한반도에서는

한반도에서는 수십만 년 전부터 사람들이 살면서 불을 피워 난방을 하고 고기를 익혀 먹은 흔적이 있다. 기원전 6천년경에 바다와 강가에서 신석기 문화가 시작되었는데 김해 패총에서 각종 조개류와 전복, 굴, 우렁이와 다슬기의 껍질 및 각종 생선가시와 돌고래뼈, 상어뼈 등을 발견했다. 이를 보아 이 시기 한반도의 거주민들은 조개를 따고 어로를 하여 식량을 얻은 것으로 추측된다. 이후 농업을 아는 이주민들이 중국의 동북방으로부터 남하하면서 한반도에 농업이 시작되었다.

초기 농작물들은 피나 기장, 콩, 팥 등이었으며 점차 생활터가 바닷가에서 한반도 내부로 옮겨지고 취락이 형성되었다. 벼농사는 기원전 1천년경에 시작되어 부여, 고구려와 예, 옥저, 삼한 등의 왕국이 세워질 무렵에는 철기문명과 함께 농업이 주산업이 되었다. 평양시 삼석구역 남경 유적에서 자포니카형 탄화한 쌀과 보리 및 조리용 토기와 항아리가 출토되어 이들의 생활상을 보여준다. 단군신화에 쑥과 마늘이 나와 각종 산나물이 식용으로 사용되었을 것임을 알 수 있다. 중국 진晋의 수신기에 맥적에 대하여 "고기를 꼬챙이에 꽂아 불 위에 굽는 음식으로 맥족의 음식인데 중국에도 성행한다."고 기록되어 한반도에서는 오래전부터 술과 기름, 장으로 양념하여 구운 고기를 먹었음을 알 수 있다.

두 번째 코스

고대 그리스와 로마제국

밀과 포도 그리고 올리브

BC 753 ~ AD 476

지중해의 고대음식들은 빵과 와인 그리고 올리브유 이 세 가지로 집약된다. 이러한 음식들은 일상생활의 주식인 동시에 신성시되는 대상이기도 하였다. 곡식의 여신인 데메떼르, 와인의 신 디오니소스 그리고 올리브나무를 아테네인들에게 준 아테네는 특별한 숭배를 받았다. 로마는 카르타고산 밀로 만든 공짜 빵을 시민들에게 나누어주었고, 프랑스까지 이르는 넓은 식민지에 포도나무를 심었으며, 동방에서 난 정향과 계피에 열광하였다.

1. 지중해

지중해는 음식과 문화에 있어 그리스와 로마의 중간쯤에 위치한다. 지중해 Mediterranean란 땅terra의 가운데medi에 있다는 뜻으로 이 바다가 북쪽의 유럽과 남쪽의 아프리카 그리고 동쪽의 아시아를 이어주는 물길이다. 서쪽의 대서양은 고대인에게 미지의 지역이었으므로 지중해 주변만이 그들이 알고 있는 세계의 전부였다. 지중해 주변의 기후대는 아열대성으로 여름에는 건조하고 햇살이 좋으며, 겨울에는 서늘하고 습도가 높다. 이런 기후는 위도 30~40° 사이의 북반구나 남반구, 캘리포니아의 중남부, 남부 아프리카, 칠레 중부, 호주 남서부등에 해당된다.

빵과 와인 그리고 올리브유가 삼각형의 세 꼭짓점을 이루는 지중해의 고대 음식들은 단지 생활의 주식만이 아니었다. 이 음식들은 신성한 것으로 여겨져 종교적인 행사에 의미를 부여하는 매체가 되었으며, 이것들을 인간에게 주었다는 신과 여신들은 숭배를 받았다. 이러한 현상은 다신교 사회인 그리스와 로마에서뿐 아니라 유일신 교리를 가진 유대교와 기독교에서도 나타났다.

2. 그리스

1) 지형과 지질

그리스의 지형은 음식과 문화에 중요한 영향을 미쳤다. 그리스는 바위가 많은 산악지대 국가로 삼면이 바다로 둘러싸여 있으며 국토의 약 15~20%만이 농사를 지을 수 있는 평평하고 비교적 비옥한 땅이기 때문에 인구를 먹여 살릴 만큼 의 곡식을 키우기 어려웠다. 이런 상황에서 선택의 여지는 많지 않았으므로 무역을 하거나 식민지를 정복하여 모든 것을 빼앗아 오는 수밖에 없었다. 그리스는 이 모든 방법을 다 동원하여 올리브유, 와인, 곡식을 수입했고 시칠리아처럼 곡식을 생산할 수 있는 비옥한 땅들을 식민지로 만들었다. 그러나 그밖에 다른 지역을 정복하는 전쟁에서는 승리하지 못했고, 결국 자신이 식민지로 전락하고 말았다.

그리스가 작은 도시국가 상태에 머무르며 중앙집권국가를 형성하지 못한 데에는 지형적 특성이 중요하게 작용하였다. 한 지역에서 다른 지역으로 이동하려면 가파른 산과 깊은 골짜기를 가로질러야 하므로 위험하며 시간도 오래 걸렸기 때문에 각 도시는 독립된 국가로 자치권을 가지게 된 것이다. 도시를 뜻하는 그리스어 '폴리스polis'에서 오늘날의 '정치politics'가 유래되었을 만큼, 아테네 시는 민주주의의 산지로 선거에 의해 선출된 시민들이 국정을 다스렸다. 미국과 그밖의 모든 민주주의 국가의 운영도 여기에 기초하고 있다. 그러나 오늘날의 기준으로 보면, 그리스가 그다지 이상적인 정치형태를 유지했던 것은 아니다. 선거권은 자유인인 남성에게만 주어졌으며 여성과 노예는 그러한 권리를 가질 수 없었기 때문이다.

그리스는 바다에 둘러싸였기 때문에 다양한 해산물에 의존하는 해양국이었고, 주변 해역에서는 청어, 가자미, 농어, 도미, 장어, 문어, 오징어 등 다양한 어종이 나왔다. 고대 그리스에서 요리사의 솜씨는 생선을 얼마나 잘 요리하는가에 달려 있을 정도였다. 역사에 이름이 기록된 최초의 요리사는 시라쿠스 시의 미테코스Mithekos인데, 시칠리아의 요리 재료와 레시피를 기록한 그의 요리책은 대부분이 생선에 관한 것이었다. 비록 책은 소실되었지만 이 책을 언급한 여러 문서 덕분에 이 최초의 요리사에 대해 알게 되었다.

그리스에서 특히 인기가 있었던 것은 검은 육질을 지닌 청새치였다. 투누스 타이누스Thunnus Thynnus라는 학명의 이 지중해 토종 참치는 무게가 거의1톤에 달할 정도로 몸집이 거대하다. 청새치는 오늘날 지중해 지역에서처럼 소금이나 올리브유에 절여 먹었고, 청새치와 사촌 간인 가다랑어는 무화과 잎으로 싸서 재 속에서 천천히 익혀가며 먹었다고 전해진다.

민주정인 그리스에서는 모든 사람들이 대개 비슷한 식사를 했다고 한다. 최소한 기원전 5세기까지 그리스인들은 올리브와 무화과, 염소와 양고기, 보리죽과 부풀리지 않은 빵으로 간소한 식사를 했다. 빵은 인간만이 만들 수 있었기 때문에 문명인을 상징하는 식품이었고 식초는 인기 있는 조미료였다. 검은 후추도 사용했지만 음식에 넣기보다는 주로 약용으로 쓰였다. 초지가 부족해 풀을 많이 먹는 소는 잘 키우지 않았고, 때문에 소를 가진 사람들은 부자로 간주되었다. 그들은 소를 식용하기보다는 밭을 갈고 수레를 끄는 데 사용했다. 양과 염소도 키웠지만 그 새끼들은 신에게 바치는 제물로 남겨두었다. 또 양과

음식 에피소드 참치

미국인들에게 친숙한 참치는 알바꼬레albacore라는 흰 살생선으로, 공식 학명은 투누스 알라룽가*Thunnus alalunga*이다. 이 생선은 바다의 닭고기라고 할 정도로 영양가가 높고 대서양과 태평양에서 주로 발견되며 지중해에서는 살고 있지 않다. 한편 프랑스인들이 알바꼬레라고 부르는 참치는 붉은살생선인 황새치로 공식 학명은 투누스 알바까레스*Thunnus albacares*이다. 이 역시 지중해에서는 발견되지 않고 주로 열대나 아열대 바다에서 서식한다. 이 생선은 회나 초밥을 다루는 일본인 셰프들에게 매우 사랑받는 품종이다. 하와이에서는 아히ahi라고 부르고, 스페인에서는 라빌rabil이라는 이름으로 통한다.

염소의 젖을 얻었고 그것으로 치즈를 만들어 보존했으며, 털실과 가죽을 얻을 수 있었으니 아주 늙어서 쓸모가 없어지지 않는 한 성숙한 양과 염소를 식용으로 쓰는 일은 없었다. 그리스 음식은 달콤한 것이 많았고 과일도 즐겨 먹었다. 아리스토텔레스가 '부드럽고 달콤한 무화과가 왜 이를 상하게 만드는지'라고 기록할 정도로 그리스인들은 충치가 많았다.

북부에 위치한 아테네와 달리 남부의 스파르타는 건강과 완벽한 신체를 중시하는 군인 중심의 사회였다. 병약하거나 장애가 있는 유아들의 양육은 일찌감치 포기하게 했고, 소년 소녀들도 격렬한 운동으로 신체를 단련했다. 일곱 살이 되면 소년들은 집을 떠나 병영 훈련을 받았는데, 그들은 막사에서 살고 거친 양털로 짠 천 위에서 자야 했다. 스파르타의 음식은 그런 생활에 걸맞은 것이었다. 치즈와 보리, 무화과가 주식이었지만 매일 돼지 육수를 사용한 검은 수프와 식초, 소금을 먹었다. 사치스럽다고 생각되는 것을 일체 거부하는 그들의 관습에서 '스파르탄spartan(스파르타식의 간소한)'이라는 말이 생겼다.

그리스의 지형은 인간관계에도 영향을 미쳤다. 육로 여행은 매우 힘들었기 때문에 손님과 주인의 관계는 거의 신성할 정도로 중시되었다. 가난한 행색이라도 낯선 자가 문 앞에 나타나면 주인은 친절하게 이들을 집에 들여 재우고 음식과 와인을 나누어야 할 의무가 있었다. "우리는 단지 음식을 먹기 위해 식탁에 앉는 것이 아니다. 우리는 음식을 같이 나누어 먹기 위해 식탁에 앉는다."이는 그리스의 저술가 플루타르코스의 말이다. 이들에게 식사를 같이한다는 것은 문명사회의 표지이자 인간이 짐승과 다르다는 증거였다. 반대로 손님도 주인에 대한 의무가 있었다. 주인의 환대를 받아들이되 너무 오래 머물지는 말아야 한다. 대체로 사흘이 넘으면 예의에 어긋나는 것이었다. 이렇게 주인과 손님의 의무를 저버리는 행위는 주위 사람들과 신의 분노를 불러일으키는 것으로 여겨졌다. 호메로스Homeros의 서사시 『오디세이아The Odyssey』에서 이타카의 왕인 오디세우스는 10년에 걸친 트로이 전쟁이 끝난 뒤 연이어 10년간 다른 나라들을 방황한다. 그 사이에 오디세우스의 저택에는 식객들이 몰려와 와인과 고기를 먹어치우며 그의 부인, 즉 왕비에게 왕이 죽었으니 새신랑을 맞으라고 압력을 넣는다. 오디세우스가 가난한 돼지치기로 변장해 집에 돌아왔을 때 식객들은 그에게 음식이나 쉼터를 주지 않았다. 그제야 비로소 오디세우스는 자기 정체를 드러내고 그들을 정당하게 처단할 수 있었다.

2) 데메테르, 곡식의 여신: 선의 여신

대지의 어머니이자 만물의 생장을 주관하는 여신 데메테르는 강력한 힘을 가졌다. 데메테르의 사원 주위에 심은 보리는 땅을 비옥하게 만들어주는 여신에게 바치는 제물이었다. 시간이 지나면서 보리는 밀로, 다음에는 쌀로 바뀌었다. 사원에서 심은 쌀을 결혼식 도중에 뿌리는 의식은 풍성한 결실인 자식을 소원하는 행위였다. 최근까지 결혼식에서 신부와 신랑에게 쌀을 던지는 관습은 여기에서 비롯되었다고 한다.

데메테르에게는 페르세포네라는 아름다운 딸이 있었다. 데메테르는 올림포스의 방탕한 신들로부터 딸을 용케도 숨겨 키웠다. 그러나 데메테르가 가장 염려하던 일이 벌어지고 말았는데, 페르세포네가 하늘과 땅을 흔드는 비명을 남기고 사라진 것이다. 데메테르는 미친 듯이 딸을 찾아헤맸고 올림포스를 떠난 그녀는 신들의 음식을 마다하고 초라한 방랑자처럼 민트 섞인 보리물이나 페니로열 차를 마시면서 비천한 하녀의 모습으로 변장한 채, 이곳저곳 떠돌아

페르세포네와 하데스를 그린 화병(BC 82)

다니며 딸을 찾았다. 이 모든 일을 하늘에서 내려다보고 있던 태양은 사자死者의 왕인 하데스가 꽃을 따러 나온 페르세포네를 보고 땅을 가른 다음 납치했다고 일러주었다. 그러자 데메테르는 낙담과 슬픔에 빠졌고, 그녀와 함께 대지도 비통함에 잠겨버렸으며, 자라는 것들은 모두 말라갔다. 인간들이 굶어죽을 지경에 이르자 마침내 제우스가 중재에 나서 페르세포네를 어머니에게 돌려보내게 했다. 그러나 페르세포네는 하데스가 준 석류를 맛보았기 때문에 그에게로 돌아갈 수밖에 없었다. 이로써 페르세포네는 죽은 이들의 여신이자 봄의 여신이 되었다. 페르세포네가 지상으로 올라오는 여덟 달 동안에는 기쁨에 넘친 데메테르가 대지의 나무를 무럭무럭 자라게 하고 꽃을 활짝 피우지만, 페르세포네가 죽은 자들의 세계로 돌아가는 넉 달 동안에는 데메테르가 슬픔에 잠겨 대지에는 아무것도 자랄 수 없게 된다. 즉, 겨울이 오는 것이다.

3) 디오니소스: 포도의 신

포도덩굴은 매년 겨울에는 마치 죽은 듯 보이다가도 봄이 되면 기적처럼 다시 살아난다. 마치 나일 강이 이집트인들에게 부활을 상징하는 것처럼 포도의 신 디오니소스는 그리스인에게 부활과 불멸의 상징이다. 포도는 기원전 1500년경에 이미 대규모로 재배되었고, 이때부터 와인도 만들어졌다. 그리스인은 와인에 꿀을 타서 마셨으며, 그것을 담아놓는 사기병에 송진을 발라 물이 새지 않도록 했다. 소나무 분비액을 발라 굳혀 송진이 스며든 술맛은 오늘날 그리스 술인 렛시나retsina로 남아 있다.

음식 에피소드 고대 그리스식으로 술을 마시되 취하지 않는 법

고대 그리스인들은 와인을 사랑했고 그래서 술을 마시되 취하지 않는 방법을 여러 방면으로 연구했다. 마침내 그들이 생각하는 디오니소스의 결점, 즉 취하는 것에 대한 해독제를 발명했다. 그들은 자주색 준보석으로 만든 병에 자주색 와인을 담아 마시면 두 개의 보라색이 충돌을 일으켜 서로 약효를 상쇄한다고 믿었다. 와인이라는 의미의 그리스어 메시methy에서 '취하다.'라는 단어 메시엔methyein이 나왔고, 여기에 부정 접두어 a가 붙어서 '취하지 않게 만드는' 보라색 돌의 이름이 되었다. 이 돌이 바로 자수정인 에메시스트amethyst이다.

와인의 신인 디오니소스는 그가 빚었다는 와인처럼 여러 가지 능력을 가졌다. 그는 사람들의 마음을 흥분시켜 예술적인 영감이 넘치게 만들었고 그의 영향력 아래 있던 사람들은 때때로 용납할 수 없는 범죄를 저지르기도 했다. 반면 여성들은 일반적으로 와인을 마시는 것이 허용되지 않았다. 예를 들어 연회는 대개 참석자가 남자로 한정되었고, 간혹 여성이 초대되는 드문 경우에도 남자들에게처럼 질이 좋고 잘 숙성된 와인이 돌아가지는 않았다. 그 대신 여성들에게는 대부분 달달한 와인이나 발효가 막 시작된 포도주스를 제공했다. 와인을 마시는 것 자체가 신성한 행위로 사람의 성정을 변화시켜 신에게 더욱 가까이 가게 만든다고 믿었기 때문이다. 그리스인들이 가장 신성하게 여기는 예식중 하나인 심포지엄symposium이라고 부르는 연회에서는 와인이 식사에 딸려 나오지 않고 식사 후에 따로 제공되었다.

4) 심포지엄

심포지엄은 통치자의 식탁이나 사원 같은 공공 집회장소에서 벌어지는 가장 중요한 연회로 기원전 7세기경에 이미 관례화된 형식을 따르고 있었다. 고대 그리스에 대한 훌륭한 자료들은 물병에 그려진 그림들과 최근 마시모 베타 Massimo Vetta의 글「심포지엄의 문화The Culture of the Symposium」에서 찾을 수 있다. 베타에 따르면 심포지엄은 '식사 후에 따로 갖는 남자들만의 모임'으로 대개 결혼식 같은 가문의 큰 행사나 승전에 대해 신전에 예물을 올리는 감사의식 혹은 정치적 결정을 위해 모이는 특별한 대중집회 뒤에 따로 열리는 모임이었다. 심포지엄은 대개 신들에게 어린 양이나 염소와 같은 동물을 바치는 피의 희생의식으로 시작된다. 목을 잘라 희생된 동물은 바로 마제이로스mageiros(그리스어로 주

포도나무와 바쿠스를 그린 컵 문양(파리 루브르 박물관)

방장, 도축자 또는 동물 희생자라는 뜻)에 의해 절단되는데, 먼저 신에게 가장 좋은 부위인 다릿살과 기름을 바치고 나머지를 사람들이 나누어 먹는다. 노예들의 접대를 받는 손님들은 샌들을 벗은 뒤 한 팔을 낮은 의자에 괴어 반쯤 누운 자세로 음식을 먹는다.

음식을 다 먹고 나면, 노예들이 식탁을 정리하고 손님의 손을 씻어주며 식사 중에 바닥에 던진 뼈다귀 등의 쓰레기를 치우는 동안 참석자들은 머리와 가슴을 꽃다발로 장식한다. 시 낭송과 플루트 연주가 시작되면 참석한 모든 남자들은 같은 잔을 돌려가면서 와인을 마시고 결속을 다진 후 중요한 결정들을 내린다. 의식이 시작될 때는 몇 방울의 와인을 신에게 바치고 난 뒤 나머지는 물을 섞어 마신다. 종종 와인과 물을 1:2~3의 비율로 묽게 희석하는데, 이는 그리스인에게 문명의 상징과 같았다. 취하는 것을 사전에 방지하고 이성적인 결단을 내리는 데 필요한 적당한 음주를 위해서였다.

5) 아테나: 올리브의 여신

그리스에서 올리브유는 마치 황금과도 같다. 올리아 유로파에아Olea Europaea라는 학명을 가진 나무의 열매인 올리브는 기원전 5천년대부터 지중해 동부 지역에서 팔레스타인 사람과 시리아인에 의해 재배되었고, 그때부터 기름을 짜서 사용했다. 회청색의 올리브 나무는 성장 속도는 느리지만 수백 년 이상 살 수 있는 생명력을 지녔다. 올리브유는 고대 지중해 지역의 중요한 교역 상품으로 조리용과 약용은 물론 심지어 연료로도 쓰였으며, 때때로 향을 첨가해 향수나 바디로션으로 이용했다. 기원전 776년에 시작된 올림픽에서 선수들은 올리브유를 발라 번질거리는 맨몸으로 육상이나 높이뛰기, 레슬링, 권투 등의 경기에 참가했고, 승자는 올리브유를 바른 알몸에 아폴로의 상징인 월계수로 만든 관을 쓰는 영광을 안았다. 1896년에 다시 시작된 근대 올림픽에서도 월계관은 여전히 남아 있었다. 추위에 매우 약한 올리브 나무가 그리스의 온난한 날씨에서 잘 자란다는 것이 알려지자 올리브는 주작물로 재배되었다. 올리브는 익지 않은 초록색 열매든 잘 익은 검은 열매든 모두 쓴맛이 있다. 그래서 식용으로 쓰려면 소금물이나 물, 기름에 담가 저장하거나 소금 속에서 건조시켜야 한다. 기름 추출을 위해 압착을 할 때는 과육은 으깨지되 씨는 부서지지 않을 만큼 적당한 압력을 가해야 한다.

고대 그리스에서는 먼저 큰 그릇 속에서 올리브를 대강 으깬 다음 짚으로 짠 바구니에 옮겨 담아 압력을 가한다. 압착기에 바구니를 여러 개 쌓고 누르는 등 일찍부터 여러 가지 압력을 가하는 방법이 고안되었는데, 주로 길고 아주 무거운 나무를 지렛대 삼아 무게를 실으면 물과 기름이 섞인 액체가 나온다. 이것을 받아 가라앉혀 위에 뜨는 올리브유를 얻었는데, 이렇게 주기적으로 올리브유를 짰다.

올리브는 서구문화에서 상징성이 매우 크다. 유대교와 기독교의 구약 중 노아의 방주 이야기에도 올리브가 나온다. 노아는 땅이 여전히 홍수에 잠겨 있는지 알아보기 위해 내보낸 비둘기가 올리브 가지를 물고 돌아온 것을 보자 드디어 물이 빠진 것을 알았다고 한다. 이때부터 비둘기와 올리브 가지는 평화의

올리브 연대기

시기 미상	이란과 터키에서 야생 올리브 나무가 처음 재배됨.
기원전 3500년	그리스와 터키 주변의 섬들에서 올리브 나무가 작목됨.
기원전 15세기	포에니 무역업자들이 사이프러스와 크레타에 올리브 나무를 가져옴.
기원전 8세기	그리스 개척자들이 시칠리아와 남부 프랑스, 스페인, 트라키아와 흑해 지역까지 올리브나무를 가져다 심음.
기원전 8세기	에크론(지금의 이스라엘)에서 한 해에 1,000톤 이상의 올리브유 생산.
기원전 175년	로마에서 카토Cato가 저술한 농사에 대하여 의 대부분에서 올리브와 기름에 대해 자세히 언급됨.
2세기 말	로마에서 콜루멜라Columella가 올리브 수확의 어려운 점에 대하여 기술함.
1497년	스페인인들이 올리브 나무를 카리브 해 주변과 멕시코에 옮김.
약 1775년	선교사들이 올리브 나무를 캘리포니아의 한 스페인 수도원에 심음.
1803년	캘리포니아에서 처음으로 올리브유를 압착했다는 기록이 나옴.
1899년	익은 올리브가 통조림으로 나옴.
1933년	캘리포니아인이 처음으로 올리브에서 씨를 도려내는 내는 기계를 발명해 마티니 애호가들의 열광적인 환영을 받음.
21세기	유럽연합, 특히 스페인의 안달루시아 지방과 이탈리아에서 전 세계 올리브유의 3/4을 생산함.

올리브유 병을 든 여인

상징이 되었다. 그리스인들에게 올리브는 아테나 여신의 상징이었다. 여전사의 복장으로 헬멧을 쓰고 방패를 든 아테나 여신은 평화와 지혜를 대표했다. 그녀는 올리브나무를 만들어 아테네인들에게 선물한 공로로 그곳의 수호여신이 되었다. 그녀는 트로이 전쟁에서 그리스인들이 이길 수 있게 도왔다고 한다.

6) 신들의 음식: 넥타와 암브로시아

신들에 관한 이야기는 나중에 기독교인들에 의해 신화라는 이름을 얻었다. 하지만 당시 그리스인들은 그것을 거의 종교와 같은 정도로 믿는 동시에, 올림포스 산의 열두 신들은 사람에게는 금지된 음식을 먹기 때문에 영생하는 것으로 믿었다. 그중에는 달콤한 음료인 넥타nectar와 천국의 음식인 암브로시아

ambrosia가 있다.

신들의 행동은 다분히 인간적이었다. 서로 싸우고, 거짓말을 하고, 배우자를 속이고, 화를 내고, 종종 아름다운 처녀나 원하는 것을 얻기 위해 변장도 서슴지 않았다. 제우스와 헤라 부부는 신들의 왕과 왕비였고 신과 여신 모두 불과관련이 있었는데, 헤스티아는 화로의 여신이었다. 그녀는 제우스의 하나뿐인 누이인 처녀 신으로 매일 공공장소에서나 개인들로부터 숭배를 받았다. 모든 도시에는 끝없이 타오르는 성화가 있었는데, 헤스티아가 이 불이 꺼지지 않게해 준다고 믿었기 때문이다. 그래서 그리스인들은 매끼 식사가 시작되거나 끝날 때마다 헤스티아에게 제물을 바쳤고, 새로운 식민지를 개척하면 옛 도시에서 불을 옮겨오는 관례를 통해 문화적인 연속성을 상징적으로 표현했다. 오늘날 올림픽 성화가 아테네에서 채화되어 경기가 열리는 도시를 향해 손에서 손으로 옮겨지는 의식도 여기에서 연유한다.

불과 관련된 또 다른 신으로는 대장장이의 신 헤파이스토스가 있다. 그는 다른 신화에 나오는 많은 신들처럼 선한 면과 악한 면을 모두 가지고 있다. 선한 면이란, 불의 창조력으로 인류에게 유용한 물건들을 만들었다는 것이고 악한 면으로는 파괴력을 지녔다는 것이다. 그는 화산에서 살았는데, 헤파이스토스의 라틴어 이름인 불칸Vulcan에서 볼케이노volcano(화산)라는 말이 나왔다고 한다. 헤파이스토스는 매우 못생겼고 절름발이였지만 미와 사랑의 여신인 아프로디테Aphrodite의 남편이었다. 성적 자극을 주거나 정력을 증강하는 음식을 가리키는 아프로디시아스aphrodisiacs(최음제)라는 말은 이 여신의 이름에서 비롯되었다. 대표적인 최음제로 알려진 식품은 굴, 캐비아, 샴페인, 초콜릿, 달팽이 등과 같은 것들이다.

음식은 그리스 신화의 대단히 중요한 모티브였다. 배고픔은 탄탈로스가 인육을 먹은 행위에 대한 벌이었다. 신들과 더불어 넥타와 암브로시아를 먹은 유일한 인간인 탄탈로스가 어느 날 아들을 삶아서 신들에게 먹이는 불경한 죄를 저질렀는데, 신들은 어깨고기를 한 점 먹자마자 인육을 먹었다는 것을 알게 되었고, 이에 분노한 신들이 탄탈로스를 영원한 배고픔과 목마름에 시달리도록 함으로써 죄 값에 합당한 벌을 내린 것이다. 결국 탄탈로스는 목까지 물이 찰랑거리고 과일나무가 머리 위로 드리운 연못에 서 있게 되었다. 타는 목마름에 탄탈로스가 고개를 숙이면 물은 사라지고, 손을 내밀어 사과나 석류, 배나 무화과를 따려고 하면 나뭇가지는 바람에 날려 손이 닿지 않는다. 여기서 나온 탄탈라이즈tantalize라는 단어는 잡힐 듯 말 듯 유혹함으로써 간절한 욕망에 미쳐버릴 것처럼 만드는 것을 의미한다.

7) 그리스의 황금시대와 전문 요리사

기원전 5세기경 아테네와 스파르타가 연합하여 페르시아 제국의 침략을 저지한 이후 이어진 평화의 시기는 그리스문화의 황금기였다. 아테네는 인구 30~50만 명의 대도시로 발전했고 그리스와 서구문화의 초석이 되는 건축과회화, 조각들을 통해 예술이 꽃피었다. 또 그리스 전역에 극장이 세워졌고, 아리스토파네스의 희극과 오늘날에도 공연되는 아이스킬로스, 소포클레스, 에우리피데스 등이 지은 비극들이 공연되었다.

이때부터 부유층이 생겨났고 부자와 빈자의 문화적인 격차도 발생하기 시작했으며 이런 변화는 그리스의 음식에도 영향을 미쳤다. 가난한 이들은 껍질을 벗긴 보리를 갈아서 가루로 만든 뒤 구운 마짜maza라는 빵을 먹었고, 부풀리지 않은 밀떡, 양젖과 염소젖으로 만든 치즈, 올리브유가 주식이었다. 반면에 부유한 이들은 훨씬 다양하고 공들인 음식인 병아리콩과 렌즈콩 등의 두류와 양귀비씨, 참깨 등의 씨앗들을 먹었고, 개를 포함하여 집에서 키우는 가축들의 고기를 먹었다. 집 밖의 숲은 곰이나 사슴, 토끼와 여우같은 크고 작은 짐승들과 순무, 파, 크레송, 양파, 마늘 같은 채소를 제공했으며 양봉업자들이 딴 꿀도 부자들에게는 중요한 음식 중 하나였다.

도시화의 진행으로 늘어난 부와 무역은 그 옛날 손님과 주인의 환대 전통에서 한 단계 나아갈 필요를 만들어냈다. 도시에서는 공공 여인숙을 지어 그리스의 각 식민지들을 여행 중인 상인과 사업가들을 접대했는데, 여행자들에게는 음식이 필요했다. 따라서 요리사가 전문 직업이 되었으며 시칠리아의 시라쿠스나 켈라 지역에서 온 아르케스트라투스Archestratus는 요리책은 아니지만 음식에 대한 저서를 남겼다. 특히 음식에 대한 시들이 많았는데, 그중 일부는 『일리아드』나 『오디세이아』처럼 리라의 반주에 맞추어 노래하듯 낭송할 수 있는 서사시 형식을 띤 것도 있다. 이 시들은 심포지엄에서 유흥거리로 만들어졌는데, 고대 영웅들의 이야기를 기대하고 있던 청중에게 갑자기 생선에 관한 시를 낭송해 놀라게 하는 즐거움을 주기도 하였다. 그러나 아쉽게도 그의 작품들은 대부분 소실되어 현재에는 일부만 남아 있는데, 플라톤 같은 그리스 철학자들이 요리는 예술이 아니며, 음식에 대한 글들을 도서관에 보존할 가치가 없다고 여겼기 때문이다. 그리스의 황금시대는 기원전 431년 아테네와 스파르타의 전쟁과 더불어 끝났다. 그리스에서 가장 강력했던 두 도시는 반도의 패권을 놓고 약 27년에 걸쳐 전쟁을 벌였으며 스파르타의 전략은 반도에서 식량 공급을 차단하는 것이었다. 이를 눈치 챈 아테네인들은 기원전 415년 시칠리아를 침공하여 곡물 생산지로 이용하려 했다. 그러나 2년 후에 시칠리아인들의 봉기로 아테네의 해군이 패퇴하고 전체 병력의 3분의 1이 참살되는 결과를 낳았다. 이 전쟁은 스파르타가 아테네의 곡물 수송 해로를 봉쇄하면서 기원전 404년에 끝났다. 식량이 떨어진 아테네가 항복을 선언하자 그리스 문명의 황금기는 종말을 맞았다.

8) 알렉산더 대왕과 마술의 황금사과

그리스의 바로 북쪽, 마케도니아에서 새로운 정복자, 알렉산더 대왕이 나타났다. 알렉산더 대왕은 그리스인은 아니었으나 그리스문화를 사랑했고 철학자 아리스토텔레스가 그의 스승이었다. 아리스토텔레스는 소크라테스에서 플라톤으로 이어지는 그리스 학문을 계승한 철학자이다. 알렉산더의 목표는 세계 정복이었고, 실제로 그의 영토는 그리스에서 시작해 지금의 이란이 있는 페르시아를 거쳐 이라크와 인도의 서쪽인 인더스 강까지 이르렀다. 북쪽으로는 아프가니스탄과 파키스탄, 남쪽으로는 아프리카에 이르는 광활한 영토를 획득한 그의 정복 전쟁은 새로운 문화를 창조했다.

헬레니즘이라 부르는 이 새로운 조류는 그리스와 페르시아, 인도와 이집트의 네 문화가 혼합되어 탄생했다. 헬레니즘은 특히 그리스의 요리에 큰 영향을 주었는데, 전쟁과 무역을 통해 새로운 식자재가 소개되고 조리법이 전파된 것이다. 당시 그리스의 한 작가는 음식에 일어난 모든 변화들을 보고 “세상이 어떻게 변했는지 아시오? 빵, 마늘, 치즈, 마짜 이런 음식들은 건강한 것이지요. 염장한 생선과 향료를 뿌린 양고기, 달콤한 과자나 전통에서 벗어난 고기 스튜 등은 그렇지 않다오. 그리고 하느님 맙소사, 양배추를 올리브유에 볶아 완두콩

간 것과 같이 먹다니……" 라고 한탄했다.

알렉산더는 모든 정복지에 도시를 세우고 최소한 15개 이상의 도시에 자신의 이름을 붙였다. 세계 학문의 중심은 아테네에서 이집트의 알렉산드리아로 바뀌었다. 그곳에는 그리스어로 된 7만 권의 서책과 함께 동물원, 식물원, 천문대와 약 122m가 넘는 등대가 있었는데, 등대는 나일 강을 따라 밀을 싣고 항구로 들어오는 배들을 지켰다고 한다. 알렉산더는 불사不死의 삶을 원한 나머지 전설 속에 전해오는 생명수와 먹으면 400세까지 살 수 있다는 황금 사과를 찾으려 했지만 말라리아로 의심되는 열병에 걸려 결국 33세의 짧은 생애를 마치고 말았다. 불사의 신화에 사로잡혀 있던 그는 자신의 시신을 꿀에 담가 투명한 유리관에 잘 보존하여 알렉산드리아에 안치하라는 유언을 남겼다. 그러나 기원전 323년, 강력한 지도자가 사망한 이후에 늘 일어나는 후계자 분쟁으로 인해 그의 제국은 여러 장군들이 지배하는 작은 왕국들로 쪼개졌다. 이로써 지중해의 권력 구도는 빠르게 그리스 서쪽에 있는 작은 장화 모양의 반도로 옮겨졌다. 새로 흥기興起하는 이탈리아였다.

3. 로마제국

1) 로마의 형성(BC 753년): 늑대의 젖을 빨다

모든 나라에는 시조始祖에 대한 신화가 있다. 로마의 시조 신화는 쌍둥이 형제 로물루스Romulus와 레무스Remus의 이야기이다. 형제는 올리브 나무 아래서 태어났다고 전해진다. 전쟁의 신인 마르스Mars와 라틴 공주 사이의 자식들이었지

로마의 시조인 로물루스와 레무스에게 젖을 먹이는 늑대(로마 박물관)

만 출생 직후 버려졌고 늑대가 이들을 돌보았는데, 이후 로물루스가 레무스를 살해하고 로마를 창건했다. 이는 전설일 뿐이지만 확실한 것은 기원전 8세기경 테베레 강가에서 침입자들을 경계하기에 용이한 일곱 개의 높은 언덕 위에 로마가 세워졌다는 사실이다. 이곳은 천혜의 항구이자 방어진지를 구축하는 데도 유리했을 뿐 아니라 테베레 강 둔덕에는 지중해의 주요 무역품인 소금 퇴적층이 두껍게 쌓여 있었다. 최초의 로마 도로인 비아 살라리아Via Salaria는 '소금길'이라는 뜻이다.

2) 로마문명: 신과 여신들

로마는 그리스에서 많은 문화를 흡수했다. 한 예로 심신이 연결되어 있으며 서로 영향을 끼친다는 사고방식에서 '건강한 마음은 건강한 몸에서 나온다mens sana in corpore sano.'는 유명한 격언이 만들어졌다.

그리스의 노예 중에서 학식을 인정받은 이들은 가정교사로 일했고, 요리 솜씨가 뛰어난 요리사들은 로마에 그리스 음식을 전파했으며 로마의 많은 신들 역시 이름만 바꿨을 뿐 그리스 신화에 뿌리를 내렸다. 그리스 포도의 신 디오니소스는 박카스가 되었고, 광란의 연회라는 뜻인 바카날리아Bacchanalia라는 파생어도 나왔다. 제우스와 헤라가 그리스 신들의 우두머리였던 것처럼 주피터와 주노는 로마 신들을 통치하였다. 헤스티아Hestia는 베스타Vesta로, 아프로디테Aphrodite는 비너스Venus로 바뀌었으며 로마 신화에서도 여전히 불구자이자 대장장이 신인 남편 불칸 몰래 부정을 저질렀다.

3) 포에니전쟁: 곡물을 위한 쟁탈

기원전 264년부터 146년까지 로마와 페니키아 간에 서지중해 특히 시칠리아의 곡창지대 무역의 우위를 차지하기 위한 일련의 전쟁이 벌어졌는데, 페니키아의 수도는 카르타고로 현재의 북아프리카 튀니지이다. 페니키아인들은 서체를 발명하여 무역에 사용하였는데 이것이 알파벳의 기초가 되었다. 80여 년에 걸쳐 벌어진 긴 싸움 중, 포에니 전쟁이라고 불리는 제 2차 전쟁에서 카르타고의 한니발Hannibal 장군은 전쟁사에 남을 대담한 전략을 펼쳤다. 그는 북아프리카에서 지중해를 가로질러 항해하여 이탈리아를 남쪽에서 공략하는 대신에 수 천 명의 병사들과 60여 마리의 코끼리를 몰고 알프스를 넘어 이탈리아 북부를 기습했다. 이후 약 10년 간 한니발의 병사와 코끼리는 이탈리아 반도 전역의 밀밭과 보리밭, 과수원과 포도원을 휩쓸고 다니면서 농작물을 모조리 먹어치웠다. 그들은 반도의 농장을 황폐화시켰고 북부의 잘 개발된 농업지대의 경제를 무너뜨렸으며 그 결과 전쟁 이후 이 지역은 산물을 내지 못할 정도로 파괴되었다. 로마는 결국 카르타고를 직접 공격함으로써 전쟁을 끝냈다.

그러나 50년 후 카르타고가 다시 국제무역을 재개하는 기미를 보이자 로마는 그들이 다시는 일어설 수 없도록 초토화하는 작전을 감행했다. 3년 간의 포위전 끝에 카르타고는 잿더미가 되었고, 전쟁에서 살아남은 5만 명의 카르타고 주민들이 노예로 팔렸으며, 농경지에는 소금이 뿌려져 아무것도 자랄 수 없는 땅으로 변했다. 로마가 동서의 지중해 전체를 완전히 장악한 뒤로 원래 라틴어로 '땅 가운데의 바다'라는 의미인 지중해Mediterranean는 마레 노스트룸mare nostrum, 즉 '우리(로마인)의 바다'라고 불리기까지 했다.

비록 포에니 전쟁에서 졌지만 한니발의 군대는 로마인들의 경제에 근본적인 영향을 미쳤다. 파괴된 농장을 복구하거나 작물을 다시 심을 여력이 없던 작은 농장들은 라티푼디움latifundium으로 알려진 대농장의 노예경제에 밀려 경쟁력을 상실했다. 그 결과 소농들은 땅을 대지주에게 팔고 떠돌아다니는 날품팔이로 전락했고 대도시의 빈민층을 이루었으며 급기야 로마 인구의 3분의 1이 노예이고 4분의 1이 빈민일 정도로 그 수가 급증하였다.

4) 로마공화국

로마는 귀족정으로 시작했지만 기원전 3세기 무렵부터 삼두체제의 공화정으로 전환했다. 종신직인 3백 명의 중의원들은 법을 만들었고, 두 명의 총통이 군대를 지휘하면서 법의 집행을 맡았으며 사법부를 따로 두어 삼권분립을 실현했다. 이로부터 약 2000년 후 미국의 건국준비위원들은 정부를 조직할 때, 로마를 그 원형으로 삼았으며 노예제도 역시 로마의 예에 비추어 정당화했다고 한다. 미국에서는 아직도 정부조직과 법률용어 중에 주지사governor나 상원의원senator 등의 라틴어를 그대로 가져다 쓰는 사례를 볼 수 있다.

로마는 율리우스 카이사르Julius Caesar가 장군으로서 너무나 많은 권력을 장악한 채, 군대를 해산하라는 원로원의 명령을 거역하고 스스로 종신 독재관직(딕타토르)에 오름으로써 마침내 공화정의 막을 내리게 되었다. 원로원은 그가 종신 독재관이 되는 것을 어쩔 수 없이 인정했으나 기원전 44년 3월 15일 그를 암살했다. 이 일은 국가를 17년간의 내전으로 몰아갔고, 마르쿠스 안토니우스와 이집트의 여왕 클레오파트라의 동맹군이 카이사르의 조카이자 양자인 옥타비아누스Octavianus에 패해 자살하면서 로마 공화정은 공식적인 종말에 이르게 된다.

5) 최초의 황제, 아우구스투스

기원전 27년 옥타비아누스는 승리자로 로마에 돌아온 뒤 1인 통치자이자 아우구스투스Augustua(장엄하다)라는 칭호를 받은 최초의 황제가 되었다. 아우구스투스의 재위 이후 213년 간 로마는 팍스 로마나Pax Romana(로마의 평화, 기원전 1세기 말에 아우구스투스가 내란을 수습하고 제정을 수립한 때부터 약 200년 간의 시기)를 구가하였고, 더 이상 대항할 적이 없던 로마의 확장은 지속되었으며 유럽과 아시아, 아프리카에 걸친 대제국을 펼쳐나갔다. 유럽에서 로마의 영토는 북쪽으로는 지금의 영국인 브리타니아 섬까지, 서쪽으로는 지금의 스페인과 포르투갈 그리고 대서양 가장자리에까지 이르렀다. 아시아에서는 동쪽으로 아르메니아, 시리아, 유데아 그리고 아라비아까지 뻗었고, 남쪽으로는 북아프리카의 기름진 땅을 지배했다. 이집트의 풍성한 나일 계곡과 오늘날의 리비아, 모로코 및 튀니지 등은 '로마의 빵바구니'라고 알려질 만큼 비옥한 곡물 생산지였다. 그중에서도 올리브유는 로마 경제에서 중요한 위치를 차지해 올리브 나무를 심는 농부는 군역을 면제받을 수 있는 수단이 될 정도였다. 로마제국은 국경 밖의 나라들과 무역을 통해서 기이한 식품과 향료, 동물, 견직물과 외국인을 접했다.

6) 교역로: 실크로드와 계피의 땅

로마 무역의 주요 품목은 향료로 중국에서 실크로드를 타고 오거나 인도와 아프리카에서 바다를 건너 전해졌다. 실크로드란 로마가도처럼 포장된 길이 아니라, 카라반caravan들이 메마른 사막과 험준한 산을 가로지르고 중간교역지들을 거쳐 종착지인 장안長安에 도달하기까지의 행로를 말한다. 중국 대륙의 북동쪽에 위치한 장안은 당시 거의 모든 나라의 장사꾼들이 물건을 사고파는 거대한 국제시장이었다.

로마인들이 가장 원한 것은 생강이나 강황, 양강근galangal(생강의 일종) 같은 향료와 비단이었다. 비단에 매혹된 로마인들은 연회에서 부를 과시하기 위해 비단옷을 입었고 지금의 앞치마 같은 것을 둘러 속에 입은 비단옷을 보호하는 관습도 있었다. 중국은 비단의 생산을 독점하고 그 제조법은 국가기밀이었기 때문에 로마인들은 오직 교역을 통해서만 살 수 있었는데, 당시 비단은 같은 무게의 황금에 버금가는 값어치를 지녔다.

향료는 인도와 아프리카에서 배로 공수되어 로마의 향료 광장에 도착했는데, 식용이나 약용 또는 향수나 태우는 향으로 이용되었으며 그중에서 계피는 가장 값진 것으로 취급되었다. 계피는 흰 후추, 생강, 카르다몸cardamom과 더불어 엄청나게 비쌌는데 배로 실어오는 데 드는 비용 탓도 있지만 25%에 달하는 통관세가 더해졌기 때문이다. 계피는 특별한 화장火葬 의례에서 시신을 태우는 냄새를 지우기 위해 사용되기도 했으며 향료들을 섞으면 해독제가 된다는 속설에 따라 모든 종류의 향료들이 당시 귀족들에 의해 선호되었다.

로마인들은 수입품을 생필품과 사치품으로 나누어 세금을 매겼다. 예를 들어 검은 후추는 식사에 꼭 필요한 품목이라고 여긴 반면, 비단이나 견직물, 면직물, 상류층만 입을 수 있던 보라색 의류와 함께 사자, 암사자, 표범, 판다 같은 동물 그리고 다이아몬드나 에메랄드, 진주, 자수정 같은 보석은 사치품으로 분류되었다. 시간이 갈수록 그 수요가 기하급수적으로 늘어 가격 인플레가 심해지고 로마의 화폐가치가 떨어지자 301년 디오클레티아누스Diocletianus 황제는 사치품의 가격상한제를 실시하기도 했다.

한편 계피의 유통은 아랍 상인들이 독점하고 있었는데, 그들은 계피의 생산지를 감추기 위해 허황된 이야기들을 지어냈다. 즉, 계피는 외딴 습지의 나무꼭대기에서 자라는데 식인박쥐가 떼지어 다녀 채취하기가 무척 어렵다는 소문을 냈던 것이다. 사실은 아랍인들이 오늘날의 인도네시아 지역에서 계피를 채취하여 마다가스카르를 거쳐 아프리카의 동쪽 해안인 소말리아로 전달했고(이때부터 소말리아를 계피의 땅이라고 불렀다), 홍해와 나일 지역을 지난 후 지중해를 가로질러 로마에 도착하여 판매했다.

로마의 음식과 법, 관습과 언어는 로마 길을 타고 집정관, 군대, 상인을 따라 퍼져갔다. 그리고 각 지방마다 존재하는 음식, 법, 관습, 언어 등과 결합하면서 지방마다 조금씩 다른 특징을 띠게 되었다. 로마인들은 지금의 파키스탄과 아프가니스탄이 있는 북부 인도의 쿠쉬 지역 같은 일부 지방의 무역을 완전히 장악했고, 교역을 위해 금속 주화를 만들었다. 또 어떤 곳에서는 과실수의 품종을 자신들이 선호하는 것으로 바꾸기도 했다. 기원전 200년경 로마인들은 지금의 영국인 브리타니아 섬에 사과 과수원들을 만들고 농장관리와 접목, 가지치기 방법 등을 전수했다. 또 이탈리아 와인은 반도 전체에 퍼져나가 그리스 와인을 대체했는데, 포도원 관리기술과 와인생산 효율이 월등한 로마인들은 4,047m^2에서 6,056L나 제조할 수 있었기 때문에 그리스의 와인 생산자들은 가격면에서 경쟁상대가 되지 못했다. 또 이탈리아 와인은 맛도 그리스 와인보다 우수하여 오피미아Opimia나 팔레르니아Falernia 같은 전설적인 와인을 생산하기에 이르렀다.

로마제국의 위엄을 드높이기 위하여 황제들은 대형 공공건물들을 지었는데, 요즘으로 말하자면 콘크리트라 할 수 있는, 모래와 하중을 분산시키는 아치형 공법을 통해 건물의 강도를 높일 수 있었다. AD 80년 당시에 만들어진 건축물로는 로마광장, 콜로세움, 판테온 신전과 함께 로마 시내로 물을 끌어들이는 수로 등이 있다.

로마광장은 화려한 대리석 기둥으로 둘러싸인 넓은 야외 공간으로 요즘의 대형 쇼핑몰과 같았다. 세계의 모든 길이 로마로 통한다면 로마의 모든 길은 광장으로 향했다. 여기에는 호화스러운 공중목욕탕과 대리석으로 만든 화장실이 있었고, 오늘날의 패스트푸드 같은 음식을 파는 식당도 있었다. 그밖에 비싼 향료와 귀한 실크 같은 수입품들을 취급하는 고급 상점들은 무장한 호위대가 지키고 있었다. 광장은 상업의 중심지일 뿐 아니라 종교적인 축제의 장소로 전쟁의 신인 마르스에게 제물과 함께 승전 영웅들이 전리품으로 가져온 귀한 기름과 향을 바쳤다. 그와 동시에 사원 뒤의 후미진 곳에서는 암거래나 매춘이 성행하기도 했으며 현대의 내무부나 사회보장국과 같은 정부기관도 광장에 자리 잡고 있었다.

와인 연대기

시기	장소	흔적
BC 8500~4000년	자그로스 산(이란)	최초의 와인 흔적이 발견됨.
BC 4000년	페르시아(이란)	장미꽃 와인을 수출함.
BC 3150년	이집트	지배자의 무덤에서 와인 항아리가 발견됨.
BC 2750년	메소포타미아	와인에 대한 최초의 기록이 나타남.
BC 2340년	메소포타미아	와인저장고에 대한 최초의 기록이 발견됨.
BC 1750년	메소포타미아	함무라비 법전에 여인숙(주점)*에 대한 규정이 생김.
BC 1330년대	이집트	투탕카멘의 무덤에서 생산 연대와 포도원, 제조가가 표시된 와인이 발견됨.
BC 1000년	지중해	카르타고인들이 와인 무역과 포도원을 확장함.
BC 5세기	그리스	그리스 와인이 프랑스, 이집트, 흑해, 다뉴브 지역에서 발견됨.
BC 3세기	그리스	와인 산업이 확장됨. 연간 37,852,979L의 와인이 갈리아 지역으로 수출됨.
BC 200년경	로마	카토의 『농사에 대하여』에 포도원에 대한 최초의 라틴어 기록이 나타남.
AD 1세기	그리스	와인 항아리 대신 나무통을 사용함.
65년	스페인	콜루멜라가 『와인 제조의 원칙』을 저술함.
92년	로마	도미티아누스 황제가 새 포도를 심지 못한다는 칙명을 내렸으나 식민지에서 무시됨.
280년	로마	도미티아누스 칙령이 공식적으로 폐기됨.

* 당시에는 여인숙이 주점을 겸해 음식과 술도 팔았다.

7) 상류사회의 음식과 문화: 연회

로마 인구의 10%는 귀족으로 불리는 부유한 상류층이었다. 이들은 아침과 저녁을 집에서 먹었고 점심은 가볍게 거리에서 사 먹었다. 아침에는 대개 전날 남은 치즈, 올리브, 빵을 먹었고 프란디움prandium이라는 점심식사는 주로 공중목욕탕을 다녀오면서 먹었다고 한다. 저녁은 가족끼리만 있을 때는 세나cena라고 불리는 간단한 식사를 했고, 손님과 함께라면 전채나 후식 같은 코스가 붙은 연회convivium를 즐겼다. 그리스인들처럼 로마인들도 손님 접대를 매우 중요하게 생각했는데, 손님이라는 뜻의 라틴어 하스페이hospes는, 주인이라는 뜻도 된다. 오늘날 '환대歡待'라는 뜻의 하스피탈리티hospitality는 바로 여기서 나왔다.

로마인들의 아침이나 저녁식사 시간은 지금과 달랐다. 로마인들은 정오meridiem를 기준으로 하루를 이등분했는데, 법치사회인 로마에서 법률가들은 정오 이전에 재판소에 나가야 했다. 그래서 정오 이전은 안티 메르디엠antemeridiem(am)이고, 정오 이후는 포스트 메르디엠post-meridiem(pm)이 된다. 그들은 집의 정원에 세워진 큰 해시계를 보고 시간을 알았고, 휴대용 해시계도 들고 다녔다. 흐린 날에는 해시계가 쓸모없으므로 통 속에 금을 그어두고 물의 흐름을 측정하는 물시계를 사용했다. 하지만 물시계는 휴대할 수 없어서 자연히 시간관념이 철저할 수 없었다. 로마의 저녁식사 시간은 늦은 오후나 이른 저녁이었고, 연회는 얼마나 공들여 접대하는지에 따라 밤새도록 계속되기도 했다.

식당은 손님들을 환대하는 장소였으므로 보통 집 안에서 가장 좋은 곳에 위치했다. 식당에는 세 사람이 눕다시피 기댄 상태로 식사를 할 수 있는 트리클리니움triclinium이라는 안락의자가 놓였다. 그 내부는 벽화와 모자이크 타일 바닥으로 화려하게 장식되었고 생선이나 곡식 바구니, 꽃처럼 음식에 관계된 문양들이 주로 등장했다. 그리스인들은 고기와 와인을 먹을 때 종교적인 의식을 행했지만 로마인들은 음식에 특정한 의미를 두지 않았다. 로마인들은 돼지고기를 좋아했고, 그리스인들처럼 고기를 먹기 전에 피를 흘리는 희생물을 신에게 바치거나 음식을 먹은 후 식당을 정결하게 치운 다음 와인을 마시지도 않았다. 그들은 대개 와인을 식사와 곁들였는데, 오늘날 이탈리아인들의 식탁에서도 와인은 식사의 한 부분을 차지하고 있다. 노예들이 준비하고 제공한 음식을 먹고 나면 손님들은 은으로 만든 이쑤시개를 받았다.

부유한 로마인들은 날씨가 좋으면 알 프레스코al fresco라고 하는 야외 식사를 즐겼다. 침상원沈床園(지면보다 한 층 낮은 정원)이나 테라스식 정원(비슷한 정원들이 늘어선 형태)에서의 식사 역시 집 안에서처럼 정성들여 우아하게 차려졌다. 꽃밭이나 열매가 우거진 과수원 또는 채마밭은 조경업자들에게 맡겨져, 꿀벌을 위해 특별히 심은 로즈마리나 백리향, 장미 같은 식물들이 특별한 관리를 받았다. 항아리나 조각상, 해시계, 신전, 제단 등도 정원을 장식했으며 새들을 불러 모으기 위해 포도덩굴을 망처럼 연결하여 그늘을 드리웠고, 수로에서 물을 끌어들여 분수와 개울, 연못을 조성하고 물고기와 오리를 놓아길렀다.

야외에서 쓰는 안락의자도 대리석이나 콘크리트로 만든 후 푹신한 쿠션과 베개를 놓아 안락함을 더했다. 안락의자에는 와인을 놓아두는 컵홀더를 달아놓아 반쯤 누워서도 쉽게 손이 닿을 수 있게 했다. 더운 여름날에는 안락의자를 작은 연못가에 놓고 음식 쟁반을 물 위에 띄워 시원하게 제공했다. 해가 저물면 손님들은 탑 위에 올라 경치를 보면서 식사를 하거나 식후에 야외와 연결된 테라스에서 낮잠을 즐길 수도 있었다. 기록에 따르면 정원 속 큰 나무 위에 지은 작은 식당에서 저녁을 먹는 일도 있었다고 한다.

하드리아누스 황제의 빌라 유적

일부 부유한 로마인들은 도시를 벗어났는데, 그들은 요즘의 부자들처럼 바닷가나 호수 주변 또는 산중에 별장을 갖고 있었다. 라틴어로 농장이라는 뜻을 가진 빌라를 쉽게 들러 관리할 수 있도록 경치가 좋은 곳에 마련해 여유롭게 자연을 즐길 수 있도록 했다. 로마의 저술가 소小 플리니우스Plinius는 '나의 작은 빌라'라고 부르는 농장을 가지고 있었는데, 방이 30개쯤 되고 노예들을 위한 숙박시설까지 갖추고 있었다. 여흥을 즐겼던 식당 두 개와 대형 연회실이 있었고, 주식당에는 바다를 삼면에서 볼 수 있도록 창문과 문이 달려 있었다. 당시는 유리가 매우 귀해서 창문은 대개 운모를 얇게 갈아서 만들거나 벽에 구멍을 뚫어서 나무 여닫이문을 달았다. 또 다른 식당과 연회실은 따로 떨어진 탑 위에 두었는데, 두 번째 식당은 포도원과 로즈마리 숲와 무화과나 뽕나무가 심어진 정원을 향해 있었고 연회실은 바다를 조망하고 있다. 플리니우스는 시간과 계절에 따라 햇살이 어느 방향에서 비추며 산들바람이 어느 창문을 통해 들어오는지를 계산하여 빌라를 건축했다고 한다.

마당에는 약초원과 함께 곡식저장소와 지상의 와인저장고가 있었다. 이 와인저장고 곁에는 대형난로를 두었는데, 연기가 와인숙성에 도움을 준다고 믿었기 때문이다. 빌라에는 책장이 놓인 방과 두 개의 욕조를 갖춘 목욕실, 바스오일을 바르기 위한 부속실도 있었다. 주변의 작은 마을에 세 개의 공중목욕탕이 있었다고 하니 플리니우스는 목욕을 무척 좋아했던 것 같다. 빌라에는 거의 예술적인 경지에 이른 난방시스템에 의해 난로실에서 나온 뜨거운 공기가 마루 밑의 파이프를 통해 집 안을 순환하도록 설계되어 있다.

이들의 음식은 아름다운 환경에 걸맞게 화려하고 훌륭한 것이었다. 로마요리의 바탕에는 가룸garum이라는 향이 강한 생선소스가 있었다. 가룸은 생선

로마시대 가룸 공장의 유적(스페인)

을 소금, 바닷바람, 햇볕 등을 이용해 발효시킨 소스인데 그리스에서 기원하여 훗날 우스터소스worcestershire sauce로 이어진 것이다. 이는 아마도 고대의 로마인들이 인도로 수출한 것을 영국인들이 2000년 후에 인도로부터 유럽 대륙으로 다시 가져 왔으리라 추측되며, 가룸은 이처럼 초창기부터 상업적으로 제조되고 매매되었다. 양질의 가룸은 오래된 저급 와인이나 식초보다 두 배 정도의 가치가 있었고 최상급 벌꿀이나 금방 짠 올리브유의 절반 가격으로 거래되었다. 당시 물가로 가룸 한 병은 돼지나 양, 염소나 중급 생선 454g의 가격과 같았고 쇠고기 454g 가격의 두 배였다. 한편 당시 가장 고급 육류인 닭과 거위는 454g에 각각 가룸 한 병의 다섯 배, 열여섯 배 정도로 비쌌다.

8) 아피시우스와 최초의 요리책

역사가 전하는 최초의 요리책은 서기 1세기경에 쓰였다. 여러 레시피를 모아 편찬한 이 책은 10장으로 구성되어 있고, 그중 일부만 오늘날까지 전해진다. 제과와 제빵에 관한 내용은 본문에서 빠져 있는 것으로 보아 특수 요리로 분류된 듯하다. 이 책에는『요리에 대하여De Re Coquinaria』라는 제목이 붙어 있고, 아피시우스Apicius라는 사람의 저작으로 추정되나 그 이름 자체가 미식가라는 뜻이라 실존 인물인지를 놓고 논란이 많다.

15세기에 인쇄기가 발명된 후 라틴어로 된 이 요리책은 이탈리아어와 독일어로 번역되었다. 영어 번역본은 1936년에 나왔는데, 530개의 레시피만 수록되어 있다. 그때까지도 요리의 역사는 태동기에 불과해 대중의 관심이 적은 까닭에 뒤늦게 출판된 것으로 보인다. 이 영어 번역본은 J. 베링Joseph Dommers Vehling의 평생에 걸친 역작이다. 그는 독일과 네덜란드의 경계에 있는 작은 마을에서 자라 세계적인 셰프가 된 입지전적인 인물이다. 베링은 음식과 요리를 사랑했고 라틴어와 로마 문명에 큰 관심을 가졌다. 세계적인 여행가였던 그는 이탈리아를 여행하면서 폼페이에서 고대의 빵집과 오븐, 제분기, 올리브유, 무화과, 렌즈콩 그리고 병에

요리수첩 _ 가룸 또는 리쿠아멘

가룸 또는 리쿠아멘은 다음과 같이 만들어진다.
생선 내장을 나무통에 담고 소금을 친다. 바다 빙어나 숭어, 청어나 멸치 등 작은 생선은 통째로 쓴다. 생선에 소금을 뿌리고 햇볕 아래 둔다.
열기 속에서 숙성이 되면 굵게 꼬아 만든 바구니를 통에 넣어 절인 생선을 눌러놓는다. 이렇게 하면 가룸은 바구니 속으로 여과되어 빠지고 나머지 찌꺼기는 걸러진다.
또 다른 방법으로 비티니아 사람들은 가룸을 다음과 같은 방법으로 만든다. 크고 작은 청어를 최상급으로 치는데, 청어가 없으면 멸치나 고등어 등 다른 생선을 이용하거나 만들고 남은 찌꺼기를 이들과 섞어서 쓰기도 한다. 이것을 빵을 반죽하는 둥근 나무통에 넣고 생선 한 통 반 정도에 이탈리아 소금 두 덩어리 약 3kg을 넣어 잘 섞는다. 하룻밤 두었다가 진흙으로 만든 통에 넣어 뚜껑을 덮지 않고 햇볕 아래 2~3개월 둔다.
가끔 막대로 저어가면서 숙성이 되면 병에 담아 밀봉하여 보관한다. 오래된 와인 두 병을 생선에 붓기도 한다.

저장된 향료 등 식품과 관련된 유적을 보았다. 다음 페이지의 폼페이 사진들에서 지금까지도 남아 있는 오븐과 진흙으로 만든 항아리들을 볼 수 있다. 베링에게는 로마인들의 식탁에 대해 잘못 알려진 기록들을 제대로 밝히려는 목표가 있었다. 많은 사람들이 로마의 연회에 관한 환상적인 이야기들을 믿고 있으며 페트로니우스Petronius가 쓴 「사티리콘satyricon」 같은 시에 나오는 퇴폐적이고 방탕한 잔치를 로마의 일상으로 오해하고 있다고 그는 생각했다. 실제로 로마의 식습관에 관한 문헌들은 대개 그 저자가 상류층이었으므로 주로 그들의 관습이 등장하게 마련이다. 마치 2002년에 줄리아 차일드Julia Child(21세기 미국의 유명 셰프이자 요리방송가)의 90세 생일파티에 차려진 메뉴를 500년쯤 뒤에 읽으면서 이를 미국의 대중적인 저녁식탁이라고 믿는 상황과 동일한 착각인 것이다.

아피시우스의 레시피를 보면 로마인들이 고기와 소스를 좋아했음을 확실히 알 수 있다. 음식 역사가인 미레유 코르비에Mireille Corbier가 아피시우스의 468가지 레시피를 분석한 결과, 가장 흔하게 나타나는 재료는 검은 후추, 가룸, 올리브유, 꿀, 로베지lovage(셀러리와 비슷한 야채), 식초, 와인, 커민, 로우rue(지중해와 아프리카에서 쓰이는 향초)와 고수였다. 특이하게도 마늘은 보이지 않는데, 그것은 천민들의 양념이었기 때문이다.

상류층에게 연회는 고기 먹는 것을 의미했고, 로마인들에게 고기란 곧 돼지였다. 그들은 '신은 돼지를 연회 테이블에 올리기 위하여 만들었다.'고 믿었다. 요즘 프랑스에서 푸아그라를 만들기 위해 거위에게 강제로 먹이를 먹여 살찌게 만드는 것처럼 로마인들도 돼지에게 말린 무화과를 듬뿍 먹인 후 목마른 상태에서 꿀술을 마구 들이키게 했다. 그렇게 들어간 술이 말린 무화과를 부풀려 위장이 터져 죽는 돼지도 있었다. 음식을 가리지 않았던 로마인들은 소의

폼페이 – 오븐

폼페이 – 진흙으로 만든 항아리 암포라amphora

젖통이나 송아지의 뇌, 플라밍고의 혀, 양의 머리, 돼지의 췌장, 거세한 수탉의 신장까지 식용으로 썼다. 베링에 의하면 로마에서는 암탉을 살찌워 잡아먹는 것이 법적으로 금지되었기 때문에 그 대용으로 쓰기 위해 어떤 의사가 거세한 수탉을 '발명'했다고 한다. 로마인들은 또 상업적으로 식용 야생쥐Glis glis를 키웠는데, 이 작은 포유류들을 숨구멍이 뚫린 작은 토기에 가두어두고 호두나 밤, 도토리 같은 지방성분이 많은 먹이를 먹여서 살을 부드럽고 포동포동하게 만들었다. 개도 식용의 대상이었고, 소와 낙타의 젖을 짜서 치즈도 만들었다. 치즈는 근방에서 만들거나 먼 곳에서 수입했으며, 빵과 함께 먹거나 다른 요리들에 양념으로 썼다. 올리브유는 주로 사용되는 기름이었고 버터는 수세기 후에 게르만계의 야만인들이 침입하면서 함께 들어왔다.

식초는 꿀이나 가룸이 들어가는 레시피에 상큼함을 더하기 위하여 사용했고 건포도 와인이나 꿀은 주 요리에 단맛을 내기 위해 사용했으며 특히 꿀은 과일과 고기를 저장하는 데도 사용되었다. 오레가노oregano와 민트mint도 요리책에 자주 등장하는데 실피움silphium에 대해서는 역사가들도 추측만 할 뿐이다. 음식 역사가인 타나힐Tannahill은 실피움이 오늘날에는 알려지지 않는 향채라고 말하지만, 다른 학자들은 주로 열을 다스리고 감염을 방지하는 데 사용되는 레

음식 에피소드 아피시우스는 어떤 사람이었을까?

아피시우스에 대하여 알려진 것은 별로 없다. 실제 로마에는 아피시우스라는 이름을 가진 사람이 세 명 있었는데, 그중 한 명이 『요리에 대하여』의 저자로 추정된다. 그는 귀족으로 상류사회에 드나들었으며, 먹기를 좋아하였다. 치즈 케이크 같은 음식들이 그의 이름을 따서 만들어졌다고 하는데, 미식가로 유명했던 그는 좋은 음식을 먹기 위해서는 큰 돈 쓰는 것을 아끼지 않았다고 한다. 또 그는 요리학교도 세웠다. 말년에는 호화로운 생활수준을 유지하고 사치스러운 요리를 즐기느라 재산을 탕진했고 결국은 자살했다고 전해진다.

이저와트laserwart나 중국의 방풍防風 같은 약초라고 주장한다. 일부 학자들은 실피움을 먹으면 피임효과가 있기 때문에 사람들이 너무나 많이 써버린 탓에 멸종했다고 주장한다.

몇몇 요리에 사용된 향신료의 배합은 오늘날의 레시피로도 통할 만큼 현대적인 감각이라 전문가들을 놀라게 한다. 예를 들어 배를 이용한 어떤 요리는 2000년 후 캘리포니아의 유명한 퓨전 레스토랑에서 나옴직한 감각을 엿볼 수 있는데, 레시피를 직접 살펴보면 다음과 같다.

> *배 속을 파내고 삶은 뒤 후추와 커민, 꿀과 건포도 와인 육수와 약간의 기름을 넣어 버무린다. 이를 달걀과 섞어서 커스터드 파이로 굽는다. 그 위에 후추를 뿌려 제공한다.*

아피시우스는 음료에 대한 내용들도 수록했는데, 그중에는 꽃으로 와인을 만드는 법까지 있었으며 대표적으로 장미 와인, 감귤류의 잎을 넣고 만든 가짜 장미 와인, 바이올렛 와인 등이 있었다. 그러나 레시피의 대부분은 소스에 할애된다. 예를 들어 생선소스는 '28g의 후추와 0.47L의 졸인 와인, 0.47L의 향을 넣은 와인과 57g의 기름'을 넣고 만든다. 화이트소스는 화이트 와인과 흰후추, 달걀노른자를 재료로 하여, 삶은 달걀의 노른자를 절구에 넣고 흰후추와 호두, 꿀, 화이트 와인과 약간의 육수를 넣고 갈아서 만든다. 달걀은 빵가루나 꿀, 동물의 피 등과 같이 농후제나 결합제로 자주 사용했고, 피는 도살하면서 채취하거나 주로 산 동물에서 뽑아낸 것을 사용했다. 선호하는 과일은 포도와 석류, 무화과, 뽕나무 열매, 사과, 배, 마르멜로 열매, 체리, 살구, 복숭아 등이었다. 아피시우스는 소의 뱃살과 새의 가슴살을 통후추와 로베지로 양념하고 건포도 와인으로 달게 만든 요리를 설명하면서 레시피 끝에 이렇게 썼다. "값비싼 은 쟁반이 있다면 이 요리의 겉모습은 실제로 훨씬 근사해질 것이다."

치료용 재료들도 있는데, '소화불량일 때는 장을 움직이고 페스트부터 감기까지 거의 모든 질병을 낫게 하는' 향료를 섞은 소금이 그것이다. 디오스코리데스Dioskorides가 쓴 『약용물질Materia Medica』이라는 책은 1세기경에 나왔는데, 여기에는 약용식물 600가지와 그 사용법이 적혀 있다. 이 책은 이후 약 1천년간 주요한 의학서적으로 신뢰를 받았다. 1세기경에 플리니우스가 쓴 『자연사Naturalis Historia』에서는 동식물뿐 아니라 용이나 유니콘 같은 상상의 존재들까지 질병 치료용으로 서술하고 있다.

9) 하류층의 음식과 문화: 길거리 음식

로마 인구의 90%는 가난한 평민이었다. 그들은 2천년이 지나도 건재하는 콜로세움이나 판테온 같은 건축물을 창조한 사람들의 집이라고는 믿기지 않을 정도로 허술하게 지어진 아파트 같은 공동 거주지에서 살았다. 이들 집은 자주 무너지거나 화재로 전소되었고, 집에 따로 부엌이 없어 빵이나 곡물 죽을 파는 가판대가 성황을 누렸다. 가난한 평민의 주곡은 밀이었는데, 기원전 122년에 로마의 개혁가들은 밀 값을 내려 가난한 이들도 먹을 수 있게 했고, 기원전 58년에는 시민으로 자격을 갖춘 이들에게 무상으로 배급되었다. 밀은 대개 으깨어 죽을 끓이거나 가루를 내어 빵을 굽는 데 사용했다. 부풀리거나 부풀리지 않는 빵, 양귀비 씨나 후추, 소금 또는 치즈와 꿀을 넣은 빵, 둥글거나 네모진 빵과 납작한 빵, 여러 가닥으로 꼬아서 모양을 낸 빵을 대량으로 생산했다. 로

로마인의 생활

	귀족: 인구의 10%	평민/노예/농부: 인구의 90%
신분과 문화생활	부유한 지주나 군대나 정부의 인사 콜로세움에서 벌어지는 대규모 경기를 보기 위해 돈을 낸다.	빈민이나 무직자 콜로세움이나 서커스 막시무스 공연장에서 대중 공연을 무료로 본다.
주거	주방과 식당이 따로 있고 거실이 여러 개인 집에 살거나 전원에 한 채 이상의 별장을 소유한다.	방 한 칸에 주방도 없고 허술하게 지어진 합숙소에 살아 때때로 불이 나거나 무너지는 경우도 있다.
의복	수입 실크	거친 질감의 튜닉
음식	돼지고기, 꿀로 달게 한 와인과 가룸 같은 소스, 값비싼 수입 향료를 사용한다.	거리에서 곡물 죽과 곡물 가루로 만든 빵을 사먹는다. 또는 정부에서 무상 제공한 곡식으로 공동 오븐에서 만든 빵이나 가룸을 만들고 남은 생선 껍질, 찌꺼기를 먹는다.
식생활	집이나 친구의 빌라에서 하인들이 준비한 음식을 먹는다.	타베르나나 포피나와 같은 주점에서 먹는다.

마인들은 대량으로 밀가루를 제분하는 기술이 있었는데, 인간의 힘으로가 아니라 노새에게 밧줄을 매어 퀘른quern이라고 불리는 대형맷돌을 돌려 밀과 왕겨를 분리했다.

군인과 빈민들은 식초를 물에 탄 음료수 포스카posca 와인을 뜨거운 물에 섞은 칼다calda를 마셨다고 한다. 간 오이와 식초로 양념한 빵죽도 있었는데, 이것은 오늘날 가스파초gazpacho(오이와 토마토 같은 야채와 빵을 갈아서 만든 차가운 수프)의 원조로 보인다. 현대인들이 바에서 땅콩이나 팝콘을 먹듯, 로마의 주점 타베르나taverna에서는 남자들이 와인을 마시면서 소금에 절인 야채나 병아리콩 등을 집어먹었다. 간단한 식사와 술을 제공하는 포피나popina라는 식당도 있었는데, 두 곳 모두 도박과 매춘이 벌어지는 은밀한 장소였다.

농부들이 살고 일하는 시골농가는 부유한 귀족의 빌라와는 아주 다른 모습이었다. 한 지붕 아래에 농부의 가족들이 사는 주거공간과 사슬에 묶인 노예들이 갇힌 지하 감옥이 있었다. 주방은 대들보에 불길이 닿지 않게 천장이 아주 높은 구조를 가지고 있고 목욕탕과 제빵소, 식당, 외양간과 타작장, 올리브나 와인압착실과 와인발효실이 따로 있었다. 농가주택에서도 방향성은 매우 중요한 문제였다. 이는 로마의 특유한 기후조건에 적응하기 위해서였다. 예를 들어 곡식저장고는 꼭 북향이었는데, 가장 차갑고 건조한 북풍을 맞아야 곡식이 잘 마르고 썩지 않기 때문이다.

10) 기독교도의 박해: 콜로세움의 삶과 죽음

팍스 로마나 시대에 로마는 다른 나라를 상대로 전쟁을 하지는 않았지만 제국의 내부는 줄곧 분열에 시달렸다. 유대인이나 기독교인들은 로마의 신들에게 경배하는 것을 거부했기 때문에 무신론자로 치부되어 박해를 받았다. 그러나 이들은 자신의 신앙을 위해 헌신하고 죽음까지 불사해 제국의 권력을 위협하는 존재로 여겨졌다. 게다가 기독교는 로마제국의 상류층에 의해 저질러지는 잔혹과 사치에 반발하는 유일한 종교였으므로 로마인들은 이들을 콜로세움에서 다른 사람이나 맹수와 유혈이 낭자한 검투를 벌이게 함으로써 징벌했다.

5만여 명을 수용할 수 있었던 콜로세움에서 사람과 짐승의 혈투가 끝나면 곰과 같은 동물들은 도살되어 상류층의 저녁거리가 되었다.

로마제국은 80년경에 건축된 콜로세움colosseum이나 서커스 막시무스circus maximus(가장 큰 원형 경기장) 또는 다른 경기장을 활용해 하층민을 세 가지 방식으로 다루었다. 첫째는 도시 빈민이 배고픔 때문에 반란을 일으키지 않도록 무상으로 빵을 배급한 것이고, 둘째는 그들을 한곳에 모아 고문과 폭력의 구경거리를 제공함으로써 마음속 분노와 적개심을 발산할 대상을 부여한 것이다. 끝으로 국가권력에 대한 두려움을 불러일으키는 데도 콜로세움의 혈투를 이용했다. 로마의 권력층은 이러한 구경거리를 통해 하층민에게 '조심하라, 그렇지 않으면 너희도 저 아래 경기장에 서게 된다.'는 경고를 보낸 것이다.

기독교 박해가 멈춘 것은 서기 313년 콘스탄티누스 대제의 밀라노 칙령 선포 이후부터다. 콘스탄티누스 대제가 전투를 앞두고 하늘에서 십자가를 본 후 승리하게 된 것이 직접적인 원인이 되어 기독교 박해를 멈추었다고 한다. 서기 325년에 그는 지금의 터키인 아나톨리아에서 니케아의 종교회의를 소집하여 십자가를 기독교의 공식적인 상징으로 정하고 부활절을 춘분 후 첫 만월이 지난 일요일로 지정했다. 그 뒤로 지금까지 부활절은 3월 22~25일이 되었다.

부활 전 재의 수요일ash wednesday부터 시작해서 예수의 수난을 상징하는 40일 동안을 사순절이라고 하며, 이 기간 동안에는 금식이 행해진다. 재의 수요일 직전에 벌어지는 축제를 마르디 그라스Mardi Gras(기름의 화요일)나 카니발Carnevale(문자 그대로 '고기여 안녕'이라는 뜻)이라고 부른다. 즉, 사순절의 금식기간에 들어가기 전에 금지식품인 치즈, 고기, 달걀 같은 사치스러운 음식을 마지막으로 즐기는 축제인 것이다. 사순절에는 신선한 식재료를 찾기 어려웠고 겨우내 먹었던 말린 음식이나 소금에 절인 식료품조차 떨어져가는 겨울의 마지막 시기와 겹쳐 금식이 자연스레 미덕이 되었다. 어떤 수도승들은 이 겨울을 독한 흑맥주만으로 연명했다는 기록도 있는데 흑맥주에 탄수화물과 비타민의 함량이 높은 것을 생각하면 그럴 법한 이야기다. 서기 380년에 테오도시우스 황제는 기독교를 로마제국의 정식 국교로 인정했다.

11) 유대인의 박해: 마사다 성채와 유대인의 이주

유대인들에게 팍스 로마나는 평화의 시기가 아니었다. 이 기간에 로마인들은 두 번의 큰 전쟁을 통해 수십만의 유대인을 살해했다. 서기 70년 로마인들은 예루살렘 성전을 파괴했다. 이때 지금의 '통곡의 벽Wailing Wall'이라고 알려진 곳만 빼고 철저히 부서졌다.

서기 132년 열심당원인 유대인들은 로마의 지배에 반란을 일으켰는데, 마사다라는 바위 성채에 포위된 그들은 로마인들에게 살해를 당하거나 생포되지 않으려고 집단자살을 감행했다. 나머지 유대인들도 목숨을 부지하기 위해 고향인 유다를 떠나 전 세계로 흩어졌는데, 디아스포라diaspora라고 불리는 이 이주는, 기독교가 세상에 퍼지는 계기가 되었다.

이렇게 고향을 떠난 유대인들은 거의 2천년을 떠돌아다니다가 1948년 UN이 유대인의 고도古都에 이스라엘을 창건하면서 돌아올 수 있었다. 이는 제 2차 세계대전과 홀로코스트의 공포에서 유대인들에게 안전한 항구를 마련해준 것이다. 그러나 이 2천년의 세월 동안 무슬림들은 이곳에 뿌리를 내리고 살았고, 이 땅을 고향으로 생각하고 있었다. 이렇게 시작된 무슬림과 유대인의 분쟁은 오늘날까지 계속되고 있다.

12) 빵과 서커스: 로마제국의 몰락, 서기 180년

서기 180년에 팍스 로마나는 끝이 났다. 이방민족과의 전쟁을 다시 시작하고 질병이 창궐했으며, 왕족의 수가 줄고 경제적인 침체가 속도를 더하면서 로마제국은 급격히 약화되었다. 당시 황제의 이름을 딴 안토니우스Antonius 역병은 동물에서 인간으로 전염되는 최초의 질병이었다. 이 병은 처음에 소에게서 발

축제의 유래 … 부활절

부활절 의식에는 유대교와 이교도 그리고 기독교의 의식이 뒤섞여 있는데, 부활절이라는 이름은 원래 유대교의 유월절Passover에서 나온 것으로 히브리어로는 페사흐Pesach라고 부른다. 이탈리아어로는 파스콰Pasqua이고, 프랑스어로는 패크Paque, 스페인어로 파스쿠아Pascua, 스웨덴어로 패스크Pask, 러시아어로 파스카Paskha이다. 영어의 이스터Easter라는 말은 옛 영국 신화에 나오는 다산과 새벽의 여신인 에오스트레Eostre에서 나왔다. 식물들이 자라기 시작하고 토끼나 양, 닭같은 어린 동물들이 태어나는 춘분 절기에 에오스트레를 기리는 축제가 내려오다가 여기에 예수 그리스도의 십자가에서의 죽음과 부활 이야기가 더해졌다.

사순절은 성금요일에 예수가 그를 따르는 열두 제자들에게 성찬식을 베푼 최후의 만찬으로 끝이 난다. 이 성찬식에서 예수는 "이 빵을 받아먹으라. 이는 나의 몸이니라. 이 포도주를 마시라. 이는 나의 피니라."고 했다. 그런 직후 예수는 사도 중 한 사람인 유다의 배신으로 로마인들에게 넘겨진다. 이 배신은 레오나르도 다빈치의 「최후의 만찬」 벽화에 소금단지를 엎는 유다의 모습으로 묘사되어 있다. 전통적으로 소금단지를 엎는다는 것은 악령의 표시였다. 다음 날은 성금요일로 예수가 올리브나무로 만든 십자가에 못 박혀 죽음으로써 가장 깊은 슬픔의 날이 된다. 이틀 후 예수가 무덤에서 부활하여 승천함으로써 기독교인들에게는 부활절 아침이 가장 중요한 명절의 하나로 자리 잡았다.

사순절 기간에 달걀은 사치품으로 간주되어 엄격히 금지된다. 대신 금식을 깨는 부활절 아침에는 달걀이 특별한 의례식품으로 넉넉히 사용된다. 우크라이나의 파스카Paska는 달걀과 버터를 듬뿍 넣고 구운 빵을 부활절 아침에 먹는다. 러시아에서는 샤프론 향기가 나는 빵에 삶은 달걀을 장식한 쿠리치kurich를 부활절 아침에 먹는다. 이 빵의 달걀을 때때로 화려한 색으로 물들여 장식하거나 십자가 장식을 올리거나 빵 자체를 십자가 모양으로 만드는 등 특색 있게 장식한다. 부활절 저녁에는 지역마다 전통적인 식품으로 만찬을 만든다. 지중해 지역에서는 양, 북유럽에서는 햄, 영국에서는 쇠고기가 주메뉴로 등장한다.

부활절에 색칠한 달걀을 주는 습관은 중세부터 시작되었다. 달걀을 담은 바구니는 새들의 둥지에서 영감을 얻은 것으로, 색칠한 달걀이 가득 담긴 바구니를 든 이스터버니(부활절 토끼 인형)는 19세기경 독일에서 온 이민자들이 미국에 전한 관습이다.

워싱턴에서는 시 청사 앞마당을 놀이터로 생각하는 아이들이 부활절마다 잔디밭을 들쑤시며 달걀찾기 놀이를 했다. 해마다 세금으로 잔디보수 비용을 지불하여 복구사업을 해야 하는 의회에서는 급기야 달걀찾기 놀이를 금지하는 법안을 통과시켰다. 그러나 1878년 워싱턴의 아이들은 당시 대통령이었던 러더포드 헤이스를 찾아가서 놀이를 허가해달라고 했고, 대통령과 영부인 루시는 아이들이 백악관 경내에서 이 놀이를 할수 있게 했다. 그 이후 백악관의 부활절 달걀찾기 놀이는 가장 큰 공공행사로 해마다 백악관의 남쪽 잔디밭에서 벌어진다. 단, 이 행사는 6세 이하의 어린이에게만 허용된다.

견됐으나 사람들에게 번졌고, 고름이 가득 찬 작은 종기가 피부 전체를 뒤덮었다. 바로 오늘날 천연두라고 불리는 병인데, 약 15년 간 천연두가 유행하면서 서기 180년까지 수백만 명의 사람들이 죽었다. 한때는 로마시에서만 하루에 5천명이 죽어나갔다고 한다.

그 뒤 일부 학자들이 홍역이라고 주장하는 또 다른 전염병이 유행하면서 로마제국은 연이어 강타당했다. 사망률이 너무 높아져 나라를 다스리는 관료의 결원이 발생했고 농부들이 대폭 줄어서 식량 공급이 악화되었다. 그러자 로마는 정식 시민이 아닌 계층에게도 땅을 주어 경작하도록 했고, 야만족이라도 농사를 짓겠다고 약속하고 농작법에 따라 대를 이어 종사하면 토지를 소유할 수 있게 해주었다.

무역의 균형도 무너졌다. 로마로 들어오는 것보다 더 많은 돈이 향료와 실크를 사기 위해 또 콜로세움이나 서커스 막시무스에서 사용할 동물을 사기 위해 로마 밖으로 빠져나갔으며, 사정이 악화될수록 정부는 하층민 통제를 더욱 강화했다. 서기 250년경 콜로세움이나 다른 경기장에서 벌어진 사람과 맹수의 혈투가 150여 회였다는 기록이 있는데, 이는 거의 하루걸러 한 번씩 시합이 있었음을 의미한다. 20여 만 명의 빈민층을 위한 음식으로 빵뿐 아니라 와인과 돼지고기, 기름까지 지급되었다. 무료급식과 무료공연은 폭발하기 직전의 민심을 달래고 정부에 감사하게 만드는 수단이었다. 전염병이 로마를 덮치자 이교도들은 지방으로 도망갔지만 기독교도들은 환자들 곁에 남아 돌봄으로써 많은 사람들을 기독교로 개종시켰다.

서기 331년에 콘스탄티누스 대제는 제국을 보전하기 위해 제국을 둘로 쪼개는 필사적인 방법을 동원했다. 동방 비잔틴의 오래된 도시를 새 수도로 정하

음식 에피소드 로마인이 본 야만인의 행동

- 생고기를 먹는다.
- 생고기를 허벅지 사이에 끼워 따뜻하게 데워 먹는다.
- 생고기를 말과 안장 사이에 놓아두어 말을 타고 다니면서 따뜻하고 부드럽게 먹는다.
- 빵을 먹지 않는다.
- 음식에 소스를 치지 않고 먹는다.
- 와인은 겁쟁이들이나 마시는 거라고 말하며 맥주를 마신다.

고 자신의 이름을 따서 콘스탄티노플Constantinople이라고 불렀다. 이러한 동로마와 서로마의 분리정책은 동로마를 강화시키는 효과가 있었지만 서로마는 약화되는 결과를 낳았다.

13) 제국의 장례식: 로마의 멸망, 서기 408~476년

5세기경이 되자 동로마는 번성한 반면, 서로마의 혼란은 점점 가중되었고 군대는 국경을 고트족과 반달족 같은 독일계 야만 유목민족으로부터 지킬 수 없게 되었다. 무적의 군대로 이름 높았던 로마군단마저 도시를 방어할 수 없게 되자 결국 서기 408년 비시고트족의 침범에 의해 사흘에 걸쳐 처참하게 약탈당했다. 지방에 별장과 장원을 가진 부유한 로마인들은 도시를 떠나 피난하면서 은제 칼, 스푼, 컵, 크고 작은 접시 등을 땅에 묻어 감추었는데, 이것이 20세기 들어서면서 가끔 출토된다.

서기 452년에는 아틸라Attila가 이끄는 몽골의 흉노족들이 로마의 국경 밖에 나타났다. 로마황제는 아무런 힘이 없었기 때문에 당시 교황이었던 레오 1세Leo I가 흉노족과 평화협상을 맺었다. 이것이 중세 유럽에서 기독교 교회가 막강한 영향력을 발휘하는 서곡이었다.

서기 476년 게르만의 장군 오도아케르Odoacer가 당시 황제였던 14세의 로물루스 아우구스툴루스Romulus Augustulus로부터 옥좌를 찬탈하면서 상황은 파국을 향해 치달았다. 로마제국은 무너졌고 서쪽 절반이 파괴되었다. 한때 수백만의 인구가 거주하며 5만 명의 관객을 수용할 만큼 큰 콜로세움을 지었던 지역에는 겨우 2만 명 정도만이 남아 마치 유령도시처럼 변해갔다.

레오 1세

자연히 게르만족은 이 지역을 장악하면서 위대한 문명의 흔적들을 지워가기 시작했고, 게다가 비바람까지 불어 야만인들이 시작했던 파괴작업을 완성시켰다. 거대한 광장과 주변 상가들은 텅텅 비었고, 관공서는 약탈당했으며, 사원들은 방치되고 황폐해졌다. 대리석 기둥들이 쓰러지고 한때 세계를 다스리던 건물들은 버려졌다. 위대한 군대가 진군했던 로마의 도로에는 소들이 다니며 잡초를 뜯어먹었다. 로마는 더 이상 세계의 중심이 아니었고 고립되고 촌스러우며 낙후된 곳으로 변해갔다. 이 변화는 다가올 다음 세기 서구유럽의 특징과 그대로 일치한다.

로마 길의 파괴로 말미암아 제국의 생명이 끝나자 라틴어가 서서히 잊혀졌다. 그로 인해 지역 간의 소통은 단절되었으며 무역 또한 사라졌다. 더 이상

이국적인 동물이나 매혹적인 옷감과 향료가 든 음식을 찾아볼 수 없게 되었다.

결과적으로 다음 1천년 간 서구 유럽은 모든 물자를 집에서 키운 것이거나 손수 만들어낸 것에 대부분 의존해야 했다.

세 번째 코스

중세의 기독교와 이슬람, 비잔틴 세계

미친 빵, 커피 그리고 궁중예법

AD 500 ~ AD 1300

로마의 영광이 사라진 후, 중세시대 농촌은 보릿고개와 기아로 허덕이는 농민들로 넘쳐났다. 그러다 보니 배고픈 농민들은 맥각균에 오염된 호밀로 빵을 만들어 먹었는데, 이 빵은 종종 환각증상을 일으켜 '미친 빵'이라고 불렸다. 서구에서 맥각중독이 전염병처럼 퍼져나가는 동안 동방에서는 반짝거리는 녹색 잎과 빨간색 열매를 맺는 나무에서 졸음을 쫓아주고 머리를 맑게 하는 음료인 커피가 출현하였다. 커피는 새로운 종교인 이슬람과 함께 동서양으로 퍼져나갔다.

중세는 서로마제국이 멸망한 5세기경부터 14~15세기의 르네상스 운동으로 시작된 근대 이전의 시기를 가리킨다. 당시 서유럽은 밖으로 향하는 길이 더 이상 안전하지 않아 고립되어 갔고, 식자율과 지식은 퇴보했으며 일상생활의 범위는 각각의 농장을 기반으로 편성한 농촌 사회에 국한되었다. 이에 따라 먼 곳에 있는 왕이나 국가보다는 지역 권력자에 대한 충성심이 우선시되었고 이는 자연스럽게 영주제로 연결되었다. 그러나 콘스탄티노플에 수도를 둔 동로마제국, 즉 비잔틴제국은 로마의 법과 문화를 보존하면서도 그리스의 문화와 융합되어 갔으며 동구의 기독교는 서구와는 다른 방향으로 발달한 결과 결국 그 둘은 충돌하게 되었다.

이보다 더 먼 동양에서는 새로운 종교인 이슬람이 생겨나 거대한 무역국과 대도시가 형성되었고, 그곳에서는 이국적인 상품과 자유로운 사고방식 그리고 새로운 음식들이 창조되었다.

거대한 두 제국 사이에서 충돌이 생기는 것은 불가피한 역사의 행로로서 11~12세기에 벌어진 일련의 십자군전쟁은 군사적으로나 종교적으로는 실패한 시도였지만 이를 통해 새로운 도시가 만들어지고 무역로가 재개되었다.

1. 서유럽의 초기 중세사회: 기독교 세계

1) 봉건제

봉건제는 지역의 권력자와 주민 간의 결속과 충성심을 바탕으로 한 정치 · 경제 · 군사 · 사법적인 제도이다. 로마제국에서 시작된 신분제의 골격을 유지하되 그 영향력의 범위가 지역 중심으로 변한 것이다. 인구비율도 로마와 마찬가지로 귀족이 10%, 농노가 90%를 차지했는데, 계급 간에는 음식이나 의복, 교육 기회나 직업면에서 확연히 차이가 났으며 교육이나 직업, 이동의 자유가 없었기 때문에 계급상승의 길은 거의 원천적으로 봉쇄되어 있었다. 단추나 모피, 레이스 등의 장식품은 상류층의 전유물이었기에 평민은 매력적으로 보이는 차림새를 하는 것 자체가 의복감찰관에 의해 통제되었다. 영주가 사법권을 장악하고 있어서 억울한 일이 있어도 농노는 하소연할 곳이 없었고, 교회에서는 이런 제도도 신이 부여한 것이므로 분수대로 살아야 한다고 가르쳤다.

중세의 도시는 규모가 작았고 주민이 수천 명에 불과했으며 도시와 도시를 연결하는 도로의 치안상태가 불안하고 제대로 관리되지 않은 탓에 여행이나 교역이 거의 이루어지지 않았다. 그러다 보니 장원은 자급자족형 경제단위가 되었으며 장원의 영주는 농노들에게 경작지를 제공했고 농노는 그 대가로 영주가 필요로 할 때마다 군역에 응해야 했다.

영주는 또 빵을 제공했는데, 현대영어와 달리, 5세기 중반부터 11세기 말까지 잉글랜드에서 사용된 고대영어는 단어의 성별을 구분하였다. 생필품인 '빵 덩어리'는 '남성'을 의미하였고 '영주'는 '빵 지키는 사람'을, '숙녀'는 '빵 반죽하는 사람'을 '하인'은 '빵 먹는 사람'을 의미했다. 농노는 영주의 제분소에서 곡식을 빻거나 장원의 오븐에서 빵을 구울 때마다 세금을 냈고, 영주의 허락 없이 몰래 제분하거나 빵을 굽는 행위는 벌금형에 처해졌다.

2) 중세의 사고: 기독교인의 식사와 4四 체액설

중세의 세계관에 따르면 모든 사물과 인간은 하느님이 지정한 질서 속에 존재

중세인의 생활

	귀족: 인구의 10%	농노: 인구의 90%
주택	교회를 제외하고는 인근에서 가장 높고 넓은 영주관에 산다.	작고 비가 새는 단칸방의 오두막집에서 기르는 가축과 함께 살며, 쥐나 벼룩이 들끓는다.
의복	모피, 벨벳, 케이프, 레이스, 긴 튜닉, 단추 등	집에서 짠 마직 천으로 짧은 튜닉과 레깅스를 만들어 입는다. 그렇지 않으면 복장 감찰관에게 불경죄로 잡힌다.
음식	고기와 제분한 밀로 구운 흰 빵을 먹고 중동에서 온 음식과 향료도 사용한다. 아몬드, 대추야자, 우유로 만든 푸딩, 설탕, 와인, 맥주, 꿀술, 사이다 등을 먹는다.	귀리죽과 종종 맥각균에 중독된 통밀가루로 만든 거칠고 검은 빵, 야채와 콩류, 치즈와 맥주, 사이다 등을 먹는다.
직업	농사를 감독하고 세금을 걷으며, 법을 집행한다. 문자와 관련한 모든 일을 한다.	아침부터 밤까지 농사를 짓고 귀족이 명하면 전쟁에도 끌려간다. 문맹이다.

하는데, 이 위계의 꼭대기에는 하느님이 계시고 그 바닥에는 움직이지 않는 무생물인 바위가 있다. 교회는 의사의 시신부검을 엄중히 금했고 생체실험이나 질병발생의 관찰도 그저 의사나 산파가 경험한 것을 정리하는 수준이었다. 혈액이 순환한다는 것을 알게 된 때도 18세기가 되어서였다. 한편 중세에는 인간의 신체가 원활히 운동하거나 치료하는 데 필요한 네 가지 액체가 있다고 믿었다. 인도의 아유베다 경전에 나오는 것처럼 4체액이 균형을 이루면 건강하고, 균형이 깨지면 질병에 걸린다고 생각했다. 이는 고대의학의 아버지로 알려진 그리스의 히포크라테스Hippocrates가 제창하고 2세기경 갈레노스Galenos에 의해 정립된 학설로, 중세 기독교 세계에서는 유일한 의학지식이자 의학계의 바이블이었다. 그것에 따르면 음식으로 4체액의 균형을 맞추어야 하며, 따라서 음식이 곧 약이나 다름없었다.

다음에 나오는 표를 보면, 특정한 음식이 어떤 체액에 해당하는지는 모양

모든 사물의 위계질서와 4체액설

요소	체액	감성	색깔	온도	식품
			하나님		
			천사		
불	노란 담즙	분노	황색	덥고 건조함	불사조, 향신료
공기	피	낙관	붉은색	덥고 습윤함	새, 조류, 고기
물	침	냉정	흰색/투명	차고 습윤함	고래, 생선, 갑각류
땅	검은 담즙	우울	검은색	차고 건조함	나무, 엽채, 근채
			바위와 무생물		

이나 성질이 아니라 그것이 존재하는 환경, 즉 공중인지 땅속인지에 따라 달라짐을 알 수 있다. 이 표의 문제는 동물성 식품의 경우 정해진 자리가 모호하여 공중과 물 사이 어디쯤에 위치한다는 점이다. 동물은 분명 땅 위에 있지 당근처럼 땅속에 묻혀 있는 것이 아니기 때문이다. 각 순위들 내에서도 다시 세부 등급들로 나뉘는데, 닭과 같이 좀 더 공중에 가까운 동물은 연회에서 귀족을 접대하는 데 사용되었다. 게다가 로스팅roasting처럼 뜨겁고 건조한 열로 조리하면 더욱 신에게 가까워지는 것으로 생각했다. 동물 중에서 돼지는 가장 미천한 부류로 평민에게나 적합하며 송아지나 양은 중위권이라고 보았다. 키 작은 관목이나 나무에서 자라는 과일은 땅속 또는 땅 위에서 자라는 채소보다 상위 품목으로 쳤다. 나무가 크면 클수록 그것에 매달린 과일의 가치 역시 올라가므로 귀족에게 알맞은 것으로 여겼다.

체액설에 따르면 사람마다 지배적인 기질적 성향이 있다. 만약 몸의 어디가 아프면 한 가지 요소가 다른 요소를 압도했기 때문에 균형이 깨진 것이고,

그 결과 피부가 창백해지거나 겁쟁이가 되거나 나병에 걸리거나 목숨을 잃는다는 것이다. 그러므로 증상과 반대성질을 가진 음식을 먹어 균형을 회복하는 것이 중요하다. 예를 들어 뇌와 혀는 차고 습윤한 성질이므로 이들은 덥고 마른 향신료, 즉 후추나 생강, 계피로 중화하고 또 식초가 기본이 된 소스는 겨자나 마늘, 루rue 같은 더운 성질의 향신료를 곁들이는 것이 좋다. 포도나 크랩애플처럼 녹색 과일즙으로 만든 소스 역시 덥거나 매운 향신료를 필요로 한다.

각 체액기질의 음식은 다시 1급부터 4급까지 그 성질의 세기에 따라 나뉘는데, 4급이 가장 강한 것이다. 십자군전쟁 이후 무슬림문명과 접촉한 중세후기에는 매운 향신료의 범주에 계피, 클로버, 후추 등이 포함되었다. 계피나 커민cumin, 육두구nutmeg는 뜨겁고 건조한 성질로 2급에 해당하며, 건강에 아주 유익하다고 보았다. 검은 후추는 4급에 해당하여 과도하게 쓰면 위험하다고 여겨 특정질환에만 사용했다. 향신료의 반대편에 버섯이 있는데 버섯은 차고 습한 것으로 늘 피하도록 권고했다. 음식역사가인 장-루이 프랑드랭Jean-Louis Flandrin이 관찰한 바에 따르면, 중세의 레시피에서 매운 향신료는 독특한 역할을 수행했으며 맛을 압도할 정도로 과다하게 사용하였다고 한다. 중세의 음식맛은 향신료를 지나치게 써서 맵고 달고 새콤했다. 당시에는 잡은 지 하루 이상 지난

음식 에피소드 감기에는 먹이고 열이 날 때는 굶기고

오래전부터 전해오는 서양의 속담이다. 감기에 걸렸는데 많이 먹이라는 말이 어떤 의미인지는 중세의 체액설과 음식성질에 따른 분류체계를 떠올리면 쉽게 이해된다. 중세인은 잘 먹는 것이 위를 자극해 몸을 움직이게 하고, 그 결과 열이 발생하여 감기를 이기게 만든다고 믿었다. 반대로 열이 많이 날 때 굶어서 위장을 쉬게 하면 열이 떨어진다는 논리이다. 중세인들은 실제로 이 논리에 따라 발열성 질환이 있는 환자에게는 향신료가 들어가지 않은 음식만 먹였다고 한다.

고기는 팔지 못하도록 법으로 정해져 있었다. 따라서 상한 고기 냄새를 감추려고 강한 향신료를 썼다는 일부의 주장에는 무리가 있다. 그보다는 체액의 균형을 맞추기 위해 다른 성질을 가진 재료를 섞어 사용했다는 것이 타당하다. 부유층 혹은 상류사회에서는 연회에 여러 가지 음식을 제공해 손님들 각각의 다양한 기질을 거스르지 않고 안전하게 대접하는 것이 좋은 주인의 덕목이었다. 그러나 그럴 여유가 없는 가난한 빈민들은 주로 채소를 먹을 수밖에 없었다.

3) 라틴어의 붕괴

중세의 지식인들은 주로 귀족과 사제였다. 이들은 라틴어를 읽고 쓸 수 있으므로 체액이나 4원소 또는 식이요법에 대해 토론하고 이해할 수 있었다. 반면 농노들의 언어는 점차 더 간단한 문법을 가진 지역방언으로 변해갔다. 이탈리아어, 프랑스어, 스페인어, 포르투갈어, 루마니아어 등은 로마에서 쓰던 라틴어에서 갈라져 나왔기 때문에 로만어Romance라고 불린다. 라틴어에서 음식에 대한 속담들은 이들 국가마다 비슷한 유형으로 나타난다. 예를 들어 "음식 취향을 가지고 토론할 수 없다."는 속담이 프랑스에서는 "모든 사람은 나름의 음식취향이 있다."로, 이탈리아에서는 "모든 맛은 각각의 맛이 있다."고 쓰인다. 영어에는 약 60%의 라틴어와 40%의 독일어가 섞여 있다고 한다. 다음의 표를 보면 주방에 관한 용어가 라틴어에서 각각의 방언으로 변화되는 양상을 한눈에 볼 수 있다.

4) 바이킹

바이킹은 유럽인과 러시아인에게 공동의 적인 해적을 말한다. 지금의 덴마크,

라틴어의 분화와 영어의 탄생

라틴어	이탈리아어	프랑스어	스페인어	독일어	영어
coquus	cuoco	cuisinier	cocinero	Koch	cook
culina	cucina	cuisine	cocina	küche	kitchen
panis	pane	pain	pan	brot	bread
vinum	vino	vin	vino	vein	wine
ovum	uovo	oeuf	huevo	ei	egg
pullus	pollo	poulet	pollo	henne	poultry/hen
lac	latte	lait	leche	milch	milk
va	vacca	vache	vaca	kuh	cow
mel	miel	miele	miel	honig	honey

주: 닭을 가리키는 이탈리아어와 스페인어는 철자는 같아도 발음이 아주 다르다. 이탈리아에서는 '폴로'라고 읽는데 스페인어에서는 두 개의 L이 묶음이 되어 '포이요'로 읽는다.

노르웨이, 스웨덴에 해당하는 북쪽의 스칸디나비아 반도에서 내려왔기 때문에 노르만Norman이라고도 한다. 그들은 선창이 아주 낮은 배를 타고 나타나 해안에 바싹 붙어 정박하고 경고도 없이 상륙해서 인근의 도시와 수도원에 쳐들어가 음식과 귀중품을 약탈하고 공포를 남긴 채 사라졌으며 노와 돛을 이용하여 남쪽으로 러시아를 지나 비잔틴제국까지 갈 수 있었다. 가장 자주 침범당한 나라는 영국과 프랑스 북부로, 이곳에는 지금까지도 바이킹의 문화와 언어, 식습관이 남아 있는 지역이 많다. 심지어 영어의 요일 명칭은 바이킹이 섬기던 신들의 이름에서 유래되었다고 한다. 예를 들어 바이킹전사의 신인 티와Tiwa, 오딘odin 또는 wodin, 토르Thor(번개를 가진)는 각각 화요일Tuesday, 수요일Wednesday, 목요일Thursday의 어원이고, 비너스에 해당하는 사랑의 여신인 프레야Freya는 금요일Friday의 어원이다. 바이킹이 정복한 프랑스 북부는 지금도 그 지명이 노르망디

Normandy이다.

우리가 바이킹에 대해서 알게 된 것은 인류학 덕분이다. 그들의 주식은 고기와 동물성지방이었는데, 그들은 우유로 버터와 치즈를 만들어 매 끼니마다 먹었으며 아침에는 빵과 죽, 저녁에는 고기가 더해졌다. 바로 잡은 고기는 구덩이를 파서 그 안에 피운 불 위에 놓고 천천히 구웠고, 오래되거나 질긴 고기는 수프나 스튜를 만들어 푹 끓여 먹었다. 또 남은 고기를 저장하기 위해 건조, 염장, 훈제방법을 활용하였다. 가장 흔히 이용한 동물은 돼지였으며 야생동물 포획은 식용목적뿐 아니라 사냥놀이나 농작물을 지키는 수단으로도 권장되었다. 생선과 포유류는 식량이나 교역품이었고 뱀장어와 연어는 집세의 지불수단이었다. 영국의 바이킹 거주지에서의 중요한 식재료는 대구였고, 독일의 식재료는 청어가 대부분이었다. 반면, 과일과 채소는 비교적 경시했는데 사과나 배, 스트로베리나 라스베리, 블랙베리, 엘더베리와 링곤베리 등의 딸기류를 채취하여 먹기는 했지만 과일농사를 짓지는 않았다. 일반적으로 많이 먹는 채소는 양배추와 당근, 순무, 파스닙parsnip이었고 가장 흔한 곡류는 보리와 호밀이었다.

중세의 온난기라고 불리는 유럽의 기후변화가 발생하면서 농사를 지을 수 있게 되자 바이킹들은 마침내 노략질을 멈추었다.

5) 중세 온난기와 북유럽의 농업혁명

950~1300년 사이에 빙하가 녹기 시작하면서 전 지구상의 온난화가 진행됨에 따라 얼어 있던 북쪽바다에서도 선박의 항해가 가능해졌고 작물의 생장기간 연장으로 곡식의 수확량도 크게 늘었다. 바이킹은 약탈을 중지하고 탐험을 시작

하여 아이슬란드와 그린란드에 정착했는데, 그린란드는 사실 아이슬란드보다 더 추웠다. 하지만 정착민을 유도하기 위해 희망적인 이름을 붙였던 것이다. 그린란드로부터 남서로 이동한 사람들은 오늘날의 캐나다에 해당하는 뉴펀들랜드로 들어갔다. '포도의 땅'이라는 뜻의 바인랜드Vineland라고도 불리는 이곳에서 이주민들은 야생 크랜베리 등의 덩굴식물을 발견하고 경작했다. 지금도 캐나다의 샌트로랜스강 입구에는 바이킹 거주민의 흔적이 발굴되고 있다.

서기 1000년경에는 식물의 생장기가 더 길어짐에 따라 곡류생산이 갑자기 늘어나는 농업혁명이 시작되었다. 한해 농사를 짓고 나서 그 이듬해에는 휴경을 해야 했던 농지를 세 부분으로 구획하여, 2년 농사짓고 1년 휴경하는 윤작輪作을 시행하였다. 한편 휴경기에는 농지의 지력을 증대하고 양분을 높이기 위해 동물의 배설물을 묻는 방법을 고안했으며 말에 마구를 매어 쟁기를 좀 더 효과적으로 끄는 방법으로 수확률을 높였다. 하지만 병충해에 따른 피해가 발생하기도 했다.

6) 맥각균에 오염된 '미친 빵'

중세시대 식품 중 대표적인 것이 바로 빵이다. 지난해의 수확을 다 소진했을 늦겨울, 곡식은 자라지만 아직 거둘 수 없는 한여름, 해마다 이렇게 두 차례씩 기아가 반복되었다. 다급해진 사람들은 먹을 수 있는 것은 무엇이든, 설혹 그 작물이 질병을 일으킬지 모른다는 의심이 들어도 상관하지 않고 먹어치웠다. 호밀은 종종 맥각균麥角菌에 오염되었는데, 이 균에 중독되면 헛것을 보거나 경련을 일으키거나 팔다리에 괴저가 생겨 검게 변하거나 마비가 온다. 맥각균은 수확과 건조, 제분 심지어 제빵과정을 거쳐도 없어지지 않았고, 이 균에 오염된 빵은 무서운 병을 자주 일으켜 '미친 빵'이라고 불렸다. 11~16세기까지 500년 동안 맥각독이 널리 퍼지자 중세인들은 이를 전염병이라고 생각했다. 그러나 이렇게 위험한 맥각을 생활에 이용할 때도 있었는데, 아주 적은 양의 맥각을 출산촉진제로 사용하였다는 기록이 있다.

중세 유럽인의 생활은 온난화 덕분에 어느 정도 나아졌지만 여전히 더 개선할 것이 많았다. 농노들은 영주의 토지에 구속되어 질 나쁜 빵을 먹으며 단조로운 노동에 매달렸고, 대다수의 교회에서는 그것이 하늘의 뜻이라고 설교했다. 하지만 이에 반하여 하나님이 좀 더 혁신적인 다른 계획을 가지고 있다고 주장하는 새로운 교황들도 나타났다. 한편 로마제국이 유럽에서 쓰러져갈 때 지중해 동부지역에서는 새로운 종교가 폭넓게 힘을 얻고 있었다.

2. 바그다드: 이슬람제국

이슬람교는 7세기경에 시작되었다. 지금의 사우디아라비아에 해당하는 메카의 유력한 가문에서 태어난 41세의 아랍인 무함마드Muhammad(또는 Mohammed라고도 쓴다)에게 천사 가브리엘이 나타나 알라Alla 신에 대해 가르쳤다고 전해진다.

이슬람의 성서인 꾸란Quran(코란이라고도 발음한다)에 기록된 내용에 따르면, 무함마드와 그의 추종자들은 622년에 메카에서 도피하여 메디나에서 전열을 가다듬은 후 630년에 무함마드와 그의 1만 군대는 메카를 정복했다. 무슬림들은 이 승리의 귀향을 기리기 위해 적어도 일생에 한 번은 메카로 순례여행을 떠나는데, 이를 하지Hajj라고 부른다. 무슬림들은 매일 다섯 번씩 메카를 향해 예배를 드리고 라마단 때는 금식을 한다.

이슬람의 달력은 음력을 사용하는데, 매년 11일씩 정월이 빨라진다. 기독교력에서 서기를 라틴어로 '주님 오신 해anno domini'의 약자인 A.D.라고 표시하는 것처럼 이슬람력에서는 '하지라의 해anno hegirae'에서 온 A.H.를 쓴다. '하지라'는 무함마드가 메디나로 피신한 일을 말하는데, 이 해가 이슬람의 기원년이다. 2007년은 이슬람력으로 1428년이며, 1월 20일이 정월 초하루이다.

무슬림들은 로마제국의 멸망 이후 생긴 힘의 공백을 메우며 로마의 영토를 그대로 접수했다. 그들은 유럽에서 스페인을 침략하고 사하라 사막을 포함하는 북아프리카를 정복했으며, 동쪽으로는 인도양까지, 아시아에서는 페르시아의 영토인 이라크와 이란과 서인도에 이르는 광대한 지역을 장악하고 지금의 이라크에 있는 바그다드를 수도로 삼았다. 바그다드는 100만에 이르는 인구와 상업의 중심지로 새로운 로마로 떠올랐다. 무슬림의 배들은 지중해와 아라비아해 그리고 인도양까지 휘젓고 다녔으며 낙타를 모는 카라반들은 실크로드를 따라 중국에서부터 아프리카의 사막까지 가서 교역을 벌였다.

이슬람교는 무슬림제국의 건설을 도왔으며 이들의 음식과 문화에 다채로운 색깔을 입혔다. 무슬림들은 순례여행을 의무로 믿었고 그 여행길에서 다른 무슬림 상인들의 도움을 받으면서, 같은 종교를 믿고 같은 언어를 쓰며, 단일한 통화체계를 사용함으로써 세계적인 대국의 면모를 갖추었다. 또 사회 내부의 신뢰도가 높아서 멀리 떨어져 있는 사람과의 신용거래를 위해 오늘날의 수표결제 같은 방식의 지불보증서를 썼다. 수표check의 어원이 무슬림들의 지불보증서인 새크saqq에서 온 것은 우연이 아니다.

무슬림들은 또 인도의 힌두교인에게서 아주 강력한 무기를 받아들였다.

바로 수數 개념이다. 아직까지 아라비아 숫자라고 부르는 1, 2, 3, 4……는 원래 힌두교에서 나온 것으로 그들은 '0'zero의 개념도 알고 있었다. 이를 이용함으로써 로마의 수 개념에서는 불가능하던 덧셈과 뺄셈, 곱셈과 나눗셈이 용이해졌고 그 결과 상업도 비약적으로 발전했다. 로마의 i=1, v=5, x=10, c=100 같은 기호로는 xviii × cc의 답을 내기가 매우 어렵지만 18 × 200은 아주 간단하게 계산할 수 있다. 무슬림들은 인도에서 숫자를 배운 대신 이슬람교와 멜론, 석류, 포도, 건포도, 복숭아, 아몬드, 피스타치오, 체리, 배, 살구 등의 식재료를 건네주었다.

무슬림은 또 수많은 시와 소설을 비롯해 『알라딘과 마술램프』, 『알리바바와 사십인의 도둑』, 『천일야화』 등의 구전문학을 낳았다. 낙타에 의지하여 몇 달이나 사막을 건너가야 하는 사람들에게 하늘을 나는 양탄자는 마치 초음속 비행기 같은 꿈이었을 것이다. 일상적인 물건을 금으로 바꾼다거나 금을 음식으로 둔갑시킨다는 연금술 역시 또 하나의 꿈이었다. 중세 사람들은 금이 모든 위험한 질병을 고친다고 믿었으며 금의 영원불변한 성질에 불사不死의 의미를 부여했다. 연금술 열병은 유럽으로도 퍼져나갔는데, 그들은 금이 음식으로 바뀌지 않는다면 음식을 금과 비슷하게 꾸며서 효과를 보려고도 했다. 그 때문에 음식에 강황이나 샤프론 등을 섞어 황금색으로 물들이는 것이 유행했다. 샤프론은 어느 영국인 순례자가 소아시아에서 한 뿌리를 몰래 숨겨 가져온 뒤로 영국과 스페인 그리고 이탈리아로 퍼져나갔다.

축제의 유래… 라마단

라마단은 이슬람력에서 성스러운 달로 가브리엘 천사가 무함마드에게 나타나 꾸란을 가르쳤다고 한다. 이 기간에 무슬림은 단지 금식만 하는 것이 아니라, 지상의 삶보다 더 영속적인 삶이 있음을 의식하고 살라는 가르침을 받는다. 만약 무슬림이 말과 행동의 거짓을 버리지 않는다면, 먹고 마시는 것을 중지하는 행동만으로 알라가 기뻐하지는 않는다는 것이다.

한 달을 금식하는 라마단은 음력이기 때문에 해마다 날짜가 달라진다. 음식이 귀해지는 겨울의 끝에 어김없이 돌아오는 기독교의 사순절과 달리 라마단은 추수기나 파종기에 행해지기도 한다. 2007년에는 라마단의 첫날이 9월 13일이었다.

라마단 동안에는 일출부터 일몰까지 아무것도 입술을 통과할 수 없다. 무슬림은 이 기간에 성행위와 담배 등 향락을 금해야 하며, 아침식사는 동이 트기 전에 마친다. 종일 금식을 한 후 해가 지고 나면 대추야자를 먹고 물을 마신다. 라마단의 마지막 날에는 이드-일-피트르Eid il-fitr 축제가 있다. 이슬람 인구가 많고 여러 대륙과 나라에 흩어져 있기 때문에 금식을 깨는 축제의 음식은 지역마다 다르지만 대개 고기수프와 바클라바baklava나 할바halvah 같은 달콤한 디저트를 먹는다.

1) 무슬림의 음식

이슬람 국가의 지배자인 칼리프와 술탄들은 자유인이나 노예로 구성된 조리사들을 거느리고 있었다. 조리사들은 군주를 정적의 독살 위협에서 지키기 위해 음식을 감시하는 조리장의 통제를 받았다. 중세의 이슬람 식사는 메제meze(지역에 따라서는 mazza 또는 mezze)라고 불리는 일종의 전채로부터 시작한다. 그러나 지중해 음식전문가인 클리포드 라이트Clifford Wright는 『지중해식 향연Mediterranean Feast』이라는 책에서 메제와 전채를 확실히 구별한다. 식사의 예비단계로 소화기관에 자극을 주기 위한 전채라는 개념은 아랍인에게 아주 우스꽝스러운 것이었다. 사람은 늘 배가 고프거나 또는 고프지 않는 상태이고, 배가 고프다면 위장은 다른 자극이 필요 없다고 생각했기 때문이다. 메제와 전채의 공통점이 있다면 여러 가지 음식이 한입거리로 소량씩 준비된다는 것뿐인데, 라이트는 메제에 차려진 음식들이 온전한 식사로 구성될 수 있으므로 전채라기보다는 뷔페식에 가깝다고 본다.

최초의 무슬림 음식 레시피는 1226년경 바그다드로 거슬러 올라간다. 인생이 주는 기쁨 중에서 먹는 즐거움을 가장 사랑했다는 알 바그다디Al Baghdadi가 쓴 글에는 화려한 타진tagine(고기와 과일을 약한 불로 오래 끓여 입 안에서 살살 녹는 스튜 종류) 같은 요리가 많이 나온다. 아랍의 식사법에 따른 그의 레시피 중에서 미쉬미쉬야mishmishiya의 예를 살펴보자. 아랍어로 살구를 가리키는 미쉬미쉬에서 유래한 이 요리는 양고기와 말린 살구를 넣어 끓인 스튜이다. 여기에 커민과 고수, 계피와 생강, 후추 같은 향신료를 넣고 샤프론으로 색깔을 내며 아몬드를 갈아 넣어 걸쭉하게 만든다. 스튜는 장미나 오렌지 꽃을 넣어 향을 우려낸 물로 끓인다. 다른 레시피도 있다. 아몬드로 속을 채운 고기를 통나무 모양으로 빚은 뒤 양꼬리의 기름으로 지져서 갈색을 낸 후, 아몬드와 피스타치오를 여러 가지 향신료와 함께 커민, 고수, 계피, 후추로 만든 소스에 넣어서 오래 끓인 다음 그 위에 설탕을 입힌 대추야자를 얹어 장식한다. 초기의 많은 요리책처럼 알 바그다디의 레시피에서도 무슨 재료를 넣으라고만 나오지 얼마만큼 써야 하는지는 명시돼 있지 않다. 이 책을 번역한 클라우디아 로덴Claudia Roden은 알 바그다디의 레시피를 그대로 옮기는 동시에 현대적인 감각으로 재해석한 『중동의 음식 요리책A book of Middle Eastern food』을 펴냈다.

양이나 염소의 젖은 요거트를 만들거나 페타feta나 카세리casseri 같은 짭짤한 치즈로 만들어 보존했다. 그리고 가지와 야채와 병아리콩을 갈아서 타이니(tahini; 마늘과 소금과 깨를 넣어 만든 페이스트)와 섞어서 후무스hummus나 가누시ghanoush 같은 음식을 만들어 먹었는데, 이런 요리법은 오늘날까지 그대로 지켜지고 있다. 시금치도 자주 먹었고, 곡류는 탄누르tannure라고 부르는 오븐의 옆벽에 반죽

메제meze

을 철썩 붙여서 굽는 빵이 주종이었다. 탄누르는 인도로 건너가 탄두르tandoor 오븐이 되었고 다양한 탄두르 요리를 낳았다. 아시아에서 수입한 쌀에 말린 과일이나 견과류를 섞어 볶음밥을 만들어 먹기도 하였다. 또 세몰리나 가루를 쪄서 만든 쿠스쿠스를 많이 먹었는데, 이것은 모로코나 튀니지, 알제리 등 북아프리카의 국민요리가 되었다. 포도잎과 가지 속에는 쉽게 구할 수 있는 쌀부터 값비싼 고기까지 다양한 재료를 섞어서 그 속을 채웠다. 올리브유는 그 자체로 중요한 식재료인 동시에 음식의 장식에도 많이 쓰였다.

무슬림 음식은 설탕이 듬뿍 들어간 화려한 디저트로 마무리된다. 설탕은 인도에서 수입한 사탕수수에서 뽑아낸 것으로 당시에는 부유함의 상징이었다.

827~1091년 사이에 시칠리아를 장악한 아랍의 정복자들은 시칠리아에 사탕수수를 심었다. 시칠리아의 달콤한 디저트들은 대개 수녀원에서 만들어졌다. 원래 하렘의 보호를 받던 무슬림 여인들이 신변의 위험을 피해 기독교로 개종하여 수녀원에 입교하면서 자연스럽게 수녀원으로 디저트 만드는 법이 전해졌기 때문이다. 여기서 바클라바baklava 같은 전설적인 디저트가 만들어졌다. 바클라바는 얇은 종잇장 같은 필로phyllo 반죽에 버터와 다진 피스타치오를 켜켜이 올리고 구운 뒤 오렌지 꽃물을 섞은 설탕시럽을 끼얹은 화려하고 섬세한 디저트이다. 설탕과 갈아놓은 아몬드를 섞어 빚은 반죽을 대추야자 씨를 뺀 자리에 채워 장미 향기가 나는 설탕 시럽에 담가놓은 것도 있다. 필로반죽은 달콤한 디저트뿐 아니라 짭짤한 음식을 만들 때도 사용했다. 그리스에서는 시금치와 치즈를 필로반죽 위에 여러 층을 쌓아 구운 스파나코피타spanakopita를 만들어 주식으로 삼았다.

2) 무슬림의 식사법

무슬림의 식사법에는 유대인의 식사법과 유사한 점이 있어서 돼지고기와 피

음식 에피소드 이맘 바얄디, 기절한 신부님

터키에는 이맘 바얄디imam bayaldi라는 음식이 있다. 이맘이라는 이슬람의 신부가 기절했다는 뜻이다. 구전에 따르면 이 신부는 가지요리를 먹다가 그 천상의 맛에 놀라서, 혹은 이 요리에 쓰인 질 좋은 올리브유의 가격표를 보고 기절했다고 한다. 클라우디아 로덴의 현대식 요리법에는 중간 크기의 가지 여섯 개와 올리브유 1/2큰술을 사용한다. 이때 올리브유의 양은 속을 채우는 데 추가로 들어가는 것을 감안하면 결코 적지 않다. 클리포드 라이트의 레시피에는 가지 750g에 엑스트라 버진 올리브유 열 큰술을 사용한다.

는 물론이고 식용 목적으로 도살된 것이 아닌 병이나 사고로 죽은 짐승의 고기를 금했다. 식용으로 쓸 고기는 교리에 따라 도축되었는데, 도축자는 "신의 이름으로, 신은 위대하시다!"라고 외치면서 짐승의 경동맥을 한칼에 끊으며 이 방식으로 잡은 것을 할랄halal고기라고 하였다. 이는 유대인들이 전통의식에 따라 잡은 짐승을 코셔고기라고 부르며 정갈하게 여기는 것과 유사하다. 한편 다른 신의 이름으로 동물을 잡는 것은 금지되어 있었는데, 중세의 무슬림들은 특히 양고기와 낙타의 혹 고기를 좋아했다고 한다.

바클라바

발효음료를 마시는 것 역시 금기였다. 이는 술의 해악 때문이었는데, 무함마드는 사람들이 술에 취해 기도를 게을리하지 않도록 아예 술을 금했다. 그는 음주 후에 뒤따르는 폭력도 싫어했다. 무함마드에 의하면 와인은 천국에서 받을 수 있는 보상일 뿐 현세에서는 금지된 것이었다. 그러다 이슬람교에 부합하는 새로운 음료가 세상에 나타나 선풍적인 인기를 얻게 되는데 그것은 바로 커피였다.

3) 커피: 붉은 열매와 춤추는 염소들

커피는 반짝거리는 녹색 잎과 빨간색 열매가 열리는 나무에서 자란다. 춤추는 염소이야기가 사실인지 후대인들이 지어낸 것인지 누가 알겠는가? 처음에 사람들은 염소들처럼 커피의 잎과 열매를 따서 씹어먹었다. 그러다가 잎과 열매

이스탄불의 커피하우스

를 물에 우려서 차처럼 마시거나 열매를 갈아서 페이스트로 만들어 동물의 지방과 섞어서 먹기도 했다. 16세기가 되어서야 열매를 볶고 빻은 다음 뜨거운 물을 부어 마시는 현대적인 커피가 만들어졌다. 이슬람교의 성직자들은 커피가 기도 중에 졸음을 쫓아준다며 선호했다. 또 소화를 돕고 두통을 낫게 하며 기침을 가라앉혀 폐병 같은 소모성 질환이나 부종, 통풍, 괴혈병과 유산을 방지한다는 등 마치 만병통치약처럼 여겼다.

커피는 경건한 의식에 쓰이는 경건한 음료로 자리 잡았다. 부유층은 자기 집에 커피 마시는 방을 따로 두었고, 그보다 신분이 낮은 사람들은 대중적인 커

커피 연대기

시기	흔적
8세기경	에티오피아에서 춤추는 염소의 이야기가 전해짐.
900년대	아랍 의사인 라제스의 글에 커피에 대한 기록이 나타남.
1500년경	무슬림 순례자들이 페르시아, 이집트, 터키, 북아프리카로 커피를 전파함.
1511년	메카의 지배자가 꾸란에서 커피를 금한다고 선언하고 커피하우스도 폐쇄함. 그 이유는 사람들이 모여서 자기를 조롱하기 때문이었다고 함.
1536년	예멘의 도시인 모카를 통해 모카커피가 수출됨.
1600년대	어느 무슬림이 인도에 커피콩을 몰래 들여와 심음.
1650~1690년	영국, 독일, 베네치아와 파리, 비엔나에 커피하우스가 개장됨. 영국에서는 곧 커피 금지령이 내려짐.
1696년	파리의 의사들이 커피를 관장제로 처방함.
1699년	네덜란드가 인도네시아의 자바에 커피나무를 옮겨 심음. 이때부터 자바커피로 알려짐.
1710년	프랑스에서 커피를 끓일 때 배향식 주입법을 사용함.
1723년	프랑스가 카리브해의 마르티니크와 아이티에서 커피를 재배함.
1727년	커피가 브라질에 밀수됨.
1788년	산토도밍고에서 세계 커피의 절반을 수확함.
1820년	카페인이 초록 커피콩에서 추출됨.
1833년	상업용 커피로스터가 뉴욕에 처음 수입됨.
1869년	커피에 녹병균이 전염되어 서인도제도의 커피 산업이 붕괴됨. 중부 아프리카의 로부스타 종이 저항력 강한 품종으로 대치됨.
1878년	커피, 차, 향료에 대한 최초의 무역잡지인 《The Spice Mill》 창간.
1881년	가격을 결정하기 위하여 커피 선물시장이 뉴욕에서 열림.
1900년	힐 형제들이 진공포장된 커피를 발명함.
1971년	스타벅스가 시애틀에서 갓 로스팅한 커피를 판매함.

이스탄불의 커피하우스를 갔다. 커피는 금방 국제적인 상품이 되었고 1900년대 초까지는 아라비카 종의 커피콩이 세계 시장을 지배하다시피 했다.

3. 동로마제국: 비잔틴

기독교국가와 무슬림제국 사이에 있던 비잔틴제국은 부유하고 기독교를 믿었으며 그리스인이 많은 반면 라틴어도 통용되었다. 비잔틴제국은 아시아에서 로마제국의 동부를 관할했고 동쪽으로 티그리스강과 유프라테스강까지, 북쪽으로는 아프리카와 이집트와 나일강 주변의 내륙까지 다스렸다. 제국의 수도인 콘스탄티노플은 유럽을 가로지르는 주요 강이 모이는 흑해와 지중해 사이에 위치해 무역에는 거의 이상적인 조건을 갖추고 있었다. 콘스탄티노플은 천혜의 항구와 산물이 풍부한 해안을 가졌으며 학문의 도시이자 시장과 운동의 도시였다. 동로마제국은 라틴문명과 서구에서 사라져버린 가룸garum 같은 로마의 음식이 남아 있었고, 메인광장인 히포드롬Hippodrome은 6만 명의 관중을 수용할 수 있었고 5만 명이 들어가는 로마의 콜로세움보다 큰 규모였다. 사람

음식 에피소드 커피는 어디에서 왔을까?

어느 날 염소들이 정말 이상한 행동을 했다. 먹을 것을 찾아 풀을 뜯는 대신에 사방으로 달리고 허공에서 펄쩍펄쩍 뛰기도 했다. 8세기경 아프리카 동부해안의 에티오피아에 살던 칼디Kaldi라는 이름의 양치기소년은 걱정이 되었다. 염소들이 왜 이럴까? 다음날도 광란이 계속되자 그는 양들을 주의 깊게 관찰했다. 그들은 뭔가 새로운 것을 먹고 있었다. 반짝이는 초록색 잎을 가진 나무의 빨갛고 작은 열매를 먹은 염소들은 춤을 추기 시작했고 '매애매애' 하고 노래하듯이 소리를 질렀다. 이 열매를 먹은 양들이 더 이상의 별다른 부작용을 나타내지 않자 양치기소년도 조금 먹어보았다. 그러자 소년도 기분이 좋아졌다.

들은 경마나 전차경주를 보면서 환호성을 질렀지만 기독교국가인지라 로마처럼 선혈이 난무하는 사투는 없었다. 서로마와의 공통점으로는 노예의 노동력을 이용했다는 것이다. 노예들은 오늘날의 동유럽인 불가리아, 러시아, 폴란드, 체코슬로바키아와 우크라이나에서 왔다. 이 지역 출신을 가리키는 'slavs(슬라브인)'라는 말은 'slave(노예)'에서 나왔다. 10세기경 키릴Cyril이라는 이름의 신부가 러시아의 노예들에게 글과 기독교를 가르치러 러시아에 갔는데 그의 이름을 따서 러시아 문자를 키릴 알파벳이라고 부르게 되었다.

1) 종교를 선택하게 만든 러시아음식

988년 키예프의 블라디미르 왕자는 국교를 선택할 때, 자신은 물론 국민의 복리를 위해야 한다고 생각했다. 그는 러시아인의 습관과 기호를 잘 알고 있었으므로 국교 결정의 한 요소로 음식을 중시했는데, 러시아인은 돼지고기를 좋아했기 때문에 유대교와 이슬람교는 대상에서 제외되었다. 또 알코올을 금지하는 이슬람교 역시 러시아인에게는 절대로 받아들여질 수 없었다. "우리 러시아인은 술 마시기를 너무 좋아해서 술 없이는 살 수 없다."고 할 정도였다. 로마의 기독교는 금식을 자주 요구했으며, 힌두교는 인육을 먹는다는 헛소문이 전해졌기 때문에 역시 제외되었다. 결국 블라디미르 왕자는 비잔틴의 동방정교를 국교로 선택했다. 동방정교 역시 금식일이 있었지만 사순절 기간에도 생선은 먹을 수 있었기 때문에 반대가 적었다. 989년 드디어 그는 키예프의 모든 국민들에게 강으로 나가 세례를 받을 것을 명했다.

러시아의 전통음식이라고 알려진 많은 것들이 사실은 중세 말엽까지는 러시아에 없던 것들이다. 예를 들어 러시아어로 콜바시kolbasy라 부르는 소시지는

1292년 러시아의 문헌에 처음 등장한다. 보드카는 1500년대나 되어서야 폴란드에서 들어왔고 사워크림sour cream과 보르시츠borscht(분홍색의 전통 러시아 양배추 수프) 역시 1500년대에 서구와 접촉하기 전까지는 나타나지 않았다. 감자는 1700년대에 전해졌다고 한다.

2) 비잔틴 음식

비잔틴 주민들은 로마 사람들만큼이나 음식에 관심이 많았고 시장에는 항상 식재료가 넘쳐났다. 그중에는 로마에 전혀 알려지지 않은 것도 있었다. 캐비아, 육두구 껍질과 씨 그리고 우리가 지중해의 대표적인 산물로 알고 있는 레몬 같은 재료들은 당시로는 희귀한 것이었다. 서아시아로부터 가지, 멜론 종류와 오렌지 등이 전해졌고 소와 염소, 양을 거래하는 시장, 돼지만 따로 파는 시장이 매일 열렸다. 매일 1,600여 척의 어선에서 갓 잡은 신선한 생선이 쏟아졌고, 기술자와 상인의 천국인 공예품 상점은 여성들이 운영하기도 했다. 모든 시장들은 정부감시관에 의해 통제되었으며, 특히 생선시장에서는 그들이 그날그날의 가격까지 결정했다.

최근에 앤드류 달비Andrew Dalvy가 이 시대의 음식에 대한 단편적 기록들을 번역함으로써 비잔틴 사람들의 식습관이 상세하게 밝혀졌다. 이런 문헌에 나오는 음식에 대한 조언들은 모두 그리스의 체액설에 기초를 두고 있지만 저자에 따라 구체적인 내용은 아주 다르다. 누군가는 음식의 종류와 성질에 대해 설명하기를 "밀은 열기가 많고 모든 곡류 중 으뜸이다. 밀은 건강하고 맑은 피를 만든다."고 하며, 또 다른 저자는 "와인은 위를 따뜻하게 하며, 꿀술은 안색을 좋게 하며, 오디술은 덥고 습한 기운을 가져 장운동을 유발한다."고 한다. 약용식물에 대한 설명도 많다. 장미의 성질은 차고 건조하여 간의 과열을 막아주고 제비꽃과 은매화, 바질, 마조람marjoram, 수련, 백합, 야생 카모마일, 백단, 장뇌, 차고 마른 성질의 샤프론, 정향, 덥고 마른 성질의 육두구 등도 언급된다. 병아리콩과 멜론, 대추야자와 로켓(아루굴라) 등은 최음제로, 또 고기는 영양이 많아서 건강을 지켜주는 음식으로 권장되었다. 특히 지방기가 없는 적색육이 유익한데 가장 맛있고 건강에 좋은 것은 집에서 키운 암탉이라고 한다. "닭으로 만든 수프는 장의 차가운 기운을 내보낸다."고 한다.

그러나 같은 책에 나오는 다른 저자는 상반된 결론을 내리기도 하였다. '소화가 잘 안 되는 음식'의 목록에 쇠고기를 포함시켰고, 좋은 체액을 만드는 음식과 나쁜 체액을 만드는 음식, 소화가 잘 되는 음식, 장을 잘 움직이고 소화기관을 안정시키는 음식에 대한 목록도 작성했다. '머리를 아프게 만드는 음식'에는 뽕나무 열매와 우유, 자두, 타라곤tarragon이 포함되었고 '가장 영양가 없는 음식'에는 오늘날 영양가가 아주 높다고 알려진 생선, 비트beet, 포도, 올리브, 귀리, 굴, 호두 등이 포함되었다. 결국 저자에 따르면 어떤 음식도 최음제가 아니었다. 또 다른 저자는 체액설에 따라 계절별로 어떤 음식과 운동이 적합한지를 아예 달력 형식으로 만들어 독자들이 쉽게 참고할 수 있게 하였다.

"봄은 달콤하고 나른한 계절이다. 그러므로 아주 질 높고 향이 좋은 와인을 세 모금 정도 천천히 마셔라. 약 세 시간은 음식을 먹지 말고 그 후 양이나 새끼 돼지 구이를 먹으면 좋다. 소스는 후추와 감송spikenard, 계피 등으로 맛을 낸다. …… 또 돼지의 족발과 머리를 젤리처럼 굳혀서 식초와 함께 먹어야 한다. …… 갖가지 채소와 요리하는 국물에 여러 가지 향신료를 넣고 마신다. …… 한 달에 네 번 목욕을

하고 … 알로에와 몰약, 달걀노른자를 혼합하여 스킨로션을 만들어라. …… 연고를 씻어낸 뒤 차가운 와인과 달걀노른자를 뜨거운 장미 기름에 섞어서 바르고 사랑을 나누어라."

3월에는 음식과 섹스를 절제하는 동시에 달콤한 맛에 집중해야 한다. 4월에는 쓴맛을 내는 것을 피해야 하며 제비꽃과 장미, 백합과 야생 카모마일 등의 향을 들이마셔야 한다. 반면 9월에는 씁쓰레한 음식을 먹어야 하며, 6월은 뜨거운 피의 달로 목욕을 여덟 번 해야 하고 수프나 섹스를 멀리해야 한다. 11월은 습기가 많고도 나른한 때이므로 목욕을 피해야 하고, 12월에는 양배추를 먹어서는 안 되며 목욕을 하고 연고를 바른 뒤 와인으로 씻어내는 요법과 섹스를 권장한다.

이 책들은 글을 읽을 줄 아는 상류층을 상대로 쓴 것이다. 이 독자들은 체중을 걱정하고 와인, 달걀, 향유, 특히 몰약과 같이 아주 값비싼 향료를 사용할 정도로 부유했다. 몰약은 히말라야 산중 고지대의 허브에서 추출한 기름으로 당시에는 음식에도 쓰였다. 이 책들이 다루는 주제는 21세기인 오늘날과 크게 다르지 않다. 이토록 풍성하고 다양한 음식, 와인, 꽃, 향료, 요리법 등으로 무엇을 할 것인가? 당시의 식도락은 선택의 폭이 상상 이상으로 넓었으며 이 책들은 그 선택을 돕는 안내자인 셈이었다. 이런 책들이 나온 배경에는 비잔틴 사람들의 영원불멸과 안정에 대한 갈망이 있었는데, 이는 당시의 정치상황을 떠올려 보면 무리가 아니다. 새로운 야만적인 유목민 무리인 투르크인이 동쪽으로부터 비잔틴을 압박하고 있었으므로 비잔틴의 알렉시우스 황제는 기독교 세계의 도움을 요청하는 편지를 서방에 보냈다. 그는 영토의 안녕을 위해 잘

훈련된 전사 몇 백 명쯤 보내줄 것을 요청했는데 결국은 그 일이 어마어마한 결과를 초래한 계기가 되었다.

4. 십자군전쟁, 문화의 충돌

러시아가 동방정교로 개종함으로써, 동방 기독교의 제 1추기경인 총 대주교의 권한이 강화되자 서방 교황의 힘을 넘보게 되었다. 총 대주교와 서방의 교황 사이에서는 편지와 사절들을 통해 서로를 자극하는 권력투쟁이 벌어졌고 추기경은 서서히 교황의 권력을 잠식해갔다.

1054년에 이들의 투쟁이 심화되어 서로를 파문시키는 극단적인 사건이 벌어졌으며 다른 두 개의 종교로 갈라질 지경이었다. 동방에서는 새로운 교회법에 따라 수사들도 결혼할 수 있었고 가톨릭에서 엄금하는 이혼도 가능하였다. 또 정치의 수장이 교회도 지배하는 정교일치를 주장했는데 이는 서방의 교황이 결코 용납하지 않는 것이었다.

그러던 차에 1093년 교황 우르반 2세Urban II는 동방교회를 장악할 기회를 잡았다. 비잔틴의 황제 알렉시우스는 투르크군이 콘스탄티노플을 침입할 것을 우려해 유럽에 도움을 청했다. 교황은 이참에 기독교 군대를 보내 콘스탄티노플을 구하고 황제의 무능함을 알려서 자신에 대한 의존도를 높일 일석이조의 기회로 보았다. 그런 다음 군대를 계속 진군시켜 무슬림에게 빼앗긴 성지를 회복하고 로마교회의 우월함을 떨칠 심산이었다. 교황은 참전하는 이들에게 지상에서 저지른 모든 죄악을 완전히 속량하여 천국으로 가는 통행증을 준다고 보증함으로써 십자군을 독려했다. 일부 기독교도들은 십계명의 "살인하지 말지어다."라는 대목을 지목하며 의심을 표했으나 교황은 그 계율이 "기독교인을 살인하지 말지어다."라는 뜻이라며 이교도를 죽이는 것은 기독교인의 의무라고 설명했다.

1096년부터 1204년 사이에 네 차례에 걸쳐 십자군이 성지로 떠났고, 1212년에는 소년십자군도 창설되었다. 교회는 전문군인이 아닌 일반인의 참가를 막았지만 그들의 열성을 꺾기에는 역부족이었다. 많은 사람들은 하느님이 자신의 필요를 들어줄 것이라 믿고 식량도 없이 무기만 들고 떠났다. 현지에서 식량을 조달해야 했던 이들은 약탈과 절도를 저지르고 심지어 다른 기독교인들을 상대로 폭동까지 일으켰다. 그들이 진군하는 길에는 기아가 뒤따랐고 식량가격은 급격히 올라갔다. 또 다른 십자군들은 북아프리카로 향했고, 스페인의 종교재판소도 자국의 무슬림을 상대로 독자적인 십자군전쟁을 시작했다.

십자군전쟁은 세계를 근본적으로 바꾸고 중세를 종결하는 데 일조했다. 1차 십자군전쟁 초기의 승리 외에 다른 전쟁들은 모두 실패로 돌아갔고, 무슬림 지도자인 살라딘Saladin이 1187년에 예루살렘을 탈환한 뒤로 기독교인들은 다시는 성지를 회복하지 못했다. 왕과 대귀족들이 재산을 잃고 전사함으로써 지도층의 공백이 발생하고 장원제도가 급격히 약화되었다. 수년이 지나 전쟁터에서 간신히 살아 돌아온 이들은 더 큰 충격을 받았는데, 영국에서는 귀족들이 왕이 없는 틈을 타 왕권의 일부를 차지하기도 했기 때문이다.

마그나카르타와 최초의 음식법

1215년에 교황 이노센트 3세Innocent III는, 신부가 축성한 빵은 문자 그대로 예수의 몸이며 그것을 먹는 것은 실제로 예수의 육신을 나누는 행위이지 상징적인 의식이 아니라는 교시를 발표하여 모든 종류의 영성체에 대한 열광을 만들어냈다. 영국의 사자왕 리처드는 십자군전쟁을 떠나면서 동생 존에게 섭정을 맡겼다. 허약한 존 왕은 이기지도 못하는 전쟁에 돈을 물 쓰듯 했고, 이에 분노한 귀족들은 왕을 압박하여 마그나카르타Magna Carta에 서명하도록 했다. 마그나카르타는 국민의 기본권을 보장하는 대헌장으로 지금도 그 내용이 영미법에 영향을 미치고 있다. 대표적인 조항으로는 재판을 받을 권리, 국회의 동의 없이 부과된 세금을 거부할 권리 등이 있고, 이외에 음식에 관한 두 개의 법안이 최초로 통과되었다. 1210년에 존 왕은 빵의 가격을 동결했고 1266년에는 빵의 품질에 대한 규정을 만들었다. 이는 제빵업자가 가격을 지나치게 높이거나 내용물의 양을 늘리기 위해 진흙이나 돌 등의 이물질을 섞는 행위를 규제하기 위해서였다. 이를 위반한 사람들은 처벌될 수도 있었다.

전쟁을 마친 십자군들은 고향으로 돌아왔는데, 농노들이 영지를 떠나버렸다. 그 이유는 농노들이 십자군에게 물자와 식량을 제공하기 위해 급조된 신흥 도시로 새로운 삶을 찾아 이주하였기 때문이다.

5. 유럽 중세 후기, 기독교 세계

1) 도시와 길드: 도살업자와 제빵업자 그리고 영성체빵 제조업자

농노들이 인구 수천의 도시로 이동하자 장원에서는 미처 필요치 않았던 새로운 이름이 필요해졌다. 누구나 세례명은 있었지만 그들은 가문명이 없었기 때문에 직업에 따라 이름을 지었다. 예를 들어 Cook(요리사), Miller(제분사), Smith(대장장이)*, Wright(수레 제작자)**, Cooper(통 제작자) 또는 Baker(제빵사) 등의 이름이 그것이다.

도시에서 좀 더 잘 살기 위해서는 직업을 가져야 했는데, 상업이나 공예업에 종사하려면 노동조합의 일종인 길드에 가입해야 했다. 가격을 제어하고 임금을 결정하는 권리를 얻는 목적에 맞게 길드는 특정 산물의 생산을 독점하고 품질을 유지하는 데 영향력을 발휘했다. 직종마다 종사할 인원수를 제한했기 때문에 과잉공급을 차단했고 따라서 상품과 서비스의 가격을 공급자 중심으로 유지할 수 있었다.

길드의 회원 지위는 도제, 장인, 마이스터의 3단계로 나뉘었다. 소년들은 6~7세가 되면 도제로 보내졌는데, 그들은 청소와 심부름 같은 잔일을 하면서 어깨너머로 기술을 조금씩 익혔다가 나이가 들면 직접 일을 하면서 기술을 발전시켰다. 도제기간은 약 10년으로 아이들이 10대 후반이 되면 장인단계가 시작되고, 장인은 점점 복잡한 일거리와 책임을 맡으며 어린 도제들을 감독하였다. 마지막 단계인 마이스터가 되기 위해서는 다른 마이스터들이 인정하고 길드가 승인하는 수준에 이르는 작품을 혼자 힘으로 만들어야 하고 그런 뒤에야 한 분야의 마이스터로서 자신의 작업장을 열 수 있었다. 예를 들어 영성체 예식용 빵을 만드는 장인은 하루에 세 가지 크기의 빵을 최소한 800개를 만들어야 했다. 오늘날 요리를 할 줄 안다고 누구나 다 기능장이 되는 것은 아니듯이 중세에도 마이스터의 지위에 도달하기는 매우 어려웠다.

* blacksmith, 대장장이; goldsmith, 금 세공사; silversmith, 은 세공사; tinsmith, 양철 세공사

** cartwright, 수레 제작자; wheelwright, 바퀴 제작자

길드가 조직을 확장하기 위해 사용한 방법 중 하나는 광고였다. 그들은 새로 짓는 교회의 스테인드글라스를 제작할 기금을 기부했다. 30m 이상 올라가는 새로운 교회는 몇 km 밖에서도 보일 정도여서 주변의 평범한 건물들을 압도했다. 프랑스의 노트르담이나 샤르트르, 영국의 캔터베리와 웨스트민스터와 더햄, 독일의 드레스덴 성당이 대표적이다. 이 성당들은 새로운 건축기법을 사용했는데, 뾰족한 첨탑과 아치로 연결되는 좁은 돌축 그리고 신비롭게 빛나는 스테인드글라스는 성당 내부로 햇빛을 들어오게 해 여러 색으로 반짝였다. 당시에는 지금처럼 커다란 통유리를 만들 수 없었으므로 작은 조각들을 이어 붙이는 모자이크로 처리했는데 그 덕에 더욱 화려하고 조화로운 그림이 되었다. 오늘날 이들 성당에 남아 있는 스테인드글라스에서는 도축업자, 제빵업자, 어부, 점원, 여인숙 주인 등이 일상적인 작업에 열중하는 모습을 볼 수 있다. 여인숙 주인들은 거리를 다니면서 와인병을 두드리며 맛을 보라고 소리쳐 손님을 모으는 호객꾼을 고용하기도 했다.

성당은 지역사회 생활의 중심지였다. 사람들은 주일마다 미사에 참여했고 독실한 신자들은 거의 매일 나왔다. 성당 앞의 광장은 종종 시장으로 사용되었고, 성당의 종소리로 마을사람들은 시간을 맞추었는데, 예를 들어 한밤에 울리는 종소리는 난롯불을 갈무리하고 잠자리에 들 때라는 뜻이었다. 아침에 불을 새로 피우는 것은 오래 걸릴 뿐 아니라 아주 어려운 일이었으므로 사람들은 밤에 불꽃을 꺼뜨리지 않으면서도 아주 낮은 상태로 유지해야 했는데, 주인이 부주의한 집에서는 종종 불이 번져 밤새 화재가 일어나기도 했다. 그래서 불을 갈무리하는 방법으로 뚜껑을 덮어 공기를 차단한다는 뜻의 프랑스어 couvre feu(불에 뚜껑을 덮다)가 생겼다. 이 말은 잘 시간이므로 돌아다니지 못한다는 영어

curfew(통행금지)로 의미가 바뀌었다.

도시가 커지면서 직업도 점차 세분화되었다. 제빵업자의 정의는 매우 제한적이어서 반죽을 하고 빵의 모양을 잡는 이를 가리켰고, 빵이 제대로 구워지도록 알맞은 온도로 불을 관리하는 사람은 별도의 직업으로 분류되었으며 일감이 없을 때는 종종 두 직종의 경계선을 두고 충돌이 일어났다. 과자를 만드는 파티셰pâtissier는 후식용 파이를 만들 수 있었는데, 만약 그 파이 속에 다진 닭고기가 들어가 주식용이 된다면 요리사의 영역과 겹치게 된다. 파리에서는 1440년에 파티셰 길드가 생길 때까지 제빵업자들이 파테pâté 요리를 장악하고 있었다. 그러다가 파티셰들이 달콤한 후식류와 짭짤한 요리용 페이스트리를 모두 만들어내자 둘 사이에 큰 소동이 일었고 나중에는 법적 다툼으로까지 번지게 되었다.

2) 설탕: 하얀 소금

제과장이라는 직업은 아랍인이 유럽에 들여온 새로운 식품에 의해 생겨났다. 거무스름하거나 푸르스름한 소금과 달리 순백색의 입자는 유럽인이 처음 보는 물질이었다. 아랍인은 인도인에게서 사탕수숫대에서 짜낸 즙을 말려 달콤한 하얀 결정을 만드는 법을 알아냈다. 품이 많이 들고 시간이 걸리는 중노동이었지만 그 결과물인 설탕은 이국적이고 희귀하면서, 무엇보다도 맛이 있었다. 유럽의 상류사회는 그 맛에 빠졌고 설탕을 의약품처럼 아껴서 사용했다. 실제로 약제사들은 설탕덩어리를 조금씩 떼어내 천칭에 달아 팔았고, 중세의 의사들은 설탕을 완벽한 치통치료제로 여겼다.

3) 와인

중세는 상업용 와인이 본격적으로 판매되기 시작한 시대이다. 10세기경 프랑스의 샹파뉴 지방에서 만든 스파클링 와인은 대대로 포도원에서 따로 제조해 대관식에 사용되었기 때문에 왕가를 위한 제품으로 명성을 얻었다. 13, 14세기 독일의 라인란트와 헝가리의 토카이지역 역시 유명한 와인 생산지가 되었고, 1398년에는 북부 이탈리아의 토스카나 지방에서 키안티Chianti라는 이름의 화이트 와인이 처음 선을 보였다. 1395년 부르고뉴의 공작인 필립공은 그 지역에 피노누아pinot noir 품종의 포도만 심도록 명했지만 일부 와인업자들은 수확량이 많고 빨리 익는 토산품종인 가메이gamay 포도를 육성했다. 그러자 필립공은 가메이 포도로 만든 와인은 질이 낮고 쓴맛이 나서 부르고뉴 와인의 명성을 떨어뜨린다고 하여 가메이 품종을 모두 뽑게 했다. 이렇게 해서 가메이 포도는 부르고뉴에서 자취를 감추게 되었고 결국 타지로 흘러들어가 보졸레 와인의 기초 품종이 되었다.

다른 재배지들도 점차 와인 애호가들에게 알려졌는데 이 과정에서 교회의 역할을 빼놓을 수는 없다. 14세기경 로마의 교황과 프랑스 아비뇽의 교황이 대립하던 시기에 프랑스 교황이 마시던 와인의 생산지를 '교황의 새로운 성Châteauneuf-du-pape'이라고 불렀다. 그 후 벌어진 십자군전쟁은 와인산업을 더욱 발전시켰다. 전쟁터로 떠나기 전에 귀족들은 신부들에게 무사귀환을 비는 기도를 해달라며 포도원을 교회에 헌납하거나 전쟁터에서 목숨을 잃은 귀족들의 유족이 망자의 영혼을 위한다며 역시 포도원을 바쳤기 때문이다. 중세 말기에는 베네딕도수도회의 분파인 시토수도회가 유럽에서 가장 큰 포도원을 소유하고 있었는데, 루이 7세가 와인에 매겨지던 운반세나 판매세를 탕감해주자 수도회는 번창일로를 걷게 되었다. 와인은 마치 현금처럼 통용되었고 군용보급품에도 포함돼 있었다. 영국에서 와인은 에일ale(맥주) 가격의 20분의 1 정도로 거래되었고, 그 당시에는 잘 몰랐겠지만 오염된 물에 서식하는 티푸스 박테리아를 살균하는 효과가 있었기 때문에 건강에도 좋은 것으로 환영받았다.

와인상인의 길드는 대단한 정치력을 발휘했는데, 길드의 주요 회원들은 종종 시청에 속해 있었고 와인 거래에 매겨진 세금에서 시정市政 자금의 대부분이 나왔다. 런던의 와인협회는 도매 및 소매거래를 장악하고 있었고 1437년 국왕에게서 와인운반선을 하사받았다. 중세의 도시들은 와인의 수입과 판매에 관한 법률을 통과시켜 그 양과 질에 대한 규정을 만들었다. 이는 주점의 주인들이 싸구려 와인을 비싼 것으로 둔갑시키거나 이물질을 섞어 양을 늘리지 못하도록 감독하고 위법이 밝혀지면 처벌을 내리기 위해서였다. 벌칙에는 세금을 무겁게 매기고, 불량와인을 거리에서 통째로 깨뜨려버리거나, 주인에게 강제로 마시게 하는 것 등이 있었다.

4) 치즈

중세부터 만들어온 치즈는 오늘날에도 막대한 규모로 유통되고 있다. 에멘탈emmentaler, 그루에르gruyère, 파르메산parmesan 등의 치즈는 12세기에 등장했다. 이 치즈들은 한 번에 1,000L나 되는 엄청난 양의 우유를 응고시켜 큰 원통덩어리로 만들어졌으므로 치즈를 만드는 데 그 지역 전체의 우유생산자들이 기여했다고 할 수 있다. 라틴어로 치즈는 카세우스caseus인데 이 단어로부터 영어의 치즈cheese나 스페인의 퀘소queso가 유래되었다. 한편 이를 프랑스어와 이탈리아어로는 프로마주fromage 또는 포르마조formaggio라고 하며 이 역시 라틴어인

축제의 유래 … 할로윈과 만성절

할로윈(10월 31일)과 만성절(11월 1, 2일)은 고대 이방인의 축제를 기독교에 편입시킨 가톨릭교회 정책의 산물이다. 할로윈은 아일랜드 달력으로 새해 첫날인 삼하인Samhain에서 비롯되었다. 이날 밤에 죽은 자와 산자의 세계를 나누는 경계가 흐려지면서 죽은 자들의 영혼이 땅 위를 배회한다는 이교도 신앙에서 나온 것으로 이들 유령에 대항하는 방법은 유령처럼 분장해서 그들을 속이는 것이다. 기독교인들은 삼하인을 '모든 성인의 밤All Hallows' Eve'이라고 이름을 바꾸었고, 결국 할로윈이 되었다.

수십 세기가 지나 미국의 할로윈은 미국을 원산지로 하는 호박을 상징으로 삼게 되었다. 크고 둥글며 오렌지색인 호박은 10월에 영그는데 이 속을 파서 괴기스러운 모양을 껍질에 새기고 촛불을 속에 켜놓아 호박귀신Jack O'Lantern을 만든다. 아이들은 밤에 돌아다니며 이웃집 벨을 누르거나 집에 휴지를 풀어 휘감아놓는 장난을 치고 사탕 같은 작은 선물을 내놓지 않으면 장난을 더 치겠다고 을러댄다Trick or Treat. 1922년에는 오렌지색과 흰색, 노란색이 섞인 세모꼴 할로윈용 막대사탕이 나왔다.

할로윈 축제는 미국에서 점점 더 성행하고 있지만 몇몇 미치광이들이 사과 속에 면도날을 숨기거나 사탕에 독극물을 넣는 탓에 사고가 생기면서 지역 축제가 아니라 점차 소수의 사적인 파티로 변하고 있다. 일부 기독교인들은 할로윈이 이교도 신앙에서 비롯된 것이라 하여 축일로 여기지 않는다. 가톨릭국가에서는 만성절All Saints' Day과 위령절All Souls' Day을 축일로 제정하고 있다. 멕시코에서는 이 축일들을 '죽은 자의 날Dia de los Muertos'이라고 부른다.

포르마forma에서 유래되었는데, 이는 로마인들이 치즈를 바구니나 통 속에 넣고 눌러서 성형했던 데서 기인한 것이다. 어떤 치즈는 만들어진 수도원의 이름을 붙이기도 했는데, 이는 베네딕도수도회나 시토수도회의 수도사들이 중세에 극심한 기아에 시달리는 민중을 위해 새로운 치즈제조법을 개발해 아사를 막고 치즈산업의 선구적인 역할을 했기 때문이다.

5) 맥주와 벌꿀

겨울에 곡식을 보관하는 방법 중 하나는 발효시켜 술을 만드는 것이었다. 중세의 곡주는 여러 가지 약초와 섞어서 맛을 냈다. 주로 야로우yarrow나 야생로즈

마리, 버들소귀나무sweet gale 같은 허브들이 쓰였는데 이것들은 일종의 최음제나 마약류로 간주되었다. 중세 말기부터는 맥주의 맛을 좋게 하고 발효된 술을 더 오래 보존하기 위해 홉을 곡식에 섞었다. 일부 지역에서는 아직도 홉 없는 맥주를 만들고 있지만 일반적으로 맥주란 그 보존과 향미를 위해 홉을 넣는 것에서 시작한다.

벌은 꿀을 얻기 위해서도 중요했지만, 벌이 분비하는 밀랍은 냄새와 그을음이 없는 고급양초를 만드는 데 최적이었으며 천연밀봉제이기도 했다. 벌에게 밀랍은 벌집을 고정하는 접착제인데, 사람에게는 상처에 바르는 연고를 비롯해 다양한 용도로 사용되었다. 이집트에서도 공기를 차단하거나 세균을 막는 데 꿀을 사용했다는 기록이 있다. 꿀로 음식을 달게 만들거나 약으로 사용한 것 외에 벌은 고대의 음료인 꿀술을 만들 때 요긴했다. 벌이나 꿀 모두 눈에 흔히 띄는 것은 아니어서 중세 영국에서는 날아가는 벌을 보면 "앉아라. 앉아라. 벌아, 성모 마리아가 명하신다."라는 짧은 기도로 벌이 땅에 내려앉기를 기원하는 풍습이 있었다고 한다. 기도 속에 성모가 나오는 것으로 보아 고대의 영국 본토에 있던 이교도 신앙과 주술을 교회가 차용한 예라 할 수 있다. 교회는 지역적으로 기독교 이전의 관습과 계속 싸우면서 농민들이 이교도 신앙을 지키되 이들을 '대지의 어머니 여신'이라고 부르기보다는 '성모 마리아'로, '하늘의 아버지 신'을 '예수님'이나 '하나님'으로 바꾸어 부르게 했다. 교회는 수천 년간 지속되어 온 민간신앙을 중화하여 교회에 편입시켰다.

6) 중세의 식사풍경

중세의 식사는 기도와 함께 손을 씻으면서 시작하고 기도와 함께 손을 씻으면서 끝냈다. 가장 좋은 린넨천은 손이 비교적 깨끗한 식사 시작 무렵에, 보통의 냅킨은 식사 끝 무렵 손이 더러워졌을 때 사용되었다. 손을 씻는 볼bowl에는 은박이나 금박을 했고 아주 중요한 손님을 맞을 때는 볼의 바닥에 손님 가문의 문장紋章을 새겼다.

식탁에서 어느 자리에 앉는가는 그가 얼마나 중요한 사람인지 알 수 있는 잣대였다. 상좌에 앉거나 의자를 혼자서 독차지하는 사람은 귀빈이다. 상석에 앉은 사람에게는 하녀들이 가장 좋은 흰 빵을 가져다주지만, 손님의 지위가 낮으면 통밀로 만들어진 검은 빵을 제공받았다. 하지만 그마저도 양이 충분하지 않을 뿐 아니라 테이블 위로 손을 뻗지 않으면 잡을 수 없을 정도였다. 식탁에 놓인 소금그릇에서 멀리 떨어진 구석자리에 앉아 조그맣고 딱딱한 검은 호밀빵을 먹는 사람이라면 사회적 지위가 아주 낮은 것을 의미한다.

중세에는 독립된 식당이 없었고 식사를 하기 위해 널빤지를 놓고 천을 덮은 가대가 있었을 뿐이다. 식당 가구라고 해봐야 주인의 부유함을 과시하기 위한 값비싼 금이나 은 식기와 볼 등을 넣은 장식장 정도였다. 화재를 염려하여 주방이 살림채와 떨어져 있던 탓에 조리가 끝난 음식은 무장한 경비에 의해 운

음식 에피소드 독극물 검사

(상상의 동물인) 유니콘의 뿔은 불순한 물질이 닿으면 피를 흘린다고 믿었기 때문에 매우 선호했다. 유니콘보다 구하기 쉬운 마노석 역시 자주 사용되었다. 이 밖에도 두꺼비의 머릿속에 있는 보석이라는 두꺼비돌이나 뱀의 혀와 같이 상상 속의 물질들이 독극물을 탐지하는 데 이용되었다. 소금에 독이 들어간 것은 아닌지 의심하는 이들은 종종 상어 이빨로 시험했다. 그러나 중세의 귀족들은 희귀한 독을 찾기에 바쁜 나머지, 눈앞에서 일어나는 세균의 교차감염에는 신경을 쓰지 못했다. 특히 조류나 달걀을 다루면서 손가락이나 숟가락이 납이나 구리, 주석으로 만든 냄비와 팬 속에 여러 번 들락거리는 비위생적인 상황이 흔하게 일어났다.

반되었기 때문에 뚜껑이 덮여 있다 해도 식탁에 도착할 무렵에는 차갑게 식어 있었다. 게다가 식탁에 도착해서도 때때로 발생하던 독살의 위험을 피하기 위해 정밀하지만 비위생적인 방법으로 독극물 검사를 거쳐야 했기에 식사는 더 늦춰지기 일쑤였다.

식탁에는 큰 서빙용 쟁반은 있었지만 접시는 없었다. 그 대신 만든 지 며칠이 지나 딱딱해진 통밀빵을 두툼하고 네모나게 썰어서 접시로 이용했다. 물기가 있는 음식은 작은 그릇에 부어서 두 명이 함께 마셨다. 포크도 없었다. 사람들은 공동의 쟁반에 손을 뻗어 음식을 집을 때 다른 사람의 칼날에 찍히지 않도록 조심해야 했다. 와인은 물에 타서 제공되었다. 식탁에서 가장 정교하고 화려한 물건은 네프nef라고 불리는 그릇으로, 은이나 금으로 도금한 조각배 모양의 소금통이었다.

음식은 대개 제철의 신선한 재료를 썼지만 고기는 염장이나 훈제, 건조로 보존한 것이었고 야채는 소금물에 절이거나 지하실에 보관한 것을 썼다. 허브와 과일은 건조시켰다. 여름에는 누구나 다 연회를 열 수 있었지만 겨울의 연회는 주인이 아주 부자라는 징표였다. 절기와 관계없이 수입한 재료를 사용하는 것도 마찬가지였다.

7) 음식의 색깔

중동에서 수입된 아몬드는 유럽에서 무척 환영받았다. 아몬드는 다른 형태와 이름으로 유럽 전역에 퍼졌다. 그중에 특히 갈아놓은 아몬드를 우유와 섞어 굳힌 것이 인기를 끌었다. 이탈리아에서 아몬드는 비앙코 만자레bianco mangiare 라고 불리고, 프랑스에서는 블랑망제blancmanger, 스페인어로 만자 블랑코

교황을 맞이하는 찰스 1세의 식탁. 빵으로 만든 그릇에 음식을 담고 빵 뚜껑으로 덮은 것을 볼 수 있다.

manjar blanco, 영어로 블란쳇 만쳇blanchet manchet으로 불리다가 나중에 블랑만주blancmange로 변형되었다. 모두 흰색 음식이라는 뜻이다. 아몬드는 완전식품으로 알려져 있는데, 중세의 체액설에서도 균형이 잘 맞는 음식이었다. 블랑만주는 매끈거리고 삼키기 쉬우며 소화도 잘되었는데, 특히 흰색은 섬세하고 세련된 느낌을 주어 상류층에 어울리는 색깔이었다. 중동, 이탈리아 남부와 프랑스 남부, 스페인 등 주로 덥고 건조한 지방에서 자라는 아몬드는 북유럽에서 대단히 비쌌다. 오늘날 스페인과 이탈리아는 아몬드의 주요 수출국이지만 세계 물량의 50%는 캘리포니아에서 재배한다. 블랑만주는 주재료인 아몬드가 너무 비싸고 손으로 아몬드를 갈아야 해서 많은 노동을 필요로 하는 값비싼 음식이었

라스베리 소스를 얹은 블랑만주

다. 19세기에 들어와 블랑만주는 아몬드를 넣지 않고 만드는 일반 푸딩의 대명사로 쓰였다. 쌀 푸딩이나 커스터드와 동의어로 사용되어 문자 그대로 흰색 음식을 지칭하는 말이 된 것이다. 캐서린 비처Catharine Beecher가 쓴 『가정요리법Domestic Receipt Book』에도 블랑만주를 설명하면서 다섯 종류의 푸딩 중 하나가 아몬드를 갈아서 넣는 것이라고 언급한다. 천 년을 이어 애용하던 음식의 이름이 바뀐 것이다. 오늘날의 아프가니스탄 음식 중에 샤프론과 다진 아몬드를 넣고 옥수수 전분으로 굳혀 만든 피르니firnee라는 푸딩이 있는데 이것 역시 중세 음식의 흔적을 보여준다.

아몬드밀크는 간 아몬드를 물에 담가두었다가 치대어 물이 우유처럼 진해지게 만든 것이다. 중세에 아몬드밀크는 아주 중요한 음식이었다. 특히 달걀과 우유 등 모든 동물성 음식이 금지되는 사순절에도 아몬드밀크는 허용되는 동시에 맛있고 남에게 자랑도 할 수 있는 호화품목 중 하나였다. 현대에 와서도 철저한 채식주의자나 선식주의자들이 선호하는 음식이다.

중세에는 먹는 것 못지않게 남에게 보여주는 것이 중요했다. 중세의 연회에서는 섬세하고 장식적인 요리들이 주인의 부를 과시하는 수단이었고 특히 백조와 공작요리들은 살아 있을 때보다 더 아름답게 꾸며지는 일도 많았다. 이 새들은 도살된 후 깃털이 손상되지 않도록 조심스럽게 껍질을 벗기는데, 그런 다음 고기를 요리하여 익힌 뒤 껍질 속에 다시 채워넣고 부리와 발을 금으로 장식한다. 마지막으로 어여쁜 상류층 소녀들이 접시를 들고 나와 손님에게 가져다줌으로써 그 빛을 더한다.

파이는 우아하기도 하지만 실용적인 음식이었다. 플라스틱이 일반화되기 전에 파이의 껍질은 내용물을 담고 보존하는 훌륭한 그릇 역할을 했다. 달콤하거나 짭짤한 파이들은 반죽으로 뚜껑까지 만들어 덮어두면 차가운 지하에 보관했다가 바로 꺼내먹을 수 있는 간식이 되었다. 파이는 메인코스 사이에 유희나 오락거리로 먹는 앙트르메entremets로 제공되었다. 식사가 끝나면 손님들은 콩피comfits라고 불리는 달콤한 탈취제를 받았다. 이것들은 입냄새를 없애주는 캐러웨이caraway 씨나 아니스anise 씨 등에 설탕을 입힌 것으로 씹으면 양치한 것과 같은 효과를 냈다.

상류층의 식사에서는 흰색 음식이 나온 뒤에 마치 무지개처럼 찬란한 음식들이 이어졌다. 과일과 채소의 색소를 이용해 음식을 물들인 것인데, 빨간색의 포도나 체리 등은 마늘소스를 분홍색으로 물들였고, 블랙베리와 오디는 무엇이든 진남색이나 자주색으로 바꾸었다. 파슬리는 음식을 녹색으로 만들었다. 중세 유럽에서 가장 숭배되는 색은 황금색이었다. 황금과 영원한 생명을 갈망하던 중세 유럽인은 황금이 영생을 보장한다고 생각했기 때문인데, 연금술사들이 황금을 만드느라고 백방으로 광물질과 재료를 섞는 사이에 요리사들은 음식이 황금처럼 보이도록 만들었다. 황금빛이 나는 음식들은 프랑스어로 앙도레andore라고 불렸으며, 중동에서 온 샤프론과 강황 같은 향신료들은 음식을 아름다운 황금색으로 바꾸었다. 중세에는 샤프론 600g이 말 한 마리만큼이나 비쌌고, 육두구 600g은 암소 일곱 마리의 값이 나갔다. 요리사들은 리조또 같은 음식에 그 샤프론을 사용했는데, 부유층에서는 순금을 얇게 밀어 만든 금박을 음식에 직접 올리기도 했다. 여기에 쓰인 금박은 주로 아프리카에서 생산되어 무슬림 상인들에 의해 사막을 가로질러 유럽으로 공수된 것이었다.

8) 왕의 궁정: 식사예절

이처럼 새로운 재료와 음식들과 함께 왕의 권위가 높아지자 새로운 예절이 필요하게 되었다. 사람들은 사회적인 지위에 따라 음식을 먹는 올바른 법과 그렇지 못한 법이 있다고 여기고 많은 신경을 쓰게 되었다. 원래 정원이라는 뜻인 court(궁정)에서 이러한 새로운 예절과 연관된 많은 단어가 파생되었다. courtly(상류층의 매너를 갖춘), courtesy(타인에 대한 공손한 행위), courtier(궁정에 나온 신하), curtsy(여성이 하는 절), courting(젊은 남녀의 행실 바른 연애), courteous(궁정에 걸맞게 정중하고 상냥한 매너의) 등이 그것이다.

9) 타이방의 『음식Le Viandier』: 우리가 알고 있는 요리의 시작

이러한 새로운 재료들과 요리 스타일은 기욤 티렐Guillaume Tirel이라는 프랑스인 타이방Taillevent(1312~1395)의 책에 기록되었다. 저작권이 존재하기 전의 것이라 그런지 이 유럽 최초 요리책의 몇 부분은 그가 태어나기 전에 나온 책들과 비슷하다. 하지만 요리사라면 누구라도 이 책에서 영감을 받을 수 있을 것이다.

티렐은 주방 서열의 제일 말단인 꼬치구이 조수에서부터 시작했는데, 꼬치에 꿴 고기를 모닥불위에서 하염없이 돌려 익히는 것이 그의 일이었다. 그러다 계속 승진한 끝에 찰스 6세의 요리장 자리까지 올랐다. 티렐의 요리에 감탄한 왕은 그에게 장원

음식 에피소드 중세인이 본 매너 없는 행동

- 생고기를 먹는다.
- 식탁 위나 식탁 너머로 침을 뱉는다.
- 식탁에서 손바닥으로 코를 푼다.
- 테이블보에 코를 푼다(테이블보는 손가락을 닦는 용도이다).
- 뼈를 물어뜯다가 공동접시에 내려놓는다(바닥에 던져야 한다).
- 숙녀에게 서빙할 때 투구를 쓰고 있다.
- 식탁에서 칼로 이를 쑤신다.
- 먹는 중에 코를 후빈다.

과 귀족 작위, 가문의 휘장 그리고 여행의 권리를 하사했다.

계피나 생강, 커민, 고수, 카르다몸 같은 향신료의 사용으로 알 수 있듯이 그의 책에는 중세 말기 유럽에서 유행한 중동음식의 영향이 엿보인다. 축제 때 마시는 달콤한 술인 와슬wassail을 만드는 레시피를 보면, 재료 중에서 흑설탕만 꿀로 바꾸면 바로 현대의 주방에 통용되는 요리가 된다. 중세의 대표적인 크리스마스캐럴은 "우리는 이제 달콤한 축배를 마시네."라고 시작하는데 영국에서는 이 노래를 과수원이나 밭에서 부른다. 그렇지 않으면 이듬해 작황이 아주 나쁠 것이라고 여기기 때문이다.

십자군전쟁 이후 무역로가 재개되면서 새로운 부자들이 많이 나타났다. 그리고 음식과 황금에 대한 생각들도 확연히 바뀌었다. 무역로를 타고 전해진 동양의 이야기 중에는 신비스럽고 믿을 수 없을 정도로 기이한 것이 많았다. 그중 하나가 바로 마르코 폴로Marco Polo(1254~1324)라는 베네치아의 무역업자가 중국에 다녀왔다는 이야기이다.

요리수첩 _ 와슬wassail

큰 사과 네 개, 흑설탕 1/4큰술과 2작은술, 사과주스나 사이다 1/4큰술, 에일 세 병, 셰리주 1큰술, 계피 한 줄기, 생강 간 것 1/2작은술, 신선한 육두구 씨 가루 1/2작은술, 레몬 한 개

1. 오븐을 170℃에 맞춘다.
2. 사과 껍질에 칼집을 수평으로 낸다. 기름 바른 접시에 놓고 흑설탕 1/4큰술과 사과주스를 뿌린다. 사과를 구우면서 그 위에 계속 끼얹는다. 사과가 부드러워지면 꺼낸다.
3. 소스 팬에 에일과 셰리주를 붓고 2큰술의 흑설탕, 계피, 생강, 육두구 씨와 오렌지 껍질간 것을 넣는다. 5분 정도 끓이다가 구운 사과와 즙을 넣고 저어서 뜨겁게 낸다.

10) 마르코 폴로의 이야기: 진실 혹은 허구

마르코 폴로는 지중해 무역의 중심인 부유한 도시, 북부 이탈리아의 베네치아 출신이다. 17세가 되었을 때 아버지와 삼촌이 사업과 정치적인 목적을 띤 중국 여행길에 그

타이방의 『음식(Le Viandier)』 현대어판

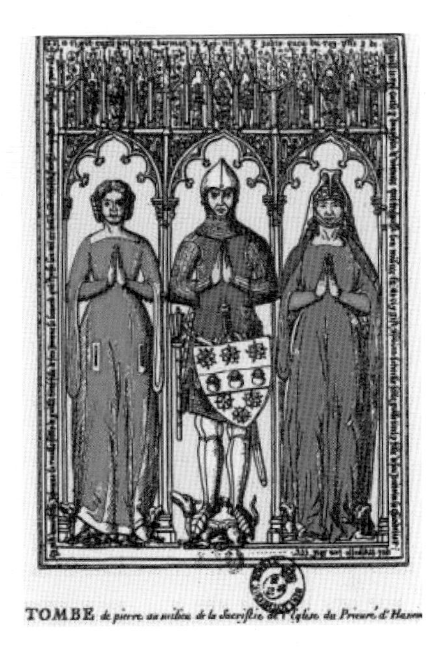

기사 작위를 받은 타이방의 묘지

를 데리고 갔다. 폴로의 아버지와 삼촌은 그 전에도 중국에 갔다가 황제가 교황에게 보내는 선물을 가지고 돌아온 적이 있었는데, 이번에는 교황 그레고리Gregory 10세의 선물을 황제에게 바치러 가는 길이었다. 그들은 지금의 이란인 페르시아와 아프가니스탄 그리고 아르메니아를 잇는 실크로드를 따라갔는데, 견문기에서 폴로는 그들이 통과한 사막이 오직 산과 모래와 계곡으로 이루어져 있으며 먹을 것은 전혀 없다고 썼다. 하지만 몽골에 머무는 동안 마유馬乳를 발효시킨 쿠미스koumiss를 맛본 그는 화이트 와인과 비교해 그것이 '아주 좋은 음료'라고 기록했다. 베네치아를 떠난 지 3년 반이 지나고 9,012km를 가서야 폴로는 황제의 여름궁전에 도착했고 다시 북경에 있는 겨울궁전으로 떠났다. 그들은 중국에 17년을 머물렀으며, 황제는 폴로를 세금징수관을 비롯해 여러 관직에 앉혔다. 고향에 돌아온 폴로는 1298년 베네치아와 제노바의 전쟁에서 포로가 되었는데, 감옥에서 그가 쓴 견문기는 유럽 전역에서 엄청난 반향을 불러일으켰다. 그러나 일부 지식인들은 그 책이 거짓투성이라고 비판했다. 내용이 너무나 환상적이었기 때문이다. 그가 말하는 중국의 규모와 웅장함은 상상을 초월한 것이었다.

폴로는 지금의 중국에 해당하는 카타이Cathay에 가서 황제의 궁전을 보았다고 자랑했다. 거기서 궁전을 둘러싼 해자垓子는 베네치아를 떠올릴 만하며 담장에는 금과 은을 입혀놓아 '세상에서 제일가는 궁전'이라고 묘사했다. 또 1만 필의 말이 황족을 위해 마유를 제공하며 중국인은 일주일에 여러 번 목욕을 해서 유럽인보다 깨끗하다고도 했다. 또 중국인은 나무 대신 석탄을, 금화나 은화 대신 지폐를 사용한다고 썼다. 폴로는 1kg이나 되는 커다란 복숭아와 5kg짜리 배 그리고 그만큼 큰 분홍색 진주에 대해서도 이야기했다. 그가 가는 곳은 어디나 소금이 넘쳐났고, 염전에서 소금물을 끓여 물을 증발시켜 소금을 얻는다고 했다. 또 비단도 흔해서 옷이나 벽, 가구는 물론 황제 어전에 사열하는 코

음식 에피소드 마르코 폴로와 파스타

국수는 마르코 폴로가 중국에서 발견하여 유럽으로 가져왔다는 것이 수백 년 동안 정설로 인정되어 왔다. 그러나 음식역사가인 클리포드 라이트Clifford Wright는 그의 저서인 『지중해의 향연A Mediterranean Feast』에서 그것은 절대로 사실이 아니라고 말한다. 라이트는 파스타의 기원에 관한 엉클어진 실마리를 파스타의 주재료인 경질밀(세몰리나밀 또는 두럼밀로도 불린다)에서 찾았다. 빵을 만드는 밀가루는 연질밀이고 파스타는 경질밀을 사용하기 때문에 파스타와 빵이 구별되는데, 중국인들은 경질밀을 재배하지 않았었다. 그러므로 라이트는 듀럼밀로 만든 후 건조시켜 보존기한을 늘린 '진짜 마카로니'의 기원은 중세기 시칠리아 지방, 이탈리아, 아랍문화가 만나는 지점에서 발생했다고 말한다.

끼리 5천 마리의 등에도 덮을 만큼 풍족하다고 했다. 그리고 곰과 사슴과 야생 들소를 사냥하기 위해 사자와 스라소니, 표범 등을 사용한다고도 적었다.

역사학자들은 여전히 마르코 폴로가 정말 중국에 갔었는지를 놓고 갑론을박한다. 한쪽에서는 그가 수중에 비단과 중국 물건들을 갖고 있었다는 증거를 들어 그의 말을 믿는다. 하지만 다른 쪽에서는 중국 황실의 기록 어디에도 그의 이름이 나오지 않는다는 사실을 들어 반박한다. 그리고 그의 책에 당시 중국의 일반적인 생활양식, 예를 들어 차를 마시거나 귀족 여성의 발을 꽁꽁 싸매어 걷지 못하게 만드는 전족 같은 풍습들이 언급되어 있지 않다는 점을 지적한다. 전족은 1911년 혁명 때까지 지속된 중국의 풍습이다.

진실이든 아니든 마르코 폴로의 이야기는 유럽 사람들로 하여금 카타이와 지팡고Cipango(일본)로 가는 지름길을 열광적으로 찾아나서게 만들었다. 십자군 전쟁으로 사람들은 여행에 익숙해졌고 이국의 문물과 향신료, 비단과 아름다운 양탄자를 보고 들어 탐내게 되었다. 유럽인들은 이런 물건들을 구하기 위해 아시아로 떠났고 그 과정에서 전혀 뜻하지도 않았던 신세계를 발견하게 되었다.

네 번째 코스

중세 아시아, 아메리카, 르네상스 시대의 유럽

차와 초콜릿 그리고 최초의 요리책

AD 618 ~ AD 1500

음양의 조화를 중시하는 중국의 요리는 송나라 시대에 크게 발달해 이때 이미 중국의 3대 요리가 확립되었다. 페스트가 휩쓴 유럽에서는 굶주림에 지친 사람들이 먹을 것으로 가득 찬 무릉도원을 꿈꾸었다.
15세기의 이탈리아에서는 인쇄된 요리책이 처음으로 등장했고, 향신료를 더 싼 값에 구하고자 했던 유럽인들은 향신료를 찾아 대탐험에 나섰다. 한편 콜럼버스가 아메리카 대륙을 발견하기 전 아메리카의 고대 제국들은 각각 독자적인 문화와 농업형태를 갖추고 있었다.

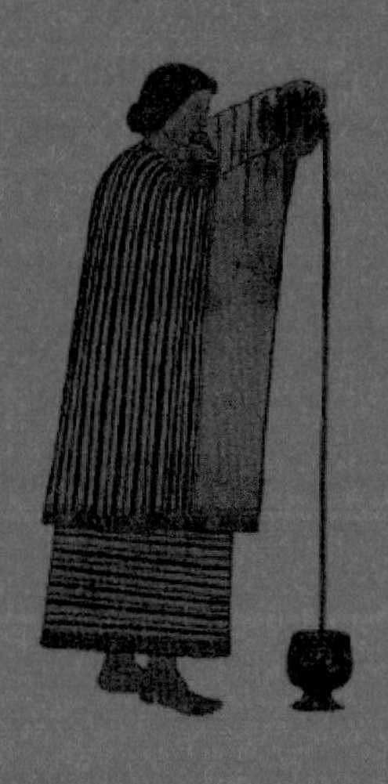

1. 아시아

1) 중국: 다도의 세계-당唐과 송宋, 618~1279년

618년 중국에 새로운 왕조가 세워졌다. 당나라618~907는 한韓 이후 변방민족에 빼앗겼던 영토의 대부분을 수복해 농민에게 분배했다. 그 후 중국 역사상 유일한 여제女帝인 측천무후 시절부터 본격적인 확장이 시작되었다. 측천무후는 약 30년 간 허약한 황제를 수렴청정하며 실세로 군림하다가 690년 마침내 스스로 황위에 등극했다. 당나라 시대 중국 남부지방에서는 바나나와 대추야자, 감귤류와 타로, 야자수 등을 재배하고 있었는데, 여제가 특별히 좋아했다는 여지枝(리치litchi)도 여기 포함되었다.

무슬림 상인들이 실크로드를 따라 페르시아와 중부 아시아로부터 들여온 식품에는 설탕, 시금치, 상추, 아몬드, 무화과 그리고 여러 종류의 포도와 그 가공품인 시럽, 와인, 건포도 등이 있었다. 그중에서 중국인이 특별히 주목한 상품은 맥주였으며 중국 역사상 술에 대한 관심이 그때만큼 높은 적은 없었다. 마약류의 약품도 널리 퍼져 있었는데, 마약과 술은 모두 가난과 전쟁에서 도피하고픈 욕구를 해소해주었지만, 그 비용을 치르기 위한 전쟁과 높은 세금은 왕조를 약화시켰다. 식품에 부가되는 대표적인 세금인 소금세는 당시 국가 수입의 절반을 차지할 정도로 액수가 컸기 때문에 엄한 처벌에도 불구하고 소금 밀매업자들이 나타나 몰래 소금을 만들어 파는 일이 비일비재했다.

907년 로마멸망사를 연상케 하는 일련의 사건들이 연이어 벌어지는 와중에 국경의 반란군이 수도인 장안으로 쳐들어와 어린 황제를 시해하자 결국 당나라는 몰락의 길로 들어섰다. 몇 년 동안의 전란 끝에 정권을 잡은 송 왕조는 영토는 축소되었으나 좀 더 안정된 틀을 갖추게 되었다.

당과 송을 거치면서 중국은 인구가 늘어났을 뿐 아니라 윤택하고 도시화된 생활을 누릴 수 있었다. 중국은 1억 명에 가까운 세계 최대의 인구와 가장 진보된 문화를 가진 곳이었다. 이 시기에 적어도 열 개의 도시가 건설되어 각 도시마다 로마나 바그다드의 최대 전성기 인구인 백만 명 이상이 모여 살았다. 또 백만 명이 넘는 정규군을 유지하기 위해 조정은 어마어마한 양의 식량을 구매했다. 중국은 비단제조법을 유일하게 보유하고 있었을 뿐 아니라 세계적으로 널리 사용되는 물품을 만들었는데, 대표적인 것으로는 서구인들이 아직도 '차이나'라고 부르는 고급자기를 비롯해 화약과 한지 그리고 차 등이 있었다.

차는 이국적인 음료로 시작했지만, 8세기경 육우陸羽가 『다서茶書』를 펴내자 일반인의 관심을 얻게 되었다. 기독교가 로마제국에 퍼진 것처럼 차는 불교의 전파와 함께 실크로드를 따라 그 종착지인 장안으로 흘러들었다. 국제적인교역 도시인 장안에서 차는 다양한 질환의 치료제로 사용했는데 주로 간질, 발열, 폐렴, 이질 같은 병에 특효라고 여겼고, 아랍이나 유럽인들이 황금에서 영생의

음식 에피소드 차는 어디에서 왔을까?

5세기경 중국에 불교를 들여온 달마대사菩提達磨는 참선을 하다 종종 잠이 드는 괴로움을 겪었다. 어느 날 그가 감기는 눈을 견디다 못해 눈꺼풀을 찢어 땅에 던졌는데 그것이 떨어진 자리에 뿌리가 내리더니 차나무가 자랐다고 한다. 모든 전설이 그러하듯 여기에도 일말의 설득력은 있다. 차에는 졸음에 시달리는 승려를 깨울 만큼 충분한 카페인이 함유되어 있고, 잎의 모양도 눈꺼풀처럼 가름한 타원형이기 때문이다.

차는 카멜리아Camellia과에 속하며 큰 꽃봉오리와 반짝거리는 잎을 가진 관목이다. 차의 학명은 카멜리아 시넨시스Camellia sinensis, 중국 지역의 카멜리아 또는 카멜리아 아사미카Camellia assamica, 아삼 지역의 카멜리아라고 불린다. 지금의 베트남에 해당하는 동남아시아가 원산지이나 점차 북서쪽과 북동쪽으로 퍼져 아삼과 중국이 차의 생산지로 유명해졌다.

차 연대기

시기	흔적
기원전 3000년	중국에서 차를 마시기 시작함.
서기 3세기경	차가 중국 문헌에 처음 나타남.
5세기경	달마대사와 차의 기원에 대한 전설이 유래함.
618~907년	중국인이 차를 강력한 약물이자 장수의 비결로 믿기 시작함.
8세기경	육우가 『다서』를 집필함.
804년	일본의 승려들이 일본으로 차를 들여옴.
1215년	일본에 불교를 전한 에사이(榮西)가 『끽다양생기(喫茶養生記)』를 집필함.
16세기	센 리큐(千利休)가 다도를 일본문화로 확립시킴.
16세기	포르투갈 신부가 차에 대하여 집필함(최초의 유럽 기록).
1610년	네덜란드가 유럽에 찻주전자를 들여옴.
18세기	중반 러시아에서 차가 보편화됨으로써, 사모바르samovar(러시아에서 찻물 끓이는 큰 주전자)가 만들어짐.
1773년 12월 16일	미국 매사추세츠 주에서 보스턴 차 사건 발생
1839~42년	영국이 중국에 찻값 대신 아편을 공급하자 아편전쟁 발생
20세기경	티백이 사용됨.
20세기 후반	미국인이 차를 강력한 약물이자 건강유지제로 믿음.

비밀을 찾으려 했던 것처럼 중국인은 그 비밀이 차에 있다고 생각했다. 찻잎 속의 폴리페놀이 강력한 항암 및 항산화 작용을 한다는 최근 연구 결과를 보면 황금이 아닌 차를 숭배해온 중국인이 더 합리적으로 보인다.

2) 음과 양의 세계

중국인들은 만물을 생성하는 에너지인 도道가 균형을 이루면 영생에 도달할 수 있다고 믿었다. 그들은 좋은 면과 나쁜 면을 모두 가진 그리스의 신들이나 중세 유럽에 풍미했던 체액설처럼 이 에너지도 대립적인 요소로 이루어졌다고 보았는데, 음양陰陽이 바로 그것이다. 음은 여성이며 수동적이고 차가운 반면, 양은 남성이며 공격적이고 뜨겁다. 중국인들은 이 원리를 건축과 조경에 응용하여 풍수를 발전시켰으며, 음식에도 영향을 미쳤다. 따라서 음식을 적당히 조절하여 음양의 균형을 유지하면 건강해짐은 물론 심지어 불사不死할 수 있다고 믿었다. 그러나 당나라 황제 다섯 명은 중금속이 들었을 가능성이 높은 불사의 약을 만들어 먹고 결국 죽음에 이르렀다.

당 시대부터 시와 음악 등의 예술이 발달하기 시작했으며, 요리의 발달은 이후 송나라 시대에 두드러져서 특히 960~1279년에 중국의 3대 요리가 확립되었다. 북부와 양쯔강 주변의 남부 그리고 사천지방 요리가 그것이다. 광둥요리는 그 이후에 확립된 것이다. 북경에서 주도한 북부요리는 조나 수수 같은 곡물과 육류, 유제품이 중심이었다. 밀도 재배되어 밀가루를 이용하여 만두나 튀긴 빵, 국수를 만들어 먹었다. 북부요리는 남부요리에 비해 그 맛이 덜 자극적인 특징이 있다. 남부요리는 주로 양쯔 강 유역의 광활한 논에서 나온 쌀, 생선, 돼지, 채소, 과일이 주식이었다. 사천요리 역시 쌀이 중심이었으며 차를 많이 활용했다. 이 시기의 사천요리에는 오늘날과 달리 매운 고추나 땅콩이 들어가지 않았다. 신세계에서 온 이런 작물들이 아직 중국에 선보이기 전이었기 때문이다. 그럼에도 전통적으로 사천요리가 몹시 매운 까닭은 '숨을 못 쉴 만큼 매운 맛을 내는 콩과 비슷한 식물'로 향을 내었기 때문인데, 이 식물은 산초일 것으로 추측된다.

당나라에 이어 송나라 시대에도 서민생활은 윤택하고 풍요로웠다. 무역이 활발해지면서 새로운 음식에 대한 상인계층의 욕구도 커졌다. 1027년에 기근이 예상되자 황제는 인도에서 렌즈콩을, 현재의 베트남인 참파지역에서는 변종벼를 들여와 중국 남부에서 재배토록 하였다. 참파지역의 벼는 매우 빨리 자라 일 년에 두 번 이상 수확할 수 있었고 가뭄에 강하여 벼가 잘 자라지 못하는 토양에도 심을 수 있었다. 그 밖의 종류로는 세금으로 내는 세미稅米, 술을 빚기 위한 찹쌀, 붉은쌀, 붉은 연밥쌀, 노란색 멥쌀, 향을 가진 쌀 그리고 묵은쌀 등이 있었다. 쌀은 저렴한 가격으로 정부가 공인하는 곡창에서 살 수 있었으며, 마치 서구에서는 정제된 밀로 만든 흰 빵이 표준인 것처럼 중국의 부유층은 도정미搗精米를 주로 소비했다.

예로부터 중국인의 생활에는 일곱 가지 생필품이 있었다. 장작, 쌀, 기름, 소금, 된장, 식초, 차가 그것이다. 조정은 이들 중 몇 가지를 전매를 통해 독점적으로 거래했는데, 소금과 차가 대표적인 품목이었으며 때로 술도 포함되었다. 한편 부유한 귀족과 상인의 식단은 이보다 훨씬 다양했는데, 개봉開封과 항주杭州 같은 대도시에는 식품 종류에 따라 여러 개의 시장이 있었다는 사실에서 유통량 역시 엄청났음을 알 수 있다. 즉, 곡물시장, 두 개의 돼지고기시장, 그 밖의 육류인 소와 사슴, 말, 양, 토끼고기시장, 채소와 17종의 콩시장, 활어시장, 건조 혹은 염장한 생선시장, 과일시장 등의 전문화된 시장가가 형성되었다. 도축장에서는 다섯 명의 백정이 한 줄로 서서 주문에 따라 동시에 고기조각을 자르고 손질하여 팔았다고 한다. 이와 달리 황족이 먹는 음식은 특별하게 운영하는 시장에서 조달했다.

송나라 시대 상류층은 바닥에 앉던 생활습관을 바꾸어 의자와 식탁을 쓰기 시작했고, 칠을 한 식탁에 도자기와 은수저를 두고 몇 개 코스를 내오는 식

쌀 연대기

시기	흔적
기원전 6500년경	중국의 양쯔 강 지역에서 재배됨.
기원전 2000년경	인도 북부와 동남아시아에서 등장함.
기원전 300년~ 서기 200년	일본과 중동지역에 등장함.
1세기경	인도네시아와 필리핀 지역에 나타남.
500~600년 사이	이집트에서 재배함.
700년 이후	이슬람인이 지중해와 아프리카 서해안으로 전파함.
1027년	참파 쌀이 중국에서 재배됨.
13세기	북유럽에 등장함.
15세기 중엽	북부 이탈리아에 등장함.
1700년대	노예 노동력을 이용하여 북미 캐롤라이나에서 재배함.
1900년대 중반	일본에서 내한성을 갖춘 품종들이 교배됨.
1945년	태국에서 정부 실험으로 자스민 쌀이 개발됨.
1980년	유전자 변종인 IR36이 전 세계 쌀 경작지의 10% 이상 차지함.

사법이 생겼다. 음식은 하인들에 의해 준비되었는데 큰 귀족가문에서는 하인의 수가 수백 명을 넘기도 했다. 황제의 주방에서는 천 명 이상의 요리사들이 호위대의 감시를 받으며 음식을 만들었다. 술과 차를 파는 다방을 비롯해 식당이나 요식업자들이 생겨나 귀족가정에서 만드는 것보다 더 고급스럽고 맛있는 요리를 만들어 팔았다. 서민층은 국수집이나 고대 로마의 타베르나taberna나 포피나popina 같은 길거리 노점에서 값싼 음식을 사먹었다. 어떤 가게에서는 핑ping이라 불리는 짭짤하거나 달콤한 케이크만을 전문적으로 팔기도 했는데, 핑에는 속을 채우거나 채우지 않은 것, 찌거나 튀긴 것 등 여러 종류가 있었

다. 이런 음식을 준비하는 요리사는 모두 남자였으며 여자 요리사는 아주 드물었다. 글을 읽을 줄 아는 일부 요리사들은 1061년에 나온 요리서 『본초도경本草圖經』 같은 중국판 백과사전에서 레시피를 찾기도 했다. 이 책에는 수백 가지 식재료가 그림과 함께 설명되어 있다.

나라에서 여는 잔치는 가장 화려한 의식이었고 약 2백 가지 이상의 음식들이 옥과 진주, 은으로 만든 식기들 위에 차려졌다. 당시 중국에서 사회적 위치는 이런 연회에서 어디에 앉는지 그리고 얼마나 많은 코스를 제공받는지로 알 수 있었다. 그 밖의 축제로는 불교와 관계된 것들이 있는데 이런 행사 때마다 중국인들은 선조를 기렸다. 역대 왕조 중에서 송나라는 평화와 번성의 시기였다. 이 시기에 중국은 몽골이나 티베트 등의 야만족을 은과 비단선물로 달래면서 국경을 침범하지 않게 차단했다. 훗날 송나라는 남송과 북송으로 나뉘었고 그들 사이에 전쟁이 시작되자 나라 전체가 불안정해졌다.

3) 몽골: 말과 함께 사는 민족

13세기에 아시아의 넓은 초원지대에서 몽골인은 칭기즈칸의 지휘 하에 내달렸다. 고대 로마시대에 반달족이나 고트족이 그랬던 것처럼 몽골인은 북쪽에서 중국을 침략했다. 몽골족의 인정사정없는 전략은 적을 공포에 빠뜨리는 데 안성맞춤이었다. 그들은 도시를 포위하고 항복을 요구했으며 여의치 않으면 성 안의 모든 주민을 몰살했다. 하지만 항복해도 사정은 마찬가지였다. 몽골인들은 수십 일 동안 말을 탈 수 있었고, 말을 탄 채로 다른 말로 갈아타는 재주가 있었으며, 말을 타는 동안 두 발로 설 수 있는 새로운 안장을 만들어 양손으로 자유롭게 무기를 사용할 수 있었다. 또 안장에 서서도 무릎과 발끝으로 말을 조정하며 몸을 틀어 옆이나 뒤쪽으로 활을 쏠 수도 있었다. 중국을 정복하는 과정에서 몽골인은 유목민에서 정착민으로, 나아가 도시인으로 순식간에 변모했다. 그들의 음식 역시 요리로 발전했다. 그전까지 유목민이었던 몽골인들은 초원에서 가축 치는 것을 주업으로 삼았으며, 주로 양과 염소의 젖으로 만든 우유, 버터, 치즈 등을 주식으로 삼았다. 그들이 가장 좋아한 음식은 마유를 발효시킨 쿠미스koumiss라는 술이었는데, 마유에는 소의 유즙과는 달리 비타민 C가 많이 들어 있다. 그들은 마실 것이 없거나 말을 멈추고 쉴 만한 상황이 아니면 말의 목 동맥을 째고 말이 죽지 않을 정도의 피를 빨아 마셨고, 때로는 말고기도 먹었다. 또 시베리아의 호랑이, 늑대, 곰, 멧돼지를 잡아 채소와 함께 뼈째 삶아 먹었다는 기록이 있는데, 이렇게 끓인 걸쭉한 수프의 이름은 몽골어로 '음식'과 동의어인 쉴렌shülen이었다.

이렇게 원시적이고 야만적이던 몽골의 문화는 13~14세기에 확연히 바뀌었다. 그들의 새로운 요리는 새로운 아이디어와 기술을 받아들인 결과로 얻어졌는데, 수프는 이제 이국적인 허브와 스파이스로 맛을 내었다. 음식 역사학자인 폴 부엘Paul Buell에 따르면, 이 변화의 중심에는 투르크족이 있었다고 한다. 몽골인들은 문자를 해독할 수 있는 다른 문화권보다 상류층인 투르크족에게 확장한 영토의 관리직을 맡겼는데, 그들은 무슬림 상인들과 접촉했고 아랍과 페르시아의 음식을 알고 있었다. 또 몽골인이 몰랐던 곡류음식에 익숙했으며 여러 종류의 빵과 국수, 페이스트리를 만들 수 있었고 인도의 탄누르tannur 같은 이동식 진흙 화덕을 사용할 수 있었다. 이처럼 투르크족을 통하여 중동지역의 다양한 식재료가 중국에 소개되었는데, 음식문화사에서 음식명에 식재료의 이동이 이 시기처럼 분명하게 나타나는 일은 드물다. 몽골인은 이집트 콩이나 기

문화의 전파: 만두

나라	이름	반죽	만두소
아르헨티나	엠파나다	기름 넣은 가루반죽	고기와 치즈
중국 남부	원통	밀반죽	해산물, 소나 돼지고기
중국 북부	바오	빵	양념한 돼지고기
영국	페이스트리	두꺼운 밀반죽	고기
그리스	스파나코피타, 티로피타	필로	시금치, 치즈
인도	사모사	기름 넣은 가루반죽	채소, 감자
인도네시아	삼부사	기름 넣은 가루반죽	채소, 고기
이란	만티	요구르트 넣은 가루반죽	고기
이탈리아	라비올리/깔조네	밀반죽, 빵	고기, 치즈
유대민족	크레프라크	밀반죽	고기
한국	만두	밀반죽	고기와 채소
멕시코	엔칠라다	옥수수 또띠야	고기와 치즈
모로코	비스틸라	필로(와카)	닭, 계란, 아몬드
폴란드	콜로드니	밀반죽	고기
러시아	이에로기	사워크림을 넣은 반죽	간 쇠고기
티베트	모모	밀반죽	고기, 채소
터키	만티/뵈렉	밀반죽	양, 쇠고기
미국	덤플링	달콤한 페이스트리	과일 당조림
우즈베키스탄	만티	밀반죽	양고기

ghee, 파슬리를 각각 무슬림 콩, 무슬림 기름, 무슬림 셀러리 등으로 불렀고 양머리 요리나 할와halwa(밀가루 · 설탕 · 견과류 등을 주재료로 만든 중동 지역의 단 과자) 요리의 레시피에는 '무슬림 레시피'라고 표기하였다. 이러한 새로운 음식들은 제국 곳곳으로 널리 퍼져갔다. 그중 일부는 문화권을 넘어갔는데 속을 채운 만두 만티manty는 중앙아시아에서 유래해 터키로 전해지고 나중에는 그 너머까지 건너간 것으로 보인다.

칭기즈칸의 손자인 쿠빌라이칸1215~1294 대에 와서 몽골은 지금의 베이징에 새로운 도읍을 정하고 국호를 '시작'이라는 뜻의 원元이라고 붙였다. 쿠빌라이칸은 서쪽으로 인도와 네덜란드까지 그리고 동쪽으로는 고려까지 포함한 세계에서 가장 큰 제국을 건설했다. 그는 여기서 그치지 않고 일본에까지 사신을 보내 조공을 요구했지만 일본이 다른 나라들처럼 쉽게 항복할 것이라는 그의 예상과 달리 조공을 거부했다.

4) 지팡고: 일본

중국과 일본은 지리상으로 연결되어 있었다. 거대한 중국은 천연자원이 많고 식량이 풍부한 반면 그 곁의 작은 섬 일본은 사람과 물이 전부인 나라였고, 그리스처럼 풍부한 지하자원도 없었다. 캘리포니아 서부 같이 환태평양 지진대에 놓인 일본은 지진이 자주 발생하고 화산활동이 활발했다. 때문에 내수를 충족시키기 위해서는 무역을 하거나 다른 나라를 침략할 수밖에 없었다. 일본 음식은 예술이나 종교, 한자 같은 문화처럼 중국에서 전해진 것이 많다. 두 나라의 주식은 쌀이다. 쌀은 약 8천 5백 년 전에 중국에서 재배하기 시작했으나 기원전 3백 년까지는 일본에 전해지지 않았고, 서기 2백 년이 되자 짧고 점성이

이 시기 한반도에서는

우리나라에서는 고구려, 백제, 신라의 삼국을 거쳐 통일신라에 이르는 동안 곡물이 주가 되고 채소를 반찬으로 하는 한국 전통 식생활의 구조와 체계가 완성되었다. 이후 삼국이 통일되면서 음식문화가 더욱 발전하게 되었는데, 특히 벼농사 기술이 크게 발달하고 솥을 이용한 밥짓기가 일반화 되면서 쌀밥이 주식으로 자리잡았다. 여기에 콩으로 만든 장, 고기나 어패류로 만든 포, 젓갈, 채소 절임 등이 밑반찬이 되는 상차림이 일상식의 기본으로 정착되었다.

한반도에서는 이미 삼국시대부터 술, 장, 채소 절임과 같은 발효음식이 발달하였다. 고려시대에 불교를 숭상하면서 각종 채소 음식이 늘어나 단순한 장아찌류의 발효식품이 오늘날 우리가 김치라고 부를 수 있는 형태로 발전하여 한국 김치의 전통을 확립했다. 또 통일신라시대에 유입된 차 재배가 활발해지면서 차문화가 고도로 발달하였으며, 양주법도 크게 발전해 소주가 등장했다. 쌈을 싸먹는 문화를 즐겼던 것도 이 시대의 특징이다.

크며 끈적끈적한 일본종Japonica이 길러지기 시작했다.

804년 일본의 승려가 중국으로부터 차를 들여온 뒤 815년 차가 천황에게 진상되면서 일본의 다도茶道가 시작되었다. 차에 대한 일본의 첫 문헌인 『끽다양생기喫茶養生記』가 출간된 것은 1215년인데, 이때는 영국에서 마그나카르타

Magna Carta가 서명되고, 교황에 의해 성체가 문자 그대로 그리스도의 살아 있는 육신임을 천명한 시기이다. 이 책을 쓴 승려 에사이榮西는 일본에 선종불교를 도입하였고, 다도의 좋은 점으로 경건함과 존중심, 정결함과 평상심의 함양을 들었다. 그러나 이 시기의 다도는 종교와 별로 관계가 없는 것이었다.

그보다는 중국에서 건너온 새로운 유행이 상류층에 널리 퍼졌다. 팔자 좋은 귀족층 사이에서는 값비싼 비단과 능라綾羅로 차려입고 다관에 가서 놀이를 즐기는 일이 유행하였다. 차를 마셔 보고 원산지를 맞추는 내기도 하였고, 승자에게는 금덩어리 같은 상품도 주어졌다. 순수한 다도 예찬자들은 이런 파행에 반대하고 차를 이용한 내기를 금지하려고 했다. 그러나 이런 차 놀이는 이미 널리 퍼져있어서 금지령은 곧 유명무실해지고 유행은 계속되었다. 일본의 다도가 초심으로 돌아가 원형을 찾은 것은 이로부터 수세기가 지난 후의 일이다.

일본은 스스로 '떠오르는 태양의 나라'라고 칭하면서 국기에 붉은 원으로 그 상징을 나타냈다. 일본의 문화는 종종 극단적인 열정과 함께 미세한 부분에 세심한 주의를 기울이는 태도로 특징지을 수 있다. 즉, 한쪽에는 차를 마시는 일 같은 일상까지도 예술로 승화시키며 미를 창조하는 능력이, 다른 한쪽에는 냉혹한 무사도가 공존하는 것이다. 저명한 인류학자 루스 베네딕트Ruth Benedict의『국화와 칼The Chrysanthemums and the Sword』에는 일본의 이러한 이중성이 잘 표현되어 있다. 일본 중세의 무사는 사무라이라고 불렸고 그들은 유럽의 기사도와 비슷한 무사도를 숭상하고 있었다. 용감하고 충성스러운 그들은 주군을 위해 죽음을 무릅쓸 용의가 있었고 실제로 전장에서 전사하는 것을 영광이라 여겼다. 사무라이는 절대로 항복할 수 없으며, 어쩔 수 없는 상황이라면 명예를 지키기 위한 자결이 가문의 수치를 피하는 길이었다. 그들이 쓰던 칼은 크고 위력도 치명적이었다. 같은 기술로 만든 오늘날 일본제 식도食刀가 세계에서 최고 로 꼽히는 이유가 여기에 있다.

5) 몽골과 사무라이

칭기즈칸이 사신을 보내 항복을 권유했던 사무라이들의 나라 일본은 10년 간이나 칭기즈칸을 무시했다. 1274년 몽골은 드디어 일본을 침공했지만 폭풍 때문에 군사를 물려야 했다. 그러자 쿠빌라이칸은 더 많은 사신을 일본으로 보냈고 사무라이들은 찾아온 사신의 목을 베어버렸는데, 1281년 몽골인들은 다시 일본에 쳐들어갔다. 이번에도 폭풍이 일어나 선단이 흩어졌고 큰 파도가 함대를 휩쓸었다. 일본인들은 자기들 신이 가미카제神風를 보내 구원했다고 믿었다. 그들은 훗날 제 2차 세계대전의 말미에 이러한 믿음으로 미국함대에 자살폭격을 감행하는 특공비행사들의 사기를 올리고자 하였다. 쿠빌라이칸의 시도 이후 몽골은 일본을 다시는 침략하지 않았다.

2. 유럽

1) 소小빙하기

중세의 온난기 이후 1300년경부터 소小빙하기가 이어졌다. 온도 변화가 그리 크지는 않아서 오늘날에 비하면 1~1.5℃ 낮은 정도지만 이런 저온현상이 농업이나 해운업에 미친 영향은 심각했다. 빙하가 계곡으로 굴러떨어져 농장을 망치고 표토가 쓸려내려가는 바람에 경작지가 사라졌다. 식물의 생장기가 짧아

기근과 맥각 중독 전염병 연대기(750~1800년)

시기	횟수	종류	장소
750~800년	6회	기근	유럽 전역
800~900년	12회	기근	유럽 전역
900~950년	3회	기근	유럽 전역
900~1000년	빈번	맥각 중독증	유럽 전역
1000~1100년	8회	기근	유럽 전역
1000~1100년	26회	기근	프랑스
1000~1100년, 특히 1042년, 1076년, 1089년, 1094년	빈번	맥각 중독증	유럽 전역
1250년	상대적인 번영기		
1315~1317년	중세 최악의 기근		유럽 전역
1348~1350년	임파선종 페스트(흑사병)		
1556~1557년		기근	유럽 전역
1590~1593년		기근	유럽 전역
1630년, 1648년, 1652~1654년, 1660년대, 1680~1685년, 1693~1695년	빈번	기근	유럽 전역
1700~1800년	16회	기근	프랑스(1789년 혁명)

지자 식품생산량도 크게 감소했으며, 밀이 정상적으로 자라지 못했고 제대로 건조되지 않아 썩어들어갔다. 포도는 곰팡이로 뒤덮여 아예 와인을 빚을 수 없거나 빚더라도 신맛이 강했다. 영국에서는 포도가 더 이상 성장하지 못할 정도로 온도가 내려가 와인산업이 심각한 타격을 입었는데, 그러자 북유럽인들은

맥주, 위스키, 보드카 등과 같은 곡물 양조주로 눈을 돌렸다. 빙하 때문에 위험해진 바다에서는 선박이 줄어들었고 인근 해역에서의 항해조차 어려워졌다. 그에 따라 수백 년 전에 덴마크의 식민지가 된 그린란드가 고립되었다. 그린란드에 정착한 유럽인들은 원주민인 이누이트로부터 혹독한 추위 속에서 식량을 구하고 생존하는 법을 배웠다. 그러나 유럽인은 이누이트가 기독교를 믿지 않는다는 이유로 그들은 비문명인으로 여긴 나머지, 그들과 융화되기를 거부했다. 그 결과 문화적 편견을 극복할 수 없었던 유럽인들은 굶어 죽었고 식민지는 사라졌다.

유럽에서는 굶주린 사람들이 농촌을 떠나 도시에서 거리를 떠돌며 음식을 구걸하거나 훔쳤다. 수천 구의 시신이 길거리에서 썩어가거나 공동묘지에 묻히거나 다른 사람들에게 먹히기도 했다. 용케 살아남았다 해도 빈혈 같은 결핍성 질환에 시달렸고, 단백질 부족으로 몸이 부어오르고 기력이 쇠약해져서 농사를 짓거나 요리를 할 수도 없었다. 동물들 역시 영양실조로 고통받았다. 사람이든 동물이든 영양실조가 대물림되어 그 자식들 또한 병약하게 태어났고 기생충 감염이나 설사는 물론, 치명적인 질병에도 쉽게 걸렸다.

2) 페스트(흑사병), 1348~1350년

아시아로 향하는 통상로가 다시 열리자 비단과 향신료를 비롯해 많은 산물이 유럽으로 쏟아져 들어왔다. 1348년 벼룩을 뒤집어쓴 쥐떼가 땅과 바다를 통해 페스트를 순식간에 퍼뜨렸다. 형편없는 영양상태와 개인 및 공중위생의 부재로 인해 페스트가 창궐하였다. 페스트는 2년 안에 유럽 인구의 3분의 1인 2천5백만 명을 숨지게 했다. 서남아시아에서는 4백만 명이 사망했고, 중국에서는 그 수가 3천 5백만 명에 달했다. 페스트에 이어 기근이 뒤따르면서 사람들은 영양실조 때문에 병에 쉽게 걸렸고 이후 100년 동안 유럽의 인구는 급격히 감소했다.

페스트를 피해 도시를 떠나는 사람들도 있었다. 보카치오G. Boccaccio의 『데카메론Decameron』에는 토스카나의 언덕에 있는 시골별장으로 대피한 이탈리아 젊은이들이 무료한 시간을 보내기 위해 이야기를 지어내는 장면이 나온다. 그 중 벤고디라고 불리는 무릉도원을 묘사한 대목이 있는데, 그곳에는 파마산치즈가루로 만든 산이 있고 포도나무에는 소시지가 열린다. 하루 종일 할 일이 없는 사람들은 마카로니와 라비올리를 만들어 수탉으로 끓인 육수에 익혀내는데, 먹으면 먹을수록 더 많이 생겨나기 때문에 음식은 끝이 없다. 게다가 강에는 물 대신 화이트 와인이 흐른다.

도시를 빠져나갈 수 없었던 사람들은 거리를 헤매면서 이 모든 재앙이 인간의 악행에 신이 노했기 때문이라며 참회의 수단으로 자신의 몸을 채찍질하는 고

페스트 전후 유럽의 추정 인구

국가/지역	1340년	1450년
동유럽	1,300만 명	950만 명
이탈리아	1,000만 명	750만 명
프랑스와 북해 연안 저지대	1,900만 명	1,200만 명
독일과 스칸디나비아	1,150만 명	750만 명
이베리아 반도	900만 명	700만 명
합계	6,250만 명	4,350만 명

1411년 토겐부르크 성경에 그려진 페스트 환자

행을 택했다. 물론 주변상황에 아랑곳하지 않고 술을 진탕 마시며 취하는 사람들도 있었다. 당시에는 늪에서 올라오는 나쁜 공기 때문에 페스트가 퍼진다는 속설이 있어서 루 같은 허브나 금송화 등 구할 수 있는 것들을 모두 모아 강한 향이 나는 포푸리를 만들었다. 안타깝게도 이런 노력들은 아무 소용이 없었다.

그런가 하면 유대인이 기독교인을 몰살시킬 음모를 꾸며 우물에 독을 풀고 있다는 소문도 퍼졌고, 그들이 생각해낸 유일한 해결책은 먼저 유대인들을 죽이는 것이었다. 그 해결책이 실행되자 서유럽의 대도시에 흩어져 살던 유대인은 (인구가 적은) 동유럽 지역으로 이주하기 시작했다. 그중에서도 폴란드가 제일 안전한 곳으로 꼽혔다. 20세기 중반에 오슈비엥칭Ośięim이라는 폴란드 남부의 소도시가 독일식 이름인 아우슈비츠Auschwitz로 전 세계에 알려지기 전까지의 600년 동안 그들은 비교적 평온한 삶을 살았다.

페스트로 인한 심각한 인구 감소는 유럽인의 생활에 큰 변화를 가져왔다. 살아남은 사람들은 더 높은 임금을 요구했다. 하지만 빵을 비롯한 모든 상품의 공급이 부족했기 때문에 물가 역시 따라서 올랐다. 키프로스나 시칠리아 같은 설탕 생산지에서는 인구가 심각하게 줄어들어 설탕 생산도 감소했다. 유럽의 일부 지역에서는 대혼란이 일어났는데, 땅을 소유했던 귀족들이 죽자 불법 거주자들이 들어와 서로 권리를 주장하며 싸웠고, 농노들은 도시로 달아나 십자군의 뒤를 따랐다. 페스트는 교회의 권위마저 약화시켰다. 교회는 사람들에게 페스트가 왜 창궐하는지 설명하지도, 그것을 막지도 못했기 때문이다. 그러자 도시에 사는 사람들은 상업활동을 금지한 교회를 무시하고 어디서나 장사를 벌이기 시작했는데, 부자들이 생겨났고 특히 이탈리아에서 큰 부자가 많이 나왔다.

3) 이탈리아: 르네상스

로마제국이 멸망하고 거의 천 년이 흐른 뒤, 14세기 이탈리아에서는 그리스·로마의 고전 예술과 건축 그리고 요리 등이 재발견되면서 문명의 르네상스 Renaissance(재탄생)가 시작됐다. 하지만 14세기의 이탈리아 반도는 하나의 통일된

음식 에피소드 향신료와 상한 고기

중세와 르네상스 시대의 사람들이 상한 고기의 맛을 감추기 위해 향신료를 사용했다는 속설은 사실이 아니다. 향신료를 사용할 수 있었던 계층의 사람들은 당연히 고기도 쉽게 구할 수 있었으며, 고기는 매일 도살되어 신선한 상태로 공급되었다. 영국, 프랑스, 네덜란드, 이탈리아, 스페인의 어떤 요리책에도 상한 고기를 처리하는 방법이나 이를 위해 향신료를 사용하라는 언급은 찾아볼 수 없다.

'국가'가 아니라 여러 독립된 도시국가들로 구성되어 있는 지역에 불과했으며 19세기에야 비로소 통일국가를 이루었다. 이러한 도시국가들 중 일부는 여러 차례 무슬림 세력과 스페인, 프랑스를 비롯한 여러 나라들에 의해 점령당했다. 무역의 발달, 학문 수준의 향상, 교회나 도시국가에 맞서 개인의 중요성을 강조하는 휴머니즘의 등장이 르네상스의 특징인데, 이 시기의 유명한 예술가로는 미켈란젤로, 레오나르도, 라파엘로, 도나텔로 등이 있다.

1457년 바티칸 도서관이 아피시우스의 필사본을 손에 넣으면서 고대 로마의 음식 역시 재발견되었다. 로마 요리에 대한 관심과 함께 당시의 사치풍조도 되살아났다. 16세기 이탈리아는 부유하고 강한 국력을 바탕으로 절정기를 구가했다. 그 시절 유명한 메디치가문은 이탈리아에서 가장 부강한 도시국가인 피렌체에서 최고의 권력을 쥐고 있었다. 이들은 동쪽의 아랍과 서쪽의 유럽 사이에서 중간상인으로 활동하며 부를 축적했다. 또 대부업을 시작해 벨기에의 안트베르펜 같은 주요 도시에 분점을 설치하고 유럽의 은행을 발전시켰다. 메디치가家는 새로운 귀족이 되었다. 원래 이들은 도시의 상인계층 출신으로, 프랑스에서는 부르주아bourgeoisie, 독일에서는 부르거burghers라고 불렸다. 사회에 새롭게 등장한 이 계층은 돈이 많았을 뿐더러 이를 드러내고 싶어 했다. 의상과 음식이 그 중요한 수단이었는데 비단, 공단, 벨벳 같은 값비싼 천을 어마어마하게 사용하였고, 드레스, 스타킹, 구두, 재킷 등을 겹겹이 걸쳤다. 머리는 모조 비단으로 부풀렸고, 그 위에 고급 천과 깃털, 모피로 만든 화려한 모자를 얹었다. 또 화장품과 향수를 뿌리고 머리부터 발끝까지 보석을 달았다.

도시가 성장하면서 자기가 먹는 음식을 직접 생산하지 않는 인구가 생겨나기 시작했다. 그러자 식품보존이 필요해졌고 이를 위해 향신료와 소금에 대

아피시우스의 필사본

중세 유럽의 체액설에 근거한 의학서적인 『Tacuinum Sanitatis』

한 수요가 늘어났다.

그 수요가 증가한 데는 중세에 유행하던 체액설의 영향도 있지만 전보다 더 많은 사람들이 향신료를 사용할 수 있게 되어서였다. 물론 사용하는 향신료의 종류는 바뀌었다. 프랑스의 고급요리에서 후추는 세련되지 못하며 낮은 계층에서나 쓰는 것이었다. 상류층에서는 '자고새' 고기가 지성과 감수성을 키워주며 향신료는 그것을 소화하는 데 도움을 준다고 믿었다. '바르게' 요리한다는 것은 바람직하지 않은 체액을 중화시키기 위한 반대성질 요소인 '중화제'를 넣어 요리하는 것을 의미했다. 예를 들어 극도로 차고 습한 성질의 굴은 향신료를 넣고 구움으로써 '바로잡을 수' 있었다. 빵은 하층민의 식생활과 가계에서 큰 부분을 차지해 수입의 반 이상을 빵값으로 지출했다. 유럽에서 빵의 원료가 되는 밀을 생산하는 곡창지대가 폴란드와 우크라이나에 있었는데, 이는 곧 밀을 배에 싣고 옮겨야 한다는 것을 의미했다. 이로써 운송인이라는 또 다른 부유한 계층이 형성되었다.

4) 이탈리아: 최초의 인쇄 요리책

1465년 이탈리아에 처음으로 인쇄기가 들어온 이후 1474년『정직한 탐닉과 건강에 대해서De Honesta Voluptate et Valetudine』라는 책이 로마에서 인쇄되었다. 의학 안내서와 생활지침서가 합쳐진 이 책에는 요리법도 들어 있어서 최초로 인쇄된 요리서라고도 한다. 바르톨로메오 플라티나Bartolomeo Platina라는 이탈리아인이 라틴어로 쓴 이 책은 1487년 이탈리아어로, 1505년에는 프랑스어로, 1967년에는 영어로 번역되었다. 이 책은 아피시우스를 비롯한 고대 로마인의 관습에서 강한 영향을 받았다. 역사학자 루이지 발레리니Luigi Ballerini가 지적한 것처럼, 플라티나요리법의 대부분은 사실 진탕 마시고 떠드는 만찬을 열었던 북부이탈리아의 어느 추기경의 요리사 마르티노Martino가 쓴 것이다. 15세기 초에 마르티노는 위의 책에 등장하는 250개의 요리법을 썼고, 플라티나는 그의 공헌을 인정했다. 저작권의 개념이 있기 전에는 이런 식으로 다른 사람의 작품을 '빌리는' 일이 흔했다.

플라티나가 사순절 과자를 잘 만드는 지역 중 하나로 꼽은 곳은 스페인과 프랑스 국경의 지중해에 있는 카탈루냐 지방이었는데, 이곳의 음식과 언어는 고대 로마와 라틴계에 직접적으로 연관되어 있었다. 고기와 과일스튜, 시금치와 멜론의 사용, 복숭아, 체리 살구 등 핵과核果 과일의 과수원 등에서는 아랍의 영향을 뚜렷하게 엿볼 수 있다. 아랍인들은 설탕, 샤프론, 쌀, 쓴 오렌지를 카탈루냐에 들여왔다.(어두운 붉은색 때문에 핏빛 오렌지라고도 부르며, 스페인의 도시 이름을 따 세비야 오렌지라고도 한다.)

성직자들 역시 부와 사치스러운 로마식 연회를 비롯하여 쾌락의 탐닉에 새로운 관심을 나타냈다. 교황과 추기경은 시종이라고 불리는 파티플래너를 고용해 연회와 쇼를 준비했고, 요리사들은 주인이 원하는 것은 무엇이든지 만들어냈다. 어떤 교황은 자신의 딸을 위해 사치스러운 공개 결혼식과 연회를 열었고, 자신의 대관식 때에는 와인이 뿜어나오는 거대한 황소 모양의 분수대를 만들기도 했다. 강간범이나 살인자에게까지 '면죄부'를 팔아 돈을 버는 성직자들도 있었다. 돈만 있다면 천당에 못 가는 죄라는 것은 존재하지 않았다. 면죄부를 팔아 부자가 된 한 추기경은 자신의 행위를 다음과 같이 정당화했다. "주님의 뜻은 죄인이 죽는 것이 아니라, 살아서 값을 치르는 것이다." 그러자 신앙이 깊은 평신도들이 반발하고 나서면서 개혁운동이 일어났다. 그들 중 한 명이었던 피렌체의 수도사 사보나롤라Savonarola는 대중에게 그리스도의 가르침으로 돌아가 성스럽게 살라고 호소했다. 얼마 뒤 그는 교회를 비난한 죄로 기둥에 매달려 화형에 처해졌다.

5) 탐험의 시대

유럽인들은 향신료를 더 싸게 사고 싶었지만 향신료 무역은 중국인과 인도인, 그 밖의 아시아인, 페르시아인, 아랍인에 의해 수천 킬로미터 떨어진 원산지에서 통제되고 있었다. 유럽의 향신료 시장은 이탈리아인, 특히 피렌체의 메디치가문과 북부 이탈리아의 도시국가인 베네치아가 좌지우지하고 있었다. 유럽인들이 원했던 것은 아랍과 이탈리아의 중간상인을 피해가는 지름길인 해상로였다. 누군가 발견한다면 그 개인뿐 아니라 그를 지원하는 국가에도 큰 행운이 돌아갈 것이었다.

15세기 초 유럽의 가장 서쪽에 있는 나라가 향신료를 찾기 위한 새로운 항로 발견의 선두에 나섰다. 포르투갈의 항해 왕 엔리케Henrique O Navegador는 이를 위해 항해학교를 세웠다. 4500년 전 세 가지 중요한 기술, 즉 바퀴, 쟁기, 돛의 발명이 수메르인의 교역을 도왔던 것처럼, 이번에도 새로운 세 가지 기술의 발견이 유럽인의 항해를 도왔다. 중국인이 발명한 자석나침반은 광활한 바다에서 방향을 잡도록 도왔고, 아랍의 발명품인 아스트롤라베astrolabe는 별의 위치를 이용한 측량을 가능하게 했으며, 새로 등장한 삼각돛 덕분에 배는 순행뿐 아니라 역행도 할 수 있었다. 아프리카의 서해안을 따라 남쪽으로 내려가서 희망봉을 돌아 아프리카의 동해안까지 다다른 최초의 유럽인은 포르투갈인이었다.

중국 역시 오랜 세월을 통해 완성된 실크로드의 대안으로 더 짧은 노선, 즉 해상로를 찾고 있었다. 1405~1433년에 명나라는 정화鄭和(중국 명나라의 환관 겸 전략가)로 하여금 일곱 차례나 원정에 나서게 함으로써 남태평양을 포함하여 페르시아 만과 아프리카까지 탐험하였다. 122m 길이의 돛대 아홉 개와 붉은 비단 돛을 휘날리는 3백 척의 배로 이루어진 중국 함대는 분명 대단히 인상적인 장면이었을 것이다. 그들은 아메리카까지 항해를 계속할 수 있었지만 중간에 멈췄다. 정치권력의 이양이 대함대를 되돌아가게 한 것이다. 당시 중국을 지배하고 있던 보수적인 유학자들은 나라가 외국과의 교역에 참여함으로써 '오염'되는 것을 원치 않았다. 그들은 두 개 이상의 돛대를 단 선박의 건조를 불법으로 간주했고, 결국 장거리 항해가 불가능해졌다. 그리고 상인에게는 무거운 세금을 부과하고 농민에게는 면제를 해주어 상업을 억제하고 농업을 장려했다.

유럽의 가톨릭교회가 상업에 대한 제한을 풀 때 중국은 반대로 엄격하게 통제했다. 단기적으로는 자국을 보호하고 강화하기 위해서였지만, 장기적으로는 나라의 기반을 취약하게 만드는 결과를 낳았다. 그러자 중국의 상인계층 중 많은 이들이 본토를 떠나 인도네시아로 이주했다. 부강하고 자부심이 강한 중국은 이후 4백 년 동안 서양과의 교역을 경시하고 세계로부터 스스로 문을 닫았다. 그러는 동안 서양은 중국을 완전히 압도할 기술의 진보를 이루어냈고 마침내 중국의 문을 두드렸다. 이들은 과거 중국인의 발명에 의해 가능해진 새로운 기술을 가지고 있었다. 바로 총이었다.

6) 터키: 동로마제국의 멸망과 오스만제국의 융성

1453년, 350년이라는 기나긴 세월 동안의 시도 끝에 무슬림 전사 오스만투르크가 드디어 콘스탄티노플 점령에 성공했다. 그들의 지도자였던 술탄 메메드(2세, 재위 1444~1446, 1451~1481)는 도시의 이름을 이스탄불로 바꾸고 교회를 회교사원으로 전환했다. 이로써 동로마제국은 멸망했다. 고대의 트로이인들이 그랬듯 오스만인들도 동지중해와 향신료 루트route를 포함해 아시아로부터 들어오는 모든 교역을 통제했다. 이때부터 유럽인들은 향신료를 얻기 위해 다른 길을 찾아야 할 위급한 상황에 직면하게 되었다. 다음 세기 동안 노예제도에 바탕을 둔 군사사회인 오스만제국은 그들의 영토를 동지중해에서, 서쪽으로는 알제리까지 닿는 북부 아프리카, 현재 헝가리인 유럽 지역으로까지 확대했다.

터키 요리는 아주 정교하고 전문적이다. 메메드 2세는 토카피궁전을 짓고 그 안에 거대한 주방을 만들었으며, 이후의 술탄들은 여기에 열 개의 주방을 더 추가했다. 이스탄불은 유럽에 속했지만 터키의 나머지 지역 아나톨리아 평원은 아시아의 일부였고, 비잔틴제국은 그리스의 영향을 받았다. 중동의 다른 지역에서 피타pita라고 부르는 터키식 주머니 빵의 이름은 피데pide이다. 피데뿐 아니라 다른 주요 요리로는 수프나 소스에 사용하는 터키의 발명품인 요구르트, 고기케밥과 쌀 필라프, 속을 채운 채소인 돌마스dolmas, 속을 채운 만두 만티manti, 속을 채운 과자 뵈렉börek 등이 있다. 라와시lavas(lavash)라고 부르는 납작한 빵은 페르시아의 탄누르tannur나 인도의 탄두르tandoor와 비슷한, 안쪽에 진흙을 바른 화덕인 탄디르tandir에서 구웠다. 견과류와 말린 과일을 넣어 만드는 사탕인 할바helvah(미국인이 알고 있는 할바는 참깨로 만든다)를 만드는 건물은 따로 있었다. 18세기에는 여섯 가지 종류의 할바가 백 명의 견습생이 딸린 여섯 명의 수석 요리사들에 의해 만들어졌다. 궁중의 주방에서는 때로는 하루에 1만 명의 사람을 먹여야 했는데, 메뉴의 대부분이 육류였다. 1723년에는 '소 3만 마리, 양 6만 마리, 송아지 2만 마리, 새끼 염소 1만마리, 닭 2백만 마리, 비둘기 백만 마리, 칠면조 3천 마리'를 먹었다. 그들은 또 라마단의 보름째 되는 날에 군대를 위해 바클라바baklava를 만들어냈다. 프랑스의 왕 루이 14세처럼 술탄 메메

콜럼버스

드 2세는 높은 곳에서 식사를 했다. 오늘날 이스탄불에서 유명한 향신료 시장은 17세기 중반에야 생겨났다.

포르투갈이 향신료를 찾아 동쪽으로 항해하는 동안, 서행西行이 인도로 가는 더 빠른 길이라고 생각했던 유럽인들도 있었다. 마르코 폴로가 『동방견문록』을 발행한 후 정확히 200년 후에 한 이탈리아인이 그의 책을 읽고 그 이야기를 믿어 지름길을 찾기 위해 서쪽으로 갈 마음을 먹었다. 그는 자신이 태어난 제노바에서는 크리스토포로 콜롬보Christoforo Colombo, 원정에 재정적인 후원을 했던 스페인에서는 크리스토발 콜론Cristobal Colon, 영국인들에게는 크리스토퍼 콜럼버스Christopher Columbus로 알려져 있다. 그는 세계지도가 친숙한 노련한 선장이었다. 당시의 세계지도에는 세 개의 대륙, 즉 유럽과 아시아, 아프리카가 있었고 지도의 중앙에는 기독교 성지인 예루살렘이 위치해 있었다.

콜럼버스는 동방의 향신료를 찾아나서는 자신의 항해를 재정적으로 지원해줄 유럽 왕국을 찾았지만, 그다지 성공적이지는 못했다. 메디치가는 새로운 항로가 발견될 경우 중간상인으로 부를 축적하는 자신의 위치가 위협받을 것이라는 걱정 때문에 그의 계획에 관심이 없었다. 하지만 스페인에서는 새로운 왕과 왕비가 나라를 정화하고 영혼을 구한다는 운동의 일환으로 종교재판을 부활시킨 탓에 상황이 긴박하게 돌아가고 있었다.

7) 스페인: 종교재판과 유대요리

플라티나가 최초로 인쇄된 요리책을 발행한 1474년, 페르디난드Ferdinand왕과 이사벨라Isabella여왕이 통치를 시작했다. 페르디난드는 아라곤의 왕이었고, 이사벨라는 스페인의 부유하고 막강한 지역인 카스티야의 여왕이었다. 1469년

이들의 결혼으로 스페인이 최초로 통합되었다. 1453년 콘스탄티노플이 투르크인들에게 넘어간 후 유럽 전역에 일어난 공황상태에 대응하여, 페르디난드와 이사벨라는 기독교신앙으로 교화된, 통일된 스페인을 만들겠다고 결심했다. 그들은 이슬람교도들이 장악해온 이베리아반도를 재정복하기 위해 그곳에서 수백 년 동안 평화롭게 살아온 이슬람 무어인과 유대인을 추방하고자 했다. 당시에는 이미 유대인에게 불리한 법이 시행되고 있었는데, 스페인은 1412년 식료품 잡화상과 도살업을 포함해 특정 분야에서 유대인의 취업을 금지하는 법을 통과시킨 바 있다.

유대인들은 기독교인을 고용할 수 없었고, 기독교인과 함께 먹고 마시거나 목욕하거나 대화할 수도 없었으며, 거친 재질의 옷만 입어야 했다. 1476년에는 외출할 때 눈에 잘 띄는 유대인 표시를 붙이고 다녀야 한다는 법이 생겼고, 1480년 왕과 왕비는 종교재판을 재개했으며 1484년에는 유대인의 음식 판매를 금지했다. 1492년에는 그라나다 전쟁 이후 남아 있던 무어인을 국외로 추방하였고, 유대인에게는 기독교세례를 받던지, 그렇지 않으면 나라를 떠나라는 명령을 내렸다. 이와 함께 이방인 색출에 음식을 이용하기도 했는데 사람들이 경전을 숨기거나 신앙에 대해 거짓말은 할 수 있어도 식습관을 감추는 것은 불가능함을 종교재판소는 알고 있었기 때문이다. 한편 무어인에게는 전쟁을 선포하였다.

종교재판소는 그 이름이 박해의 동의어가 될 만큼 악명 높은 재판소장 토르크마다Torquemada의 지휘 하에 철두철미하게 운영되었다. 그들은 도시에서 도시로 다니면서 모든 시민들을 광장인 플라자에 모으고 다음과 같은 사람을 찾고 있다고 발표했다. 금요일 밤에 음식을 만들었다가 토요일에야 그것을 먹는 사람(유대인은 안식일인 토요일에는 요리를 하지 않기 때문), 돼지고기를 먹지 않는 사람, 요리하기 전에 고기의 피를 닦아내는 사람, 교회가 사순절 기간 동안 금지한 치즈와 같은 음식을 먹는 사람이 주요 표적이었다. 그러자 불만을 품고 있던 하인들이 주인을 밀고하고 이웃들이 서로를 배신했다. 유죄로 판명된 사람들은 길을 따라 광장까지 줄지어 끌려갔고, 좋은 기독교인이 되지 못하면 지옥에 간다는 교훈을 주기 위한 본보기로 기둥에 매달려 타오르는 불에 처형되었다. 일부 유대인들은 기독교인의 식성을 흉내내 위험을 모면하려 했다. 그들은 돼지고기를 구워 이웃과 함께 나누는 척하며 연극을 벌였는데, 그 넉넉한 마음씨에 압도된 이웃은 막상 주인은 그걸 전혀 먹지 않는다는 사실을 눈치채지 못했다.

하지만 기독교로 개종한다고 해도 안전이 완전히 보장되지는 않았다. 종교재판소는 개종했으나 여전히 비밀리에 유대교를 믿는 것으로 의심되는 사람의 뒤를 밟았다. 유대인은 살아남기 위해서 스페인을 떠나야 했고 이웃인 포르투갈로 넘어가거나 더 멀리, 즉 유럽에서 유일하게 종교의 자유가 보장된 네덜란드를 향해 북상하였다. 페르디난드와 이사벨라는 유대인의 이주로 인해 경제적, 지적 자원의 유출이 심각해지고 있음을 알았지만 스페인에서 기독교인의 영혼을 구하기 위해서는 이러한 종교적 정화를 지속해야 한다고 생각했다.

크리스토퍼 콜럼버스는 이사벨라 여왕과의 만남을 앞두고 있었으며, 새로운 대륙인 북아메리카와 남아메리카 그리고 상상할 수 없는 광물과 식물, 동물 자원이 그를 기다리고 있었다.

3. 아메리카의 고대제국들

1492년 콜럼버스가 아메리카에 도착하기 전에는 북미와 남미를 통틀어 감기환자란 찾아볼 수 없었고, 홍역이나 천연두를 앓아본 사람도 없었다. 오늘날 미국에서 출생 직후 예방주사가 접종되는 디프테리아나 백일해 같은 병에도 걸려본 적이 없었다. 그리고 모기가 옮기는 말라리아나 이가 옮기는 발진티푸스도 찾아볼 수 없었다. 이런 질병은 원래 서반구에는 존재하지 않았다. 바랭이나 민들레, 칡 같은 잡초도 없었고 검은색 쥐나 갈색 쥐도 없었다. 아메리카 벌은 꿀은 만들었지만 침은 없었다.

북미와 남미 원주민은 기원전 4만~1만 2천 년에 북아시아와 알래스카를 가르는 베링해협의 빙하가 퇴조하고 생긴 육로를 건너 신대륙에 도착했다. 몽골계에 뿌리를 둔 이들은 알래스카부터 남미의 끝인 티에라델푸에고까지 퍼졌다. 그 후로 바다표범 고기를 먹는 에스키모, 토템 기둥을 만든 콰키우틀족, 태평양 말리부에서 한가로이 살던 말리부족, 고도의 통치 체제를 갖춘 이러쿼이족 등 수많은 부족으로 분화되었다.

콜럼버스가 도착하기 전의 북미와 남미 그리고 중미는 각각 독자적인 문화를 갖고 있었다. 미시시피 강 유역의 세인트루이스 근처에는 카호키아 거주지가, 페루의 안데스 산지에는 잉카의 수도 쿠스코가, 멕시코시티 중앙 고원의 호수 매립지에는 아즈텍의 수도 테노치티틀란이 위치했다. 이들 세 문명은 수천km나 떨어져 있었지만 모두 복잡한 교역로의 중심에 위치했다는 공통점이 있었다. 카호키아에서는 운송이나 교역을 위해 미시시피강과 오하이오강, 미주리강을 포함해 수천km에 달하는 지류를 이용했다. 또 이들 모두 거대한 피라미드를 세웠는데, 그중에는 이집트의 피라미드보다 규모가 큰 것도 있었다. 그리고 이들 중 어디에서도 아이들이 놀 때 말고는 바퀴를 사용하지 않았다. 짐을 옮길 때는 배에 싣거나 사람의 등이나 머리에 지거나 잉카의 가축인 라마 같은 동물을 이용했을 뿐 우마차 같은 수단은 없었다. 수레를 끌 만큼 힘이 센 가축이 없었기 때문이다. 선사시대의 말은 멸종했으며 숫소도 없었고, 북극곰, 재규어, 스라소니, 늑대 등과 같은 아메리카 토착동물은 길들이기가 어렵거나 아예 불가능했다. 이처럼 가축화된 동물이 거의 없었지만 농업혁명은 아메리카에서 독자적으로 일어났다.

1) 북미: 카호키아, 미시시피 문명

콜럼버스의 발견 이전에 거대한 피라미드 도시였던 카호키아는 미시시피 강유역의 평원에 세워졌다. 일출과 일몰 그리고 다양한 별자리의 궤도를 따라 일렬로 늘어선 100개가 넘는 피라미드가 15.5km^{2}가 넘는 넓은 땅에 흩어져 있었다. 그곳에서 발견된 그릇과 조개껍데기에는 체로키족이, 인간에게 불을 가져다주었다고 믿었던 물거미의 형상이 나타났다. 그 밖에도 물고기, 사슴, 토끼, 너구리, 송골매, 뱀, 독수리, 개구리 등의 모습도 새겨져 있었다. 카호키아는 인구가 약 2만 명이던 1100년경에 절정기에 달했다. 당시 카호키아족이 사람을 제물로 바쳤음을 알려주는 유골이 발견되기도 했다. 하지만 카호키아 문명에 대해서는 지금까지 거의 알려진 바가 없다. 역사학자들은 멕시코에 살던 스페인 사람들이 옮긴 유럽의 질병이 북아메리카 오지까지 침투해 이 지역을 쓸어 버렸다고 믿고 있다. 18세기에 미국인들이 미시시피에 도달했을 때 카호키아는 이미 오래 전에 사라져버린 유령도시였다.

2) 남미: 잉카 – 감자와 옥수수

아메리카에서 가장 큰 제국이었던 잉카는 4,023km에 달하는 영토가 남아메리카의 태평양 연안을 따라 뻗어 있었으며 적도에 위치한 에콰도르, 페루의 남부, 볼리비아, 아르헨티나 서부에서부터 칠레의 수도 산티아고까지 극과 극의 지형을 포함하고 있었다. 잉카의 지형은 태평양에 인접한 사막에서 시작해 서서히 솟아오르다 안데스 산맥의 눈 덮인 봉우리에 이르면 6,000m나 솟구치는데, 알티플라노Altiplano(높은 평원이라는 뜻)는 안데스 지방의 고원에 자리 잡은 두 개의 봉우리 사이에 위치하였다. 고대 로마처럼 잉카도 제국을 연결하기 위해 많은 도로와 다리를 건설했는데, 그 길이를 합하면 22,500km에 달한다. 로마제국의 모든 길이 로마로 통했듯이 잉카제국에서는 모든 길이 수도인 쿠스코로 통했는데, 이곳은 바로 해발 3,500m에 위치한 현재의 페루이다.

이집트처럼 잉카에서도 죽은 사람을 미라로 만들었으며, 잉카인은 쿠스코에 있는 가장 신성한 성지인 태양의 신전에서 태양의 신, 인티Inti를 숭배했다. 또 '태양의 땀'이라 칭해온 금을 세공하는 기술도 뛰어나, 쿠스코의 건물 벽들은 금박이 되어 있었다. 잉카는 안데스의 2,400m 고지에 또 다른 신비한 도시를 건설했다. 마추픽추라고 불리는 이곳은 1912년이 되어서야 발견될 정도로 오지였는데, 깎아지른 절벽에 걸쳐 있는 통나무 다리를 지나야 건너갈 수 있다. 아직도 고고학자들은 잉카인이 이 도시를 짓기 위해 어떤 수단을 사용했는지 알아내기 위해 노력하고 있다.

잉카제국에서는 개인의 토지소유권이 없었으므로 정부가 토지와 경제를 감독했고, 무슨 작물을 어디에 재배할 것인지도 결정했다. 농부들은 정부의 지시에 따라 관개시설을 세우고 안데스의 토착 곡물인 퀴노아quinoa를 심기 위해 언덕에 계단식 밭을 만들었다. 잉카인들은 사슴과 토끼의 몸통에 여우의 꼬리를 가진 모습의 비스카차vizcacha라는 동물의 고기를 먹었다. 이때 이들은 고기를 사막에 내걸어 말려서 먹었으며 이 관습을 차르크charque라고 불렀는데, 이는 오늘날 육포를 뜻하는 저키jerky의 어원이 되었다. 우리가 먹는 육포와 차르크의 차잇점을 보자면, 육포는 보통 쇠고기나 칠면조 고기로 만드는 반면, 차르크는 라마 고기로 만든다는 점이다. 말린 생선은 잉카가 기원전 2000년에 가축화한 쿠이cuy(기니피그)도 일상 식품의 하나였으며 군량식으로 사용되었는데, 이는 오늘날에도 마찬가지다. 쿠이는 털만 제거하고 칠리로 양념한 뒤 내장을 꺼낸 자리에 뜨거운 돌을 채워서 통째로 굽는 방식으로 요리하였다.

잉카에서는 기원전 3700~3000년 사이에 감자를 재배하기 시작했으며 그 종류가 3천 개가 넘었다. 이들은 냉동건조법으로 감자를 보존했는데, 고지의 사막인 알티플라노는 낮에는 덥고 건조하며 밤에는 몹시 추웠기 때문에 낮 동안에 발로 감자를 밟아 수분을 눌러 짜내고 밤이 되면 밖에 내어놓았고, 이런 방식으로 밤새 얼어붙은 감자는 무기한 보존할 수 있었다. 추뇨chuño라고 부르는 이 냉동건조 감자는 기근을 대비해 거대한 창고에 다량으로 보관되었으며 창고에는 물도 저장하였다.

옥수수를 재배하는 잉카족의 모습

마추픽추

멕시코에서 시작해 남쪽으로 내려온 옥수수는 잉카의 또 다른 주요 식품이었다. 음식역사학자인 레이몬드 소콜로프Raymond Sokolov가 지적했듯이 안데스 지방의 옥수수는 우리가 알고 있는 품종보다 낟알이 훨씬 크고 맛과 조직이 다른데 이 옥수수로 치차chicha라고 부르는 맥주를 만들었다. 토마토와 고추 역시 페루가 원산지인데, 북쪽으로 이동해 멕시코에까지 전해져서 재배되었다. 바로 그곳에서 유럽인이 처음 토마토를 발견하였다.

요리 수첩

_ 치차: 옥수수 맥주

치차 만드는 방법은 다음과 같다. "여자가 '싹이 난 옥수수'를 입에 넣고 서서히 씹는다. 그것을 헛기침하듯이 뱉어내서 나뭇잎이나 쟁반에 담고 '간 옥수수와 물'과 함께 항아리에 넣는다. 이것을 끓여서 걸러낸다." 베티 퍼셀Betty Fussell은 『옥수수의 역사The Story of Corn』에서 "치차는 5cm 두께의 거품이 위에 뜨며…… 가벼운 필젠 맥주를 섞은 영국식 보리 음료 같은 맛이 난다."고 쓰고 있다.

3) 중앙 아메리카: 아즈텍 – 카카우아틀(초콜릿)

1325년 멕시카Mexica라고 불리던 종족이 해발 2,130m의 산들로 둘러싸인 골짜기에 도착했다. 이곳이 오늘날의 멕시코시티이다. 멕시카족은 골짜기 밑바닥의 호수 가운데에 있는 섬에 수도인 테노치티틀란을 세웠다. 중앙아메리카에서 힘을 점점 키워가던 아즈텍의 토목기술자들은 물 위로 길을 만들어 테노치티틀란을 육지와 연결했다.

남쪽의 잉카와 마찬가지로 아즈텍인들도 태양신을 숭배했다. 그러나 아즈텍의 신인 우이칠로포치틀리Huitzilopochtli는 매일 인신공양을 요구했고, 제물이 없으면 모습을 드러내지 않았다. 희생제물은 주변의 부족에서 잡혀온 포로들이었는데 이들은 피라미드 꼭대기의 평평한 곳에 마련된 제단까지 수많은 계단을 걸어 올라갔다. 그리고 산 채로 심장이 도려내진 뒤 신에게 바쳐졌다. 나머지 신체부위는 토막을 내어 피라미드 계단 아래로 던졌으며, 밑에 있던 부족민들은 의식에 따라 부위별로 나누어 옥수수와 소금을 넣고 끓여 먹었다. 소피 코Sophie Coe는 인육이 1인당 14g 정도씩 나뉘어졌으며, 먹기를 꺼려한 사람도 있었다고 전한다. 그녀는 또 아즈텍의 일상적인 향신료인 고추가 들어가지 않은 점으로 볼 때 인육이 일상음식이 아니라 제식용이었을 것이라고 추측하였다. 곧, 식인풍습이란 종교적으로 엄격하게 통제된 행위이지 배가 고프다고 닥치는 대로 벌이는 일이 아니었다는 것이다.

아즈텍인은 태양신 외에도 다른 세 명의 신과 함께 불의 신도 숭배했으며, 그들의 요리관습에서 화덕에 놓이는 세 개의 돌이 바로 그 신들을 상징한다. 오늘날 멕시코의 요리도구와 재료 대부분은 아즈텍인으로부터 직접 전해졌다. 토티야는 진흙 번철燔鐵인 코말리comalli(comal)로 구웠고, 옥수수는 다리가 셋 달린 맷돌인 메타테metate와 돌로 만든 공이인 마노mano를 이용해 가루를 내었다. 아즈텍에서는 보통 여자가 요리를 맡았다. 어려서부터 어머니에게서 요리를 배우다가 13세가 되면 능숙한 요리사가 되어야 했다. 하지만 바비큐만은 남자 몫이었다.

귀족들은 집에 별도의 요리사가 있었고, 서열이 높을수록 거느리는 요리사의 수도 많았다. 평민의 입장에서 볼 때 인간을 희생제물로 쓰는 문화에서 귀족을 위한 요리사가 되는 것에는 장단점이 있었다. 부유한 가문에 고용되기 때문에 굶지 않는다는 장점은 있지만, 당시에는 주인이 죽을 경우 내세에서도 요리할 사람이 필요하다고 믿었기 때문에 주인을 따라 요리사도 산 채로 매장

메타테(옥수수 등을 갈기 위해 사용한 멕시코의 전통 멧돌)

되었다.

다른 문화에서와 마찬가지로 종교 축제는 아즈텍의 일상에서 큰 몫을 차지했다. 아즈텍의 축제 역시 금식하는 날과 잔치하는 날을 구별했으며, 잔칫날에는 몇몇 지역이 함께 모여 하루씩 돌아가며 음식을 제공했다.

아즈텍의 음식문화에서 초콜릿은 단순한 먹을거리가 아니라 테오브로마theobroma, 즉 신의 음식이라고 불릴 정도로 각별한 의미를 지녔다. 테오브로마는 황제와 전사를 위한 음료였는데, 아즈텍인들은 이 음료를 미지근하게 데우고 몰리니요molinillo라는 작은 막대를 두 손바닥 사이에 끼우고 문질러 거품을 내서 마셨다. 소피 코와 마이클 코는 그들의 책 『초콜릿의 진정한 역사The True History of Chocolate』에서 당시 사람들이 초콜릿으로 어떻게 맛을 냈는지 자세히 설명하고 있다. 그들은 곱게 빻은 고춧가루와 옥수수, 꿀(아직 설탕이 없었다), 캐스트

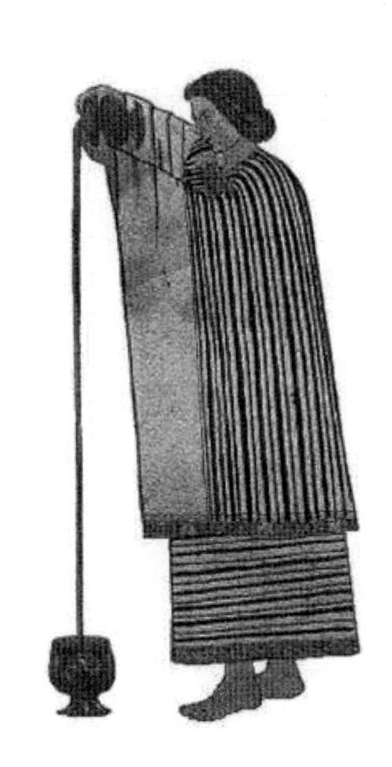

초콜릿 음료의 거품을 만드는 모습

애플, 후추 그리고 검은 꽃(깍지의 색깔 때문에 바닐라를 이렇게 불렀다) 등을 사용했다. 용설란으로 만드는 알코올음료도 있었지만 이것은 노인들이 주로 마셨다. 초콜릿은 귀족이나 전사가 선호했고 또 그들에게만 공급되었다. 초콜릿은 토티야, 콩, 말린 고추, 구운 옥수수와 함께 전사의 식량배급에도 포함되었다. 단, 무차별적으로 소비하는 것이 아니라 연회 후에 남자들의 의례적인 친교 모임에서 때때로 담배와 함께 제공되었는데, 이런 모습은 고대 그리스에서 남자들이 식사 후에 와인을 마시는 심포지엄을 연상케 한다.

카카오빈은 옥수수와 함께 공동 곡물 창고에 저장되었지만 일반적인 식량 이상의 것이었다. 카카오빈은 아즈텍 제국에서는 화폐와 같았으므로 임금을 주거나 물품을 구입할 때 카카오빈으로 값을 치를 수 있었다. 암컷 칠면조나 토끼 한 마리의 값은 카카오빈 백 개였고, 아보카도 한 개는 카카오빈 세 개였으며, 큰 토마토 하나는 카카오빈 한 개로 살 수 있었는데, 오늘날의 화폐와 마찬가지로 위조된 열매가 나돌았다.

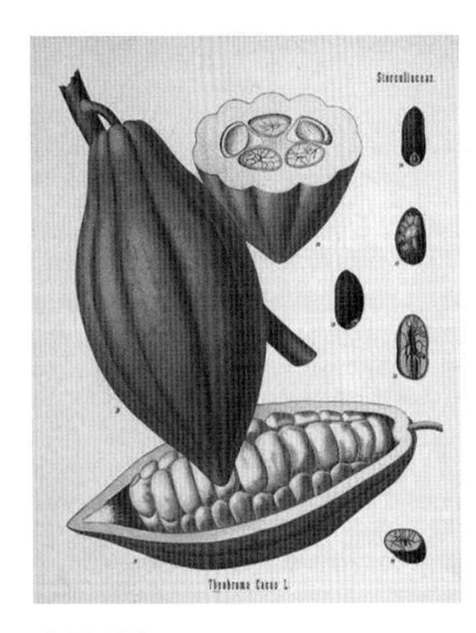

카카오 열매

아즈텍에서는 '사슴, 멧돼지, 토끼, 산토끼, 쥐, 아르마디요, 뱀, 뒤쥐, 주머니쥐, 이구아나'

등으로 단백질을 섭취했는데, 이런 동물들을 잡아 우리에 가두고 살을 찌웠다. 개도 있었는데 유럽의 개나 오늘날 주변에서 볼 수 있는 것과는 품종이 달랐다. 아메리카 개는 작고 부드럽고 발이 달린 작은 로스트용 고기 같았다. 이 개들은 식용으로 길러졌는데, 대개는 옥수수에 아보카도와 다른 채소를 먹여 키웠을 것이다. 아즈텍의 메뉴에는 주변 호수에서 얻는 식품, 즉 물장군과 알, 개구리, 올챙이, 호수 새우와 붉은 벌레Comadia redtenbacheri의 유충 등도 있었다. 이것들은 다양한 방법으로 요리되었는데, 다진 후 완자로 만들어 구워서 소금을 치거나, 타말과 같이 옥수수 껍질에 넣고 찌기도 했다. 스페인 사람들은 물장군 알이 캐비아 맛이 난다고 좋아했지만 먹기를 꺼리는 종류도 있었는데, 예를 들면 식용해초를 살짝 말려 덩어리로 뭉치고 다시 햇볕에 완전히 건조시킨 것으로 만든 토티야는 그맛이 치즈와 비슷하지만 기분이 좋지 않고 진흙 냄새 같은 것이 난다며 고개를 저었다. 옥수수, 호박, 콩과 칠리의 문화는 통상로를 따라 북쪽으로 이동해 북부 멕시코와 미국 남서부까지 전해졌다.

4) 서남아메리카: 세 자매와 고추

아즈텍 교역로의 끝자락이던 서남아메리카의 솜씨 좋은 원주민은 아파트 형태의 공동부락을 지었다. 가장 규모가 큰 부락은 방이 대략 6백 개이고 여기에 사는 사람도 1천 명에 달했다. 이들은 또 효율적인 농사법을 알고 있었는데 함께 잘 자라는 작물인 옥수수와 콩, 호박을 한꺼번에 재배하여 이것을 '세 자매 농사'라고 불렀다. 이 방법을 사용하면 옥수수 줄기가 곧게 자라 콩이 휘감을 수 있는 격자 구조물을 형성하고, 크고 넓은 호박잎이 흙의 수분을 유지한다. 사람들은 옥수수와 콩, 호박과 함께 아름다운 금빛 나팔 모양의 호박잎도 먹었는데, 오늘날에도 멕시코요리에서 널리 쓰이고 있다. 이와 함께 즐겨 먹던 비름amaranth은 영양가가 매우 높지만 식용 가능한 시기는 잠깐뿐이다. 돋아난 지 얼마 안 된 부드러운 새순은 마치 어린 시금치 잎 같지만 불과 몇 주 안에 거칠고 소화할 수 없는 잡초로 변한다.

멕시코와 마찬가지로 서남아메리카에서도 고추가 요리에서 중요한 역할을 했다. 고추는 아메리카 원산의 동종식물인 토마토, 감자, 담배와 함께 가짓과에 속한다. 고추의 종류는 크고 맵지 않은 초록색 파프리카부터 작고 굉장히 매운 하바네로habanero까지 매우 다양하다. 고추의 매운 정도를 표시하는 스코빌scoville 단위는 100부터 무려 35만까지 그 폭이 넓다. 그중에서 리스트라ristra라고 불리는 고추 다발은 가정의 행운을 뜻해서 집들이 선물로 이용되기도 한다.

고추는 영양가가 높고 비타민 A와 C, 리보플라빈이 풍부하며, 특효 성분인 캡사이신은 입 안의 통증기관을 자극한다. 신기하게도 고추의 화학적 구성은 또 다른 신세계 식물인 바닐라와 비슷하다. 식물 속의 매운 성분은 도대체 왜 생기는 것일까? 고추의 매운 맛은 씨를 퍼뜨리는 데 불리한 조건, 즉 동물에게 먹히는 것을 방지하기 위한 생존 수단일 것이다. 고추씨는 토끼 같은 작은 포유류에게 먹히면 왕성한 소화력에 의해 완전히 파괴된다. 반면 새의 소화기

음식 에피소드 소금과 칠리페퍼는 어디서 왔을까?

애리조나 남부와 멕시코 북부의 파파고족 설화에 따르면 우주의 창조주는 어느 날 자신이 창조한 모든 인간을 저녁식사에 초대했다. 나라마(최초의 인간)는 "벌거벗은 채로 소금을 온몸에 싸고 마지막으로 등장했다. [그는] 얼굴에서 소금을 떼어 음식에 뿌렸다. 그러자 그의 고환이 고추꼬투리로 변했는데, 그는 그 향신료를 모든 음식에 뿌리기 시작했다." 나라마가 식탁 위의 모든 음식(과일과 채소, 생선과 가금류)은 소금과 고추 없이는 불완전하다고 설명하자, 그의 말을 듣고 음식을 맛본 다른 손님들은 모두 동의했다고 한다.

관은 칠리씨의 바깥쪽 보호막만 제거하기 때문에 개체가 퍼지는 데 완벽한 조건이 된다.

아메리카의 모든 원주민은 농사를 짓고 수확물을 효율적으로 저장하는 방법을 알고 있었다. 또 교역을 위해 길을 만들거나 종교 의식을 위해 신전을 짓는 방법도 터득하고 있었다. 그들은 천공天空을 읽고 달력을 만들 줄 알았고, 광대한 제국을 통치하는 법을 알고 있었다. 또 장인은 금이나 은으로 매우 아름다운 공예품을 제작할 수 있었으며, 정교하고 세련된 음식도 만들 수 있었다. 그러나 잉카와 아즈텍, 카리베족, 파파고족을 비롯한 모든 아메리카 원주민이 몰랐던 것은 스페인의 이사벨라 여왕과 페르디난드 왕이 콜럼버스의 항해에 자금을 대주기로 했다는 소식이었다. 스페인은 이 위험한 모험에 그렇게 많은 돈을 써도 될지 오래도록 망설이다가 드디어 결정을 내렸다. 하지만 그때까지도 1백만 마라베디스maravedis(1991년 기준 미화 151,780달러에 해당)가 넘는 거액의 투자가 2억 퍼센트의 가치를 창조하고 스페인을 대국으로 만들 것이라는 사실은 미처 모르고 있었다.

4. 아메리카로 향하는 콜럼버스

1492년 8월 3일 콜럼버스와 90명의 선원들은 세 척의 작은 배를 타고 항해를 시작했다. 배의 이름은 각각 나나와 핀타 그리고 콜럼버스가 탑승한 산타 마리아였으며, 배의 길이는 27m였다. 엿새 후 그들은 아프리카의 북서쪽 해안에 있는 스페인령 카나리아 제도에 도착했다.

1492년 9월 6일 목요일, 그들이 카나리아 제도를 떠나 항해를 시작했을 때만 해도 1년은 버틸 수 있는 충분한 식량을 가지고 있었다. 대개 말리거나 염장을 한 식품으로 쇠고기, 돼지고기, 앤초비 그리고 소금에 절인 정어리 등 장기간 저장이 가능한 것들이었다. 올리브유와 와인도 넉넉했다. 와인은 매일 모두에게 1.5L씩 배급할 수 있는 정도였다. 또 건빵hardtack이라고 불리던 밀가루와 물과 소금으로 만든 비스킷도 있었다. 이것은 발효시키지 않아 바위처럼 딱딱해서 사람들의 입에는 별로였지만 바구미 같은 기생충은 아주 좋아했다. 선원들은 물고기를 잡아 영양을 보충했다. 말린 과일은 오직 장교를 위한 것이었다.

마늘과 양파를 제외한 채소는 없었을 것이다. 배에는 요리사가 없었기 때문에 선원들이 교대로 삼면으로 된 바람막이 철판 안에서 음식을 만들었다. 작은 배는 늘 파도에 흔들리는 탓에 요리는 대체로 콩과 쌀에 고기나 생선을 섞어 만드는 식으로 단출했다. 갑판 아래의 화물칸에는 음식과 물, 땔감, 화약, 밧줄 등의 필수품이 실려 있었기 때문에 사람들은 갑판 위에서 일하고 먹고 잤다. 쥐와 바퀴벌레와 이 또한 배에서는 별스러운 것이 아니었다.

9월 9일, 더 이상 육지를 볼 수 없고 눈앞에 바다와 하늘 외에는 아무것도 보이지 않자 선원들은 울부짖으며 불안에 떨었다. 콜럼버스는 항해일지에 이렇게 썼다. "나는 땅과 부를 굳게 약속하며 그들을 안심시켰다." 또 콜럼버스는 하루에도 여러 차례 선원들에게 기도하도록 명했다. 그로부터 몇 주가 지나자 사기는 더 떨어졌고 헛것으로 육지를 보게 되니 선원들은 폭동을 일으킬 정도가 되었다. 1492년 10월 12일 그들이 카나리아를 떠난 지 33일째 되는 날 마침내 오늘날 동바하마가 있는 육지가 보였다. 콜럼버스는 이 섬을 성스러운 구조자라는 뜻의 산살바도르San Salvador라고 이름 붙였다.

“우리는 벌거벗은 사람들을 보았다.”

콜럼버스와 그의 부하들은 상륙한 뒤 감사기도를 올리고 이 땅을 스페인 소유라고 선언하고 십자가를 세웠다. 원주민은 이들을 환영했다. 콜럼버스는 자신이 밟은 땅이 동인도라고 확신하고 눈앞의 원주민을 인디오Indio라는 엉뚱한 이름으로 불렀다. 콜럼버스가 발가벗고 있는 원주민에게서 받은 느낌은 인상이 좋으며 친절하다는 것이었다. 이 때문에 그는 원주민을 기독교로 개종하기 쉬울 것이라고 생각했다. 또 원주민이 가진 무기는 나무로 만든 것뿐이어서 사로잡아 노예로 만드는 것 역시 쉬우리라는 것도 알아차렸다.

이로써 인류 역사상 최대의 학살 중 하나의 장이 마련되었다.

다섯 번째 코스

콜럼버스의 신대륙 발견과 종교개혁

설탕과 노예

AD 1500 ~ AD 1600

콜럼버스가 아메리카 대륙을 발견한 후 구세계와 신세계 사이에서는 수많은 식재료들이 오고갔다. '콜럼버스의 신대륙 발견' 이후의 교류는 양 대륙의 음식문화에 변화를 가져왔다. 카리브해에서는 설탕 농장이 세워졌고 삼각무역을 통해 수많은 흑인노예들이 아메리카로 건너갔다.

콜럼버스의 신대륙 발견으로 동반구의 구세계와 서반구의 신세계가 충돌하면서 서로의 음식, 동식물, 질병 등의 대대적 이동이 이루어졌다. 역사학자들이 '접촉의 시대'라고 부르는 이 시기에 수백만 년 동안 자연스럽게 진화해온 생물들이 지구 이곳저곳으로 옮겨졌다.

1. 구대륙에서 신대륙으로

콜럼버스가 아메리카에서 발견한 부富는 16세기의 스페인을 초강대국으로 만들었다. 스페인 국왕은 신세계의 식민지로부터 오는 모든 수입품의 20%를 소유했는데, 당시에 이를 가리키는 '황실의 5분의 1'이라는 관용어가 생겼을 정도였다. 하지만 그렇게 쌓인 재산은 관리부실과 낭비, 전쟁 등으로 탕진했다. 16세기는 스페인의 부흥으로 시작해서, 새로운 기독교 교파인 개신교로 개종한 북유럽으로 권력이 옮겨간 뒤 스페인이 쇠퇴하면서 막을 내렸다.

콜럼버스의 '발견' 이후 유럽은 만방으로 탐험대를 파견함으로써 아메리카와 전 세계를 놓고 땅따먹기를 시작하였다. 그야말로 탐험의 시대라고 부를 만했다. 그러나 2년도 채 안 되어 스페인과 포르투갈이 신대륙의 경계선을 놓고 전쟁 태세로 돌입하자 마치 오늘날 유엔이 그렇듯이 교황이 중재에 나섰다. 1494년 두 나라는 토르데실랴스 조약을 맺어 교황이 북쪽에서 남쪽으로 신세계를 가로질러 그은 가상의 선에 합의했다. 따라서 그 선의 서쪽에 놓인 멕시코와 남미의 대부분은 스페인이, 동쪽에 놓인 브라질은 포르투갈이 갖게 되었다.

1572년 서반구의 지도

16세기에 콜럼버스를 따라 신세계에 온 스페인 정복자들은 원주민의 문화까지 점령했고 곧 자신들의 문화, 특히 음식을 새로운 스페인에 이식하기 시작했다. 콜럼버스는 그 이듬해인 1493년 소, 말, 돼지, 염소, 양 같은 구세계의 가축을 아메리카로 들여왔다. 양을 제외한 다른 가축들은 모두 황무지를 좋아하여 선사시대의 상태로 돌아갔다. 돼지는 야생 멧돼지가 되었고, 양떼를 지키던 개는 자기 조상인 늑대처럼 변해 양을 잡아먹었으며, 말은 훌륭한 목초지를 따라 베네수엘라, 아르헨티나, 우루과이 그리고 그 너머의 북아메리카 평원 야노스를 달렸다.

역사학자 알프레드 크로스비Alfred Crosby가 강조했듯, 1600년에는 대부분의 구세계 주요 작물들이 아메리카에서 재배되었다. 식물성 식품들은 원주민에게 쉽게 받아들여지지 않았지만 새로 유입된 동물과 그것으로 만든 식품들은 그들의 토착음식을 크게 바꾸어놓았다. 이에 따라 자연풍광이 변하고 나아가 생태계의 재앙이 벌어지기도 했다. 가축은 경이로운 속도로 번식해 돼지 13마리가 3년 안에 700마리로 불어날 정도였다. 원주민이 식용작물을 재배하던 땅에 소를 방목하기 시작했고, 그들이 직접 동물을 사육하는 경우도 있었다.

구세계에서 서반구로 유입된 동식물 중 일부는 밀항을 통해 들여왔고 잡초씨는 밀이나 거름 또는 동물사료에 섞여 들어왔으며 구세계의 민들레와 데이지도 같은 방법으로 옮겨왔다. 페스트와 발진티푸스를 옮겨온 검은 쥐도 마찬가지였다. 버뮤다에서는 쥐가 유발한 기근이 일어났는데, 천적이 없는 쥐는 땅속을 파고 들어가 나무에 집을 짓고 닥치는 대로 식량을 먹어치워서 주민들을 기아로 몰아넣었다. 감기, 디프테리아, 말라리아, 홍역, 천연두, 발진티푸스, 백일해 같은 질병 역시 대서양을 건너왔다. 스페인 사람들이 멕시코에 들어온 지 10년 후 토착인구는 거의 1,000만 명 정도가 줄었다. 100년 후에는 원주민의 90%가 사망했으며, 2,500만 명이던 인구가 100만 명 정도로 감소하였다.

아메리카 원주민은 유럽의 질병에 대한 면역력이 없었다. 제러드 다이아몬드Jared Diamond는 『총, 균, 쇠Guns, Germs, and Steel』에서 '접촉의 시대'에 일어난 문제의 답을 찾으려고 노력했다. 왜 신세계의 사람들은 면역력을 갖고 있지 않았는가? 왜 그들에게는 유럽인을 거꾸로 전염시킬 자신들의 질병이 없었는가? 이에 대해 다이아몬드는 몇몇 가설을 제시한다. 그중 하나는 신세계 사람들에겐 유럽인이 기르던 가축이 없었다는 점이다. 이 가축의 몸속에 살고 있는 수

많은 기생충이 신세계로 건너가 원주민들을 괴롭힌 것이다. 비슷한 예로, 로마를 전멸시킨 천연두는 소를 통해 전해진 것이다. 다른 가설은 원주민들이 흩어져 살았기 때문이라는 것이다. 도시에 인구가 집중되어 있으면 인체 간 접촉에 의해 다양한 질병에 노출되고 그러면서 면역력도 강해진다. 이유가 무엇이든 이 '접촉의 시대'는 아메리카 토착민들에게는 치명적이었다.

1) 멕시코: 몰레와 카르네

정복자 에르난 코르테스Hernán Cortés는 1519년 멕시코의 카리브해 연안에 도착했다. 그는 아즈텍의 황금에 관한 전설을 듣자마자 욕심이 생겼다. 그는 부하들에게 배를 불태우라는 명령을 내려 무슨 일이 닥쳐도 아예 달아날 수 없게 만들었다. 한편 아즈텍 원주민은 동쪽에서 배를 타고 온 이 기이한 방문자를 보고 아즈텍의 신인 케찰코아틀Quezalcoatl이 환생한 것이라고 생각했다. 코르테스가 원주민과 교환한 음식은 아즈텍의 마지막 황제인 몬테주마Motecuhzoma(Montezuma)에게 전해졌고 그는 그 음식들(염장 돼지고기와 육포, 비스킷)을 케찰코아틀 신전에 제물로 바쳤다. 코르테스와 그의 부하들은 아즈텍의 수도인 테노치티틀란Tenochtitlan에 도착해서 도시의 아름다움과 웅장함에 깜짝 놀랐는데, 이 모습을 꿈속의 한 장면이라고 여기는 사람들도 있었다. 아즈텍 원주민과 몬테주마가 코르테스와 그의 부하들을 신처럼 극진히 맞이하자 선원들의 꿈은 계속되었다. 코르테스의 정체가 금 약탈꾼들 중 한 명에 지나지 않을 뿐이라는 것을 원주민들이 알아차렸을 때는 이미 늦었다. 사나운 아즈텍전사들도 스페인의 총과 질병에는 상대가 되지 않았다. 수도 전체에 퍼진 천연두는 스페인의 승리를 보장했다. 41℃까지 오르는 열로 정신착란을 일으키는 천연두 환자들은 지

에르난 코르테스의 멕시코 도착

독한 냄새가 풍기는 고름덩어리에 완전히 뒤덮여버렸다. 살아 있는 환자 곁에서 그저 숨만 쉬어도 간단히 전염되었고, 이불이나 가정용품 등 환자가 만졌던 물건을 통해 병이 쉽게 퍼졌다. 곧 아즈텍제국은 스페인의 손아귀에 들어갔고 역사 속으로 사라졌다. 지금은 단지 여행객이 겪는 설사를 일컫는 속어인 '몬테주마의 복수Montezuma's Revenge' 라는 말 속에 그 이름이 남아 있을 뿐이다.

유럽의 영향을 수백 년 넘게 받은 현대 멕시코 음식은 콜럼버스 발견 이전의 토착음식과는 매우 다르다. 가장 중요한 변화 중 하나는 남미 원주민의 식생활이 엄격한 채식에서 고지방의 육류 위주로 바뀌었다는 점이다. 토티야는

유럽, 아프리카와 아시아로부터 아메리카에 전해진 음식

동물	채소, 허브, 향신료	곡류, 콩류	과일
고양이, 닭, 당나귀, 개, 검은쥐 *염소, *말, *돼지, *양, *소	아니스, 비트, 브로콜리, 양배추, 당근, 셀러리, 고수, 계피, 커피(1723년 프랑스인에 의해 전래), 오이, 가지, 마늘, 생강, 라벤더, 양상추, 겨자, 육두구, 올리브, 양파, 파슬리, 후추, 세이지, 참깨, 대두, 순무, 참마	보리, 병아리콩, 렌즈콩, 귀리, 쌀, 호밀, 사탕수수, 밀	사과, 바나나, 체리, 포도, 레몬, 오렌지, 복숭아, 배, 자두, 석류, 모과, 수박

*콜럼버스의 2차 항해 도중 1493년에 아메리카로 가져옴.

옥수수뿐 아니라 밀로도 만들어졌고, 카르니타스carnitas(다진 말린 돼지고기)와 케소queso(치즈)가 들어간 소를 싸는 데에도 쓰였다. 칠리chilli(토마토소스의 콩)는 칠리 콘 카르네chilli con carne(육류와 칠리)로 바뀌었다. 아나하임anaheim 같은 순한 고추는 치즈로 속을 채워 칠리 레예노chile relleno를 만들었다.

스페인과 접촉하면서 초콜릿도 변했다. 오늘날 멕시코의 초콜릿은 카카오빈을 갈고 나서 계피와 설탕을 섞은 것이다. 핫초콜릿은 옛날 아즈텍인이 그랬듯이 몰리니요를 두 손바닥 사이에 끼우고 앞뒤로 재빨리 비벼서 거품을 낸다. 그러나 초콜릿문화를 연구하는 역사학자들은 전형적인 멕시코음식으로 간주되고 있는 몰레mole가 실은 그렇지 않다고 보고 있다.

기원이야 어떻든 몰레 포블라노mole poblano는 여전히 푸에블라의 특유한 음식이다. 하지만 더 많은 종류의 몰레가 와하카에서 시작되었다. 그곳에는 매운 몰레와 붉은 몰레, 노란 몰레, 녹색 몰레, 신맛과 단맛의 몰레가 있었다. 최근 와하카에서 새로 문을 연 어느 레스토랑에서 '새로운 몰레mole nuevo'라고 부를 만한 것이 나왔다. 야채와 라드 대신 카놀라유로 만들어 훨씬 부담이 줄었지만 전통을 존중하는 사람들은 이 음식에 반대하고 있다.

구대륙 동물을 멕시코 식으로 활용하는 또 다른 예로 돼지고기와 옥수수 스튜인 포졸레pozole, 쇠꼬리 스튜, 내장 스튜 등이 있다. 케소 프레스코queso fresco, 파넬라panela와 란체로 세코ranchero seco 등 우유로 만든 멕시코 치즈들도 많다. 디저트 역시 구세계 식품이 주재료이다. 달걀과 설탕으로 만드는 스페인 커스터드인 플랜flan, 밀로 만드는 슈 반죽 같은 추로스churros 등도 있다. 추로스는 반죽을 기계 또는

몰레 포블라노

음식 에피소드 몰레의 기원

몰레mole의 기원에 대해서는 수많은 신화가 있지만 역사학자 소피 코와 마이클 코가 밝혔듯이 아즈텍이 아닌 것은 확실하다. 아즈텍인은 초콜릿을 음식에 사용한 적이 없다. 식사 후 음료로만 마셨고, 담배를 곁들이며 마치 의식儀式을 행하는 것과 같이 사용했다. 이탈리아인은 1680년대 초에 초콜릿을 가지고 여러 가지 실험을 했는데, 파스타나 파스타 소스, 폴렌타polenta, 간 요리를 위한 빵가루에 넣어보기도 하고, 카카오 버터로 달걀을 부치기도 했다. 이러한 실험들은 최초의 몰레요리법보다 앞서기 때문에 소피 코와 마이클 코는 이탈리아인이 몰레를 발명했을 것이라고 생각한다. 하지만 17세기 후반 스페인에서의 이야기는 다르다. 여기서도 최초의 몰레라 할 만한 것이 등장한다. 몰레는 초콜릿이 우연히 스튜 안에 떨어져서 만들어졌거나 의도적으로 만들어졌다, 또는 어느 주교를 기려서 만들어졌거나 어느 관리를 기념하기 위해서였다 등등 그 기원에 대한 의견이 분분하다. 하지만 몰레라는 말이 소스나 혼합물을 뜻하는 아즈텍어인 몰리molli에서 유래했다는 데에는 의견이 일치한다.

요리 수첩 _파보 인 몰레 포블라노

파보 인 몰레 포블라노(몰레를 얹은 칠면조)의 가장 오래된 요리법 중 하나는 멕시코시티의 남동쪽에 있는 푸에블라에서 만들어졌다. 이 요리 속에는 구세계와 신세계가 한데 섞여 있는데, 주재료인 칠면조, 토마토, 초콜릿은 신세계의 것이다. 세 가지 다른 종류의 고추인 물라토mulato, 안초ancho와 파실야pasilla도 마찬가지다. 여기에 허브나 향신료인 후추, 계피, 참깨, 정향, 아니스로 양념을 하는데, 이것들은 모두 구세계에서 왔다. 단맛 역시 구세계의 건포도와 설탕으로 내고, 강한 맛을 더하는 마늘 역시 구세계의 것이다. 소스를 걸쭉하게 만들기 위해 신세계에서 나는 땅콩이 들어가는데, 이러한 기법은 중세 유럽인이 아랍인에게서 아몬드를 갈아 넣어 농후제를 만드는 것을 배운 시절로 거슬러 올라간다.

짜주머니를 이용해 긴 노끈 형태로 짜낸 후 튀겨서 계피맛 설탕에 굴려낸 것을 말한다.

2) 뉴멕시코: 푸에블로반란

현재 미국의 네 모서리인 유타, 콜로라도, 애리조나, 뉴멕시코의 원주민은 마치 아파트 같은 촌락에서 살았는데, 이를 스페인어로 푸에블로pueblo라고 한다. 1100년경 뉴멕시코 북서쪽에 있는 5층 구조에 800개의 방을 갖춘 푸에블로 보니토에는 1,200명이 살고 있었다. 1882년 이보다 큰 건물이 뉴욕에 지어지기 전까지 푸에블로 보니토는 세계에서 가장 큰 아파트 빌딩이었다.

아메리카 남서쪽 전역에 흩어져 살고 있던 원주민의 후손들은 리오그란데강 상류를 따라 솟아오른 산들의 평평한 봉우리에 푸에블로를 지었다. 그중에 '평화로운 사람들'이라 불리는 주니Zuni와 호피Hopi 족이 있었다. 푸에블로 사람들은 들판을 개간해 농사를 지었는데, 여자들은 넓고 평평한 공동구역인 플라자plaza에 모여 옥수수를 갈아 음식을 만들었고, 성인남자들은 제사 같은 부족의 대소사를 위해 키바kiva라는 지하에 머물렀다. 1540년 어느 스페인병사의 보고에 따르면, 전형적인 푸에블로 사람들은 거의 항상 일을 하고 있었다. 그들은 매우 깨끗한 건물을 소유한 유능한 일꾼이었다. 여자들은 세 명씩 무리를 지어 마노와 메타테를 가지고 마치 공장의 컨베이어벨트에서처럼 순식간에 옥수수 반죽을 준비했다.

"한 사람이 옥수수를 떨어내면 다음 사람이 그것을 갈고 나머지 사람이 다시 간다. …… 문가에 앉아 있는 남자는 그들이 옥수수를 가는 동안 피리를 연주하고 있다. 그들은 음악에 맞추어 돌을 움직이고 함께 노래를 부른다."

그들은 또 메스키트mesquite 나무의 콩꼬투리를 익혀서 간 것을 물에 섞어 먹었고 햇볕에 말린 과자도 만들었다.

정복자들이 원하는 것은 금이었다. 하지만 푸에블로에 사는 사람들은 금이 없었을 뿐 아니라 기독교인도 아니었다. 스페인 병사들은 원주민이 경계선으로 땅에 그어놓은 신성한 옥수수 울타리를 무시하고 닥치는 대로 마을을 약탈하고 금을 찾았지만 발견한 것이라곤 콩과 호박, 토티야, 칠면조뿐이었다. 병사들은 화가 났지만 어쩔 도리가 없었다. 곡식과 가축이라도 가져갈 수밖에 없었다. 그들은 저항하지 않으면 해치지 않겠다고 원주민에게 약속했지만 이는 새빨간 거짓말이었다. 병사들은 항복한 원주민 수천 명을 학살했고, 아쿠마 푸에블로는 남김없이 태워버렸다. 남자든 여자든 20세가 넘은 푸에블로 사람은 20년의 노예생활을 선고받았고, 25세 이상의 모든 남자들은 한쪽 발이 잘렸다. 노예가 된 원주민은 소떼와 양, 말, 염소, 돼지를 돌보고 올리브 밭과 복숭아, 배, 무화과, 대추야자, 석류, 체리, 마르멜로, 레몬, 살구와 오렌지 과수원 등을 가꿨다.

1610년 스페인 정복자는 신성한 믿음이라는 뜻의 산타페라는 도시를 건립하는 데 원주민을 동원했다. 푸에블로 사람들은 기독교를 순순히 받아들였지만 동시에 자신들의 신앙과 융합하려 했다. 그러자 스페인 사람들은 이들을 교수형에 처하고 원주민의 신성한 키바를 급습해 인간에게 비를 가져다주고 사냥과 농사를 가르쳐주었다는 신의 가면인 카치나kachina를 비롯해 각종 성물聖物을 파괴했다. 그러나 잔인한 강제 개종은 오래가지 않았다. 가뭄과 함께 아파추 나바후apachu nabahu(경작지의 적)*라고 불리던 전투부족이 쳐들어왔기 때문이다. 전투부족은 저장해놓은 음식을 남김없이 훔치고 가축들을 끌고 달아났다. 남은 스페인 사람들과 원주민은 동물 가죽을 끓이거나 구워 먹으며 살아남으려고 애썼다. 온 마을에 기아와 질병이 퍼지자, 푸에블로 원주민들은 토착신앙을 멀리하고 카치나 숭배를 그만두었기 때문에 이런 재앙이 내렸다고 생각했다. 또 스페인 사람들과 그들의 신이 무력하다는 사실도 깨달았다.

결국 1680년 8월 10일 주도면밀한 계획에 따라 뉴멕시코 전역의 푸에블로 원주민들은 동시에 반란을 일으켰고 음식을 포함해 스페인과 관련된 것이라면 무엇이든 없애버렸다. 성직자를 살해하고 교회를 부수고 양과 소, 돼지를 도살하고 과수를 뿌리째 뽑고 포도나무를 베고 말을 풀어주었다. 자유로워진 말떼는 곧장 대평원으로 향했는데, 그 덕분에 텍사스에서 북쪽으로 다코타에 이르기까지 흩어져 살던 카이오와족, 코만치족, 수족과 샤이엔족이 말 타는 법을 배울 수 있었다. 스페인 사람들은 뉴멕시코에서 쫓겨나 지금의 텍사스인 남쪽 엘파소까지 밀려났다. 일시적으로는 원주민들의 대승이었다. 그러나 이로부터 15년 뒤에 스페인 사람들이 되돌아왔다.

* 이 부족의 이름이 스페인 사람의 귀에는 '아파치'와 '나바호'로 들려서 '아파추 나바후'로 불리게 되었다.

3) 페루: 리마콩과 신세계 와인

1523년 페루에 스페인의 정복자 프란시스코 피사로Francisco Pizarro가 도착하자 아즈텍에서 벌어진 악몽이 잉카에서도 똑같이 되풀이되었다. 결국 잉카의 지도자 아타우알파Atahuallpa가 잡혀서 죽임을 당했다. 스페인 사람들은 잉카인에게도 금을 내놓으라고 요구했다. 그리고 다른 신대륙에서처럼 잉카에서도 유럽에서 옮겨온 질병으로 엄청난 인구가 사망하자 잉카인은 다시 모여서 피사로를 공격하기 시작했다. 1525년에 피사로는 현재의 수도인 리마를 건설했고, 덕분에 잉카의 전사들로부터 자신을 보호할 수 있었다. 그 뒤로 남미의 토착콩중 하나에 바로 이 도시의 이름이 붙게 되었다.

1540~1550년에 스페인은 페루에 와인용 포도, 무화과, 석류, 마르멜로, 밀, 보리, 감귤 등의 식품을 들여왔다. 이러한 스페인 음식의 확산은 국왕에 의해 장려된 결과였다. 그는 각 도시에서 와인, 올리브유, 밀, 보리 같은 스페인 농산물을 대규모로 생산하는 첫 번째 사람에게 은괴 두 개의 상금을 내린다고 선언했다. 새로운 작물을 경작하면 부를 거머쥘 수 있었지만, 누군가가 페루에 들여온 100그루의 올리브 삽목 중 겨우 세 그루만 살아남았을 정도로 신세계의 토지에서 이것들을 잘 자라게 하는 것은 쉬운 일이 아니었다. 이렇게 너무나 귀한 올리브나무를 키우는 농장 주인은 계곡에 울타리를 둘러친 다음 '100명이 넘는 흑인과 30마리의 개'로 하여금 지키게 했지만 뇌물이나 밀매의 유혹은 끊이지 않았다. 그의 나무들 중 한 그루가 도둑맞았다가 먼 칠레의 어느 농장에 심어졌고, 거기서 수많은 묘목들이 생산되기 시작했다. 그 뒤로 3년이 지난 어느 날 누군가 원래 주인의 농장에 몰래 들어가 올리브나무를 뽑아갔던 바로 그 자리에 새 나무를 심어놓았다는 이야기도 전해진다.

1520년대 초부터 1550년대 후반까지 유럽산 포도나무를 심은 농장이 안데스 산맥의 양쪽인 중미와 남미에 세워졌다. 아메리카에도 야생포도가 있었지만 와인을 만들기에는 적합하지 않았다. 그런데 어떻게 포도재배가 그렇게 빨리 퍼질 수 있었을까? 바로 엔코미엔다encomienda라는 식민지경작제도 덕분이었다. 엔코미엔다에 따라 뉴멕시코의 스페인 거주자는 토지와 그곳에서 일할 원주민을 제공받고 원주민 100명당 '최상 품종' 포도나무 1,000그루를 심을 수 있었다. 멕시코에서는 이러한 농장이 기후 탓에 별 소득이 없었지만 페루의 모케구아계곡의 남쪽에서는 번창했다. 페루에는 이미 와인 시장이 형성돼 있었고, 포토시에 있는 은광 근처에 포도농장과 원주민 노예들도 충분했기 때문이다. 페루의 와인 생산자들은 1551년 생산을 시작한 이래로 큰 성공을 거두어서 본토의 농부들이 항의하기도 했다. 1595년 스페인 왕 펠리페 2세Fellipe II는 식민지의 포도나무 재배를 제한하여 본국의 와인 상인을 보호하는 정책을 폈다. 페루의 와인산업은 19세기 말 맨눈으로는 볼 수 없는 노란색 기생충이 유럽산 포도나무의 뿌리를 갉아먹는 포도나무 뿌리진디에 의해 심각하게 피해를 입을 때까지 계속 성장했다.

그러자 페루 농부들은 재빨리 코코넛으로 품종을 바꾸었다. 코코coco라는 말은 스페인어로 '원숭이'인데, 둘 다 몸체가 둥글고 갈색 털이 있고 눈이 달렸기 때문이다. 코코넛 밀크는 물, 닭이나 쇠고기 육수, 토마토소스 등을 대신해 요리에 자주 쓰인다. 1991년 음식역사학자 소콜로프는 "페루의 전통음식은 새로운 맛에 매료된 세계가 아직 발견하지 못한 마지막 요리"라고 하였다. 그러나 그는 "굽거나 스튜로 만든 기니피그는 안데스 이외에서는 미래가 없다."고도 말했다. 꼬치에 끼워 구운 라마심장도 마찬가지였을 것이다.

4) 아르헨티나: 가우초와 쇠고기

아르헨티나의 대초원인 팜파스에서 마구잡이로 내달리던 유럽의 말들은 한 무리가 지나가는 데 하루가 걸릴 만큼 엄청나게 불어났다. 이 말들은 현재의 수도인 부에노스아이레스 근처의 평원에 사람보다 먼저 도착했을 것이다. 1580년 영구 이주민들이 도착했을 때 이미 거대한 야생마 떼를 발견했기 때문이다. 스페인 사람들이 데려온 소 역시 번식에 성공해 텍사스 롱혼longhorn 종의 선조가 되었다. 소떼는 15개월마다 거의 두 배로 늘어났고, 금세 쇠고기가 남아돌아 값이 떨어졌다. 역사학자 크로스비가 말했듯이, 17세기 신세계에는 이주한 다른 어떤 척추동물보다 소가 많았는데, 쇠고기는 광산에서 일하는 원주민 노예의 식량으로 활용했다. 그러나 소가 더 중요하게 쓰인 곳은 바로 광산의 갱도를 밝힐 양초를 만드는 수지獸脂의 원료로 또 가죽 역시 중요한 용도로 쓰여서 무두질한 가죽을 바지는 물론이고 컵과 같은 용기로 만들었다.

아르헨티나에서는 쇠고기 요리가 발달했는데, 카리브해의 원주민으로부터 배운 바비큐가 대표적이다. 아르헨티나 바비큐는 소금물에 담그고 바비큐소스는 식초를 기본으로 만드는 치미추리chimichurri이다. 오늘날 아르헨티나의 마리네이드와 살사는 아르헨티나 와인농축액을 기본으로 한다.

또 다른 아르헨티나 전통요리로는 엠파나다empanada가 있는데, '속을 채운

음식 에피소드 바비큐

미국인들은 바비큐라고 하면 그릴을 떠올리며, 땅 위에서 삽시간에 해치우는 요리를 생각한다. 그러나 진짜 바비큐는 구덩이 속에서 굽는 것이다. 진정한 바비큐를 만들려면 먼저 구덩이를 파야 하고, 부드러운 질감과 훈연의 맛을 내려면 몇 시간을 기다려야 한다.

파이'라는 뜻이다. 이것 역시 구세계 재료가 없었다면 태어나지 않았을 것이다. 반죽은 밀가루와 라드로 만들고 속에는 보통 고기를 넣는다. 아르헨티나에서는 파이의 소로 쓰이는 고기에다 신세계의 감자나 가끔은 구세계의 복숭아 같은 과일을 섞기도 한다.

가우초

스페인 사람들은 소와 쇠고기 요리와 더불어 신세계에 카우보이문화도 이식했다. 카우보이를 창조한 것은 본래 미국이 아니라 중세의 스페인이었으며, 카우보이를 가리키는 스페인어 바케로vaquero는 '암소'를 뜻하는 바카vaca에서 유래한 말이다. 바케로들은 말을 이용해 가축을 돌보는 법, 낙인 찍는 쇠도장 다루는 법, 가축을 한곳에 모으는 법 등을 알고 있었다. 아르헨티나와 우루과이에서는 바케로를 가우초gaucho라고 불렀다. 브롱코bronco, 라소lasso, 로데오rodeo 등 카우보이를 뜻하는 다른 스페인어도 함께 유입되었다.

5) 브라질: 페이조아다와 파로파

브라질 음식은 식민국인 포르투갈과 인구 대부분의 출생지인 아프리카로부터 많은 영향을 받았다. 아프리카에서 건너온 노예 1,000만여 명 중 약 38%가 브라질로 보내졌고, 그 대부분은 사탕수수 농장으로 끌려갔다. 브라질에서 가장 유명한 음식은 고기를 잔뜩 넣은 '모로스 이 크리스티아노스moros y cristianos(검은 콩과 쌀)'이다. 이것 역시 구세계와 신세계의 퓨전 음식으로, 돼지고기의 부산물을 사용하고 푸른 잎 채소를 곁들인다는 점에서 노예요리의 영향이 엿보인다. 페이조아다는 마늘 콩을 뜻하는 포르투갈어 페즈와feijão에서 이름을 따왔다.

콩과 콩즙으로는 소스를 만든다. 전통적인 곁들임 요리로는 쌀, 케일이나 콜라드collard, 오렌지 슬라이스와 라임을 넣은 뜨거운 소스가 있다.

대서양을 접한 해안선이 길게 이어진 브라질 동부의 바이아Bahia 지역에서는 말린 새우, 소스를 곁들인 새우, 신선한 새우 고명 등 요리에 새우를 많이 사용한다. 새우요리를 위한 소스의 기본 재료로 종종 사용되는 말려서 빻은 새우는 강한 향을 선사한다. 이 지역 특유의 식용유로는 아프리카에서 들어온 덴데dendê(팜유)가 있다. 바이아의 가장 유명한 요리 중 하나인 바타파vatapa(새우와 아몬드소스 닭고기)는 새우와 닭고기에 코코넛 밀크를 비롯해 구세계에서 건너온 많은 재료를 첨가하여 쌀가루를 넣고 걸쭉하게 만든 요리다. 바타파와 또 다른 바이아 음식인 싱징 데 갈리나xinxim de galinha(새우와 땅콩 소스 닭고기)에는 마치 버

요리 수첩 _ 페이조아다

돼지 귀 네 개

돼지 꼬리 한 개

소금

쪼갠 족발 세 개

카르네 세카(carne sêca) 450g

훈제 소 혀 1.35kg

기름기 적은 베이컨 225g

검정콩 네 컵

기름기 적은 쇠고기 목살 또는 넓적다리 바깥 살 450g

린키카(linquica) 소시지 450g

생돼지고기 소시지 450g

라드 또는 식물성 기름 두 큰술

곱게 다진 양파 두 개

다진 마늘 두 쪽

껍질과 씨를 제거하고 다진 토마토 두 개

씨를 제거하고 다진 매운 고추 한 개 또는 타바스코 1/8작은술(생략 가능)

소금, 방금 간 후추

터를 넣듯이 마지막에 덴데를 첨가한다. 브라질에서는 신선한 야자나무 속대를 먹지만 이것은 소금물에 담근 통조림도 상업적으로 팔리고 있다. 미국에서는 대개 샐러드에 사용한다. 뿌리라는 뜻의 카사바cassava는 콜럼버스 시대 이전에 브라질에서 일상적으로 식용하던 전분으로 카사바는 지역에 따라 그 이름이 다르다. 중남미에서는 마니오크manioc 또는 유카yucca, 아프리카에서는 푸푸fufu, 포르투갈에서는 파링야farinha, 미국에서는 타피오카tapioca라고 부른다. 타피오카는 보통 어린이나 환자를 위한 스위트 푸딩을 만드는 데 사용된다. 브라질에서 카사바로 만든 또 다른 음식으로는 파로파farofa가 있다. 파로파는 모래색의 알갱이인데, 덴데를 넣고 볶아서 음식 위에 고명으로 얹는다.

북동 브라질의 토착과일인 캐슈Anacardium occidentale는 독성이 있는 담쟁이 덩굴에 속하지만 먹을 수 있는 과일 중 하나이다. 캐슈 열매는 나무에서 자라는데 쉼표 모양을 한 캐슈넛이 땅 쪽으로 열린다. 이 열매는 달게 만들거나 저장 및 가공할 수 있으며, 주스를 만드는 데 쓰이기도 한다. 캐슈넛은 아몬드나 호두, 피칸pecan 같은 견과류처럼 껍데기가 붙은 채로는 팔지 않는다. 두 겹의 껍데기 사이에 들어 있는 부식성 물질이 속을 이중으로 보호하고 있기 때문이다. 사람의 치아로는 깨는 것이 불가능하지만 앵무새는 큰 부리로 캐슈넛 껍데기를 깰 수 있다. 포르투갈인은 캐슈를 브라질에서부터 동인도에 있는 자신들의 식민지까지 퍼뜨렸고, 인도에서도 번성했다.

요리용 바나나plantain(plâtanos) 역시 남반구 전역과 카리브해에서 발견된다. 요리용 바나나는 바나나의 한 종류이지만 일반 품종과는 달리 익혀 먹어야 한다. 보통 삶거나 튀기거나 삶은 후 튀기는데, 달게 먹거나 메인 요리의 곁들임 요리로 사용된다.

유럽인의 발명품 중 브라질인들이 곧바로 받아들인 또 다른 식품으로 럼이 있다. 브라질 사람들은 알코올음료에 관한 한 마술적인 기술이 있었다. 카차샤cachaça라고 부르는 브라질 럼은 바치아batida라는 칵테일을 만드는 데 사용되었다. 이것은 라임주스와 설탕을 섞고 간혹 코코넛 밀크나 패션 프루트, 파인애플 등을 넣어 만든다. 럼의 역사는 신세계에서 성공적으로 뿌리 내린 구세계 식품인 설탕의 역사와 함께 시작한다.

6) 카리브해: 설탕

유럽의 이주민들은 이미 소비시장이 형성되어 있는 구세계의 식품을 신세계에서 더 값싼 비용으로 대량생산하는 데 관심이 많았는데, 한 가지 식품이 이런 목적에 딱 들어맞았다. 이 식품은 세계시장을 빠른 속도로 잠식했고, 대서양 양안 모두에서 엄청난 부를 창출했으며, 수백만의 원주민을 노예로 만들었다. 그리고 새로운 직업을 만들어냈으며, 호모 사피엔스의 식습관을 완전히 바꾸어놓았다. 그것은 바로 사카룸 오피시나룸Saccharum officinarum이라는 학명을 지닌 설탕이었다.

설탕은 초콜릿과 커피, 차가 유럽으로 유입되면서 그 수요가 증가했다. 그 후 설탕을 쉽게 구할 수 있게 되자 이번에는 거꾸로 초콜릿, 커피, 차의 수요가 증가했는데, 이는 설탕의 수요를 더욱 늘렸다. 설탕이 점점 더 구하기 쉬운 식품이 되자 가격이 떨어졌고, 자연히 더 많은 사람들이 소비할 수 있게 되었다. 중세에는 부유층의 약품이던 것이 18세기 중엽에는 가난한 사람들까지 일상적으로 즐기는 식품이 되었다. 하지만 사탕수수를 기르고 수확하고 가공하는 일은 극도로 고된 노동을 필요로 했으며 아프리카에서 온 노예들이 그 고통을 떠안았다.

7) 카리브해: 악명 높은 중간항로의 노예선

노예선에서는 형언할 수 없는 악취가 풍겼다. 대변, 소변, 구토, 피, 땀과 비참함이 뒤섞인 냄새였다. 예전의 탐험가들이 160km 밖의 바다에서도 아메리카의 만발한 꽃향기를 맡았던 것처럼 이제 선원들은 160km 밖에서도 노예선의 냄새를 맡았다. 이곳이 바로 서아프리카에서 서반구까지 이르는 삼각무역 전체 행로에서 중간 부분에 있는 악명 높은 '중간항로Middle Passage'였다. 여기서는 아무도 노예선과 같은 풍향으로 항해하기를 원하지 않을 정도였다.

카리브해는 역사학자들이 '삼각무역'이라 부르는 교역 형태가 생겨난 지점중 하나이다. 여기서 설탕과 럼은 카리브해에서 유럽으로, 유럽의 상품은 아프리카로, 아프리카의 노예는 카리브해로 이동했다. 포르투갈은 독자적인 삼각무역을 유지하고 있었는데 아프리카에서 노예를 사기 위해 '당밀에 적신 3급 담배'를 팔았고, 노예를 브라질로 실어 날랐으며, 질 좋은 담배를 유럽시장으로 가져갔다. 아메리카 삼각무역에서 당밀은 카리브해에서 선적되어 뉴잉글랜드로 운송되었고, 당밀은 이곳에서 럼으로 가공된 후 아프리카에서 노예와 맞교

설탕 연대기

기원전 8000년	설탕이 뉴기니에서 잡초로 시작
서기 1세기	인도인이 사탕수수를 분쇄해 하얀 결정을 추출하는 법을 발명
8세기	아랍인이 제국 전역에 설탕 생산을 퍼뜨림.
13세기	벨기에의 안트베르펜이 유럽의 설탕 정제 중심지가 됨.
1319년	설탕을 실은 선박이 영국에 도착했다는 최초의 기록 등장

1493년	콜럼버스가 두 번째 여행에서 사탕수수를 카리브해로 유입함.
1493~1625년	스페인이 카리브해와 설탕 생산을 점령
1500년	포르투갈의 섬인 마데이라가 세계에서 가장 큰 설탕 생산지가 됨.
1544년	영국이 설탕 정제를 시작하면서 북해연안 저지대 국가, 특히 벨기에의 안트베르펜의 설탕 산업을 인수함.
1585년	런던이 유럽 설탕 정제 중심지가 됨.
1588년	영국이 스페인 무적함대를 격파. 영국이 아메리카에 식민지를 건설
1619년	아프리카인들이 버지니아의 제임스타운에 도착, 설탕 재배를 시도했으나 실패함.
1625년	유럽의 대부분의 설탕을 포르투갈(브라질)에서 공급받음. 카리브해의 세인트 키츠 섬에 영국인이 정착
1650년	설탕 가격의 하락으로 파리에서 레모네이드가 발명됨.
1650~1850년	영국, 프랑스, 덴마크, 네덜란드가 카리브해에서 설탕 생산 시작
1655년	영국이 자메이카를 공격함.
1660년	영국의 설탕 수입이 모든 식민지 생산 총합을 능가함.
1701~1810년	25만 2천 명의 아프리카 노예가 바베이도스에 도착함, 66만 2천 4백 명의 아프리카 노예가 자메이카에 도착함.
1733년	영국의회가 북아메리카 식민지가 프랑스령 서인도제도와 통상하는 것을 막기 위해 당밀법을 통과시킴.
1750년	영국에서 설탕이 가난한 사람들 사이에서 일반화됨.
1764년	영국의회가 프랑스와 인도 전쟁 후 북아메리카 식민지의 군대를 유지하기 위한 세입을 늘리려고 설탕법을 통과시킴.
1791년	아이티(산토 도밍고)에서의 폭동 성공이 설탕 생산을 중지시킴.
1813년	나폴레옹이 프랑스의 설탕 자급자족을 위해 설탕 재배를 명령한 이후 최초의 사탕수수 정제소가 프랑스 파시Passy에 세워짐.
1838년	영국에서 노예제도 금지
1848년	프랑스에서 노예제도 금지
1876년	푸에르토리코에서 노예제도 금지
1884년	쿠바에서 노예제도 금지

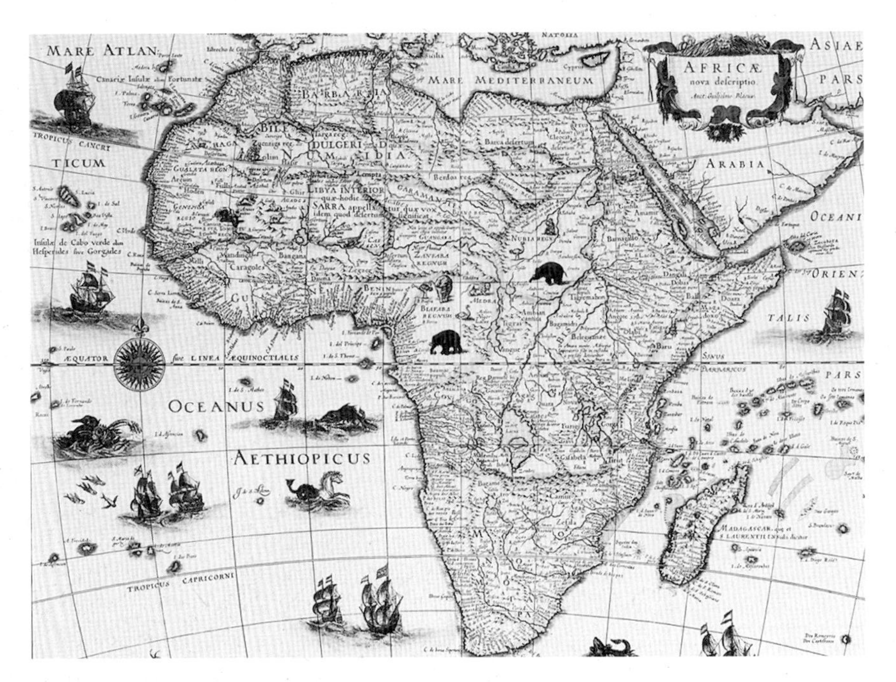

유럽인이 생각한 아프리카, 1650년

환을 했으며, 노예는 카리브해에서 팔렸고, 다시 당밀이 선적되어 뉴잉글랜드로 보내졌다. 이 같은 무역로 중 중간항로는 공포의 대상이었다.

그런데 노예제도가 꼭 필요했을까? 신대륙 원주민은 유럽에서 건너온 질병으로 대거 사망하거나 전멸했기 때문에 부족한 노동력을 수입한 흑인노예들에게서 충당할 수밖에 없었다. 아프리카 서쪽 해안 주민들은 노예상인에 의해 또는 총과 그물을 가진 다른 아프리카 부족민에 의해 납치되었다. 납치된 사람들이 겪는 최초의 공포는 이상한 피조물, 즉 '무서운 인상과 붉은 얼굴, 긴 머리를 한 백인들'이 자신들을 잡아먹을 것이라는 불안감이었다. 납치자들은 노예들에게 강제로 알코올을 먹였는데, 이로 인해 그들이 느끼는 혼란은 더했다.

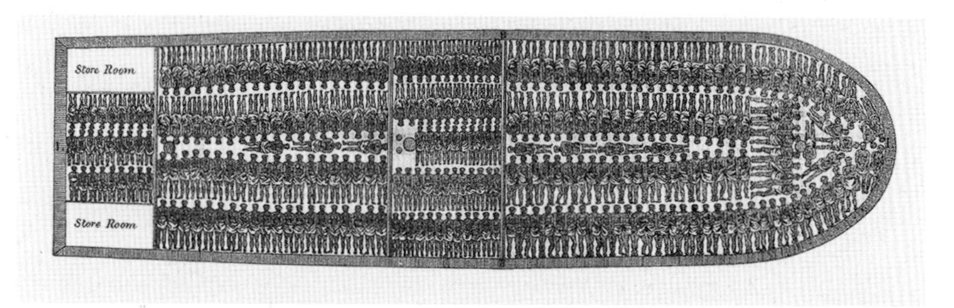

노예선; 노예들을 어떤 형태로 쌓았는지 보여주고 있다.

그러고 나서 두 사람씩 묶어 강제로 배에 태웠다.

배의 갑판 밑에 있는 선창은 기껏해야 1.5~1.8m 높이였다. 남자노예를 바닥에 누이고 그 위에 다른 선반층이 놓였다. 선창이 1.8m 깊이라면 선반은 두 개의 층이 놓였다. 각각의 성인 남자노예에게는 최대 가로 0.4m, 세로 1.8m의 공간이 허락되었다. 만약 키가 180cm 이상이라면 그는 무릎을 구부린 채로 있어야 했고, 어깨 너비가 40cm 이상이면 항해 내내 모로 누워 있어야 했다. 머리 위에는 선반이 있어서 똑바로 앉는 것은 불가능했다. 노예들은 구토와 '이질'이라고 알려진 지독한 설사에 시달렸다. 위층에 누운 노예가 이질에 걸리면 설사는 아래층 노예들에게 고스란히 떨어졌다.

여자노예는 묶여 있지 않아 선원들이 얼마든지 접근할 수 있었으므로 강간은 일상적인 일이었다. 그러나 여자들을 자유롭게 돌아다니도록 허락한 것이 화근이 되기도 했다. 여자들은 선원 중에 누가 술을 마시고 만취했는지를 알아내고 선실 문과 창고의 열쇠를 손에 넣을 수도 있었으므로 노예선 반란에서 매우 중요한 존재였다. 가장 유명한 사건인 1839년 아미스타드의 반란은 1997년 스티븐 스필버그가 영화로 만들기도 했다. 역사학자들은 오랫동안 아미스타드 같은 일이 매우 드문 사례라고 간주했지만, 1960년대 이후로 백인남성 외에도 아프리카계 미국인, 여성, 소수민족 출신들이 학계에 다수 등장하면서 그와 같은 반란이 일상적으로 일어났다는 사실이 밝혀졌다. 노예는 더 이상 잃을 것이 없었지만 불행히도 아미스타드 반란처럼 성공한 사례는 드물다.

노예선의 인질에게 또 하나의 시련은 형편없는 음식이었다. 그들은 끈적끈적한 소스에 담겨 배급된 조잡한 콩 요리를 경멸한 나머지 그릇을 집어던졌다. 토착음식인 얌, 쌀, 팜유 같은 것이 나오는 때도 있었다. 어떤 사람들은 음식을 거부하고 자살을 시도하기도 했다. 노예가 음식을 먹지 않으면 값비싼 화물을 잃는 것이나 다름없었기 때문에 채찍질이나 구타가 이어졌고, 그래도 먹지 않으면 정비소에서 자동차를 들어올릴 때 쓰는 장비처럼 생긴 금속집게로 턱을 억지로 벌려 음식을 먹였다. 반면 항해가 예상한 것보다 오래 걸리고 저장해놓은 음식과 물이 떨어져가면 그런 노예들은 배 밖으로 던져졌다. 배의 주인은 화물의 일부가 이런 식으로 유실되는 데 신경 쓰지 않았다. 노예교역은 수익률이 높아서 100% 이상의 이익을 냈다.

배가 항구에 도착한 후에도 악몽은 끝나지 않았다. 그곳에서 노예들은 경매를 통해 농장의 가축처럼 팔려 사탕수수 플랜테이션으로 보내졌다. 키가 큰 사탕수수 줄기는 커다란 벌채용 칼로 베었는데, 이렇게 하면 날카로운 그루터기가 남아 마치 총검이 깔린 들판에서 일하는 것과 같았다. 열대기후에 항생제도 없어서 남은 그루터기에 찔리면 생명을 위협하는 감염을 일으켰다.

설탕을 결정화하기 위해 사탕수수즙을 끓이는 작업은 특히 고통스러운 일이었다. 노예들은 낮과 밤으로 나누어 교대근무를 했고 일요일에야 쉴 수 있었다. 일하는 내내 돌바닥에 맨발로 서 있어야 하는 것도 고역이었다. 피곤을 이기지 못한 노예들은 사탕수수 분쇄기의 롤러에 끼어 손가락을 잃기도 했다. 이 때문에 팔을 절단하기 위한 손도끼가 항시 준비되어 있었다. 아프리카에서 잡혀 아메리카로 이동된 노예의 40%는 카리브해의 설탕섬으로 보내졌다. 이곳의 노예들은 너무나 가혹한 생활조건 탓에 보통 4년 안에 사망했기 때문에 끊임없이 새로운 노동력의 공급이 필요했다. 소유하고 있는 노예를 돌보는 것보다 새로운 노예를 구입하는 것이 더 싸게 먹혔다. 노예는 얼마든지 있었기 때문이다.

농장의 노예에게는 가능한 한 값싼 음식을 먹였다. 쓸 만한 땅에는 어디에나 설탕을 재배하고 있었기 때문에 노예들이 먹을 음식은 수입을 했다. 영국인이 북미에 정착한 이래 질 낮은 염장 건조대구를 사용하기 전까지 노예들의 주식은 소금에 절인 쇠고기였다. 18세기에 영국인들은 타히티에서 나는 빵나무 열매가 자메이카 노예들을 먹이기에 더 저렴한 식량이라고 결론을 내렸다. 뽕나무나 잭푸르츠와 같은 품종이며, 멜론 크기로 전분이 많은 빵나무 열매는 마치 요크셔 푸딩이나 으깬 감자 맛이 난다.

빵나무 열매에 대해서는 이런 이야기가 전해진다. 어느 날 이 열매를 실어나르던 배인 바운티Bounty 호의 선장 블라이Bligh는 선원들이 자신의 개인 코코넛 저장품을 훔쳤다며 식량과 물 탄 럼의 배급량을 반으로 줄였다. 선원들은 반란을 일으켰고, 블라이는 작은 배로 표류하다 결국 육지에 도달해 다른 배를 구해서 기어코 빵나무 열매를 자메이카로 가져갔다. 하지만 정작 그곳의 노예들은 이 열매를 별로 좋아하지 않았다고 한다. 그러나 빵나무는 자메이카에서 잘 자랐고 지금도 마찬가지다. 이것을 가축의 먹이로 쓰는 나라도 있으며, 트리니다드에서는 사람이 먹는 음식으로, 하와이에서는 토란요리인 포이poi에 들어가는 타로토란의 대체품으로도 이용된다.

8) 카리브해: 럼

설탕 가공의 부산물 중 하나로 새로운 알코올음료가 만들어졌다. 16세기는 설탕과 카페인을 비롯해 현대세계를 특징짓는 약물의 대륙 간 무역이 시작된 때로, 역사학자 데이비드 코트라이트David T. Courtwright는 이 약물을 '정신에 영향을 미치는 혁명'이라고 불렀다. 럼은 1640년대 카리브해에 처음 등장했다. 이곳은 알코올을 금하는 이슬람교의 통제를 벗어나 있었기 때문에 설탕이나 그 부산물로 새로운 알코올을 만드는 데 걸림돌이 없었다. 카리브해의 영국 신교도의 손 안에서 설탕은 럼이 되었다.

럼은 사탕수수 줄기에서 막 짜낸 즙으로 만들거나 당밀로 만든다. 둘 다 원액에 이스트를 첨가해 발효시키는데, 보통 24~48시간이 걸린다. 그 후 증류하여 오크통에서 숙성시키는데, 원래 이 통은 위스키나 버번을 담던 것이다. 대부분의 럼은 숙성된 이후 블렌딩을 거치지만 블렌딩을 먼저 하는 경우도 있다. 오크통에서는 럼의 진한 갈색을 만들어내는 숙성과정이 일어난다. 럼은 적어도 3년 이상 숙성시켜야 하며, 이것을 비외vieux(오래된)라고 부른다.

럼은 1640년대 바베이도스섬에서 처음 증류된 것으로 추정된다. 이 섬은 유명한 럼인 마운트 게이Mount Gay의 역사가 300년 이상 이어져온 곳이다. 이 작은 영국 식민지는 담배를 키우는 버지니아주와 메릴랜드주를 합친 것보다 더 많은 부를 영국에 선사했다. 리버스 럼Rivers Rum을 만드는 그레나다의 리버앙투안River Antoine 증류소는 지금까지도 전기를 사용하지 않는다. 사탕수수를 분쇄하는 바퀴는 수력으로 움직이며, 즙을 추출하고 남은 고형찌꺼기는 증류기를 돌리기 위한 연료로 쓰인다. 오늘날 가이아나의 데메라라 주는 카리브해에서 생산하는 럼의 가장 큰 공급원이다.

2. 신세계에서 구세계로

1) 새로운 식재료의 출현

영국작가 새뮤얼 페피스Samuel Pepys는 1669년 3월 9일자 일기에 이렇게 썼다. 그는 막 유럽에 도착한, 아시아에서 온 과일로 만든 새로운 음료에 대해 이야기하면서 "이것은 '매우 훌륭한 음료'라고 생각하지만 나는 여전히 오렌지주스를 원한다."고 했다. 콜럼버스의 항해 이후 전 세계의 모든 나라는 새로운 식재료와 요리법의 폭격을 맞았다. 하지만 서로 다른 두 문화의 접촉에 의한 변화가 그렇게 쉽게 일어나지 않는 법이므로 사람들은 낯선 세계에서 생산된 낯선 음식을 쉽게 먹으려 하지 않았다. 유럽이 신세계의 식품을 받아들이는 데에도 약 300년의 시간이 걸렸다. 옥수수를 포함한 일부 곡식은 가축의 먹이로는 괜찮았지만 사람이 먹을 수 있는 음식으로 인정되지 못했다. 새롭고 낯선 사물들을 묘사할 때에도 이미 익숙하고 오래된 것들과 연결해야 했다. 그래서 콜럼버스의 아들은 코코아빈을 '특별한 아몬드'라고 묘사했고, 탐험가 코로나도는 버펄로를 뿔을 가진 이상한 '소'라고 불렀으며, 감자는 '땅에서 나는 사과'(프랑스어로 폼므 드테르pomme de terre라고 한다)라고 하였다. 이탈리아에서는 토마토를 '황금사과', 즉 포모도로pomodoro라고 하였는데 이것은 초기의 토마토가 노란색이었고 황금사과가 그리스 신화를 통해 익숙한 소재였기 때문이다.

반면, 구세계인들은 신세계에서 건너온 칠면조와 담배는 망설임 없이 받아들였다. 가금류에 익숙하고 닭고기를 특별한 날의 주요리로 여기던 유럽인들은 크고 새롭고 흥미롭고 맛 좋은 칠면조를 먹을 준비가 되어 있었고, 칠면조는 거창한 볼거리를 주던 왜가리나 백조, 공작 같은 새들을 대신하게 되었다.

아메리카에서 유럽, 아프리카, 아시아로 전해진 식품

동물	식물, 향신료	곡류, 콩류, 약물, 견과류	과일
모스크바 오리	올스파이스	푸른 콩, 리마 콩	아보카도
칠면조	애머랜스	옥수수	블루베리
	콩□완두콩	마니오크(카사바, 타피오카)	카카오
	돼지감자	땅콩	체리모아
	지카마(Jicama)	피칸	크랜베리
	고추□피망	키닌(말라리아 약)	파파야
	매운 고추	명아주	파인애플
	단 고추	담배	토마토
	감자□흰 것	야생쌀	
	호박□서양호박		
	호박□사포테		
	해바라기		
	바닐라		

또 메릴랜드와 버지니아 인근에 위치한 체서피크에서 재배된 담배도 어디를 가든 인기를 끌었는데, 콜럼버스의 첫 항해 후 100년 안에 담배는 시베리아에서도 등장하기 시작했다. 신세계의 콩도 쉽게 받아들여졌는데, 아마도 병아리콩이나 렌즈콩 등과 닮았기 때문이었을 것이다. 이러한 작물들은 16세기 중반의 식물도감에도 등장했으며, 강낭콩은 전 세계에 프랑스 콩으로 알려졌다.

이런 와중에 여러 질병도 대서양을 건너 서쪽으로 이동했는데, 특히 심각한 질환이 아메리카에서 유럽으로 이동하였다. 바로 매독이었다. 매독은 유럽에 삽시간에 퍼졌고, 전염성이 더 강해져서 다시 아메리카로 되돌아왔다.

2) 스페인: 초콜릿과 파에야

초콜릿은 유럽에서 지금보다 더 빨리 인기를 끌 수도 있었다. 하지만 스페인의 귀족들은 초콜릿을 강력한 최음제로 여겨 요리법의 비밀을 거의 한 세기가 넘게 수도원에 감춰두었다. 그러나 맛있는 것은 금방 탄로나는 법이다. 사람들은 결국 그 제조법을 고안해냈고, 그러자 대유행이 일어났다. 초콜릿은 유럽 각지에서 다양한 방법으로 소비되었다. 스페인 사람들은 아즈텍인처럼 초콜릿을 음료로 마셨지만 설탕을 첨가해 단맛을 더했고, 프랑스 사람들은 디저트로만 먹었다.

스페인 사람들은 야생 칠리 치테핀chiltepin(Capsicum annum var. aviculare)을 접하자마자 곧장 애호하게 되었다. 그들은 치테핀을 아주 중요하게 여겨 통째로 소금그릇에 넣어두고 원하는 만큼 꺼내서 음식에 부셔 넣어 먹었으며, 치테핀

초콜릿 음료

은 곧 유럽 전역에 '스페인 고추'로 알려졌다.

스페인 전통요리인 파에야 발렌시아나Paella Valenciana는 구세계와 신세계 음식의 혼합물이다. 파에야는 팬 이름이며, 발렌시아나는 스페인의 지명이다. 전통적인 파에야 발렌시아나는 구세계의 식재료인 쌀과 육류, 올리브유, 샤프론과 함께 신세계의 식재료인 완두콩, 토마토, 파프리카를 이용해 만든다.

3) 돈키호테: 촌노의 탐식

상류층은 초콜릿에다 칠리와 고기까지 먹었지만 가난한 사람들은 여전히 굶주리고 있었다. 음식을 통해서도 쉽게 드러나는 이러한 계급의 차이는 1602년 미겔 데 세르반테스Miguel de Cervantes가 쓴 스페인의 가장 유명한 문학작품 『돈키호테Don Quixote』의 소재가 되기도 하였다. 브로드웨이 뮤지컬과 영화 '라만차의 기사The Man of La Mancha'의 원작인 이 풍자소설은 평생 기사도를 숭상한 남자, 돈키호테에 관한 이야기이다. 이 소설은 돈키호테와 그의 충실한 동료인 산초 판차가 용(비록 풍차였지만)을 죽이고 아름다운 여인(사실은 평판이 나쁜 여자)을 구하기 위해 말을 타고 길을 나서면서 일어나는 사건들을 사실적으로 묘사하고 있다. 귀족 정신을 가진 카우보이와 땅딸막하고 코믹하며 궁전의 어릿광대 같아 보이는, 바보라기보다 철학자에 가까운 두 사람의 이야기는 이후 몇 세기 동안 카우보이 이야기와 영화의 모델이 되었다. 이 소설은 인간 본성의 양면을 표현하기도 하는데, 돈키호테가 정신주의적 몽상가였다면 신성한 배라는 뜻의 이름을 가진 산초 판차는 물질적인 세상에 살고 있는 현실주의자였다. 돈키호테로부터 형용사 quixotic(공상가의)가 생겨났으며, 이 말은 극도로 공상적이고 신비롭고 비현실적인 것을 의미한다.

돈키호테 덕분에 스페인 음식도 유명해졌다. 채소와 고기스튜인 올라 포드리다olla podrida(섞은 단지라는 뜻)는 이 작품에 여섯 번이나 등장한다. 또 돈키호테가 얼마나 가난했으며 음식 값은 얼마나 비쌌는지 보여주기 위해 책의 두 번째 문장에는 이런 대목이 나온다. "양고기보다 쇠고기가 많이 들어간 올라olla 한 접시와 밤마다 먹는 샐러드, 토요일에는 전날 먹고 남은 음식, 금요일에는 렌즈콩, 일요일에는 비둘기나 그 밖의 것들을 먹기 위해 그는 수입의 4분의 3을 날려버렸다.", "송아지 고기가 …… 쇠고기보다 낫고, 새끼 염소가 …… 염소보다 낫다는 것을 알고 있는 남자에게 이는 어려운 삶이었다."

돈키호테와 산초에게 먹을 것이라곤 보통은 빵과 물뿐이었다. 운이 좋으면 약간의 치즈와 양파, 포도, 도토리나 모과 등을 얻을 수 있었다. 여인숙의 음식을 보면 상류층 사람들이 왜 자신의 요리사와 시종들을 데리고 여행을 다녔는지 알 수 있다. 한 여인숙 주인이 산초에게 말한다. "내가 가진 것이라곤 송아지 족 같은 암소족 두 쪽 또는 암소족 같은 송아지 족 두 쪽뿐이고, 여기에 병아리콩, 양파, 베이컨을 넣고 끓이지요." 어느 금요일에 돈키호테는 말린 대구와 '자신의 갑옷처럼 검고 곰팡이 핀 빵 한 조각'을 먹는다. 최악의 상태를 맞이하자 돈키호테는 "나는 모든 죽음 중 가장 잔인한 죽음인 아사餓死를 맞이하고 싶다."라고 말했다. 그러나 산초는 음식과 삶을 사랑했기 때문에 "소인은 먹음으로써 삶을 이어갈 것입니다요."라고 말했다.

이렇게 굶주리는 사람들의 입장에서는 상류층의 식습관이라든지 체액설 따위는 어리석은 것이었다. 굶주린 산초는 잔치에서 한 의사가 히포크라테스를 인용하며 음식을 치우라고 명령하는 모습을 보았다. "나는 과일은 너무 습하기 때문에, 다른 음식은 뜨겁고 갈증을 유발하는 향신료가 많이 들어 있기 때문에 치울 것을 명했소. …… 저 토끼고기스튜는 먹지 마시오. 왜냐하면 습한 음식이기 때문이오. 만약 저 송아지고기가 구운 것이 아니고 피클이 곁들여졌다면 먹어도 좋겠지만 그것은 논외지요." 산초는 너무나 뻔한 사실을 지적했다. "내게서 음식을 치우는 것은 생명을 연장시키는 것이 아니라 앗아가는 짓이라우." 그리고 올라 포드리다를 달라고 하면서 "썩으면 썩을수록 냄새가 좋지요."라고 말했다. 의사가 이 음식은 영양분이 없고 학생이나 농부에게나 어울린다며 신사라면 '약 100개의 와퍼 케이크와 설탕에 절인 마르멜로 몇 조각'을 먹어야 한다고 하자 급기야 산초는 그를 죽이겠다고 위협했다. 드디어 산초는 배를 채울 제대로 된 요리를 받게 되지만, 이는 실상 굶주린 농부들이 음식에 대해 품었던 환상에 불과했다. 부자인 카마초의 결혼식 장면은 낙원에 대한 과장된 묘사로, 포도나무에 소시지가 열린다는 이탈리아의 벤고디에 대응하는 스페인판 버전이었다. 산초가 처음 본 것은 다음과 같다.

새끼 돼지 12마리로 속을 채운 소 한 마리가 통째로 느릅나무에 꼬챙이에 꿰어져 매달렸다. …… 그리고 스튜 냄비가 여섯 개…… 그 속에는 양 한 마리가 들어 있다. …… 셀 수 없을 만큼 많은 …… 껍질을 벗긴 산토끼와 털을 뽑은 암탉들 …… 셀 수없이 많은 야생닭과 다양한 종류의 사냥감이 막대기에 매달려 시원한 곳에 보관되어 있다. 산초는 각각 20L가 넘게 들어가는 와인 부대를 60개 이상 세었다. …… 그리고 …… 눈처럼 하얀 빵이 잔뜩 쌓여 있고 …… 치즈로 만들어진 벽에 …… 기름이 가득한 냄비가 두 개 …… 여기다 튀김을 요리하는데, 다 익으면 두 개의 거대한 삽으로 건져내 꿀이 담긴 다른 냄비에 던져 넣는다. 요리사와 요리가정부가 50명도 넘는다. ……

이 대목에서 우리는 카마초가 복잡한 식사예법에 얽매이는 상류층이 아니며 큰돈을 번 농부일 뿐이고 먹는 것을 좋아한다는 것을 알 수 있는데, 이 덕분에 산초는 무엇이든 마음껏 먹을 수 있었다. 또 농부들이 원하는 음식은 고기였으며, 음식의 서열이 분명했고 닭고기와 거위는 여전히 가장 값비싼 선호품목이었으며 신세계의 음식은 전혀 찾아볼 수 없었다는 사실도 알 수 있다.

4) 포르투갈: 기독교인과 향신료를 찾아서

포르투갈의 탐험가들은 아프리카 서쪽해안을 따라 남하하여 희망봉을 돌아 동쪽해안까지 항해했다. 계절풍을 타고 인도까지 나아가서 고아지방의 서쪽해안에 거주지를 세운 다음, 동쪽으로 항해를 계속하여 '향신료의 섬'이라고 불리는 곳인 지금의 인도네시아에 도달했다. 드디어 중간 상인인 피렌체의 메디치가와 베네치아인 그리고 아랍인을 배제시킬 길을 찾은 것이다.

포르투갈의 계획은 아프리카 금광의 주도권을 잡아 금으로 향신료를 사들이려는 것이었다. 그러나 금은 통제하기 쉬운 한두 군데의 큰 광산에만 있는 것이 아닐 뿐더러 아프리카인은 포르투갈과의 교역을 원치 않았고 대신 인도의 직물을 원했다. 또 포르투갈은 과거에 아랍인이 다져놓은 기반을 뚫기 어려웠을 뿐 아니라 포르투갈인들이 이슬람교도에게 강제로 돼지고기를 먹인다는 소문이 퍼져 있었기 때문에 아랍인이 확립한 무역로와 통상관계를 인수하는 것에 실패했다. 포르투갈인들은 동쪽으로 계속 나아가 인도 서쪽해안의 고아와 마카오에 식민지를 세웠다. 1540년대에 그들은 더 동쪽으로 가 드디어 일본에 도착했다.

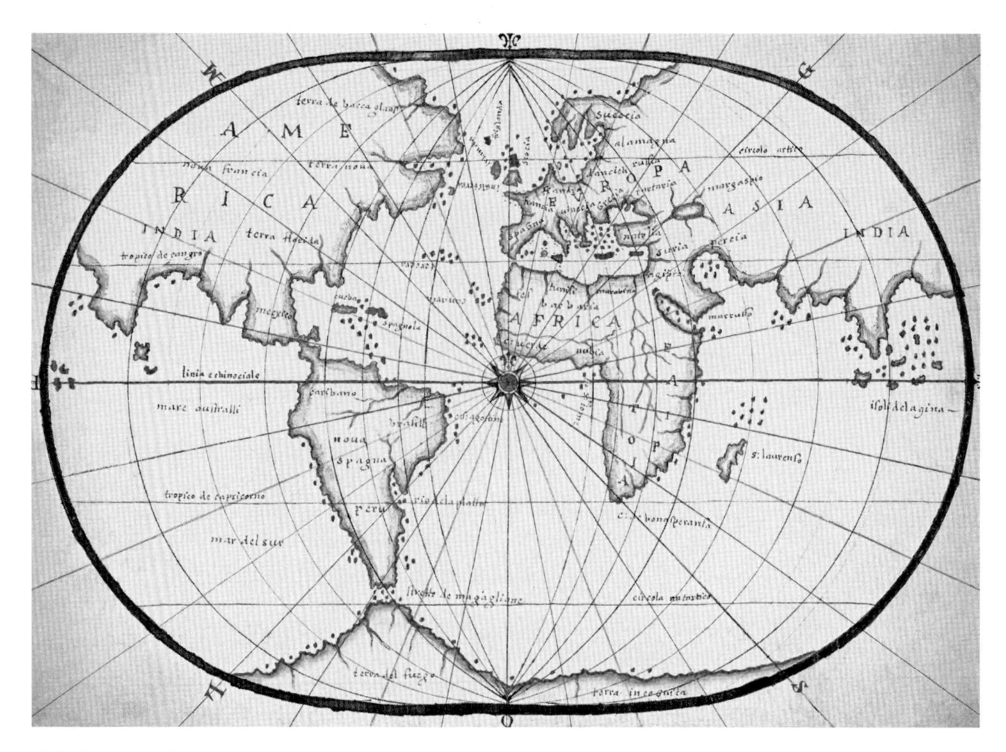

세계지도, 1560년

3. 유럽

1) 독일: 마틴 루터와 종교개혁

1517년 교황은 면죄부의 희년Indulgence Jubilee을 선포했다. 하지만 속내는 로마의 성 바오로성당 개축자금을 모으기 위해서였다. 이 소식을 들은 독일의 한 성직자가 분노를 터뜨렸다. 그리고 많은 사람들이 로마교회에 대해 품고 있는 생각을 글로 옮겼다. 1517년 10월 31일 마틴 루터는 교회의 95가지 잘못된 점을 종이에 적어 독일 비텐베르크 성당의 문에 붙였다. 그는 면죄부 판매를 즉

마틴 루터 시대의 유럽

각 중지해야 하며, 교회의 부도덕을 줄이기 위해서는 성직자의 결혼을 허용하고, 보통사람과 다름없이 평범한 삶을 살게 해야 한다고 주장했다. 루터의 95개조 반박문은 곧 인쇄되어 삽시간에 북유럽 전체에 퍼졌다. 교회는 처음에는 별스럽지 않게 여겼다. 하지만 루터는 조금씩 교회의 신경을 건드리기 시작했다. 신도들은 교회를 떠나 다른 방법으로 신앙생활을 계속했다. 그러자 교황은 루터의 파면을 명했다. 출교령은 그가 더 이상 교회에서 세례와 성찬례에 참여할 수 없으며 따라서 천국에도 갈 수 없다는 것을 의미했다. 교황과 같은 편이던 독일의 왕들도 그를 죄인으로 규정하고 그에게 음식이나 은신처를 제공하는 것을 금했다. 하지만 다른 왕들은 교회와 교황의 손을 떠나는 사람들이 많을수록 자신의 왕권은 더 강화된다는 사실을 알고 있었다. 이들의 도움으로 루터는 2년 동안 숨어 지내면서 라틴어 성경을 독일어로 번역해 널리 읽히도록 했다. 은신을 마치고 이윽고 비텐베르크로 돌아온 그는 많은 성직자들이 결혼을 하고 일상복을 입고 있는 것을 볼 수 있었다.

2) "주님은 우리가 무엇을 먹는지에는 관심이 없다." – 마틴 루터

마틴 루터는 유럽인의 예배방법뿐 아니라 식사방식도 바꾸었다. 종교개혁은 단식기간, 금육일 그리고 성인 축일 등 1년에 약 150일에 달하는 가톨릭교회의 금식규칙에서 기독교인을 해방시켰다. 국제무역의 발달에 따라 생활수준이 높아지자 사람들은 죄책감에서 벗어나 즐기기를 원했다.

유럽에서는 어부의 수가 감소하고 육류소비가 증가했다. 특히 고기를 너무 많이 먹는 영국인은 이웃나라 포르투갈인으로부터 로스비페스rosbifes(로스트 비프)라는 별명을 얻었다. 루터는 신세계 음식인 칠면조에 대해 처음으로 언급한 유럽인 중 하나다. 오늘날까지 신교도들은 울타리 밖으로 가장 마지막에 나오는 부위라는 뜻으로 교황의 코를 칠면조 꼬리라 부르면서 가톨릭교회의 지도자에 대한 경멸을 드러낸다. 그러나 가톨릭교도들도 목사의 코를 똑같이 부른다.

3) 스위스: 청교도

루터가 가톨릭교회의 울타리를 벗어나자 여러 사람들이 자신의 종교를 만들어내기 시작했다. 스위스의 제네바는 장 칼뱅Jean Calvin의 지도에 따라 신교도의 새로운 유토피아가 되었고, 그의 이름을 빌려 칼뱅교가 창시되었다. 사람들은 영국에서는 청교도라고 부르는 이 새롭고 순수한 종교를 따르기 위해 유럽 각지에서 모여들었다. 칼뱅교의 교리에서는 아내를 때리는 것, 손님을 초대해 술에 취하는 것, 설교 중에 선술집 영업을 하는 것, '큰 잔치'를 벌이는 것이 모두 금기였다. 큰 잔치에 대한 벌금은 음식과 관련한 다른 벌금의 세 배가 넘었다.

4) 이탈리아가 프랑스로 가다: 포크와 메디치가의 카테리나

그러나 다른 유럽국가들은 여전히 다른 방법으로 '큰 잔치'를 즐기고 있었다. 이탈리아에서는 16세기 초에 등장한 포크가 사람과 음식의 관계를 바꾸었다. 포크는 식사하는 사람과 음식 사이 그리고 식탁에 앉은 사람들끼리의 간격을 벌려 놓았다. 중세 때처럼 같은 그릇에서 같은 도구, 즉 손가락을 이용해 같은 음식을 먹는 일은 더 이상 없었다. 고대 로마 이래로 포크는 음식을 접대하는 도구였다. 끓고 있는 냄비에서 음식을 찔러 건져내고, 식사하는 사람들의 손을 서빙접시에서 떼어놓는 데 쓰였다. 그러다 나중에는 개인용 식사도구가 되었다.

처음에 사람들은 포크 사용에 애를 먹었다. 당시 포크는 너무 날카로워 함부로 다룰 수 없었고 손가락처럼 효율적이지 못했다. 그 탓에 사람들은 음식을 계속 떨어뜨렸다. 또 포크는 먹는 일에 늘 동반되는 감각 중 하나인 촉각을 없애버렸다. 하지만 포크는 점차 이탈리아 궁정에서 프랑스로, 그 후 영국과 독일에까지 전해졌다. 포크의 사용은 상류층만으로 엄격히 제한했고, 금이나 은 또는 크리스털로 세공된 포크도 나왔다. 이즈음 신대륙이 발견되었고, 문명세계의 사람들은 아메리카 원주민의 식사광경을 보며 그들과 달라지기를 원했다. 그러자 포크는 북유럽으로 널리 퍼졌다.

카테리나Caterina는 남편이 죽은 후 아들을 통해 통치하면서 궁정을 온갖 유행의 전시관으로 만들었다. 1581년 최초의 정식 발레작품 「왕비의 발레극 Ballet Comique de la Reine」을 무대에 올리기도 했고, 신세계에서 전해진 담배를 대중화하는 데도 한몫했는데 담배의 활성물질인 니코틴nicotine은 담배씨앗을 그녀에게 바친 외교관 장 니코Jean Nicot의 이름에서 유래한 것이다. 카테리나는 정쟁에서 살아남았고 음모로 가득 찬 궁정에서의 처신에도 뛰어났다. 그녀는 다수인 가톨릭교도와 소수인 위그노 신교도 사이의 종교전쟁에도 관여했다. 프랑스의 가톨릭교도는 1572년 8월 24일 성 바르톨로메오 축일을 시작으로 사흘 동안 전국 2만 명의 위그노들을 계획적으로 학살했고, 이후 교황과 스페인 왕 펠리페 2세는 축전을 거행했다. 이때 카테리나는 무고한 방관자만은 아니었다.

5) 이탈리아가 폴란드로 가다: 채소

1518년 또 다른 이탈리아공주인 보나 스포르차Bona Sforza가 27세 연상의 폴란

음식 에피소드 메디치가의 카테리나, 과연 그녀 때문일까?

1533년 14세의 공주가 이탈리아의 피렌체를 출발했다. 프랑스 왕자와의 혼인을 위해서였다. 이 결혼은 교황이 주선했다. 카테리나는 자신의 요리사와 제과사, 당과 기술자, 증류기술자를 데려갔다. 그녀는 프랑스에 얼음과자와 아티초크, 파슬리 그리고 포크를 전해주었다고 알려진다.

이 결혼이 향신료가 많이 쓰이는 중세음식의 끝과 이탈리아 고급요리 알타 쿠치나alta cucina에 기초한 프랑스의 오트 퀴진haute cuisine의 시작을 알린다고 주장하는 음식 역사학자들도 있다.

하지만 바바라 위튼Barbara Wheaton은 이것이 틀렸다고 주장한다. 프랑스의 오트 퀴진은 한 세기 이후에나 등장하기 때문에 이탈리아의 영향은 거의 없고 16세기초에 카테리나의 요리사들이 프랑스 요리에 영향을 주었다는 증거도 없다고 한다. 위튼은 또 카테리나가 14년 동안 아이를 갖지 못했기 때문에 궁정에서 별로 실권이 없었다고 한다. 또 그녀의 남편은 원래 왕이 될 서열이 아니었는데 그의 형제가 죽으면서 옥좌에 올랐으며, 궁정의 유행을 주도한 것은 사실 왕의 애인이었다고 덧붙인다.

드왕 지기스문트Sigismund와 정략결혼식을 올렸다. 보나 스포르차도 카테리나와 마찬가지로 요리사와 정원사를 함께 데려갔는데, 이로써 많은 채소를 이용하여 만드는 폴란드요리에 새로운 품종이 더해지게 되었다. 이 때문에 '채소'를 뜻하는 '블로쉬츠즈나włoszczyzna'라는 폴란드어는 '이탈리아에서 온 것'이라는 뜻을 지니고 있다.

메디치가의 카테리나

이후 폴란드요리에 유입된 다른 외국음식들 역시 원래의 이름을 지켰다. 프랑스에서는 소스sos, 크로켓krokiety, 아스픽auszpik과 수플레Soufflé가 들어왔다. 비잔틴과 중동의 영향은 쌀ryż과 샤슬릭szaszlyk에서 드러난다.

6) 엘리자베스 시대의 영국: 셰익스피어와 식당

영국은 엄청난 식욕을 지닌 헨리 8세의 통치 하에 1531년 개신교를 택했다. 그는 악명 높은 대식가였고 여섯 번이나 재혼을 했다. 헨리 8세는 아들과 상속자를 얻으려는 열망을 갖고 있었지만 교황이 재혼 승인을 거부함에 따라 이들은 서로 적수가 되었다. 헨리는 영국교회의 수장은 왕이라고 주장하며 의회에서 법이 통과되도록 설득했고, 그 후 전체 영국 토지의 약 20%에 해당되는 영국교회의 모든 재산을 차지했다. 헨리는 결국 상속자를 얻었지만, 아이러니하게도 그가 원했던 아들이 아닌 딸이 영국의 가장 위대한 통치자가 되었다.

영국의 엘리자베스 1세 여왕은 메디치가의 카테리나가 결혼한 해인 1533년 태어났다. 엘리자베스는 1558년부터 1603년까지 영국을 다스렸는데, 그녀의 재위기는 영국에 있어서 영광의 시대였다. 우선 시와 연극이 스트랫포드 온

에이븐에 있는 글로브 극장에서 성황리에 공연되었고, 이곳은 바로 윌리엄 셰익스피어가 연극을 했던 곳이다.

포르투갈이 발견한 아프리카, 인도, 아시아로 가는 새로운 해상로는 영국에도 생활수준 향상과 식습관 변화를 가져왔다. 엘리자베스 시대의 주택에는 식사를 하는 방이 따로 있었고, 이곳에 놓인 식탁은 밑에 여분의 판이 붙어 있어 필요 시 더 넓게 펼칠 수 있었다. 은으로 만든 식기로는 스푼과 나이프만 있었고 포크는 아직 사용하지 않았다.

그들이 먹는 육류로는 닭, 수탉, 거위, 칠면조, 양고기뿐 아니라 사슴, 멧돼지, 백조 같은 사냥감도 있었다. 오늘날에는 더 이상 먹지 않는 종달새나 참새도 먹었을 뿐 아니라 엘리자베스 시대 사람들은 췌장, 토끼 간, 양의 혀, 돼지족발, 송아지 신장을 포함해 동물의 모든 부위를 먹었다. 이런 음식은 고추, 육두구, 계피, 생간, 장미수로 양념하고 건포도와 대추야자, 흰 설탕으로 단맛을 냈다. 말린 대구도 이런 식으로 준비되었고 뱀장어도 마찬가지였다. 식초나 겨자와 설탕을 섞은 소스에서는 중동과 중세의 영향이 나타났다. 특히 설탕은 어느 음식에나 들어갔는데 당시 의사들은 설탕에 영양분이 풍부하다고 믿고 있었다.

이런 재료들로 푸딩이나 파이를 만들기도 했으며 양념은 똑같았다. 차이가 있다면 푸딩은 달걀로 굳히는 반면, 파이는 코핀coffin이라고 부르는 매우 딱딱한 반죽으로 구웠다는 것뿐이다. 다진고기 파이가 크리스마스 음식이 된 것도 이때부터다. 오늘날의 다진고기 파이에도 중동의 향신료는 들어가지만 16세기처럼 지방인 수이트suet는 넣지 않는다. 아직까지도 아이들이 배우는 동요 속에는 이 음식에 관한 이야기가 나온다.

스물네 마리의 검은 새를 넣고 파이를 구웠네

파이를 열자 새들이 노래하기 시작하네

오! 정말 왕에게 바칠 근사한 요리가 아닌가?

동요 속 이야기는 지어낸 것이 아니다. 그때는 진짜로 살아 있는 새가 들어간 파이를 만들었다. 영국에서 통용되는 요리법은 원래 이탈리아에서 1474년경 출판된 플라티나Platina와 마에스트로 마르티노Maestro Martino의 『요리의 예술The Art of Cooking』에서 온 것이다.

이탈리아어를 유창하게 구사했던 엘리자베스 1세 시대의 음식은 아티초크, 시금치, 건포도 등 이탈리아를 거쳐온 중동음식의 영향을 보여준다. 또 다른 이탈리아의 영향으로는 와인잔을 들 수 있다. 베네치아에서 입으로 불어 만든 무라노Murano 유리가 그 재료였다. 베네치아인은 투명한 크리스털을 활용하고 유리에 색깔을 입히거나 에칭하는 법을 알고 있었다. 당시는 주로 육수나 와인으로 요리하고 주로 육두구만을 이용해 향신료를 적게 쓰는 등 '프랑스식으로 만든' 요리의 수요가 많았다. 이 요리법은 1651년 라 바렌이 쓴 『프랑스 요리Cuisiner françois』라는 혁신적인 책에 등장한다.

엘리자베스는 정치의 천재였다. 그녀가 사망한 후 내전이 발발하긴 했지만 그녀의 통치기에 가톨릭교와 개신교의 종교전쟁은 없었다. 이것은 16세기 영국이 외부의 강력한 적인 스페인을 눈앞에 두고 있었기 때문이기도 하다. 하지만 스페인은 카리브해에 출몰하는 영국 해적 때문에 매우 화가 나 있었다.

7) 중상주의, 종교 그리고 스페인 무적함대

설탕, 와인 등의 식품과 노예는 중상주의重商主義라고 부르는 경제체제의 일부를 이루고 있었다. 중상주의는 무역수지 흑자, 즉 화폐가 빠져나가는 것보다 국고에 들어오는 것이 많은 나라에서 발전했다. 이는 봉건주의의 종말이자 개인의 부가 축적되는 자본주의의 시작이었다. 그 중요한 수단이 바로 식민지였는데 식민지가 원재료를 싼값에 공급하면 점령국은 이것을 다른 나라에 값비싸게 팔거나 섬유 같은 제품으로 가공해 식민지에 역수출했다. 스페인은 이를 위해 수백 척의 거대한 화물선인 갈레온galleon으로 설탕, 와인, 금과 은 등 각종 보물을 싣고 대서양을 건넜다. 짐을 가득 싣고 천천히 움직이는 갈레온은 별 노력 없이 부자가 되려는 이들에게 쉬운 먹잇감이었다. 국적 없는 떠돌이나 배교자 무리도 있었지만 대개 해적이라면 스페인의 적국들, 특히 영국에 속해 있었다. 그뿐 아니라 어느 나라든 값비싼 상품을 강탈하거나 밀수하기를 개의치 않았는데, 그들 모두가 카리브해의 해적이었다.

스페인은 물론 카리브해에서보다 영국에서 설탕 가격이 더 떨어졌을 때에는 더 이상 해적을 통제할 수 없게 되었다. 스페인의 펠리페 2세는 영국의 엘리자베스 1세가 프랜시스 드레이크Francis Drake 같은 해적에 대해 겉으로는 비난하면서도 뒤로는 보상금을 준다며 계속 불만을 토로했다. 게다가 가톨릭교를 신봉했던 스페인은 개신교인 영국과 네덜란드(영국과 조선국 동맹인데다 원래 스페인의 소유였음)에 반감을 품고 있었다. 스페인은 영국을 공격하기 위해 거대한 무적함대를 조직하기 시작했다. 교황은 스페인이 영국을 침략해 가톨릭교회로 되돌리고 그 재산을 회수한다면 엄청난 보상금을 주겠다고 약속했다. 스페인은 1571년 지중해 무역권을 손에 넣기 위해 베네치아와 교황과 합동해 오스만투르크를 레판토 해전(레판토 해전은 16세기를 통틀어 지중해에서 일어난 '가장 극적인 전쟁'이었다)에 서 격파한 경험이 있기 때문에 성공을 확신했다.

그러나 1588년 7월 영국 해변에 도착한 스페인 무적함대는 영국에 무릎을 꿇었다. 그 결정적 요인은 사람이나 배가 아니라 바로 자연이었다. 태풍이 불어와 무적함대를 흩어놓았기 때문이다. 영국인은 자기들의 하나님이 스페인의 하나님보다 훨씬 강하다는 사실이 '개신교의 바람'에서 드러났다고 주장했다(마치 몽골인이 3세기 전 일본을 침략하려고 했을 때처럼 말이다). 이 전쟁은 스페인이 쌓아온 대서양 패권을 허물었고, 영국이 오랫동안 간직해온 꿈을 이루게 해주었다. 바로 북아메리카를 식민지로 만든 것이다.

여섯 번째 코스

17세기의 프랑스, 러시아, 네덜란드, 미국

오트 퀴진과 추수감사절

AD 1600 ~ AD 1700

메디치가의 카테리나가 프랑스에 온 지 100년 후 프랑스요리에는 큰 변화가 일어났다. 라 바렌느의 등장은 중세요리에서 벗어나 섬세한 오트 퀴진의 시작을 알렸다. 베르사이유 궁전에서는 화려한 연회가 이어졌고, 커피하우스는 정치적인 토론의 장으로 이용되었다. 한편 러시아의 근대화를 꿈꾸던 표트르 대제는 새로운 러시아요리를 만들어냈다.

1. 과학혁명

17세기 식민지들이 여전히 농촌 수준에 머물러 있었을 때 유럽에서는 깜짝 놀랄 만한 발견들이 있었다. 바로 과학혁명이었다. 과학자들은 과거의 콜럼버스가 그랬던 것처럼 자신의 관찰을 신뢰하며 모든 것을 조사하기 시작했고 눈으로 확인하려 했다. 망원경이 처음으로 달을 그대로 보여주었고 목성을 발견하게 해주었다. 네덜란드의 직물상 반 루벤호크Van Leeuwenhoek는 현미경을 통해 물과 혈액에서 새로운 미시세계를 보았고, 이탈리아의 갈릴레오, 운동과 중력의 법칙을 발견한 영국의 뉴턴, 화학의 창시자인 보일 같은 학자들은 우주를 보았다. 스웨덴의 셀시우스Celsius와 네덜란드의 파렌하이트Fahrenheit는 온도측정법을 고안했는데, 이것으로 마침내 정확한 요리가 가능해졌다. 또 프랑스의 철학자이자 수학자 데카르트Descartes는 "나는 생각한다, 고로 나는 존재한다."라는 명언을 남겼다.

그러나 이러한 발견과 새로운 정보들은 가톨릭교회의 권위를 위협했다. 1633년 가톨릭교회는 갈릴레오를 종교재판소에 소환해 교회에 대항한 발언을 문제 삼아 이단죄를 선고하고 가택에 감금시켰다(교회는 1992년 그를 사면했다). 이 사건으로 남유럽의 가톨릭 국가에서는 과학연구의 발전이 방해를 받았으나 북유럽의 개신교 국가에서는 과학혁명이 정부의 지원을 받아가며 번창했다. 1660년 영국은 과학의 발전을 위해 왕립학술원을 만들었는데, 이는 18세기의 발견과 발명에 밑바탕이 되었다.

2. 프랑스

1) 라 바렌느와 오트 퀴진의 시작

메디치가의 카테리나가 프랑스에 온 지 100년 후 프랑스요리에는 큰 변화가 일어났다. 1651년에 라 바렌느La Varenne라는 요리사가 『프랑스요리Le Cuisinier françois』라는 책을 출간함으로써 중세요리의 종말과 오트 퀴진haute cuisine의 시작을 알렸다. 그의 이름을 따서 요리학교를 세운 앤 윌란Anne Willan은 이 책을 독창적인 작품이라고 평가하였으며, 이 책이 등장한 지 2년 후에 라 바렌느는 『프랑스 제과Le Patissier françois』를 펴냈다.

『프랑스요리』는 육류용과 생선용의 두 가지 부용bouillon(육류나 생선을 재료로 진하게 끓인 국물)을 끓이는 방법으로 시작한다. 또 현대소스의 출발이라고 할 수 있는 최초의 루roux인 기름과 밀가루 농축제가 등장한다. 라 바렌느의 조리법의 특징은 섬세함이다. 일단 중세에 비해 향신료의 사용량이 크게 줄었고, 소금과 후추를 양념으로 사용하며 여기에 레몬즙을 짜 넣고 부케 가르니bouquet garni를 곁들였으며, 엄청난 양의 계피, 메이스mace, 정향, 생강은 사라졌다. 특히 이 책에는 육식하는 날과 육식하지 않는 날이 구별되어 있어 여전히 가톨릭교회의 영향이 남아 있음을 보여주었다. 또 요리에 송로버섯을 사용하여 중세의 체액설이 사라졌음을 말해주었다.

이 책에 실린 요리법에는 예전에 비해 과일과 채소가 많이 등장한다. 이는 중세에는 땅속에서 자라는 것은 무엇이든 농부를 위한 음식이었고 많은 이들이 재배하였으므로 과일과 채소를 상대적으로 쉽게 구할 수 있었을 뿐 아니라 상류층 사이에서 원예술이 폭넓게 퍼져 있었기 때문이다. 하지만 그때만 해도 신대륙에서 들어오는 음식이 많지는 않았다. 라 바렌느는 프랑스 귀족층에서 유행하던 완두콩, 양상추, 아티초크 같은 재료를 이용했다.

『프랑스 제과』는 최초의 제과전문서로, 요리지침과 무게 및 부피의 정의가 정확하고 분명하다. 유럽에서 일었던 과학혁명의 영향 덕분일 것이다. 그러나 윌란은 이 책의 저자가 라 바렌느가 아닌 다른 사람이거나 이탈리아인과의 합작품일 것이라고 주장한다. 당시에는 이탈리아의 제과요리사가 세계 최고였기 때문이다. 게다가 요리와 제과는 별개의 직업이었다. 어쨌거나 이 책은 매우 정교해서 마르지판marzipan(아몬드 가루, 설탕, 달걀흰자로 만든 페이스트)만 열다섯 가지나 등장할 정도다. 또 케이크와 흡사한 최초의 비스킷 조리법도 실려 있다. 라 바렌느의 책은 유행의 시작이었고, 그의 스타일은 40년 후에 요리사 마시아로Massialot가 쓴 『황실과 부르주아를 위한 요리Le Cuisinier royal et bourgeois』에서도 이어졌다.

LE
CUISINIER
FRANCOIS,
OU
EST ENSEIGNE' LA MANIERE
d'apprêter toute sorte de viandes,
de faire toute sorte de Patisseries,
& de Confitures.
Reveu, & augmenté d'un Traité de Confitures
seiches & liquides, & pour apprêter des festins
aux quatre Saisons de l'Année.
Par le Sieur DE LA VARENNE
Ecuyer de Cuisine de Monsieur
le Marquis d'Vxelles.
UNZIE'ME EDITION.
A LYON,
Chez JACQUES CANIER, rue
Confort, au Chef S. Jean.
M. DC. LXXX.
AVEC PERMISSION.

라 바렌느의 『프랑스요리』

2) 바텔: 목숨까지 바친 음식기획자

음식의 역사에 등장하는 또 한 명의 거장은 바텔Vatel이다. 대형축제의 기획과 실행, 기발한 행렬 구상, 메뉴구성 등 모든 영역에서 천재적이었던 그는 축제에 참석한 모든 사람들에게 깊은 인상을 남겼다. 그러던 1671년 어느 날 커다란 재난이 닥쳤다. 콩테공작의 집사였던 그는 공작을 며칠간 방문할 예정인 왕을 위한 행사의 총 책임을 맡고 있었다. 그런데 해산물 연회와 초호화무대가 계획된 날 식품조달업자의 식재료가 도착하지 않아서 엄청난 불안감에 떨었다. 공작의 사회적 · 정치적 생명뿐 아니라 전문가로서의 자신의 인생도 끝장날 것이 분명했다. 결국 바텔은 칼로 자해하여 자살을 시도했는데, 그가 죽어가고 있을 때에야 비로소 생선장수가 수레를 끌고 도착했다. 그러나 그는 음식을 어떻게 준비하고 접대해야 하는지 아무런 지시를 남기지 못한 채 죽고 말았다.

200년 후인 1981년 파리의 호텔경영학교에 그의 이름이 붙은 것을 시작으로 현재 전 세계에 일곱 개의 지점이 있다. 2000년에는 제라드 드빠르디유와 우마 서먼이 주연한 영화에서 바텔학교의 학생 33명이 출연해 온갖 식재료를 자르고 다지고 써는 주방과 요리장면을 그럴싸하게 만들어냈다.

3) 커피를 사랑한 프랑스인

유럽 최초의 커피하우스는 프로코페Procope라는 이탈리아 사람이 1689년 파리에 열었다. 커피를 받아들인 거의 모든 곳에서는 두 가지 공통된 반응이 일어났다. 첫째는 커피를 맛본 사람들의 열광이었고, 둘째는 정부의 억압이었다. 메카에서는 커피하우스에서 단골손님들이 모여 자신을 조롱한다는 말을 들은 통치자가 커피하우스의 문을 닫을 것을 명했으며 영국의 조지 2세도 같은 이유로 커피하우스를 폐쇄했다. 프랑스에서는 커피가 국가적인 음료였던 와인의 자리를 뺏을까 염려하여 커피를 금지하려고 했고, 독일은 맥주 때문에 걱정이었다. 하지만 이 모든 곳에서 사람들은 계속 커피를 마셨고 결국 금지령은 효지부지 됐다. 이탈리아에서는 예외적으로 커피를 마시는 것이 자유로웠다. 가톨릭 성직자들이 교황에게 이 무슬림의 음료를 금하라고 청원했음에도 커피는 금지된 적이 없었다. 오히려 교황은 커피를 맛보더니 그것에 축복을 내렸다.

커피를 마시는 방법 역시 변했다. 9세기 이후부터 커피빈을 갈아 가루로 만들어 이용했는데 그 전까지는 커피빈을 동물기름과 함께 갈아 페이스트 형태로 만들어 사용했었다. 커피를 갈아 만든 가루는 컵 밑바닥에 찌꺼기로 가라앉아 마치 어떤 의미가 있는 형상처럼 보였는데, 이 때문에 점쟁이가 증가하기도 하였다. 1710년, 치밀하고 효율적인 프랑스인들은 가루커피를 천 자루에 넣고 그 위에 뜨거운 물을 부어 커피를 추출하는 방법을 발명하였다. 또 프랑스인들은 우유를 첨가해 카페오레를 만들었는데, 이로 인해 커피는 공공장소에서 마시는 상류층의 저녁음료에서 사적인 공간에서 아침에 즐기는 고급스런 중독제로 탈바꿈했다. 이렇게 카페라테는 일반인에게로 퍼졌으며, 노동자층의

음식 에피소드 크루아상은 어디서 유래했을까?

전설: 크루아상은 1683년 오스만투르크가 빈을 포위했을 때 발명되었다고 한다. 밤늦게 일하던 제빵사가 투르크인이 도시 아래로 터널을 뚫으려는 것을 보고 빈을 구했다거나, 오스만투르크를 상대로 거둔 승리를 기념하기 위해 빈의 제빵사들이 초승달 모양(영어로는 크레센트, 프랑스어로는 크루아상)의 새로운 패스트리를 만들어 냈다는 설이 있다. 여기서 초승달 모양은 오늘날 터키국기에 나오는 것처럼 오스만투르크의 전통적인 문양이거나, 그들이 포기해야 했던 참호의 모양을 나타낸다고 한다. 어쨌든 이 이야기에 따르면 크루아상은 오스트리아인에 의해 발명된 것이지만 지금은 프랑스의 국민 음식이 되었다. 크루아상의 레시피는 1905년에야 처음으로 등장한다.

진실: 1683년 오스만투르크는 빈을 공격했지만 패했다. 급하게 퇴각하면서 그들은 카펫과 의복 그리고 조그맣고 둥근 모양의 콩 500포를 남겼다. 이 콩은 검고 딱딱하고 쓴 냄새가 났다. “낙타사료인가? 태워 없애지, 뭐.” 그러나 중동에 가본 적 있는 한 병사가 일어나 커피의 냄새를 맡더니 동료를 말렸다. 그렇게 커피콩은 살아남았고 빈의 커피하우스를 개장하는 데 요긴하게 쓰였다.

기호품이 되었다.

커피는 식습관 이상의 것, 즉 사회적 · 정치적 관습까지 바꾸었다. 사람들은 처음으로, 알코올 없는 공공장소와 모임의 의미를 알게 되었다. 사교적인 취미로 시작한 커피가 이후에는 정치토론의 수단으로 변했다. 사람들이 커피하우스에 모여 정부에 대해 격론을 벌이는 풍조를 지배층이 걱정한 데에는 다 그럴 만한 이유가 있었다. 프랑스에서는 실제로 커피하우스에서 퍼진 여론이 프랑스혁명에 실질적인 영향을 미쳤다.

커피가 세계로 전파되는 데에는 한 프랑스 남자의 공이 컸다. 1723년 가브리엘 마티유 드 클리외Gabriel Mathieu de Clieu는 커피가 카리브해에서 잘 자랄 것이라고 생각했다. 그는 커피나무 한 그루를 가지고 대서양을 건너는 내내 마치 아픈 아기를 달래듯 자기가 마시는 물까지 부어주었다. 그의 생각은 옳았다. 커피나무는 카리브해에 잘 맞았고, 오늘날 세계에서 자라고 있는 수많은 커피나 무의 역사가 바로 이 묘목에서 비롯됐다.

4) 태양왕 루이 14세

루이 14세1643~1715년는 프랑스역사상 가장 강력한 왕이었다. 그는 자신의 권력이 신으로부터 나왔으며 통치의 '신성한 권리'를 부여받았다고 주장한 절대군주였다. 그는 "짐이 곧 국가다."라는 말을 남긴 프랑스 제국의 마지막이자 유일한 권력자였다. 그는 왕권에 대항하는 귀족세력인 프롱드당의 암살음모 속에서 성장해 평생 타인을 의심했고, 주거지부터 식사법까지 암살을 염두에 두고 그 예방책을 강구했다. 그는 파리에서 남서쪽으로 17.7km 떨어진 베르사유에 궁전을 지어 귀족들을 살게 하고 첩자를 시켜 이들을 감시했다.

5) 베르사유의 저녁식사

베르사유 궁전은 작은 도시와 같았다. 원래는 사냥용 별장이었는데, 루이 14세가 방 2천 개에 길이가 각각 457m, 137m짜리 부속 건물이 두 채 딸린 형태로 확장시켰다. U자 형태의 안뜰 중앙에는 루이 14세의 거대한 동상이 세워졌고, 13.7km의 정원과 잔디밭과 숲에는 1,400개의 샘이 만들어졌으며, 그 정중앙에는 '거울의 홀Gallerie des Glaces'이라 불리는 긴 형태의 정찬용 식당이 지어졌다. 그 식당은 프랑스식 문에 창유리를 끼워 거울로 된 벽에 밖의 정원이 반사되도록 설계되었다. 베르사유에 살던 1만 명 중 2천 명이 이 주방에서 일했으며, 궁정을 운영하는 데에만 프랑스 연간 세입의 반이 넘는 비용이 들어갔다.

베르사유의 만찬은 저녁 10시에 시작됐는데, 여름이면 이때부터 어둠이 깔린다. 태양왕은 식사시간을 권력을 강화하는 데 활용했다. 음식은 독살 위험을 방지하기 위해 열쇠로 잠근 통에 넣어 옮겨졌으며 머스캣 총을 든 무장 근위병의 호위를 받았다. 이들은 궁정의 로비를 통과하며 "폐하의 식사요!"라고 외쳐 왕이 먹을 음식이 지나간다는 것을 알렸다. 그러면 모든 사람들은 하던 일을 멈추고 허리를 굽혀야 했다. 루이 14세는 연단의 높은 곳에 위치한 화려한

베르사유 궁전

연회식 테이블에서 혼자 또는 가끔 여왕과 함께 식사를 즐겼다. 그가 식사하는 동안 음악가들의 연주가 흘렀고 신하들은 선 채로 그의 식사를 지켜보았다.

루이 14세의 식사량은 전설적이었다. 대식가였던 그는 정해진 순서 없이 엄청난 양의 음식을 먹었는데, 가끔은 의사의 충고도 무시했다. 한번은 '가득 담은 네 접시의 수프, 꿩 한 마리, 자고새 한 마리, 샐러드 큰 접시로 하나, 커다란 햄 두 조각, 포도즙과 마늘을 곁들인 양고기 약간, 패스트리 한 접시, 과일과 삶은 달걀 몇 개'를 손으로 먹었다. 이미 1세기 전에 포크가 메디치가의 카테리나에 의해 유럽 전역에 퍼졌지만, 루이 14세는 이를 거부했다. 카테리나가 가져온 물건 중에서 그가 사용한 것은 손수건뿐이었다.

6) 오렌지 밭

이즈음 달콤한 오렌지가 크게 유행하게 되었다. 무슬림이 점령한 땅이면 어디에나 식재되었던 초기의 오렌지는 색깔 때문에 블러드 오렌지blood orange 또는 스페인에 있는 도시의 이름을 따서 세비야 오렌지라고 불렸으며 쓴맛이 났다. 달콤한 오렌지 나무는 인도를 거쳐 중동까지 전해졌는데, 1625년 리스본에 도착하여 유럽 전역으로 순식간에 퍼지면서 쓴 맛의 오렌지 자리를 대신하게 되었다. 오렌지 즙과 껍질은 독과 복통, 촌충의 해독제로 여겨졌고 부유한 사람들은 감귤로 테마 만찬을 열기도 했다.

오렌지의 열렬한 팬이었던 루이 14세는 베르사유에 초승달 모양의 365m짜리 오렌지 밭을 만들어 자신이 좋아하던 가면무도회와 연회의 배경막으로 사용했다. 태양왕에게 오렌지와 그 꽃을 연중 내내 공급하는 것은 왕실정원사의 임무였다. 오렌지나무는 보통 바퀴가 달린 항아리에 심어서 날씨가 추우면

안으로 들여놓거나 햇볕을 쪼이도록 자리를 옮길 수 있게 하였다. 신선한 오렌지를 구할 수 없을 때는 화가들이나 베 짜는 직공들이 캔버스나 태피스트리에 오렌지 그림을 그려 궁정 이곳저곳에 걸었다.

1715년에 루이 14세가 죽었을 때 프랑스는 정치와 패션, 요리에서 세계 초강국이 된 뒤였다. 그러나 그는 궁정을 꾸미고 전쟁을 벌이는 데 국고를 탕진하여 프랑스에 200억 달러에 맞먹는 빚을 남겼고, 귀족들은 세금을 내지 않아 그 돈은 모두 농부들에게서 쥐어짜내야 했다. 그로부터 75년 동안 농부들은 수입의 절반이나 되는 세금을 내는 데 지쳐갔고 귀족들은 농부들이 굶어 죽는 동안에도 계속 사치스러운 축제를 즐겼다. 결국 농부들은 프랑스혁명을 일으켜 태양왕의 후손인 루이 16세를 처형함으로써 그가 최후의 세금을 내도록 했다.

요리 수첩 _16코스의 감귤 테마 만찬

1529년 밀라노의 대주교가 16개 코스의 저녁 연회를 다음과 같이 열었다.

- 설탕과 계피를 넣은 캐비아와 오렌지 튀김
- 오렌지와 레몬 슬라이스를 곁들인 가자미와 정어리
- 후추와 오렌지를 곁들인 1,000개의 굴
- 시트론을 넣은 바닷가재 샐러드
- 오렌지 즙으로 겉을 싼 철갑상어 젤리
- 오렌지를 곁들인 참새 튀김
- 시트론을 넣은 개인 샐러드
- 오렌지 튀김
- 설탕과 오레지 즙으로 겉을 싼 건포도
- 송과를 가득 넣은 수플레
- 레몬 슬라이스를 곁들인 튀긴 굴 500개
- 시트론과 오렌지 껍질 당과

3. 러시아

1) 표트르 대제가 러시아를 근대화하다

18세기 네덜란드에 특별한 손님이 찾아왔다. 차르 표트르 대제였다. 그는 러시아가 유럽과 평화관계를 유지하지 않는다면 맹수로 변한 유럽국가들에 의해 갈기갈기 찢겨질 것임을 깨달았다. 표트르는 러시아를 근대화할 방안을 찾기 위해 변장을 하고 네덜란드의 조선소를 방문했지만 결국 아무도 속이지 못했다. 왜냐하면 203cm의 큰 키에 많은 수행원들을 거느리고 다녔기 때문이다. 표트르는 해군을 창설하고 군대를 개량했고 군사훈련을 위해 유럽의 장교들을 고용했다.

표트르는 러시아인이 유럽인처럼 행동하고 먹기를 원했다. 유럽인이 신문 읽는 모습을 본 표트르는 러시아 최초의 신문을 발간하고 자신이 직접 편집을 했다. 유럽인이 깨끗하게 면도를 하는 것을 본 표트르는 러시아 남자의 턱수염에 세금을 부과했다. 하지만 러시아는 추운 나라였으므로 남자들은 얼굴을 따뜻하게 감싸주는 턱수염을 포기하지 않고 세금을 내는 쪽을 택했다. 하지만 유럽음식의 도입은 큰 성공을 거두었다. 그는 러시아 주방장을 유럽으로 보내 최신 요리법을 익히게 했는데, 유럽에서 발견한 것 중 하나가 감자였다. 오늘날 러시아는 세계 최고의 감자 생산국이 되었고 폴란드에서 배운 증류 기술을 이용해 감자로 보드카를 만들었다.

표트르는 발트 해에 항구를 만들기 위해 이웃나라인 스웨덴과 전쟁을 벌여야 했다. 러시아가 이기자 표트르는 자신의 항구를 갖게 되었다. 그는 거대한 도시를 세우고 최초의 기독교 성인을 기려 상트 페테르부르크라고 이름 붙였다.

2) 스웨덴: 백야의 땅

17세기 스웨덴은 세계적 강대국이었다. 세계 구리 생산량의 대부분을 차지할 정도로 광물이 풍부했고 덴마크와 계속해서 전쟁을 벌이면서 영토도 늘려갔다.

음식 에피소드 성 루치아의 날, 12월 13일

스웨덴의 성 루치아의 날(빛의 축제)은 퓨전요리와 퓨전 문화의 좋은 사례이다. 스칸디나비아 반도의 개신교 국가에서 바이킹의 축제에 맞춰 남부 이탈리아의 가톨릭 순교자를 기리는 축제로, 중동의 음식과 스페인의 향신료, 포르투갈의 와인을 즐기는 날이니 말이다.

전설에 따르면 루치아는 3세기 고대 로마제국에서 아프고 가난하고 집 없는 사람들에게 음식을 나누어주던 젊은 여자였다. 그녀는 지하 공동묘지인 카타콤에 사는 사람들을 찾아갈 때 어두운 길을 밝히기 위해 자기 머리에 양초를 꽂아 둘렀다고 한다. 12월 13일 그녀가 고문 끝에 사형에 처해진 뒤로 널리 퍼진 전설이 바이킹에게까지 전해졌고, 그들의 달력에서 낮이 가장 짧은 날로 기념일이 정해졌다. 오늘날에는 하얗고 긴 드레스를 입고 양초 왕관을 쓴 소녀들이 해 뜨기 전에 일어나 가족에게 음식을 가져다주는 풍습으로 전해진다.

길고 어두운 스칸디나비아 반도의 겨울에 빛과 즐거움을 가져다주는 상징인 것이다. 스웨덴의 겨울은 4월 30일이 되어야 끝나며 모닥불과 발푸르기스의 밤잔치 Walpurgis Night로 축하한다.

전통적인 음식은 루세카터Lussekatter라는 빵이다. 이 빵은 샤프론, 건포도, 하얀 아몬드를 넣어 이스트로 부풀린 것이다. 그 밖에도 진저스냅gingersnap(생강과 당밀로 맛을 낸 쿠키, 스웨덴어로는 페파카코르라고 한다)이 있다. 음료로는 글뢰그glögg가 있는데, 포트 와인에 중동의 향신료인 계피, 정향, 카르다몸cardamom, 생강을 넣어 향을 내고 오렌지 껍질, 건포도, 설탕으로 단맛을 낸 펀치 종류이다. 루세카터는 아래의 그림과 같이 전통적이며 정교한 모양으로 만든다.

스웨덴의 전통빵 루세카터

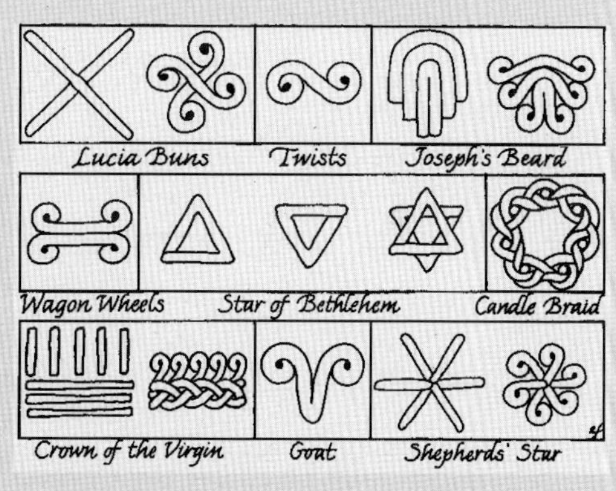

스웨덴의 전통 빵 루세카터 디자인

스웨덴은 점점 도시화되었고 독자적인 음식문화를 갖추어갔다. 스웨덴 사람들은 호밀과 보릿가루로 바삭바삭한 크래커 같은 빵을 만들었다. 바다에서는 청어, 연어, 북극송어가 잡혔고, 무스Moose(북미산 큰 사슴, 엘크) 사냥은 오늘날에도 그렇지만 인기 있는 스포츠였으며 추운 날씨환경에서 순무와 콜라비kohlrabi 같은 뿌리채소를 생산했다. 월귤과 진들딸기는 사람과 곰 모두가 좋아했다. 스웨덴의 미트볼은 아마도 페르시아의 케밥이 그 기원일 것이다. 만두와 수프는 소, 돼지, 거위의 피로 만들었다. 스웨덴은 종교개혁의 흐름을 타고 1527년 루터교로 개종했지만, 다른 유럽국가와 마찬가지로 그들의 문화에 깊숙이 자리 잡은 성 니콜라스와 성 루치아 같은 성인들까지 포기할 수는 없었다.

3) 스웨덴의 토속요리: 순록

17세기 스웨덴의 인구증가로 인해 원주민들은 더 북쪽으로, 즉 여름에는 해가 거의 지지 않으며 겨울에는 볕이 거의 없는 북극권까지 내몰렸다. 이들이 바로 유목민인 사미Sami 족인데 보통 라프Lapp 또는 라프란더Laplander라고 불리며 북쪽의 노르웨이, 스웨덴, 핀란드와 러시아까지 발길을 뻗쳤다. 오늘날 사미족은 3만 명이 채 안 된다. 버펄로가 미국 원주민 삶의 중심이었듯 순록은 사미족 삶의 중심이었다. 순록은 사미족을 유목민으로 만들었다. 순록은 툰드라 지대를 배회하며 풀을 뜯었고, 사미족은 이들을 따라다녔다. 순록은 음식뿐 아니라 옷과 집을 지을 수 있는 가죽도 제공했다. 오늘날 사미족은 여전히 순록을 지키는 카우보이로서 이들은 순록으로 로데오 경기를 즐긴다. 그들의 요리에는 외국의 영향도 나타나는데, 순록 스트로가노프stroganoff와 순록 라구ragout가 순록 스테이크와 결합했다. 사미족 중 일부는 촌락에 거주하며 휴대전화, 헬리콥터,

설상차 등 현대기술의 도움을 받아 순록떼를 지킨다. 사미족의 언어에는 순록을 나이, 성별, 머리색과 피부색, 뿔의 모양에 따라 분류하는 단어가 49가지나 있다. 또 연어나 눈雪과 얼음의 종류를 가리키는 어휘도 많다.

4) 우크라이나: 러시아의 곡창지대

우크라이나의 드넓은 평원은 미국 중서부의 곡창지대와 비슷한데, 농부들은 이곳에서 대대로 고단한 삶을 이어왔다. 서유럽에서는 르네상스와 종교개혁, 과학혁명 이후로도 다양한 사회적 · 지적 운동이 벌어졌지만 동유럽의 농노들은 여전히 중세의 방식대로 살아가고 있었다. 노예나 다름없는 처지였던 이들은 토지와 함께 거래되는 물건과 같았다. 농장을 구입하면 땅과 건물 그리고 농노가 따라오는 식이었으며 농노는 법적으로 경작지를 떠날 수 없었다. 그들은 여러 번 반란을 일으켰지만 계속 실패하다가 1861년 드디어 자유를 얻었다. 같은 해 미국에서는 노예해방을 위한 남북전쟁이 일어났다. 러시아에서도 농노의 삶은 밑바닥 그 자체였고, 이들은 오직 먹을 것을 얻기 위해 일했다. 1년 중 200일이 넘는 러시아 정교회의 금식기간을 보면 전반적으로 식량이 부족했음을 추측할 수 있다.

러시아의 주식은 빵이었는데, 북부에서는 호밀로 만든 검은 빵을, 남부에서는 밀빵을 먹었다. 끼니마다 먹는 빵은 그들에게 신성한 음식이었고 빵을 굽는 장소도 마찬가지였다.

5) 러시아 화덕

러시아의 농촌 속담에 "집 안의 화덕은 교회의 제단과 같다."라는 말이 있다.

러시아 전통술인 크바스를 파는 행상

러시아의 농촌에서 화덕과 불은 숭배의 대상과 마찬가지다. 겨울에 온도가 보통 영하 20℃까지 떨어지는 지역에서 화덕은 전체 오두막 면적의 4분의 1을 차지했다. 진흙으로 만들어진 화덕은 방구석에 설치되어 아궁이와 벽난로의 기능을 겸했다. 화덕에서는 음식을 요리하고 빵을 굽고 과일이나 채소를 말려서 저장했다. 또 자작나무 수액으로 만드는 베리오초비차beriozovitsa, 꿀을 발효시킨 다음 홉을 첨가하는 메도부카medovukha 같은 음료를 만드는 데에도 적당한 온도를 유지시켜주었다. 이후 물과 설탕을 넣어 밀을 발효시켜 만드는 크바스kvas가 일반화되었다. 화덕은 난방장치이기도 했다. 침대는 집의 다락방 같은 꼭대기나 그 주위에 배치되었다. 러시아에서는 화덕 주변에서 빈둥대는 사람을 '스토브 포테이토'라고 부르는데, 이는 영어권에서 쓰는 '카우치 포테이토couch potato'와 유사하다.

6) 차茶와 사모바르

18세기 중엽 러시아에서는 차가 대유행하였다. 러시아는 차를 우려내는 분리 장치를 발명한 유일한 나라다. 사모바르samovar는 보통 놋쇠나 철, 구리 또는 은으로 만드는 커다란 항아리로, 온수가 나오는 꼭지가 달려 있다. 예전에는 몸통 중앙에 석탄을 채운 관이 있어 물이 데워졌는데 오늘날에는 전기로 대신한다. 사모바르는 단순히 물을 끓이는 것에서부터 차와 커피를 동시에 우려내는 것까지 그 종류가 다양하다. 운반이 쉽도록 다리를 돌려 뺄 수 있는 것도 있다. 컵과 컵받침, 크림과 설탕 그릇을 포함해 완벽한 차 서비스를 제공하는 고급형도 있다.

사모바르

표트르 대제는 영국을 방문하고 네덜란드의 조선소를 돌아다니며 유럽국가들의 수장을 만났다. 그가 가장 존경한 통치자는 프랑스의 루이 14세였다. 그는 루이 15세에게 깊은 인상을 주기 위해 캐비아를 선물로 보내기도 했다. 루이 15세는 그것을 맛보고는 카펫 위에 모두 뱉어버렸다고 하니, 정말 깊은 인상을 주기는 한 셈이다.

4. 네덜란드의 황금시대

뉴잉글랜드의 영국 식민지와 체서피크 사이에는 네덜란드의 식민지인 뉴네덜란드가 있었다. 네덜란드인은 뉴네덜란드에 주로 타국의 이주민을 정착시켜야 했다. 물질적 풍족함과 종교의 자유까지 지닌 네덜란드인들이 고향을 떠날 이유가 없었기 때문이다. 뉴네덜란드에 도착한 이주민들은 20m까지 자라는 떡갈나무를 발견하고 이것으로 몇 시간이나 뜨겁고 밝게 타는 장작을 만들었다. 본토에서와 마찬가지로 식민지의 주식은 집에서 구운 빵이었다. 도시화된 네덜란드에는 직업적인 제빵사들이 있었지만 식민지에서는 인구분포가 넓게 퍼져 있어 집집마다 화로 옆에 벽돌오븐을 만들어야 했다. 옥수수나 호박처럼 미국에서 온 재료들이 팬케이크 같은 네덜란드요리에 쓰였는데, 네덜란드 식민지에서 빵은 단순한 음식 이상의 것이었다. 빵은 미국 원주민이 가장 원하는 교역품이었으며, 특히 흰 빵과 단맛의 케이크가 선호되었다. 1649년에는 원주민과 교역할 목적으로 빵을 만드는 것을 금지하는 법이 생겼다.

네덜란드인은 피렌체의 메디치가와 이탈리아 베네치아인의 자리를 대신해 국제은행업자가 되었고, 세계은행의 중심은 네덜란드로 자리를 옮겼다. 네덜란드인들은 향신료, 설탕, 커피, 노예, 보석과 밀의 선박 교역을 지배하고 통제했다. 네덜란드의 배는 기름, 와인, 소금 등을 포르투갈과 스페인, 프랑스에서 북유럽으로 운반했고, 신세계의 광산에서 나는 금과 은을 구세계의 귀중품 보관실로 옮겼다. 네덜란드가 권력을 쥔 이유는 통일국가이자 종교적으로 관대한 공화국이었다는 점이다. 16세기 유럽의 군주들이 교회와 대결하고 국가 내부적으로 종교문제로 싸우는 동안(어떤 나라에서는 흑사병보다 더 많은 사람들이 죽었다) 네덜란드는 사업에 열려 있었다. 스페인에서 종교재판을 피해 쫓겨난 많은 유대인들은 금융업과 상업에서 쌓은 지식으로 무장하고 호의적인 신교도 나라인 네덜란드로 가서 이미 번창한 경제에 더욱 기여했다. 부르스Bourse(지갑을 뜻하는 프랑스어)라고 부르는 증권거래소가 16세기 중반에 암스테르담에서 탄생했다. 1609년에는 암스테르담 은행이 문을 열었다. 여기에 중세 아랍인이 발명한 수표시스템을 사용하는 국제환전소가 있었으며, 네덜란드 정부는 예탁금의 안전을 보장했다. 이러한 제도는 미국에서 1933년에나 등장한 것이다. 네덜란드의 화폐인 플로린florin은 오늘날 미국의 달러처럼 전 세계 어디서나 통용되었다.

1) '신은 세상을 만들었지만 네덜란드인은 네덜란드를 만들었다.'

네덜란드인의 삶은 바다와의 끊임없는 싸움이었다. 그들은 땅을 개간하고 파도를 견딜 수 있는 제방과 둑을 쌓기 위해 풍차를 발명했다. 1만 척의 배로 이루어진 네덜란드 선단은 프랑스 남부, 스페인, 포르투갈에서 북유럽으로 소금과 기름, 와인을 날랐고 곡식을 되가져갔다. 또 그들은 아메리카에서 금과 은도 가져왔다. 네덜란드의 음식과 산업은 바다를 중심으로 이루어졌다. 네덜란드 인구의 25%가 청어산업에 관련되어 낚시부터 판매, 훈제, 가염, 피클 가공업에 종사했다.

다른 유럽국가들이 불황을 겪을 때에도 네덜란드는 매우 번창했으며 중산층이 두텁고 생활수준도 높았다. 네덜란드의 미덕은 청결과 절약이었는데 주부들은 매일 아침 자기네 현관뿐 아니라 집 앞의 도로까지 청소했다. 그들은 잘살고 잘 먹었다. 생선가게에서 네덜란드인은 활어만 구입했고, 죽은 생선은 물론이고 고등어나 붉은 숭어도 그대로 버렸다. 노동자들도 고기와 치즈, 버터 등을 살 수 있었고, 도시의 빈민들은 구빈원에서 음식을 제공받았다. 구빈원은 네덜란드가 가톨릭에서 개신교로 개종하면서 수도원이나 수녀원을 개조한 것이었다. 전함의 항해사들은 하루 4,800kcal의 식량을 배급받았는데 양고기, 쇠고기, 돼지고기, 훈제 햄, 빵, 콩, 완두콩, 훈제 생선이나 청어로 만든 피클 생선이 주요 품목이었다. 네덜란드는 곡물을 재배하거나 와인을 만드는 나라는 아니었지만 발트해 연안에 있는 유럽의 곡창지대를 통제했다.

2) 네덜란드 대표 요리책『합리적인 요리사』

네덜란드와 17세기 북아메리카에 건설한 식민지인 뉴네덜란드에서는 요리책 한 권이 위세를 떨쳤다. 1668년 발행된『합리적인 요리사The Sensible Cook』라는 책으로, 여기에는 189개의 요리법과 두 편의 부록인「합리적인 당과 제조자」와「네덜란드식 도축법」이 실려 있다. 시골집과 정원을 소유한 부유한 부르주아를 위한 매뉴얼 시리즈인『즐거운 농촌의 삶The Pleasurable Country Life』은 장식용 정원에 관한『네덜란드의 정원사The Dutch Gardener』, 약용 정원에 관한『합리적인 정원사The Sensible Gardener』, 사람과 동물의 치료에 관한『약국 또는 노련한 가정주부The Medicine Shop or the Experienced Housekeeper』 세 권으로 구성되어 있고, 이 요리책과 양봉 매뉴얼은 의학편에 속해 있었다.『합리적인 요리사』의 내용은 1989년 네덜란드 여성인 음식 역사학자 피터 로즈Peter G. Rose에 의해 번역될 때까지 영어권에서는 구할 수 없었다. 특이한 점은 음식이야기에 앞서 화덕 짓는 법을 알려 준다는 것인데, 19세기 이전에 요리사가 선 채로 요리할 수 있었다는 증거로써 매우 드문 사례이다. 조리법은 분야에 따라 나뉘어 수록되어 있다. 제일 먼저 샐러드 · 허브 · 야채, 다음으로 육류 · 가금류 · 생선류, 그 뒤에 오븐요리 · 커스터드 · 음료와 기타, 다음에 타르트 그리고 마지막으로 파이가 나온다. 이 책의 저자는 주 요리의 첫 글자를 대문자로 쓰고 정확한 양을 루프 약 14g, 파인트 약 1/2L, 폰드 약 454g 등으로 표기하였다.

이 요리책은 중동과 중세의 영향을 드러내기도 한다. 스튜와 소스는 빵이나 구운 빵, 견과류, 달걀이나 네덜란드의 신기술인 쿠키를 이용해서 걸쭉하게 만들었다. 설탕과 포도즙 또는 식초로 만든 소스는 달고 신 중세요리 전통을 이어나갔다. 「알맞은 소스만들기」의 조리법은 중동 음식문화의 뿌리를 보여준다. 아몬드와 흰 빵으로 소스를 걸쭉하게 만들고, 설탕과 포도즙으로 단 맛과 신 맛을 낸다. 그 밖의 재료로는 역시 중동의 향신료인 생강뿐이다. 육류와 생선에 사용되는 향신료에도 차이는 거의 없다. 59가지의 육류 조리법 중 30가지에 육두구 또는 메이스mace가 사용되었는데, 18가지 생선요리법 중 10가지에서도 마찬가지다. 예를 들어 철갑상어는 정향丁香(clove)을 꽂은 후 꼬챙이에 끼워 구워서 버터를 바른 다음 라인 강의 와인과 식초, 계피, 육두구를 넣고 스튜로 끓인다.

잉어도 꼬챙이에 끼워 요리하는데, 잉어의 곤이와 다진 삶은 달걀의 노른자, 파슬리, 육두구, 메이스, 후추와 버터 등을 채워 넣고 구운 다음 앤초비와 신 포도즙으로 만든 소스를 듬뿍 뿌리고 오레가노oregano로 장식한다. 많은 조리법에서 버터로 마지막 맛을 더한다. 채소를 넣고 끓인 암탉스튜요리에는 "특히 버터를 잊지 마세요."라는 충고를 덧붙인다. 디저트에는 육두구나 메이스를 거의 사용하지 않고 장미수로 향을 더했다. 커민을 뿌린 고다 치즈나 고기와 야채로 만든 스튜인 후츠포트hutspot에 들어가는 레몬과 오렌지, 생강 등에서도 중동의 영향을 엿볼 수 있다.

요리 수첩 _ 네덜란드 음식, 후츠포트

양고기나 쇠고기를 깨끗이 씻어 잘게 다진다. 여기에 푸성귀나 양방풍나물 약간 또는 자두와 레몬 또는 오렌지 또는 시트론 즙 아니면 강한 맛의 깨끗한 식초 0.47L를 넣는다. 이것을 모두 섞고 냄비를 약한 불에 올려 3시간 30분 이상 끓인다. 그 후 생강과 녹인 버터를 첨가한다.

네덜란드에서는 하루에 아침, 정오, 오후2시~3시, 저녁까지 네 번의 식사를 했다. 그때마다 매번 빵을 먹었는데, 버터 바른 빵, 치즈 또는 고기를 넣은 빵이 대부분이었다. 그리고 항상 맥주를 곁들였다. 집에 오븐을 보유한 사람이 거의 없었기 때문에 반죽은 집에서 준비하더라도 빵은 공동화덕에서 전문제빵사가 구웠다. 18세기 말 감자가 유행할 때까지 빵은 네덜란드 식사의 대들보와 같았으며 쌀을 사용하는 경우는 드물었다. 『합리적인 요리사』에도 쌀 조리법은 얼마 나오지 않는다. 신대륙에서 건너온 음식도 매우 적었다. 칠면조는 깍지콩과 함께 등장한다. 깍지콩은 '터키콩'이라고 불렸는데, 터키에서 들여왔기 때문이다. 이때까지도 네덜란드에 초콜릿은 알려져 있지 않았다.

네덜란드인들은 터키카펫이나 페르시아의 비단, 명나라의 도자기(델프트Delft가 네덜란드 토산의 모조 푸른색 도자기 타일과 식탁용 그릇 등을 생산할 때까지 네덜란드인들은 명나라 도자기를 사용했다), 침대나 식탁에 사용할 레이스와 린넨과 같은 집 안의 가구나 물건, 예술품, 정원 등을 통해 그들의 부를 과시했다. 그들은 터키 술탄의 거처인 토프카프 궁정의 아이디어를 차용하여 몇 제곱미터의 정원에 식용작물이 아닌 오로지 관상용 화초, 특히 붉은색 튤립으로만 가득 채웠다. 네덜란드 예술은 세속적이며 비종교적인 그들의 삶을 잘 반영했다. 그중에서 정물화는 풍성하고 부유한 배경으로 새롭고 이국적인 과일인 레몬, 오렌지, 살구 등을 주로 다루었다.

이런 경제적 여유는 네덜란드인들이 부유해지기만 할 뿐 종교에서는 멀어지는 것이 아닌가 하는 회의를 낳았다. 또 향신료, 소스, 설탕과 치즈, 고기 등과 같은 사치품과 튤립에 대한 집착이 네덜란드인들의 영혼을 잃게 하는 것은 아닐까 하는 우려도 낳았다. 이 때문에 몇몇 도시에서는 사치금지법이 등장했다. 예를 들어 1655년 암스테르담에서는 결혼식에 50명 이상의 하객을 초청할 수 없었으며, 축하연은 이틀 안에 끝내야 했고, 선물금액에도 한도가 정해졌다. 급기야 몇몇 시의회에서는 12월 6일, 인형과 생강쿠키를 갖고 오는 성 니콜라스Santa Claus(네덜란드에서는 Sinter Klaas라고 표기한다)를 기념해 음식과 선물을 주는 축제를 금지했다. 하지만 이 조치는 어린이들의 반발로 곧 무위로 돌아갔다. 이처럼 교회가 검약에 관한 설교를 계속하는 동안에도 네덜란드인들은 돈을 벌어들이고 또 써버리면서 소비를 이어갔다. 그들은 설탕에 뒤범벅되거나 캐러멜 속에서 헤엄치는 팬케이크와 와플 먹기를 그치지 않았다. 미국인이 베이킹파우더를 발명하기 전까지 와플은 이스트로 부풀렸지만 팬케이크는 말 그대로 납작한 형태였다.

3) 향신료 섬: 육두구 대對 뉴욕

네덜란드 제국의 부富는 대부분 식민지였던 향신료의 섬, 오늘날의 인도네시아에서 온 것이다. 1602년 네덜란드는 아시아에서의 무역을 위해 동인도회사를 설립했다. 네덜란드 동인도회사는 본국과 떨어진 상태에서 제국의 이익을 위해 중요한 결정을 내려야 했기 때문에 권한이 매우 강했고, 화폐주조나 조약체결, 군대 증편처럼 국가의 기능을 수행하기도 했다. 네덜란드는 단기간에 포르투갈이 거의 1세기 동안 쥐고 있던 육두구 독점을 깰 수 있었다.

영국 역시 향신료 무역을 추구하고 있었는데, 1600년에는 영국 동인도회사가 설립되었다. 콜럼버스와 마찬가지로 영국 역시 동인도로 향하는 독자적인 항로를 개척하기로 결심한 것이다. 이들의 목표는 1660년대에 전염병인 서혜선종鼠蹊腺腫이 다시 닥쳐오자 더 긴박해졌는데, 영국 의사들은 육두구가 이 병의 치료제라고 믿고 있었다. 당시의 해도海圖를 보면 노르웨이 북부로 간 다음 동쪽으로 항해하는 북동 항로를 따라가면 인도에 도착한다. 하지만 이 여정에서 수많은 선원들이 굶어 죽거나 얼어 죽었다.

동인도에서의 사업을 결심한 영국은 네덜란드와 전쟁을 벌였다. 그 결과 영국이 패배하고 네덜란드에 훨씬 유리한 협정이 맺어졌다. 네덜란드는 이윤이 높은 향신료 섬의 통상권을 유지하고 그 대신 북부 아메리카에 있는 조그마한 식민지를 포기했다. 영국은 자존심을 지키려고 그곳에 뉴욕이라는 이름을 붙였다.

그러나 생명을 위협하는 것은 전쟁만이 아니었다.

4) 괴혈병: '바다의 페스트'

1657년 멕시코 아카풀코의 생기 넘치는 바다에서 배 한 척이 표류했다. 선원 모두가 괴혈병으로 죽은 유령선이었다.

괴혈병은 비타민 C 결핍증을 말한다. 비타민 C는 철분과 함께 피를 만드는 기능과 동시에, 콜라겐 합성에 관여해 조직들이 서로 밀착하도록 돕는다. 사람은 말 같은 동물과는 다르게 비타민 C를 합성할 수도 저장할 수도 없었기 때문에, 우리는 매일 비타민 C를 섭취해야 한다. 비타민 C가 결핍되면 한 달 안에 괴혈병 증상이 나타나는데, 피로와 근육약화로 시작해서 상처가 생기면 곪고 궤양이 일어난다. 오래된 상처는 찢어지고 피부에 작은 보라색 점이 나타나는데, 이는 내부에 출혈이 있다는 신호이다. 또 잇몸이 쓰리고 피가 나며 치아가 빠지고 눈과 코에서 피가 흐르다가 결국 죽음에 이른다.

항괴혈병 식품에는 오렌지, 레몬, 라임, 자몽과 같은 감귤류와 케일, 브로콜리, 콜리플라워, 양배추, 브뤼셀 스프라우트와 같은 십자화과 채소 그리고 피망, 감자, 토마토와 같은 가지속 식물 등이 있다. 브로콜리 반 컵과 오렌지주스 반 컵에는 정확히 같은 양의 비타민 C 62mg이 들어 있다. 케일 반 컵에는 93mg, 그러니까 거의 50% 이상 더 들어 있다. 비타민은 1920년대에 와서야 발견되었다. 오늘날 우리는 위와 같은 채소와 과일을 먹으면 예방할 수 있다는 사실을 잘 알고 있다. 그러나 18, 19세기에는 선원들이 땅을 밟지 않아서 괴혈병에 걸린다는 둥, 고래고기 덩어리를 약해진 팔이나 다리에 묶어두면 낫는다는 둥, 몇몇 음식의 신맛이 예방해준다는 둥 온갖 낭설이 난무했다(아시아인들은 배에서 키우는 신선한 생강을 먹어서 괴혈병에 걸리지 않았다).

18세기 영국에서는 이유는 알 수 없었지만 라임이 괴혈병을 막는다는 것을 발견해 항해사로 하여금 라임을 반드시 지참하도록 했다. 이때 라임을 홀짝거리며 외국 항구를 걸어다니던 영국의 뱃사람들을 '라임꾼들limeys'이라고 불렀다. 괴혈병의 원인과 치료법이 알려진 후에도 괴혈병은 오랫동안 항해의 큰 적이었다.

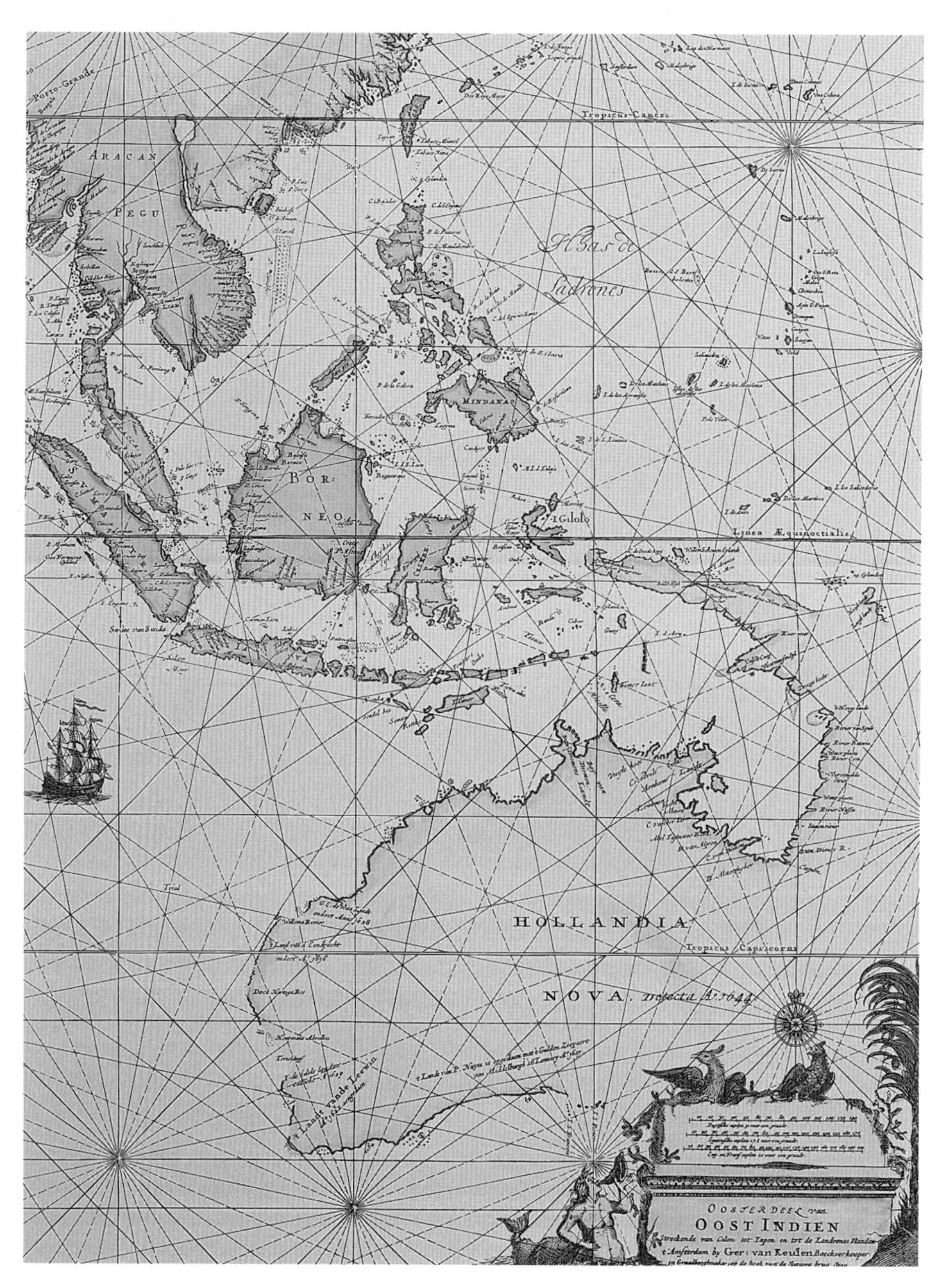

동남아시아, 인도네시아, 오스트레일리아, 1600년대 초. 오스트레일리아가 홀란디아 노바(뉴네덜란드)라고 표기돼 있다.

5. 식민지시대의 미국

1) 체서피크만: 굶주림의 시대와 담배

북아메리카에서 영국 식민지의 출발은 좋지 못했다. 로어노크Roanoke 섬에서 영국 정착민들이 행방도 없이 완전히 사라진 후(역사학자들은 여기에서 무슨 일이 일어났는지 여전히 알지 못한다), 1607년 이들은 체서피크 만에 이주했다. 이들은 처녀왕인 엘리자베스 1세를 기려 식민지를 버지니아라고 이름 짓고, 제임스 왕의 이름을 따 수도를 제임스타운이라고 불렀다. 그들은 곧 부자가 될 것이라 기대했지만 1609년에서 1610년으로 넘어가는 겨울, 수확량과 저장량이 모자라자 500여 명의 식민지 이주자들이 사망했다. 이후 이 시기를 '굶주림의 시대'라고 불렀다.

그 후 버지니아 정착민들은 이윤이 높은 작물을 재배하려고 사탕수수를 심었지만 너무 추운 기후에 맞지 않았기 때문에 아메리카 토속작물인 담배로 바꾸었다. 곧바로 엄청난 돈을 벌자 남아 있는 땅이면 어디든지 담배를 심었다. 그러나 누가 수만 km^2의 담배 농장을 괭이질하고 수확할 것인가? 유럽에서 건너온, 질병에서 살아남은 아메리카 원주민은 이를 거부했고 아프리카 노예의 값은 너무 비쌌다. 하지만 영국은 완벽한 노동력을 갖고 있었다. 바로 넘쳐나는 가난한 사람들, 즉 10대 후반과 20대 초반의 젊은이들이었다. 그들은 미국으로 가는 여비와 식사 및 거주지를 제공받는 대신 4~6년간 노동력을 제공하는 계약서에 서명했다. 그 후 농기구와 옥수수 그리고 토지를 제공받기로 했는데, 이런 땅은 본토에서는 엄두도 낼 수 없는 것이었다. 한편 기한제 노동자를 고용하고 그들의 이주비를 대는 업자들은 무료 노동력과 202km^2의 토지를 받았다. 양쪽 모두에게 이익이 되는 거래였다.

그러나 미국에 도착한 젊은이들 대부분은 4년 이상을 살지 못하고 이질, 장티푸스, 말라리아로 죽어갔다. 살아남은 사람들은 여성 대 남성의 수가 6대 1이라는 사실을 알게 되었다. 그리고 곧 최상의 토지는 권력을 독점한 몇몇 부자들의 거대한 플랜테이션에 속해 있다는 사실도 깨달았다. 1676년 땅과 여자 그리고 투표권을 갖지 못한 노동자들은 광폭하게 돌변했다. 베이컨의 반란은 제임스타운이 불타고 20명이 넘는 노동자들이 교수형에 처해지면서 끝났다. 농장주들은 권리를 주장하며 폭력을 사용하는 이런 영국인이 아닌 통제가 가능한 노동력을 원했다. 1698년 영국은 왕실 아프리카 공사의 노예무역 독점을 종식시켰다. 이제 배를 가지고 있다면 누구든지 노예무역에 뛰어들 수 있었기 때문에 경쟁이 붙자 노예가격이 하락했다. 이제 아프리카 노예를 소유하는 것이 그리 어렵지 않았고, 노예를 팔면 큰 이윤을 남길 수 있었다.

2) 캐롤라이나: 서아프리카의 쌀농사

이즈음 영국이 버지니아 남쪽에 세운 식민지가 바로 캐롤라이나이다. 찰스 2세의 이름을 딴 이 지역의 정착민 중 많은 수는 바베이도스 출신이었다. 그들은 카리브해의 설탕 플랜테이션을 위한 작물과 사치품을 재배하여 수출하려고 했지만 와인과 올리브유, 비단에서 차례로 실패한 뒤에는 쌀을 주산물로 정했다. 쌀 재배는 숙련된 노동력을 필요로 했는데 서아프리카, 특히 기니에서 온 사람들이 이 기술을 알고 있었다. 그들은 또 말라리아에 면역력을 갖고 있었으며, 게다가 가톨릭을 믿지 않았기 때문에 당시 기독교의 관습에 따라 평생 노예로 남을 수밖에 없었다. 백인 캐롤라이나 정착민은 「바베이도스 노예법전Bardados Slave Code」까지 도입했다. 이에 따르면 노예의 잘못에 대해 주인이 가하는 징계는 채찍질부터 얼굴 훼손, 심지어 처형까지 단계적으로 정해져 있었다. 캐롤라이나 남부의 찰스턴은 노예들이 미국으로 들어오는 주요 항구가 되었다. 1710년 캐롤라이나에서는 흑인 노예의 수가 백인 정착민의 수를 앞질렀다.

아메리카의 노예가 처한 혹독한 상황에도 그들 사이에서는 아프리카 음식과 문화의 일부가 살아남았다. 주디스 카르니Judith Carney가 『검은 쌀Black Rice』에서 지적한 것처럼 미국의 쌀농사는 생산부터 소비까지 완전한 재배시스템의 확산 덕분이었다. 그러나 이 시스템은 노예들을 휴경기도 없이 일 년 내내 매우 가혹히 일하게 만들어 높은 사망률의 원인이 되었다. 우선 씨앗을 뿌리고, 땅에 물을 채우고, 물을 빼고, 괭이질을 하고, 잡초를 뽑는다. 이것을 네 번 반복했다. 마지막에 낫으로 벼를 수확한다. 그리고 절구와 공이를 이용해 손으로 수 천만 kg을 빻고 탈곡해야 한다. 이런 작업은 숨가쁘게 진행됐는데, 쌀 소비의 주요 시즌이 유럽의 사순절이었기 때문이다. 그리고 벼를 재배하고 남은 볏짚으로 땅을 일구어서 다음 농사를 준비해야 했다.

이것은 남부아메리카 요리법의 발전에도 영향을 주었다. 쌀의 재배와 요리, 저장방법과 함께 그들은 얌과 오크라, 수박 그리고 튀김을 들여왔다. 그들은 또 고추나 땅콩 같은 신세계의 작물을 아프리카로 가져갔다. 또 밴조와 드럼 그리고 재즈로 변신하게 된 음악도 가져왔다. 쌀을 포함해 그들이 도입한 아프리카음식의 일부는 원래 아랍인에 의해 전해졌던 것이다. 캐런 헤스Karen Hess가 『캐롤라이나의 쌀 부엌: 아프리카와의 연결The Carolina Rice Kitchen: The African Connection』에서 밝힌 것처럼 아메리카 남부의 많은 쌀요리들은 필라프pilau 또는 pilaf의 아프리카 버전이다. 그 가운데 가장 유명한 것이 새해 첫날에 행운을 부르기 위해 먹는 '호핀 존Hoppin John'이다.

요리 수첩
_호핀 존

붉은 배, 쌀, 베이컨을 각각 0.47L 준비한다. 베이컨을 물 1.9L에 끓이면서 기름을 건져내고 완두콩을 넣는다. 부드러워지면 쌀을 넣어 잘 퍼지고 부드러워질 때까지 끓인다. 붉은 후추와 소금으로 간을 한다. 물기가 완전히 마르면 쌀밥을 할 때처럼 김을 빼낸다. 위에 베이컨을 얹어낸다. 소금은 요리가 거의 다 되었을 때 뿌린다.

– 테레사 브라운, 『현대 가정 요리법』, 찰스턴, 1871.

3) 뉴잉글랜드

1620년 박해받지 않고 하나님을 섬길 자유를 원했던 신교도 순례자들이 매사추세츠의 플리머스에 상륙했다. 해변으로 내려가기 전 사람들은 배 위에서 메이플라워 서약Mayflower Compact이라는 합의를 맺었다. 이들이 미국 최초의 사회조직이다. 서약서의 한 문장에는 중요한 원칙이 제시되었다. 바로 평등한 공동체의 일원으로 모두 함께 일한다는 것이었다.

이 순례자들과 10년 후 매사추세츠에 정착한 청교도들은 할 줄 아는 것이 많지 않았다. 대부분이 도시생활에 익숙한 탓에 사냥이나 낚시, 농사에 대해서는 문외한이었다. 게다가 신대륙에서 서식하는 기이한 동식물들은 이들에게 낯설기만 했다. 거대한 조개의 일종인 콰호그 대합quahog clams, 슬리미 스티머slimy steamer 그리고 대구와 바닷가재는 180cm가 넘는 것도 있었다. 이들은 원주민으로부터 이런 동물을 먹는 방법을 배운 뒤에도 한동안 입에 대지 않았다.

4) 메이플시럽: 설탕나무의 수액에 꼭지달기

메이플시럽(단풍당)은 미국 원주민요리에서 제일의 음식이었고 몇몇 부족에서는 유일한 양념이었다. 메이플시럽은 말린 옥수수 가루로 만든 죽의 맛을 돋우기 위해 원주민이 꺼리는 소금 대신 사용되었다. 곰의 기름과 섞어 구운 사슴고기의 소스에 넣거나, 끓인 생선에 뿌리거나, 베리와 곁들이거나, 그냥 그대로 먹거나 해서 하루에 450g을 섭취했다. 또 이 시럽으로 달콤한 음료를 만들기도 했는데, 부족끼리 화친을 맺을 때 피우는 담배와 함께 의식에 사용되었다.

메이플시럽은 단풍나무, 호두나무, 히코리, 네군도단풍, 버터너트, 자작나무, 플라타너스의 수액을 끓여 설탕 결정을 얻었다. 주로 여자들이 이 일을 했는데 유럽인이 오기 전까지는 금속냄비가 없었기 때문에 아주 힘든 일이었다. 원주민들이 사용하던 그릇은 부피가 3~5L에 불과했고 자작나무 껍질이나 호리병박으로 만든 탓에 불 위에 직접 놓을 수도 없었다. 이런 용기에 액체를 끓이기 위해서는 불에 데운 돌을 던져넣을 수밖에 없었다. 끊임없이 식은 돌을 꺼내고 다시 데운 돌을 넣는 일을 반복해야 했다. 그런 다음 무스 가죽으로 만든 370L짜리 통에 부어졌다. 유럽인이 금속냄비와 도구를 들여오자마자 원주민이 물물교환에 나선 것은 당연한 일이다.

시럽을 가공하는 또 다른 방법은 밤에 얼도록 밖에 두는 것이다. 그러고 나서 위쪽의 얼음을 긁어냈다. 그렇게 해서 시럽만 남을 때까지는 며칠 밤이 걸렸다. 완성된 메이플시럽은 선물용으로 거푸집에 부어 모양을 만들기도 했다. 곰발바닥, 꽃, 별, 작은 들짐승 등 다양한 모양을 본 어느 유럽인은 마치 유럽의 어느 박람회에서 제과사들이 만드는 생강빵 같다고 감상을 남기기도 했다.

17세기 유럽의 저자들은 미국 원주민이 메이플시럽과 설탕 만드는 법을 잘 알고 있다는 사실에 전혀 의심하지 않았지만 18세기에 들어서자 자기들이 원주민을 가르쳤다고 주장하기 시작했다. 그러나 단풍나무를 연구한 헬렌 니어링Helen Nearing과 스콧 니어링Scott Nearing이 지적한 것처럼 메이플시럽과 관련된 언어는 원주민들의 생활 전통에 더 가깝다. 메이플시럽을 가리키는 모든 단어는 '나무에서 추출한', '수액이 빨리 흐른다', '우리들의 나무' 등으로 번역된다. 한편 이들은 흰 설탕을 '프랑스의 눈'이라고 불러 그 기원을 확실히 밝히고

메이플시럽을 끓이고 있는 사람들

있다.

어쨌든 원주민 부족의 도움으로 순례자들은 초창기 몇 년을 생존할 수 있었고 이를 자축하기 위해 축제를 열었다.

5) 추수감사절 음식

"칠면조는 분명히 신세계가 구세계에 준 가장 기분 좋은 선물 중 하나이다."

- 브리아 사바랭

오늘날 미국인이 추수감사절 저녁에 먹는 음식은 대개 아메리카 토산품이다. 칠면조, 크랜베리 소스, 매시트포테이토, 고구마, 속을 채운 옥수수 빵과 호박 파이가 그렇다. 프랑스어로 칠면조는 딘데dinde인데, 이것은 풀레 딘데poulet d'inde를 줄인 말로 '인디아의 닭'이라는 뜻이다. 프랑스 사람들도 다른 유럽인과 마찬가지로 칠면조가 인도에서 왔다고 생각했다. 신세계에는 거위나 오리 그리고 다른 야생조류도 풍부했지만, 특히 칠면조는 이동을 하지 않기 때문에 일 년 내내 구할 수 있었다. 그리고 칠면조는 본성상 사냥꾼을 돕는다. 한 마리의 칠면조가 총에 맞으면 다른 칠면조들은 그 자리에 얼어붙기 때문에 하루아침에 열두 마리의 칠면조를 잡는 것은 아주 쉬운 일이었다.

추수감사절 음식의 재료는 미국 토종이지만 그 스타일은 영국식이었다. 순례자들이 1620년 매사추세츠에 도착하기 전 영국에서는 이미 칠면조가 대중적인 식품이었다. 호박이 아직 지구의 다른 지역에 전해지지 않았을 때이지만, 그 종에 속하는 다른 작물들은 이미 알려져 있었다. 그리고 파이는 중세 이후 영국에서 선호하는 음식이었다.

스페인의 식민지이자 영국의 적국이던 페루가 원산지인 감자는 유럽으로 건너갔고, 그 후 1723년 스코틀랜드계 아일랜드인 정착민과 함께 뉴햄프셔로 전해졌다. 그들은 단지 감자만 전한 것이 아니라 우유나 버터 밀크를 넣고 으깨는 방법까지 함께 전해졌다.

모두 헤더heather종에 속하며 뉴잉글랜드가 원산지인 크랜베리와 블루베리는 음식보다는 소스나 파이에 많이 쓰였고 사워밀크에 으깨 넣고 섞어서 페인트로도 사용했다. 식민지시대 뉴잉글랜드 건물들을 떠올릴 때 종종 부드러운 붉은색이거나 우윳빛 도는 회자주색이 연상되는 까닭은 그 때문이다.

추수감사절

호박은 식민지에서 널리 사용되었지만 호박 파이의 조리법은 아멜리아 시몬스Amelia Simmons가 1796년에 쓴 최초의 미국요리책에 처음으로 등장한다. 그녀는 이것을 팜프킨pompkin이라고 불렀고 두 개의 다른 요리법도 실었다. 둘 다 호박, 생강, 달걀이 들어가며 그중 하나는 크림과 설탕을 사용하고, 다른 것에는 우유와 당밀을 사용한다. 하나는 구세계의 향신료인 메이스와 육두구를, 다른 것에는 신세계의 올스파이스가 들어간다.

6) 대구

매사추세츠 식민지의 '식용작물'은 대구였다. 매사추세츠에서 대구가 갖는 의미는 카리브해의 설탕이나 체서피크 만의 담배에 버금간다. 북쪽으로 뉴펀들랜드와 래브라도까지 해안에는 대구 수백만 마리가 서식했다. 잡아올린 대구는 일단 소금을 친 후 말리면 딱딱해져서 목재처럼 차곡차곡 쌓아 배로 실어 나를 수 있었다. 말린 대구는 또 단백질 함량이 80%에 달했다. 대구는 이런 식으로 유럽으로 건너갔고, 이탈리아의 바칼라bacala, 스페인의 바칼라오bacalao, 포르투갈의 바칼라우bacalhau가 되었다. 대구 역사학자인 마크 커랜스키Mark Kurlansky에 따르면 16세기 중반에 유럽에서 먹은 생선의 60%가 대구였다. 또

축제의 유래 … 추수감사절

추수감사절 최초의 추수감사절은 1621년에 열렸다. 51명의 청교도 남성과 여성, 아이들이 90명의 왐파노아그족과 그들의 추장인 매서소이트를 초대했다. 때는 가을로, 옥수수 풍작을 축하하기 위해서였다. 밀과 보리는 성공적이지 못했다. 축하잔치는 사흘 간 계속되었다. 야생닭과 사슴 다섯 마리가 대접되었다.

추수감사절을 국경일로 만들자는 발상은 초대 대통령 조지 워싱턴의 임기 중인 1700년대에 나왔다. 워싱턴은 11월 26일로 하자는 의견을 내놓았다. 그러나 1850년대에 잡지기자 사라 조세파 헤일이 미국 여성을 규합해 추수감사절을 국경일로 정하자고 대통령을 설득할 때까지 추수감사절은 국경일이 아니었다.

1863년 남북전쟁 중 링컨 대통령은 11월의 마지막 목요일을 '추수감사의 날'로 정한다고 선언했다. 이날은 링컨이 노예해방을 공포한 날로, 그는 펜실베이니아의 게티스버그 연설에서 명언을 남겼다. "국민의, 국민에 의한, 국민을 위한 정부는 지구에서 사라지지 않을 것이다."

1939년 프랭클린 루즈벨트 대통령은 경제를 불황에서 끌어올리기 위해 크리스마스 쇼핑 시즌을 연장하길 원했다. 그는 추수감사절을 한 주 앞당기려 했지만 의회에서 거부당했다. 대통령과 의회는 줄다리기를 계속하다가 결국 1941년 11월 넷째 주 목요일로 결정했다.

1970년 왐파노아그족의 추장 왐수타Wampsutta(영어 이름은 프랭크 제임스)가 매사추세츠 플리머스의 추수감사절 축하연에서 연사로 초대를 받았다. 그러나 그의 연설이 미국 원주민의 억압에 대한 내용이라는 것이 알려지자 돌연 초대가 취소되었다. 어쨌거나 그는 메이플라워호의 복제품을 바라보며 매서소이트의 동상 앞에서 연설했다. 이것이 미국 원주민이 조상의 문화, 종교, 삶 그리고 땅을 애도한 최초의 '미국 원주민 애도의 날'이다.

감자 연대기

연도	장소	사건
1537년	콜롬비아	스페인 정복자가 최초로 감자를 맛보다.
1550년대	스페인	스페인 정복자가 감자를 스페인으로 가져오다.
1568년	영국	엘리자베스 1세 여왕의 요리사가 감자 요리를 서빙하다. 잎으로 요리하고 감자는 버리다.
1590년	이탈리아	교황이 식물학자 클루시우스에게 감자를 주고 최초의 감자 그림을 그리게 하다.
1600년	프랑스	스위스로부터 감자가 유입되다.
1615년	인도	감자가 유입되다(추정).
1651년	독일	정부가 국민에게 감자 재배를 강요하다.
1660~1688년	아일랜드	감자 재배가 빠른 속도로 퍼지다. 인구가 50만 명에서 150만 명으로 늘어나다.
1662년	영국	영국 왕실협회가 감자 재배를 지원하다.
1672~1725년	러시아	표트르 대제가 감자를 도입하다.
1719년	북미	뉴햄프셔에서 스코틀랜드계 아일랜드 정착민들이 유럽에서 북미로 감자를 최초로 들여오다.
1748년	프랑스	의회에서 감자가 나병의 원인이 된다면서 재배 금지를 결정하다.
1760~1840년	아일랜드	인구가 150만 명에서 900만 명으로 600% 증가, 대부분 감자에 의존해 생존한다.
1756~1763년	폴란드	7년 전쟁 와중에 감자가 들어오다.
1763년	프랑스	육군 약제관인 파르망티에가 7년 전쟁 동안 독일의 감옥에서 감자를 맛보고 돌아온 후 장려하다.
1764년	스웨덴	정부가 감자 재배를 장려하다.
1770년	오스트레일리아	쿡 선장이 감자를 들여오다.

1780년대	프랑스	루이 16세가 뇌이Neuilly에서 감자를 기르다. 파르망티에는 감자가 값진 것처럼 보이게 하려고 여기로 경비병을 보내다. 그러자 농부들이 감자를 훔쳐서 심었고, 바로 이것이 파르망티에의 숨은 목적이었다.
1793년	프랑스	메리도Méridot라는 여성이 쓴 최초의 프랑스 요리책인 『공화국의 요리법La cuisine républicaine』에 다양한 감자 요리법이 등장하다.
1835년	프랑스	카렘이 영국 스타일의 감자 요리법(매시트포테이토)을 『프랑스 요리 예술The Art of French Cooking』에 소개하다.
1830년	벨기에	감자균phytophthora infestans이 생겨나다.
1837년	프랑스	한 요리사가 실수로 감자 슬라이스를 두 번 튀겨내면서 우연히 수플레 포테이토가 만들어지다.
1845년	아일랜드	감자균이 농작물을 파괴하다. 아일랜드인 100만 명이 사망하고 생존자들이 이민을 떠나다.
1850년대	미국	감자 칩이 뉴욕의 사라토가에서 아프리카계 미국인 요리사에 의해 발명되었다고 전해진다.
1873년	미국	버뱅크가 우수한 품종의 감자를 개량하다. 이것이 나중에 아이다호 감자가 되다.
1920년대	미국	프렌치프라이를 좋아하게 된 병사들이 제1차 세계대전에서 돌아오다.
1986년	세계	감자가 세계에서 가장 중요한 네 가지 작물 중 하나가 되어 2억 명 인구의 주식이 되다.

대구는 사순절을 위한 완벽한 음식이기도 했다. 최상 등급은 스페인으로 보내졌고 가장 질이 낮은 것은 서인도의 노예들이 먹었다. 그리고 아프리카에서 노예와 물물교환을 하는 데에도 사용되었다. 조선업주들은 대구 때문에라도 부자가 되었다. 대구는 보스턴 주의 의사당에 목각상이 걸릴 정도로 매사추세츠 경제에서 매우 큰 몫을 차지했다.

7) 미국의 요리 전통: 포켓수프와 저니케이크

미국의 요리는 두 개의 평행선을 따라 발전했다. 노예가 부엌일을 하는 남부에서는 요리에 더 오랜 시간을 투자할 수 있었다. 특히 바비큐를 하려면 준비할 것들이 많은데, 쇠고기나 돼지고기는 모두 제대로 도살해서 매리네이드marinade(식초, 와인, 향신료를 넣은 액체로, 여기에 고기나 생선을 담가 절인다.)에 절여야 하고 특정 온도에 꼭 맞추어 고기를 넣고 불을 조심스럽게 계속 지켜보면서 온도를 유지해야 한다. 이런 작업들은 많은 노동력을 필요로 하므로 모두 노예가 맡았다. 이와 달리 뉴잉글랜드에서는 대합구이처럼 구덩이를 파서 조리하는 방법이 발전했다. 여기서는 구덩이에 불을 피우고 대합이나 바닷가재, 옥수수를 축축한 해초 아래에 묻고 몇 시간 동안 익힌다. 구덩이 파는 것을 제외하면 그 속에 음식을 넣는 전후로는 별로 힘이 들지 않는다.

북부의 요리는 많은 일을 되도록 빨리 해치워야 하는 중산층의 필요에 의해서 시작되었다. 그들은 손쉬운 음식보관법을 고안했는데, 포켓수프pocket soup와 저니케이크journey cake가 그 예이다. 식민지에서는 여행이 쉽지 않았다. 도로는 형편없거나 아예 없었고 여행객이 필요로 할 때 음식을 구할 수 있다는 보장도 없었다. 뱃사람들 역시 이런 이유로 가정식을 선호했는데, 휴대용 수프라고 알려진 포켓수프가 그 해결책이었다. 이것이 바로 최초의 부용 큐브다. 수프를 젤라틴 덩어리가 될 때까지 끓인 후 작은 주사위 모양으로 썰어 열흘 동안 건조시켜 보관한다. 먹기 전 물 한 컵에 집어넣으면 다시 수프가 된다. 저니케이크는 곰팡이가 피거나 부서지지 않게 보관할 수 있는 옥수수 가루로 만든 케이크다.

뉴잉글랜드식 패스트푸드의 또 다른 예는 해이스티 푸딩hasty pudding이다.

옥수수나 호밀가루로 만들어 오븐에 굽지 않고 난로 위에 놓고 익힌 것인데, 반 시간이면 완성할 수 있었다. 오늘날 전자레인지에 비하면 무척 오래 걸리는 편이지만 당시에는 오븐에서 굽는 데 1시간 반 내지 2시간 반이 소요되었기 때문에 상대적으로 빠른 조리법이었다. 해이스티 푸딩이 빨리 만들어질 수 있었던 비결은 옥수수가루를 먼저 물에 적시고 한 번에 조금씩 첨가하면서 끓기 시작하면 계속 저어주었기 때문이다. 이런 기술은 폴렌타polenta 만드는 법과 비슷하다.

8) 맥주는 좋은 가족음료

음식 역사학자인 존 헐 브라운John Hull Brown이 『초창기 미국음료Early American Beverages』에서 지적한 것처럼 식민지시대 미국에서는 남자와 여자는 물론 어린이도 알코올음료를 마셨다. 영국에서부터 친숙했던 맥주는 식민지에서 마신 가장 초기의 음료였다. 주로 여자들이 맥주 양조를 맡았고, 땅에서 자라는 것은 뭐든지 이용했다. 옥수수, 토마토, 감자, 순무, 호박, 돼지감자를 이용해 만드는 식물성 맥주를 비롯해, 자작나무와 가문비나무, 사사프라스sassafras 나무의 껍질과 메이플시럽으로는 나무 맥주를 만들었다. 감, 레몬, 건포도로는 과일 맥주도 만들었다. 윈터그린winter green으로 허브 맥주를, 생강과 올스파이스 그리고 계피로는 향신료 맥주를 만들었다. 심지어 꽃으로 만든 장미 맥주와 당밀 맥주도 있다. 그들은 맥아 245kg, 홉 5.4kg, 이스트 4.7L, 물 272L를 가지고 한 번에 두통의 에일ale을 만들었다. 그리고 고대 이집트인처럼 일단 맥주를 만들면 남겨 두었다가 빵을 부풀리는 데 썼고, 맥주 찌꺼기를 사용하기도 했다. 하지만 19세기 독일인이 새로운 주정기술을 전해주기 전까지의 맥주맛은 썼다.

저니케이크

또 살구, 복숭아와 체리씨, 코리앤더, 카르다몸, 아니스씨 같은 중동에서 온 향신료를 이용해 증류주를 제조했다. 생강, 까치밥나무 열매, 체리로는 와인을 만들었는데, 스위트 와인은 마데이라, 아조레스, 카나리군도 같은 '와인 섬'에서 수입했다. 이후 스코틀랜드계 아일랜드인이 옥수수나 보리 또는 오트밀로 위스키를 주조했다. 식민지 시대 미국인은 사과를 증류해 만든 강한 사이다, 복숭아로 만든 피치peachy와 배로 만든 페리perry를 마셨다. 식민지 개척자들은 알코올음료에 크림, 설탕, 달걀, 메이스와 육두구 등을 넣어 만든 에그노그eggnog를 즐겨 마셨다.

9) 악마를 죽이는 럼

1670년 이후 뉴잉글랜드에서 증류한 럼은 값이 싸고 쉽게 구할 수 있었다. 럼은 럼rhum, 럼불리온rumbullion, 럼부즈rumbooze의 다양한 이름으로 불렸고 또 다양한 방법으로 섞어 마셨다. 사이다와 럼을 섞은 스톤월stonewall, 단맛이 나지 않는 맥주와 럼을 섞은 보거스bogus, 당밀과 럼을 섞은 블랙스트랩blackstrap, 뉴잉글랜드에서 1690년 즈음에 등장한 대중적 음료인 플립flip이 대표적이다.

> 요리 수첩
>
> _ 플립
>
> 도자기 피처나 커다란 백랍 머그잔에…… 강한 맛의 맥주 3분의 2를 채우고 단맛을 위해 당밀과 설탕, 말린 호박을 넣은 후 향을 위해 뉴잉글랜드 럼을 넣는다. 빨갛게 변하도록 뜨겁게 달군 납작한 쇠막대기로 휘저으면 거품이 생기면서 쓰고 타는 듯한 맛이 난다.

차, 코코넛과 쌀로 만드는 아락주, 설탕, 레몬, 물의 다섯 가지 재료로 만드는 펀치는 인도로부터 영국 동인도회사를 거쳐 전해졌는데, 뉴잉글랜드인이 여섯 번째 재료를 첨가해 럼펀치가 만들어졌다. 뉴잉글랜드인들은 신세계에서의 생활을 만족스러워했고 평균 수명이 본토에서보다 10년이나 더 길었다. 그러나 알코올음료가 수명을 연장시킨다고 생각했기 때문에, 알코올 섭취를 제한하는 법 시행이 어려워졌다.

일곱 번째 코스

18세기와 계몽운동

프랑스혁명과 미국

AD 1700 ~ AD 1800

1789년 10월 6일, 빵을 구하지 못한 성난 여자들이 베르사유로 향했다. 프랑스혁명은 사람들의 먹는 것, 먹는 곳, 먹는 법 모두를 변화시켰다. 현대적인 레스토랑이 등장했고, 미식가라는 말이 생겨났다. 최초의 미식가라는 평가를 받은 브리야 사바랭에 이어 전설적인 요리사 카렘이 등장했다. 미국에서는 보스턴 차 사건이 미국독립의 불을 당겼다.

18세기는 계몽운동, 즉 합리주의의 시대이다. 중세가 미신이 팽배하고 무지한 '암흑의 시대' 였다면, 18세기는 과학이 지배하는 합리적인 시대였다. 또 인간 이성에 대한 믿음을 바탕으로 17세기 과학혁명의 산물이 생활에 이용되었다. 계몽운동은 음식문화에 극적인 변화를 가져왔다. 이 새로운 음식을 누벨 퀴진nouvelle cuisine이라 한다. 피에로 캄포레시Piero Camporesi가 『이국적인 음료Exotic Brew』에서 지적했듯이, 계몽운동은 중세 음식문화에서의 탈출을 가능하게 했다.

부담스러운 육류요리가 고급식탁에서 사라지면서 쇠고기 소비도 크게 감소했다. 중세의 마지막 유물이라 할 수 있는 공작요리도 마침내 없어졌고, 비둘기, 메추리, 개똥지빠귀 같은 야생조류로 만든 요리가 등장했다. 생굴이나 송로버섯처럼 최음효과가 있다고 여겨지는 음식이 유행했고, 마늘이나 양파, 양배추, 치즈처럼 성욕을 저해한다고 생각했던 재료들이 고급요리에 사용되었다. 식사 전 감사기도와 손을 닦는 의식도 사라졌다. 체이핑 디시chafing dish(뜨거운 물을 가득 채운 은상자 위에 접시를 올려놓아 음식의 온도를 유지하는 접시 세트)가 사용되면서 시중드는 하인이 내내 방에 머물 필요도 없어졌다. 대신 사악한 음식, 즉 식욕이 전혀 없을 때에도 먹고야 말게 하는 그런 먹을거리들이 넘쳐났다. 매혹적인 와인 덕에 졸음이 오다가도 마지막에 커피가 제공되어 다시 정신을 차리게 했고, 그렇게 밤은 계속되었다.

메인 홀에서 열리던 성대한 연회는 크리스털 샹들리에의 불빛을 반사하는 유리벽으로 된 전용식당에서 친근한 사람들과 함께 즐기는 저녁식사로 바뀌었다. 거친 통밀빵을 담던 쟁반은 밝은 색과 문양이 새겨진 우아한 자기그릇으로 바뀌었다. 이는 소스 중심의 새로운 요리에 안성맞춤이었다. 옷차림에도 변화가 있었다. 중세와 같은 거칠고 헐렁한 천이나 르네상스시대처럼 체형을 감추는 무거운 벨벳 같은 직물은 더 이상 사용되지 않았다. 계몽시대의 옷은 몸의 모든 곡선과 윤곽이 드러나도록 꼭 맞게 재단되었다. 남성복은 팔다리에 딱 맞아 마치 옷을 입은 것 같지도 않았다. 다리의 실루엣이 그대로 드러나고, 금으로 만든 버클과 화려한 보석으로 앙증맞은 발을 감쌌다. 반면 여성복은 길이가 길었다. 남자와 여자 모두 커다란 가발을 썼고, 음악과 함께 재치 있는 대화가 식사 내내 계속되었다.

프랑스의 요리사와 디자이너, 이발사들은 프랑스식 음식과 패션을 전 유럽에 퍼뜨렸다. 계몽운동 중에는 프랑스문화가 이탈리아와 스페인 문화를 제치고 지배적이었다. 루이 15세와 16세의 통치기에는 이 영역들에서 계급격차가 커졌다. 음식과 패션은 이탈리아의 전설적인 바람둥이 카사노바1725~1789년 처럼 한가한 귀족층을 위한 것이었다. 이들은 새로운 음식과 귀여운 장난감으로부터 짜릿한 자극을 받기를 원했고, 사육사들은 이들을 위해 애완용 강아지를 길들였다. 새로운 음식이 등장하거나 기존 음식이 마치 다른 것인 양 둔갑하기도 했다. 허브를 넣은 크림소스인 스카이 블루소스, 당나귀 배설물 모양을 한 송아지 요리, 완두콩처럼 보이는 아스파라거스 등이 그 예이다.

1. 프랑스혁명: "그들에게 케이크를 주어라."

프랑스는 여전히 봉건주의 사회였고 중세와 별반 다를 것이 없었다. 국민은 세 개의 층으로 나뉘었다. 첫째 계층은 성직자로 프랑스 세금의 2%를 부담했고, 둘째 계층은 부유한 귀족으로 세금을 내지 않았다. 세금의 98%를 충당하는 셋째 계층은 전체 국민의 98%를 차지하는 농부, 도시 빈민, 부르주아(교육 수준이 높은 중산층으로 사업을 통해 부를 축적한 프랑스의 상인)였다. 이 셋째 계층은 수입의 50%를 세금으로 내고 있었지만 투표권은 없었다.

1) 오트 퀴진과 본 차이나

오트 퀴진, 즉 최고 수준의 요리high cuisine는 부유한 프랑스 귀족층의 주방에서 시작되었다. 요리사 중에는 남자도 있고 여자도 있었지만, 남자의 급여가 여자의 세 배 이상이었고, 지배인은 항상 남자였다. 빵은 요리에 포함되지 않았기 때문에 빵은 빵가게에서, 과자는 제과점에서 공급했다. 가정에서의 요리는 대부분 여주인이나 하녀의 몫이었다. 부유층에서는 가사를 전담하는 사람들이 따로 있었다. 집사maitre d'hotel가 식단계획과 고용, 해고, 회계관리를 비롯해 식재료, 와인, 린넨, 식기보관 등을 총괄했다. 부유하든 가난하든 모든 집의 하루는 수프 냄비를 불에 올려놓고 전날 남은 음식과 새 고기를 집어넣는 것으로 시작되었다.

18세기에는 프랑스를 비롯해 전 유럽에 걸쳐 정교한 중국산 제품을 식기로 사용했다. 유럽인은 수세기 동안 우아하고 아름다우며 값비싼 중국산 도자기의 복제법을 연구했지만, 도자기는 누에고치와 함께 중국의 극비사항이었다. 얼마 후 유럽인은 아주 유사한 모조품을 만드는 데 성공했지만 프랑스의 하류층 사이에는 여전히 접시도 음식도 충분하지 못했다.

2) 프랑스의 영혼: 음식

프랑스혁명과 음식은 떼려야 뗄 수 없는 관계다. 역사상 어떤 혁명에서보다도 음식이 중요한 역할을 했기 때문이다. 프랑스인에게는 반드시 필요한 두 가지 음식이 있다. 바로 빵과 소금이다.

프랑스인 하면 곧 '빵 먹는 사람들'이라 할 정도이고, 프랑스는 세계에서 제일 맛있는 빵을 만드는 나라로 꼽힌다. 프랑스의 요리와 문화에서 빵은 상징적일 뿐 아니라 실제로도 큰 의미를 지녔다. 빵은 에너지를 제공하기도 하지만 건강과 부, 프랑스의 정체성과 종교, 가톨릭교리를 나타냈다. 프랑스에서 빵이란 밀로 만든 흰 빵을 의미했다. 그래서 1775년 검은 빵을 배급받은 프랑스 사람들은 반발했다. 과학자들은 제빵사들이 과학에 대해 무지하기 때문에 질 낮은 빵을 생산한다고 주장했고, 결국 1782년 제빵을 전문적으로 가르치는 학교를 설립했다. 과학자인 앙트완-오거스틴 파르망티에Antoine-Augustin Parmentier는 이 학교책임자 중 한 명이었다.

3) 제빵사와 '빵 경찰'

프랑스혁명이 일어나기 전, 거의 한 세기 동안 민중과 제빵사 사이에는 대립이 계속되었다. 빵은 민중폭동을 막는 공공서비스 같은 것이었다. 제빵사는 공공서비스의 제공자였고, 경찰이 빵의 생산과정을 통제하며 공급을 조절했다. 제빵사가 직업을 바꾸려면 경찰의 허가를 받아야 했는데, 때로는 경찰이 제빵사를 돕기도 했다. 예를 들어 상인들이 이스트를 감추고 공급 부족을 일으켜 가격을 올리려 하면 제빵사 길드는 경찰에게 상인들의 집과 상점을 수색해 이스트를 발견하고 압수하게 했다.

제빵사 마이스터는 자격증제도를 통해 수습제빵사를 엄격히 통제했다. 1781년 이후 모든 수습제빵사는 길드에 등록하고 오늘날의 그린카드나 여권 같은 허가증을 취득해야 했다. 수습제빵사가 선술집에서 음식을 먹거나 방을 빌리려면 이 허가증을 보여주어야 했으며, 출근길에는 제빵사 마이스터에게 허가증을 맡겼다. 직업을 바꾸려면 24시간 이내에 길드에 알리고 수수료를 냈으며 제빵사 마이스터가 직업 변경을 허가한 사실을 허가증에 표시해야 했다. 제빵사 마이스터 중에는 허가증을 돌려주지 않고 계속 일을 강요하는 경우도 있었다. 수습제빵사에게 허가증이 없다면 불법체류자와 마찬가지 처지가 되기 때문이다. 오늘날 미국 이민귀화국의 활동처럼 당시에도 경찰이 상점을 수색해 불법으로 일하는 수습제빵사가 있는지 조사했고, 여기서 적발된 사람들은 감옥에 수용되거나 이전 마이스터에게 되돌려 보내졌다.

어떤 제빵사들은 곡물이나 밀가루 상인들처럼 탐욕스럽고 이기적이었다. 이들은 빵에 나뭇조각을 넣거나 중량을 속이는 등의 혐의로 고발당하기도 했다. 고발당한 제빵사들은 모든 반죽의 무게를 똑같이 맞출 수는 없는 것 아니냐며 억울함을 주장했다. 그리하여 제빵사의 이름 첫 글자를 빵에 새기게 함으로써 책임 여부를 추궁하기도 했다. 이처럼 빵의 무게를 속여 파는 행위는 아주 엄격히 다스려졌고 한 치의 오차도 허용하지 않았는데, 단 15g의 차이도 구속감이었다.

법을 어긴 제빵사는 반드시 처벌을 받았다. 죄질이 무겁거나 상습범일 경우 징역을 살고 마이스터 자격을 잃었으며 길드에서 추방되었다. 경찰은 때때로 성난 소비자들이 불법을 저지른 제빵사를 폭행해도 모른 척했다.

밀가루와 물, 소금, 팽창제로 만들어지는 프랑스 빵은 손이 많이 가는 음식이었다. 반죽을 부풀리는 데에 15시간이나 걸렸고, 반죽도 서너 번 해야 했으며, 90kg이나 나가는 엄청나게 큰 덩어리를 45분 안에, 때로는 맨발로 밟아 반죽했다. 일부 제빵사들이 다루기 쉽고 반죽을 빨리 부풀게 하는 맥주 이스트를 사용하기 시작하자 이 방식에 반대하는 여론이 들끓었다. 의사들은 맥주 이스트가 반죽을 천천히 부풀게 하지 않고 충격을 주어 급히 팽창하게 하므로 색깔이 누렇고 맥주처럼 몸에 해로울 수 있다고 경고했다.

4) 소금세

소금은 또 다른 문젯거리였다. 무엇보다 소금세의 부과가 합리적이지 못했다. 지역마다 다르게 책정되는 세율은 밀수와 부패를 조장했다. 소금세 징수원은 농부들을 위협하는 도적떼와 같은 존재였다. 새벽에 집에 쳐들어와 잠자고 있는 사람을 깨워 조사하고, 임신부를 놀라게 해서 유산시키는 경우도 있었다. 그렇게 농부들의 재산을 압수했으며, 때로는 체납자를 체포하여 가족에게 알리지도 않은 채 감옥에 보냈다.

그러자 굶주림과 불안, 거리의 폭력이 극에 달했다. 마침내 왕은 모든 계층을 망라한 삼부회를 소집했다. 정부의 변화를 요구하는 제 3계급인 평민은 회의장의 왼편에, 중도파는 가운데에, 변화를 반대하는 제 2계급인 귀족은 오른편에 앉았다. 바로 여기에서 좌파와 우파라는 정치용어가 유래했다. 그러나 모든 정치권력이 우파의 수중에 있었기 때문에 이 회의는 소득이 없었다. 1789년 7월 14일 왕이 소요 군중을 진압하기 위해 무장한 군대를 파견했다는 소문이 확산되자 파리의 군중은 시내 중심에 있던 바스티유 감옥을 습격하고 무기를 손에 넣었다.

5) 여자들의 시위: "제빵사와 제빵사의 아내 그리고 제빵사의 아들을 잡아라."

1789년 10월 6일, 바스티유 습격이 일어난 지 석 달 후 시장에서도 빵을 구할 수 없어 아이들이 굶주리자 성난 여자들은 돌과 몽둥이를 들고 베르사유로 향했다. 20km에 이르는 먼 길이었는데 내내 비가 내렸다. 그들은 왕비가 사치와 향락에 빠져 있으며, 오스트리아 출신에 결혼 후 8년 간 왕자도 낳지 못했다는 사실에 분개했다. 빵이 없어 사람들이 굶주리고 있다는 소식을 듣자 왕비는 웃으며 이렇게 말했다. "빵이 없으면 케이크를 먹으라고 하라." 여기서 케이크는 달걀과 버터가 풍부하게 들어간 브리오슈brioche를 말한다.

성난 여자들이 베르사유에 도착하자 왕족을 보호하는 임무를 지닌 궁정경비대도 이들의 시위에 동참했다. 여자들은 빵을 손에 넣었고 베르사유의 주방을 약탈했다. 루이 16세와 마리 앙투아네트Marie Antoinette 그리고 왕자는 총으로 위협당하며 파리로 이송되어 바스티유에 갇혔다. 승리감에 취한 여자들은 자신들이 '제빵사와 제빵사의 아내 그리고 제빵사의 아들'을 잡았다고 노래를 불

축제의 유래 … 바스티유 기념일

1789년 7월 14일은 프랑스의 독립기념일로, 이날은 폭죽과 축제로 기념한다. 1970년대 앨리스 워터Alice Water는 캘리포니아 버클리에 있는 자신의 레스토랑인 셰 파니스Chez Panisse에서 마늘로 만든 음식들로 바스티유 기념일을 축하하기 시작했다. 그즈음이 캘리포니아 북부의 마늘수확기였던 것이다. 『셰 파니스 메뉴 요리책』에 등장하는 다음의 간단한 메뉴에는 모두 마늘이 들어간다. 심지어 샤베트에도 마늘이 들어간다.

〈마늘 수플레〉

마늘 콩피confit를 곁들인 구운 생선
마늘과 간으로 만든 소스를 곁들인 새끼비둘기 구이
신선한 밤을 넣은 페투치네petuccine
마늘을 곁들인 로메인romaine과 로켓샐러드
두 가지 와인 과일셔벗

렸다. 1791년 6월 21일 프랑스 왕실은 오스트리아에 있는 왕비의 오빠에게로 탈출을 시도했다. 그들이 국경에 거의 다다랐을 때 그 지역의 우체국장이 하인으로 변장한 왕을 알아보았다. 왕의 초상화가 화폐에 사용되던 시절이었고 그가 요리사로 변장했다는 소문이 퍼져 있었기 때문이다. 당시의 풍자만화를 보면 왕과 그 식솔들이 돼지가면을 쓰고 있거나 돼지족을 먹는 장면이 나온다. 이는 국민이 굶는 것은 아랑곳하지 않고 혈세를 거둬 자기 배만 채운다는 야유의 표현이었다. 그들은 다시 파리로 압송됐다. 왕의 목은 단두대에서 잘려 막대에 꽂힌 채 온 시내를 돌았고 마리 앙투아네트도 참수되었다. 왕자 역시 감옥에서 버미첼리vermicelli 수프를 먹은 후 숨졌다.

2. 나폴레옹 시대(1799~1815년)

1799년 나폴레옹 보나파르트라는 젊은 장군이 프랑스의 정권을 움켜쥐었다. 프랑스혁명과 이후 펼쳐진 나폴레옹의 시대는 심오한 문화적 변화를 가져왔다. 프랑스혁명은 계층, 가치관, 통치방식을 혁신하며 새로운 사회를 이끌었다. 제 1계급인 성직자는 정부의 통제 아래로 들어왔고, 제 2계급인 귀족은 죽거나 추방되어 사라졌다. 제 3계급인 부르주아, 농부, 도시빈민은 투표권을 부여받았는데, 이는 곧 이들에게 합리적인 세금이 부과됨을 의미했다. 그리고 그 세금은 귀족의 성을 짓거나 연회를 여는 비용이 아니라 제 3계급 자녀의 학교 교육을 위해 사용되었다.

1) 레스토랑

요리에서의 변화도 컸다. 프랑스혁명은 사람들의 먹는 것, 먹는 곳, 먹는 법에 변화를 가져왔다. 부르주아는 더 이상 수입의 50%를 세금으로 내지 않아 자산이 늘어났고 또 그만큼 잘 먹기를 원했다. 파리에서는 프랑스의 고유한 창작품인 현대적인 레스토랑이 생겨났다.

혁명은 중세의 길드제도를 종식시켰다. 이제 어느 길드가 어느 음식을 통제하느냐에서 어느 레스토랑이 무슨 음식을 팔 수 있느냐로 음식산업의 논쟁이 바뀌었다. 일례로 1830년에는 한 카페의 주인이 레스토랑을 사칭했다는 이유로 기소되었는데, 카페치고는 너무 많은 120가지의 메뉴를 판매했다는 것이 그 이유였다.

새로운 식습관은 또 새로운 용어를 등장시켰다. 레스토랑과 관련된 어휘들은 대개 프랑스어다. 건강을 되찾아주는 음식으로 여겨지던 또 다른 프랑스 단어인 레스또라뙤르restaurateur는 레스토랑 주인이고, 메뉴menu는 '작은small'의 프랑스어이다.(메뉴는 요리의 축소판이기 때문) 18세기 프랑스인은 식사를 수프로 시작하면 건강을 되찾을 수 있다고 믿었고, 이것은 21세기에도 여전히 남아 있는 관습이다. 그리모 드 라 뤼니에르Grimod De La Reynière는 세계 최초의 레스토랑

음식 에피소드 최초의 레스토랑

최초의 레스토랑은 불랑제Boulanger라는 사람이 혁명전인 1765년에 파리에서 열었다고 한다. 역사학자 레베카 스팽Rebecca Spang은『레스토랑의 발명The Invention of Restaurant』에서 혁명 전 프랑스에서는 레스토랑이 단지 새로운 식사 공간 이상의 의미를 지녔다고 말한다. 18세기 엘리트문화가 요리에 매료되었을 뿐 아니라 건강추구라는 목표에 사로잡혀 있었음을 반영한다는 것이다. 18세기 파리시민들은 왕의 열두 요리사 중 한 명인 마투랑 로즈 드 샹투아조Mathurin Roze De Chantoiseau를 레스토랑의 창시자로 알고 있었다.

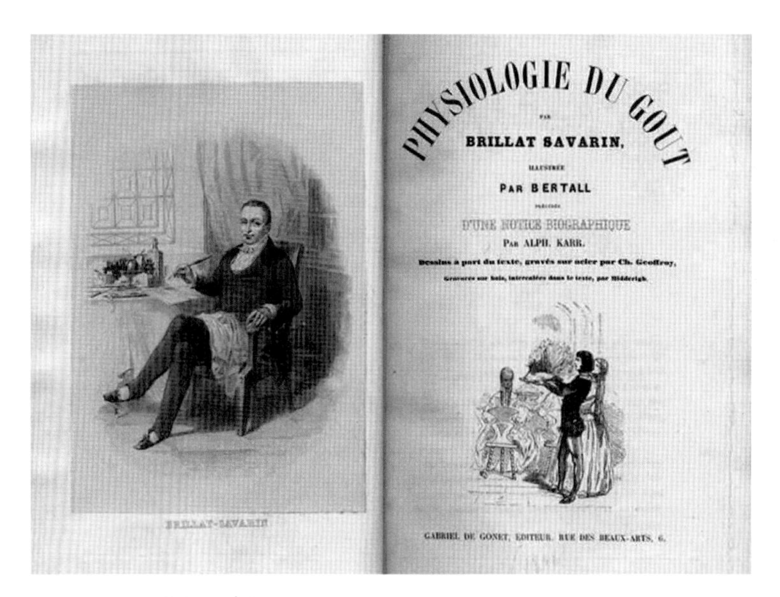

브리야 사바랭의『맛의 생리학』

비평가인데, 그가 펴낸『미식가 연감Almanach des gourmands』은 세계 최고의 레스토랑 가이드이다. 미식gastronomy이라는 단어는 1801년 어느 시의 제목에 처음 등장했고, 여기에서 미식가gastornome라는 말이 생겨났다.

2) 브리야 사바랭: "당신이 먹는 것이 곧 당신이다."

브리야 사바랭Brillat-Savarin은 최초의 미식가로 "내게 당신이 먹은 것을 알려 주면 당신이 어떤 사람인지를 말해주겠다."라는 유명한 말을 남겼다. 음식에 대한 그의 생각이 담긴『맛의 생리학The Physiology of Taste』은 1825년에 출판되었다. 그는 또 "미식은 인간의 영양공급과 관련된 모든 것에 대한 지식이다."라고 말했다. 그는 레스토랑을 사랑하는 이유를 다음과 같이 말하고 있다. "언제, 무엇을, 얼마나 먹을지 마음대로 정할 수 있고, 프랑스의 최고요리와 전 세계에서 수입되는 진귀한 음식도 접할 수 있기 때문이다." 그는 또 레스토랑에서 혼자 먹는 사람, 가족, 부부, 연인, 일반인, 외국인 등 다양한 사람들을 관찰했다. 그는 레스토랑에서의 식사가 너무 매력적인 나머지 자칫하다가는 빚더미에 빠질 수 있다고 경고하기도 했다. 하지만 결론적으로 "레스토랑은 모든 미식가들의 천국이다."라는 것이 그의 생각이었다.

3) 카렘: 프랑스요리의 건축가

"앙투앙 카렘은 모든 시대를 아울러 최고의 요리사이다."

- 음식역사학자이자 요리사 앤 윌런Anne Willan

앙투앙 카렘Antonin Carême은 최초의 유명 요리사이자 가난뱅이에서 부자가 된 전설적인 인물이다. 그가 요리사가 된 것은 가난 때문이었다. 루이 16세가 단두대에서 처형된 1793년, 자녀를 25명이나 키우던 가난한 카렘의 부모는 읽고 쓰지도 못하는 열살 난 아들을 스스로 먹고 살라며 거리로 내보냈다. 아들은 기특하게도 주방에서 일자리를 구했고 자라서는 제과사가 되었다. 독학으로 글을 깨우쳤고, 32세가 된 1815년에는 두 권의 베스트셀러 『황실의 제과사Le Pâtissier Royal』와 『그림 같은 제과사Le Pâtissier Pittoresque』를 출간했다. 12년 후 그는 거의 모든 요리 분야를 섭렵하면서 프랑스에서 가장 뛰어난 요리사가 되었다. 그의 요리는 당시에도 이미 전설적이었다. 로트실트Rothchild 가문을 위한 어느 저녁식사에서는 엄청난 양의 연어에다 트뤼플truffle을 얇게 깎고 다듬어 붙여서 마치 비늘처럼 보이게 장식했다. 그는 나폴레옹의 웨딩케이크를 만든 주역이기도 하다. 그러자 온 유럽에서 그에게 손길을 뻗쳤다. 영국의 리젠트Regent 왕자는 도저히 거절하지 못할 정도의 급여를 제안했는데, 요즘 돈으로 약 30만 달러에 해당했다. 왕자는 주방에서 음식을 먹을 만큼 카렘의 요리를 사랑했다. 그러나 향수병에 시달린 카렘은 1년 후 파리로 돌아왔다. 러시아에는 요리사가 아닌 손님으로 종종 저녁식사에 초대되기도 했다. 하지만 그곳은 너무 추워 1년 중 절반은 형편없는 온실의 채소만 사용할 수 있었다. 비엔나에서는 사정이 나았지만, 역시 그에게는 프랑스가 체질에 맞아 그는 여생을 프랑스에서 보냈다.

카렘은 몇 가지 러시아 요리와 문화를 파리로 가져왔다. 보르시치 수프, 생선과 필라프를 여러 겹으로 쌓아 반죽을 덮어 구워낸 요리인 쿨리비악koulibiac, 생화로 테이블을 장식하는 법 그리고 러시아식 테이블 서비스(중세 이래로 유럽에서처럼 한꺼번에 모든 음식을 내오는 대신 한 번에 한 종류씩 가져오는 방식)를 도입했다. 러시아식 테이블 서비스는 다량의 식기와 음식을 나르는 시종을 필요로 했기 때문에 그 자체가 러시아 귀족의 엄청난 부를 상징했다. 카렘은 또 많은 요리를 개발했다. 프랑스 주재 러시아 외교관의 이름을 딴 밤 푸딩인 네셀로데Nesselrode, 러시아 귀족을 기린 빌 프린스 오를로프Veal Prince Orloff, 핑거 쿠키로 둥글게 만든 후 바바리안 크림을 채워 넣는 디저트 샤롤 뤼세Charolle Russe가 대표적이다.

카렘은 요리구성에서도 천재적이었다. 그는 프랑스요리에 질서와 일관성을 부여했다. 카렘은 프랑스요리의 기본인 소스를 모체母體 체계로 집대성했다. 이 체계에 따르면 다섯 개의 대표적인 소스가 모든 소스의 기본이다. 여기에 와인, 허브, 치즈, 채소 등을 넣어 100여 가지의 다른 소스가 만들어졌다. 이런 파생 소스를 작은 소스 또는 딸 소스라고 불렀다. 다섯 가지 기본 소스는 베샤멜béchamel, 벨루테velouté, 에스파뇰espagnole, 홀란데즈hollandaise, 토마토소스이다. 에스파뇰과 홀란데즈는 그것이 유래된 나라인 스페인과 네덜란드의 이름을 따랐으며, 베샤멜은 이를 개발한 요리사의 이름(아마도 이탈리아인인 베샤멜라일 것이다)을 따랐고, 토마토소스는 주 재료에 따라 이름이 붙여졌다. 벨루테는 유일하게 소스 자체의 특성을 묘사하는 이름이다. 프랑스어로 벨루테는 '벨벳으로 변하다.'라는 뜻을 가지고 있는데, 잘 만들어진 벨루테소스는 정말 벨벳처럼 부드럽다.

카렘은 장식도 강조했다. 그는 제과confectionery가 건축의 중요한 분야라고 생각했다. 그는 도서관에서 찾은 그리스와 로마의 건축유적지, 이집트의 피라미드, 중국의 탑, 배, 분수 등을 테이블의 센터피스로 재창조했다. 몇 십 센티미터에 달하는 이러한 제과로 만든 건축물은 피에스 몽테pièces montée라고 불렸다. 실처럼 길게 뽑아낸 설탕과 마르지판, 머랭meringue, 슈거페이스트로 만들어낸 작품들은 수년 간 보관되었다. 카렘은 이러한 설탕공예를 위해 두 손을 얼음물과 끓는 설탕에 번갈아넣기를 꺼리지 않았다.

1833년 천재 요리사 카렘은 19세기의 프랑스요리를 총망라한 마지막 책을 완성하고, 요리사의 왕이자 왕들의 요리사로 생애를 마쳤다.

4) 요리사의 유니폼

셰프chef는 셰프 드 퀴진chef de cuisine(주방의 우두머리)의 줄임말로 이 무렵부터 사용되기 시작했다. 이와 함께 전문화에 따라 주방용어에도 각종 직책의 명칭이 도입되고, 그 직종의 종사자들을 구분하기 위해 프랑스 육군의 군복을 본뜬 유니폼이 등장했다.

요리사의 유니폼은 두 가지 실용적인 기능을 지닌다. 요리사를 요리에서 보호하고, 요리사에게서 요리를 보호하는 것이다. 긴 소매, 긴 바지, 두 겹으로 된 상의는 음식물을 쏟거나 엎질렀을 때 요리사가 화상을 입지 않도록 보호해 준다. 흑백 체크문양의 바지는 얼룩을 감추는 일종의 변장술이다. 튼튼한 신발은 도구나 칼이 떨어져 발이 다치는 것을 막아준다. 미끄럼 방지 신발창은 바닥에 흘린 음식이나 기름으로 인해 넘어지는 것을 방지한다. 한편 긴 소매와 두 겹상의, 목에 두른 작은 손수건은 땀이 음식에 떨어지지 않도록 하기 위함이다. 길고 하얀 모자는 머리카락이 흘러내리지 않게 하며 복잡한 주방에서 누가 책임자인지를 쉽게 식별하게 해준다. 카렘 이전의 주방장 모자는 헐렁헐렁한 것이었다. 그는 모자를 세우려고 그 속에 딱딱한 종이를 넣었다. 주방장의 긴 모자에는 주름이 100개 있는데, 이것은 훌륭한 요리사라면 달걀요리법을 100개는 알고 있어야 함을 상징하는 것이다.(1993년 『요리가이드The Culinary Guide』에서 에스코피에는 오믈렛을 제외한 달걀요리법을 202가지나 실었다. 오믈렛에 대해서는 따로 82개의 요리법이 있었다.)

그러나 이러한 유니폼도 주방에서 일어날 수 있는 또 다른 심각한 사고는 막지 못했는데, 바로 일산화탄소 중독이었다. 일산화탄소는 무색무취해서 감지가 불가능하다. 일산화탄소 중독은 주로 환기가 잘 되지 않는 실내에서 석탄을 사용할 때 발생했으며 프랑스요리사들 사이에서는 '요리사의 정신병folie des cuisiniers'이라고 불렸다. 왜냐하면 그 증상이 비정상적 행동이나 방향감각 상실, 근육 부자유 등을 수반하기 때문이다. 얼굴색도 붉게 변해 마치 술에 취한 것처럼 보이기도 한다. 카렘 역시 일산화탄소 중독으로 사망했을 가능성이 있다.

5) 나폴레옹: "빌어먹을 설탕, 빌어먹을 커피, 빌어먹을 식민지!"

1802년 나폴레옹은 격노했다. 그는 영국과의 전쟁에서 잃은 영토를 되찾고 전 유럽을 통치하며 프랑스제국을 재건하기를 원했지만 모든 것에서 좌절했다. 그의 군대는 설탕과 커피를 생산하는 카리브해의 섬인 지금의 아이티, 산 도밍고를 노예반란자들로부터 되찾는 데 실패했다. 2만여 명에 달하는 그의 군대는 노예들을 이끌던 지도자 투생 뤼베르튀르Toussaint L'Ouverture에게 목숨을 잃거나, 모기가 전염시키는 황열병으로 죽어갔다. 이 병은 스페인어로 '검은 구토vomito negro'라고 부른다.

유럽에서는 대영제국의 막강한 해군이 프랑스의 항구를 막았다. 나폴레옹은 프랑스가 자급자족하기를 원했다. 카리브해의 사탕수수로 만든 설탕을 얻을 수 없다면, 설탕의 또 다른 재료인 사탕무를 재배해야 한다고 생각했다. 나폴레옹의 이러한 결정은 카리브해의 경제 쇠퇴를 가져오고 전 세계적으로 설탕의 식습관에 변화를 일으켰다.

6) 통조림의 발명

나폴레옹은 루이지애나를 미국에 매각하고 받은 1,500만 달러를 가지고 1803년 유럽 점령 계획에 착수했다. 나폴레옹은 우선 병사들에게 양질의 본토 음식을 먹이기를 원했다. 그는 군대에서 보통 배급하는 염장, 건조 혹은 훈제식량보다 나은 음식을 제공하려고 했다. 이러한 보존방법들로 음식의 맛과 질감이 변질되었기 때문이다. 나폴레옹은 음식보존법 개선에 1만 2천 프랑(오늘날 25만 달러)에 달하는 상금을 내걸었다.

1810년 니콜라스 아페르Nicolas Appert라는 요리사가 이 상금을 차지했다.

1750년생인 아페르는 여관을 운영하던 아버지를 도와 여인숙과 와인저장고를 돌보며 자랐고, 22세에 요리사가 되었다. 31세에는 파리에 당과 전문점을 열었다. 그는 식품보존법에도 열정을 보여, 프랑스요리의 기본인 소스의 새로운 보존법을 개발하려고 노력했다. 10년에 걸친 실험 끝에 그는 마침내 유리병에 음식을 넣고(처음 사용한 것은 샴페인 병이다) 수조에서 끓이는 방법을 고안했다. 이 중탕법은 기존의 다른 방법보다 음식맛을 유지하는 데 뛰어났지만 군대에서는 그리 실용적이지 못했다. 유리병은 흔들리는 해군함정에서나 거친 산길을 행군해야 하는 육군 보병에게 불편했기 때문이다. 아페르의 발명에 특허를 줘서 대량생산에 성공한 나라는 영국이었다. 영국은 당시 프랑스보다 산업화에서 앞서 있었으며 주석산업도 매우 발달했기 때문이다. 당시에 수제로 만들던 통조림의 뚜껑은 미국에서 통조림 따개가 발명된 19세기 중반까지 망치나 정 같은 연장으로 열었다.

7) 러시아의 초토화작전

아메리카 대륙에서 식민지를 잃어버린 나폴레옹의 유럽 점령에 대한 야심은 커져만 갔다. 1812년 나폴레옹은 러시아를 침략했다. 러시아는 초토화 전략으로 맞섰다. 그들은 식품을 소각하고 가축을 도살해 나폴레옹 군대를 식량 부족으로 몰아넣었다. 나폴레옹은 역사상 최대 규모인 60만 대군을 이끌고 러시아로 진격했는데, 그중 약 5만 명만이 살아남았다.

"군대는 식량으로 행군한다."고 말했던 사람이 어떻게 수십만의 군대를 굶어 죽게 방치할 수 있었을까? 나폴레옹의 모스크바 퇴각은 준비 부족이 얼마나 큰 재앙을 가져오는지 보여준 사례이다.

여러 전투를 거쳐 도착한 수도 모스크바는 버려져 있었다. 항복을 거부한 차르를 비롯해 아무도 남아 있지 않았다. 나폴레옹 군대는 도시를 불태우고 약탈했다. 그리고 귀족의 성에서 가져온 사치품들을 놓고 잔치를 벌이고는 겨울이 시작될 무렵 나폴레옹은 프랑스로 돌아갈 것을 명했다. 밀을 갈아 빵을 만들 수 있는 소형제분기를 병사들에게 나눠주라는 명령 외에는 아무런 대책도 세우지 않았다. 막상 모스크바를 떠나 행군을 시작할 때 프랑스 병사들은 밀은 있었으나 제분기는 갖고 있지 않았다.

19세기 유럽사회에서처럼 나폴레옹의 군대에서도 어떤 음식을 먹느냐는 신분에 따라 정해졌다. 나폴레옹은 행군 내내 훌륭한 저녁 서비스를 받았고, 항상 흰 빵과 린넨, 양질의 기름, 쇠고기 또는 양고기, 쌀 그리고 콩 또는 렌즈콩과 그가 좋아하는 채소를 먹을 수 있었다.

장교들은 개인요리사를 두었고 서너 달치 식량을 실은 마차를 대동했다. 여기에는 어느 일기장에 기록된 것처럼 300병 이상의 와인, 20~30병의 럼과 브랜디, 4.5kg 이상의 차와 그만큼의 커피, 22~29kg의 설탕, 1.3~1.8kg의 초콜릿, 양초 등이 실려 있었다. 그러나 일상식품은 없었다. 한 장교의 기록에는 흰 빵과 고기, 보통 와인은 전혀 없다고 쓰여 있다. 전장에서 요리사는 매우 중요한 존재였다. 그들은 질긴 말고기로 먹기 좋은 카레를 만들었고, 말의 피를 가지고 푸딩도 만들었다. 요리사가 있어 비로소 먹는 것이 가능했다. 그러므로 요리사는 경호를 받아야 했으며, 여섯 명의 군사가 한 명의 요리사를 보호하도록 배속된 경우도 있었다.

군대에서 계급차이란 결정적인 것이다. 같은 부대라 해도 누구는 풍요롭게 지내는 반면 다른 누구는 굶어죽기도 했다. 병사들은 음식을 배낭에 짊어

질 수 있는 만큼 소지하고 출발했다. 하지만 나폴레옹이 약속한 제분기가 도착했을 때는 이미 무게를 감당하지 못한 병사들이 짊어졌던 곡식을 다 버린 후였다. 그들은 제분기와 총, 배낭도 버렸다. 탄약을 실은 마차도 거리에 버렸다. 도끼마저 버린 뒤라 불을 지필 수 있는 나무를 벨 수도 없었고, 언 강을 깨고 물을 구할 수도 없었다. 말들은 갈증으로 괴로워하며 두꺼운 얼음을 발로 긁어대며 지쳐갔다. 이들은 말굽에 징을 박지 않았을 정도로 준비가 부실했다. 사냥을 하러 나서는 것도 위험했다. 러시아인들에게 잡히면 고문 끝에 목숨을 잃었다. 이렇게 모스크바의 상류층 저택에서 약탈한 사치품들은 나폴레옹 군대의 손에 잠시 머무르다 결국 러시아 농부들의 수중에 넘겨졌다.

겨울은 빠르게 다가왔다. 진눈깨비와 눈, 안개, 영하 32℃까지 내려가는 혹한 속에 마차의 바퀴는 진흙 속에 빠지고, 수염에는 고드름이 달리며, 와인은 얼어붙었다. 그들은 손도끼로 와인병을 깨뜨려 불에 녹여 마셔야 했다. 이것이 11월의 일이었다. 12월이 되자 영하 39℃까지 떨어졌다. 병사들은 굶주림과 추위로 죽어갔다. 절망에 빠진 나머지 살아 있는 병사들은 말의 살점을 뜯어먹었고, 나무껍질을 벗겨 먹기도 했다. 죽거나 거의 죽기 직전의 병사들은 까마귀떼나 떠돌이 개들에게 잡아먹혔다. 행군이 끝나기 전, 그들은 서로 죽이거나 자살하거나 인육을 먹기도 했다.

12월 8일 수천 명의 굶주린 병사들은 리투아니아의 작은 도시 빌나에 도착해 레스토랑을 전멸시켰다. 그들은 먹고 또 먹었다. 그러고는 돌연 숨을 거두었다. 그들의 체내에 음식을 소화할 효소나 에너지가 부

요리 수첩 _ 스파르타식 수프

병사들이 항상 말고기 또는 독한 증류주를 먹은 것은 아니었다. 묽은 스파르타식 수프를 만들기도 했다. 요리법은 다음과 같다. 눈을 녹인다. 적당량의 밀가루를 넣는다. 소금이 없으므로 화약을 조금 넣는다. 뜨거운 상태로 내야 하며 배가 정말로 고플 때만 먹는다.

족했던 것이다. 이가 전염시키는 발진티푸스도 수천 명의 목숨을 앗아갔다.

러시아인들과 겨울은 무시무시한 상대였고, 나폴레옹은 결국 패배했다. 전쟁은 프랑스에 값비싼 교훈이었으나 다른 유럽 독재자들은 이를 본보기로 삼지 않았다. 130년 후 히틀러 역시 러시아 사람들과 혹독한 겨울에 굴복하고 말았다. 하지만 나폴레옹은 아직 끝나지 않았다. 최후의 패배는 1815년 벨기에의 워털루에서 영국과 프로이센의 연합군과 벌인 전투에서였다. 영국은 나폴레옹을 생포해 대서양 한가운데 외떨어진 작은 섬인 세인트헬레나 섬에 유배시켰다. 이곳에서 그는 1821년에 사망했다. 세인트헬레나 섬은 본래 대영제국의 선박이 향신료의 섬으로 가는 도중 연료를 보충하던 곳이었다.

3. 미국, 식민지에서 하나의 국가로

1) 이민: 펜실베이니아의 네덜란드인

18세기에 영국은 아메리카에서 식민지를 계속 넓혀갔다. 식민지의 확대는 광고 덕분이기도 했다. 중상주의는 인구가 많아야 가능한데, 식민지 주민이 많을수록 본토로 더 많은 원자재를 실어 보내고, 그것으로 제조한 물건을 다시 들여와 더 많이 판매할 수 있었다. 윌리엄 펜William Penn은 전쟁과 노예제도에 반대하는 퀘이커 교도들이 펜실베이니아에 새로운 식민지를 세우고 아름답게 살아간다는 내용의 선전물을 유포했다. 그것이 라인강 계곡에 사는 독일 신교도와 스위스 농부들에게 전해졌고, 전례 없는 혹한의 겨울을 지내는 이들에게 펜실베이니아로의 이주를 고려하게 만들었다. 영국 시민권 획득과 식민지에서

요리 수첩

_비트즙에 절인 펜실베니아식 더치 에그

비트즙 한 컵
올스파이스 1/4작은술
식초 한 컵
메이스 1/4작은술
소금 3/4작은술
익힌 비트 한두 개
정향 1/2작은술
껍질을 까지 않은 완숙 달걀

의 토지 소유를 쉽게 해주는 법이 만들어지자 이에 고무된 사람들은 펜실베이니아로 떠났다. 그곳에 이미 정착해 살고 있던 영국인들의 귀에 독일인이라는 뜻의 독일어 '도이치Deutsch'가 '더치Dutch'로 들렸고, 이 때문에 라인 지방 사람들은 네덜란드인으로 오해를 받았다.

펜실베이니아 더치들은 하루 세 끼 식사에 모두 파이를 먹었다. 파이나 타르트의 속은 사과, 체리, 구스베리, 포도, 건포도, 호두 등으로 채웠다. 속에 넣을 재료가 없을 때에는 식초파이를 만들어 먹었다. 물에 식초와 넛맥을 넣어 향을 가미하고 설탕으로 단맛을 내어 달걀과 밀가루로 농도를 맞춘 것이었다. 또 케이크와 비슷한 슈플라이 파이shoofly pie를 만들어 먹었다. 물, 당밀, 베이킹 소다를 넣고 빵가루로 토핑을 얹는 것으로, 파리를 쫓아버릴 정도로 달다는 뜻에서 그 이름이 유래되었다.

라인주민들의 후손 대부분은 미국사회의 주류로 편입되었다. 그러나 아미시파(북아메리카에 있는 그리스도교 단체)들은 비문명의 생활을 지속했다. 이들은 전기를 사용하지 않고 자동차 대신 말과 이륜 경마차를 타면서도, 여전히 양질의 풍족한 식생활을 즐겼다. 스위스와 독일의 요리 역사학자 니카 헤이즐턴Nika Hazelton의 말처럼, 18세기 스위스 전원생활에 대해 알고 싶은 사람이라면 현대의 스위스나 독일에 가는 것보다 펜실베이니아나 인디애나 주의 엄격한 아미시파 거주지를 둘러보는 편이 훨씬 도움이 될 것이다.

2) 해나 글라세의 『요리의 기술』

미국에서 출판된 첫 번째 요리책은 영국에서 쓰인 것이었다. 1747년 39세의 해나 글라세Hannah Glasse라는 영국 여성이 『간단하고 쉬운 요리의 기술The Art of Cookery Made Plain And Easy』이라는 책을 펴냈다. 글라세는 이 책의 서두를 다음과 같이 시작하고 있다.

> *내 의도는 낮은 계층의 사람들을 훈련시키는 것이므로 그들의 방식에 맞게 글을 써야 한다. 예를 들어 닭에 라드를 바르라고 할 때, '라둔lardoon 라드'를 사용하라고 한다면 그들은 내 말을 이해하지 못할 것이다. 하지만 '베이컨 조각들로 된 라드'를 사용하라면 바로 알아들을 것이다. 요리의 많은 부분이 그렇듯이 훌륭한 요리사는 상황에 맞게 적절히 표현하는 능력을 갖추어야 한다. 그렇지 않으면 가난한 여성들은 그 말을 이해하지 못해 난처해할 것이다.*

글라세는 "비용을 반만 들이고도 같은 결과를 얻을 수 있는데 왜 비싼 재료를 쓰는가? 비싼 프랑스산이라고 해서 항상 좋은 것은 아니다. 불량음식을 경계하라."라고 충고하는 등 요리에 대해 상식적으로 접근했다. 글라세의 요리책은 신선한 육류의 감별법에 대한 설명으로 시작한다. 또 제철 식재료를 사용해야 한다고 강조한다. 글라세는 아주 기본부터 시작해 모든 것을 다룬다. 말 그대로 물 끓이는 법부터 산딸기 와인, 순무 와인, 화이트 벌꿀술, 단풍 맥주, 사이다 만드는 법까지 등장한다. 또 그녀의 요리법은 매우 현대적이어서 푸딩이나 케이크, 파이와 단과자 등 영국인이 즐겨 먹는 요리도 많이 실었으며 사탕 만드는 법도 나온다. 글라세는 1770년경 『완벽한 제과사The Complete Confectioner』

라는 책도 출판했다.

3) 샌드위치 백작

1762년 한 영국 백작의 이름이 처음으로 새로운 음식 이름에 사용되었다. 샌드위치가의 제 4대 백작인 존 몬태규John Montagu는 도박을 너무 좋아한 나머지 도중에 식사를 하러 자리를 뜨는 것을 몹시 싫어했다. 그가 생각해낸 해결책은 바로 빵 사이에 차가운 고기를 끼워 가져오게 하는 것이었다. 이렇게 해서 생겨난 샌드위치는 전 세계로 퍼져 크게 유행하게 되었다.

4) 프랑스 인디언 전쟁(1754~1763년)

서부로 향하려는 미국 이주민의 열망은 북미에서 벌어진 첫 번째 세계전쟁에 불을 당겼고, 훗날 독립혁명으로 확대됐다. 프랑스 인디언전쟁 또는 7년 전쟁으로 알려진 이 사건은 1754년에 시작됐다. 당시 버지니아의 주지사는 조지 워싱턴George Washington이라는 21세의 조사원을 애팔래치아 산맥의 서부로 보내 비옥한 오하이오강 유역에 위치한 농장 대지에 대해 버지니아의 소유권을 주장하도록 했다. 그러자 그곳에 모피 교역의 기반을 두고 있던 프랑스인들이 맞섰고, 이에 대응하여 워싱턴이 첫 발포를 가했다. 1763년 전쟁이 끝났을 때, 프랑스는 아이티를 제외한 북미의 모든 식민지 영토를 잃었다. 한편 영국은 애팔래치아 산맥의 서부에 정착 금지령을 내렸다. 이 처분은 그곳에 정착하기 위해 9년 동안 싸워온 미국인들의 분노를 자아냈다. 금지령에도 미국인들은 이주를 감행했고, 다른 한편에서 프랑스는 복수를 꿈꿨다.

식민지 시대의 미국 주방의 모습

미국 남부 지방에서 돼지고기 저장식품을 만드는 모습

스웨덴의 현대적인 바이킹 요리(스뫼르고스보르드, 푸짐한 '샌드위치 테이블' 뷔페)는 18세기에 브란빈스보르드brannvinsbord 또는 아쿠아비트 부페Aquavit Buffet(아쿠아비트는 생명수란 뜻이지만 실제로는 감자로 만든 독한 술이다)로 시작되었고, 다양한 맛의 아쿠아비트와 곁들여 먹을 수 있는 전채요리들로 구성되었다. 덴마크에서는 '스모레브로드smØrrebrØd'라고 하는데 '빵과 버터'라는 뜻이다. 노르웨이에서는 '스모레브로드smØrbrØd'라고 한다. 이것은 전통적인 크리스마스이브 식사이다. 샌드위치는 오픈 샌드위치로 빵 한 쪽에 피클이나 훈제청어, 연어, 앤초비, 치즈, 살라미, 파테, 양파, 오이 등 다양한 재료들을 얹어낸다. 스웨덴 사람들은 바삭한 얇은 웨하스 크래커인 플랫브레드와 미트볼을 추가하기도 했다. 더 정성들여 만드는 샌드위치로는 덴마크의 룰폴스가 있는데, 이것은 생고기를 납작하게 두들겨 펴서 겹겹이 쌓은 후 돌돌 말아 실로 감아서 물 속에 장시간 담가둔 후 꺼내서 다시 납작하게 밀어 자른 것이다.

19세기 후반 미국에서는 프랑크푸르터frankfurther(일종의 핫도그와 햄버거로 이 요리가 유래된 독일 도시의 이름을 땄다)가 인기를 끌었다. 건강식 먹기 운동으로 PB&J[땅콩버터peanut butter와 젤리jelly] 샌드위치가 생겨났다. 현재 미국 샌드위치의 표준은 BLT[베이컨bacon, 양상치lettuce, 토마토tomato]이다. BLT 샌드위치를 3단으로 쌓아 닭고기 또는 칠면조를 추가로 넣은 것을 클럽샌드위치라고 한다. 1930년대 코믹만화와 영화 주인공인 대그우드Dagwood는 냉장고에 있는 재료를 닥치는 대로 이용하여 샌드위치를 만들었는데, 이를 대그우드 샌드위치라 한다.

지역마다 샌드위치가 조금씩 다른 것은 이민자들 덕분이다. 뉴잉글랜드에는 두 가지 형태의 랍스터 롤이 있다. 랍스터 샐러드 샌드위치는 랍스터 조각에 버터를 바른 후, 달걀을 넣어 반죽한 핫도그 빵 속에 넣어 만든다. 20세기 중반, 뉴욕과 네브래스카에서는 루벤reu-ben 샌

대그우드

아시아의 샌드위치, 반미

드위치가 탄생했다. 이는 따뜻한 콘비프, 스위스 치즈를 사우전드 드레싱과 함께 내는 것이다. 뉴올리언스에서는 튀긴 굴 샌드위치와 머풀레타muffuletta, 이탈리아 햄인 모르타델라, 올리브 샐러드를 곁들인 햄과 스위스 치즈가 등장했다. 필라델피아의 이탈리아인들은 유명한 필리 치즈 스테이크를 개발했다. 이것은 구운 양파를 곁들인 뜨거운 샌드위치이다. 샌드위치의 다른 이름으로는 서브sub, 토피도torpedo, 그라인더grinder, 호기hoagie 그리고 히어로hero 등이 있다. 샌드위치 체인점으로는 블림피스와 서브웨이가 있다.

1955년에 생겨난 맥도날드, 버거킹, 잭 인 더 박스, 웬디스, 화이트 케슬 같은 버거 전문점도 있다.

20세기 말, 이란과 다른 서아시아 나라에서 온 이민자들은 미국에 포켓 샌드위치를 소개했다. 피타 브레드에 샤와르마shawarma라는 구운 양념고기를 넣고, 타히니나 요거트 혹은 이 둘을 혼합한 소스와 함께 먹는다. 팔레스타인과 이스라엘 사람들은 피타 브레드에 팔라펠falafel이라고 하는 병아리콩 반죽을 볼 모양으로 만들어 튀긴 것을 넣는다. 이탈리아의 그릴 샌드위치에는 때때로 바질과 같은 허브를 넣는데, 이를 파니니panini(작은 빵이란 뜻)라 부른다. 프랑스의 대표 샌드위치인 크로크 무슈는 그릴한 햄과 치즈를 넣는다.

아시아 퓨전 샌드위치인 반미bahn mi는 작은 프렌치 바게트에 한국의 바비큐, 중국의 돼지고기 요리, 베트남의 레몬 그라스에 마리네이드한 소고기, 태국의 닭고기 요리 등을 넣어 만든다. 샌드위치에 넣는 양념으로는 칠리, 허브, 생강 피클, 레몬즙 등이 있다. 맥도날드는 중국에서 인기가 있지만, 차게 먹어야 하는 콜드 샌드위치는 그렇지 못하다. 중국에서 찬 음식은 망자에게 올리는 제사음식으로 여기기 때문이다.

5) 세금과 선술집

미국 이주민과 영국의회 사이에서 식민지 통제를 둘러싸고 벌어진 분쟁은 프랑스 인디언 전쟁이 끝난 이듬해부터 심각하게 불거지기 시작했다. 영국의회는 1764년 전쟁물자 조달을 위해 설탕에 세금을 부과했고, 주민들은 이에 저항했다. 의회는 세금을 낮추는 대신 이듬해에 인지 조례를 통과시켰는데, 이는 각종 증서와 유언장을 비롯해 신문과 카드에 이르기까지 종이로 된 모든 것에 세금을 매긴다는 내용이었다. 분노한 이주민은 영국의 양모제품에 대해 불매운동을 벌였다. 양조업자인 새뮤얼 애덤스Samuel Adams는 선술집에서 일하던 사람들을 고용해 비밀결사대인 '자유의 아들The Sons Of Liberty'을 조직한 후 인세 징세관들을 살해하고 이들의 가택을 침입했다. 이처럼 폭력사태가 벌어지자

의회는 인지조례가 실효되기 전인 1766년 이를 폐지했다. 그러자 식민지 전역의 선술집에서는 축하행사가 열렸다.

1768년 영국이 인구 1만 6천 명의 도시 보스턴에 랍스터백lobsterbacks이라 부르던 빨간 코트를 입은 병사 4천 명을 주둔시키자 주민들 사이에서 긴장이 고조되었다. 영국은 주민들이 병사들을 집에 데려가 식사와 잠자리를 제공하리라 예상했다. 그러나 2년 뒤 보스턴 시민들이 돌을 던지며 시위를 벌이자 병사들은 총구를 겨누었다. 이때 네 명의 사상자가 발생했다. 새뮤얼 애덤스는 보스턴 학살을 알리고 미국인들을 격앙시켜 영국에 맞서기 위해 연락위원회를 결성했다. 주택이나 선술집에 전달된 우편물을 통해 영국의 잔악행위가 알려지자 미국인들의 분노가 타올랐다. 사태가 이렇게 발전하자 영국의 수상 찰리 타운센드Charlie Townshend는 새로운 방법을 생각해냈다. 액수가 큰 하나의 세목에서 여러 가지 자잘한 세목으로 바꾸는 것이었다. 이에 따라 유리, 페인트, 납, 차 등에도 세금이 부과되었다. 그러자 미국인은 저항했고, 나중에는 결국 차를 제외한 모든 세금이 폐지되었다.

6) '보스턴 항구, 오늘밤 찻주전자가……'

1773년 12월 16일, 인디언으로 가장한 150여 명의 무리가 보스턴 항구에 정박해 있던 동인도회사의 배에 잠입하였다. 이들은 한 상자에 160kg이나 되는 차 상자 100여 개를 인디언이 사용하는 작은 손도끼로 부수어 바다로 던져버렸다. 3시간 안에 모든 일이 끝났다. 사건을 주도한 존 핸콕John Hancock과 새뮤얼 애덤스는 멀리 선술집에서 이 광경을 지켜보고 있었다. 보스턴뿐 아니라 아나폴리스, 메릴랜드에서도 선박이나 차를 불태우는 시위가 이어졌다.

북미에서의 영국과 프랑스, 1755년. 조지 워싱턴은 이 지역에서 버지니아 주의 소유권을 주장했다.

영국의회는 곧 보복에 나섰다. 식민지 주민들이 보상할 때까지 보스턴 항구를 봉쇄하겠다고 밝힌 것이다. 그러자 1775년 4월 19일 독립혁명이 시작되었다. 전쟁의 시작을 알리는 총성은 세계로 울려 퍼졌다. 이 소리는 수많은 다른 나라 사람들에게서도 자유를 향한 투쟁심을 북돋았다.

7) 유럽의 식량줄을 쥔 미국

당시까지 미국인들은 여전히 자신을 영국인이라 여겼다. 토머스 페인Thomas Paine이 미국이 영국으로부터 독립하면 이로운 이유를 담은 팸플릿 『상식Common Sense』을 펴내기 전까지 미국인들은 독립은 생각조차 하지 않았다. 토

보스턴 차 사건

머스페인의 주장은 다음과 같았다. 미국은 적이 없지만 영국은 적이 있어서 미국인들을 강제로 소집해 전쟁터로 보낸다. 독재군주는 전쟁과 폭동을 유발한다. 영국은 미국 경제의 걸림돌이다. 페인은 또 미국의 식량이 유럽에 필수적임을 강조하며, 미국의 옥수수는 유럽의 모든 시장에서 제값을 받을 것이라고 말했다. 그는 위와 같은 이유를 내세우며, '지금이야말로 독립할 때'임을 강력히 주장했다. 1776년 7월 4일 미국의 자유를 공식적으로 선언한 독립선언서를 선포했다. 바로 여기에 '아메리카 합중국The United States of America'이라는 표현이 최초로 사용되었다. 1776년은 칵테일이 탄생한 해이기도 하다.

8) 고기가 없으면 병사도 없다.

겨울에는 휴전하는 것이 18세기 전쟁의 규칙 중 하나였다. 1777년에서 1778년으로 넘어가는 겨울, 영국군 장교들은 뉴욕에서 먹고 마시며 춤을 추었지만 일반 병사들은 냄새나고 상한 음식을 배급받았다. 그들은 프랑스 인디언 전쟁 후 15년이나 보관되어 바위처럼 딱딱해진 비스킷을 먹기 위해 포탄으로 비스킷을 내려쳐야 했다. 그래도 영국병사들은 펜실베이니아의 밸리 포지에서 조지 워싱턴 장군과 함께 추위에 떨며 굶주리던 1만 2천 명의 미국병사들보다는 형편이 나았다. 미국병사들은 동물의 해골과 발굽을 넣은 스튜밖에는 먹을 것이 없었다. 며칠간은 빵도 없었다. 걸칠 것도 없어 헐벗은 이들은 괴저현상이 나타난 얼어붙은 사지를 절단했다. 형편없는 식량배급은 병사들의 면역력을 더욱 약화시켰다. 2천 명 이상의 병사들이 장티푸스, 발진티푸스, 천연두, 폐렴으로 죽어갔다. 마침내 하사관들은 "고기가 없으면 병사도 없다."며 사령부를 향해 울부짖기 시작했다. 워싱턴은 병사들이 식량을 배급받지 못하면 전쟁이 끝날 것이라고 주 대표들이 모인 대륙의회에 서면으로 통지했다.

워싱턴이 전쟁을 위해 자신의 대저택이 있던 버지니아의 마운트 버논을 떠나면서 "가난한 사람들을 후하게 대접하라. 그 어느 누구도 굶어 죽어서는 안 된다."라고 당부했지만 이처럼 그의 휘하에서 많은 병사들이 굶어 죽은 것은 퍽 아이러니한 일이다.

9) 프랑스인이 없었다면 불가능했을 미국독립

독립전쟁의 첫 2년 6개월 동안 프랑스는 미국에 무기와 군사훈련 그리고 라파예트Lafayette 같은 장교들을 지원했다. 그들은 영국과의 또 다른 전쟁을 피하기 위해 이러한 지원을 비밀에 부쳤다. 1778년 뉴욕 위쪽에 있는 새러토가Saratoga 전장에서 미국이 영국을 꺾은 후에야 프랑스는 지원 사실을 밝혔다. 이는 다른 나라들의 참여를 부추겼고 전쟁은 이때부터 세계화로 번졌다. 루이 16세가 미국을 원조한 이유 중 하나는 영국이 전쟁에서 이긴다면 아이티에 있는 프랑스의 설탕 농장을 빼앗길까 염려해서였다.

영국의 다른 경쟁국인 스페인도 미국에 경제원조를 계속했으나, 결국 종전을 이끈 것은 프랑스였다. 워싱턴의 군대는 콘월리스Cornwallis 장군 산하의 영국 군대를 버지니아의 요크타운에 접한 바다를 향해 밀어붙였다. 콘월리스 장군은 지원군이 뉴욕으로부터 배를 타고 내려와 자기들을 안전하게 구출해 줄 것이라고 믿으며 걱정하지 않았다. 그러나 이때 아이티로부터 배를 타고 나타난 것은 바로 프랑스군이었다. 그들은 영국 군대를 후미에서 공격했고 싸움은 순식간에 끝났다. 미국을 영국의 식민지에서 벗어나게 해 합중국으로 탄생시킨 6년 간의 전쟁이 마무리된 순간이었다.

10) 위스키 대란과 알코올 · 담배 · 화기사무국

1787년 사업가와 법률가가 대부분인 55명의 백인 중산층 남자들이 세계를 뒤바꿀 미합중국 헌법을 작성하기 위해 펜실베이니아 필라델피아에 모였다. 이 헌법은 조지 워싱턴이 당시의 수도인 뉴욕에서 초대 대통령으로 선출된 해인 1789년 4월 30일에 발효되었다.

음식 에피소드 칵테일의 유래

뉴욕의 엘름스포드에 있는 홀즈 코너즈Halls Corners에서 술집 바텐더로 일하던 베스티 플라나건은 수탉의 깃털로 바bar를 장식했다. 술에 취한 한 손님이 장난으로 "저 수탉의 깃털(칵테일) 한 잔"을 달라고 하자 그가 혼합음료에다 깃털을 눌러 꽂아 서빙한 것에서 칵테일이 유래되었다.

워싱턴 대통령은 요리사를 구하기 위해 신문에 다음과 같은 광고를 냈다. "업무에 완벽하고, 절제와 정직을 증명할 수 있으며, 의무에 충실한 자만이 응시 가능함." 조지와 마사 워싱턴 부부는 맘에 드는 사람을 구할 수 없었다. 그들의 요리사는 너무 사치스럽거나 음식은 만들 줄 알지만 빵은 굽지 못해 디저트나 케이크를 사느라 추가비용이 들었다. 수도를 노예제도에 반대하는 필라델피아로 이전했을 때는 대통령 내외의 노예 요리사 중 한 명이 달아나기도 했다.

워싱턴에게는 자신을 돕는 세 명의 국무위원인 국무장관 토머스 제퍼슨Thomas Jefferson, 국방장관 헨리 노우Henry Knox, 재무장관 알렉산더 해밀턴Alexander Hamilton이 있었다. 해밀턴은 경제안정과 국가신용 확보를 위해 수입 알코올음료, 특히 와인이나 증류주 같은 사치품에 세금을 부과해 국고 수입을 늘리려 하였다. 포도나무를 심어 와인을 생산하려는 북아메리카의 노력이 큰 포상금에도 불구하고 실패로 돌아간 후 수입와인이 고가로 거래되었기 때문에 와인을 구매하는 부유층에게 세금을 물리려던 것이다. 제퍼슨은 이러한 해밀턴의 정책에 반대했다. 첫째, 부유층에만 세금을 물리는 것은 비민주적이며, 이는 또 중산층의 와인 소비 기회를 빼앗는다는 것이었다. 둘째, 좋은 와인을 쉽게 구할 수 있는 나라에서는 과음문화가 없는 반면, 와인을 쉽게 구할 수 없는 나라에서 오히려 독한 술의 소비가 많고 과음현상이 나타난다는 것이었다. 그럼에도 해밀턴의 과세정책은 국고에 상당한 도움이 된다고 입증되어, 의회는 미국 내에서 생산되는 다른 증류주들에까지 이를 확대 적용했다. 그러나 이 결정은 1794년에 또 다른 문제를 불러일으켰다.

서부 펜실베이니아에서 옥수수와 호밀을 재배하는 농부들은 자신들의 농작물로 만드는 양조 위스키가 사치품이라는 것은 상상조차 하지 못했다. 그들에게 위스키는 필수품에 가까웠으며, 노동력에 대한 지불수단으로 받아들여졌다. 또 형편없는 도로사정으로 부피가 큰 곡물을 그대로 운반하는 것보다 농축액이나 알코올로 발효시켜 옮기는 것이 효율적이기도 했다. 그들은 불매운동과 시위로 위스키 세금 반대에 동참했다. 워싱턴 대통령은 이 반대시위가 가져올 결과를 누구보다도 잘 알고 있었기 때문에 1만 3천 명의 민병대를 소집해 폭동을 진압했고, 장교들은 산더미 같은 고기와 위스키를 배불리 먹었다. 한때 재무성 산하에 있던 조직은 이 폭동에 대응하며 그 세력을 키워 〈알코올 · 담배 · 화기 사무국Bureau Of Alcohol, Tobacco, And Firearms〉이 되었고, 여전히 미국 내에서 알코올 생산을 관장하고 있다. 당시 위스키 폭동으로까지 번진 이해관계의 차이는 미국에서 정치 정당이 생겨난 이유 중 하나가 되었다.

11) 새로운 국민과 새로운 요리: 최초의 미국요리책

『미국의 요리American Cookery』라는 요리책이 1796년 코네티컷의 수도인 하트퍼드에서 출판되었다. 아멜리아 시몬스Amelia Simmons라는 여성이 쓴 이 책에는 저자 자신과 새로운 국가의 가치관을 함께 드러내고 있다. 그녀는 국가의 전통을 계승하여 새롭게 떠오르는 여성의 시대를 한층 개선하기 위해 이 책을 썼다고 첫 문장에 밝히고 있다. 그녀는 자기 책이 제공하는 정보들로 모든 여성이 사회의 유용한 일원이 되기를 희망했다.

시몬스는 이 책에 실린 요리법들이 미국에 적합하게 변형된 것이라고 주장했다. 특히 재료의 대부분이 영국요리책에서는 무시되던 신세계 음식들로 이 책에서 처음 소개된 것들이다. 예를 들어 단호박과 옥수수를 이용한 요리법은 그 전에는 찾아볼 수 없던 것이다. 시몬스는 1856년에 등장한 베이킹파우더의 원조격인 팽창제를 사용하기도 했다. 이 새로운 팽창제는 최초의 퀵 브레드(베이킹파우더를 넣어 즉석에서 구운 빵)를 탄생시켰다.

예전에는 빵을 부풀리려면 시간도 오래 걸리고 비용도 많이 들었다. 그러나 베이킹파우더나 소다가 밀가루와 소금과 합쳐져 비스킷이 탄생하였다. 미국의 비스킷은 한 번만 굽기 때문에 진정한 비스킷은 아니다. 비스킷은 '두 번 구운' 이란 뜻의 프랑스어이기 때문이다. 이렇게 빠르고 간편하게 빵을 굽는 새로운 방법은 유럽에서 즉시 주목을 끌었다. 시몬스의 요리책은 유명세를 타며 증보판이 출간되었으며 여기에는 선거케이크election cake의 요리법도 등장했다.

프랑스에서는 1789년 오늘날의 미국에 존재하는 것과 같은 입헌정부가 탄생하면서 100년 동안 지배한 부르봉 왕조가 몰락했다. 자유를 향한 미국의 투쟁과 밀접하게 연결된 정신, 프랑스인들이 낸 세금으로 그들의 성공을 도운 돈은 미국을 원조한 프랑스의 독재군주 루이 16세를 몰락시켰다. 이 사건은 세계의 정치와 요리에 큰 반향을 일으켰다.

12) 친 프랑스 대통령: 제퍼슨

제퍼슨은 프랑스와 관련된 모든 것을 사랑한 사람이었다. 1784년부터 프랑스 혁명이 시작된 1789년까지 주 프랑스대사를 지낸 그는 유럽의 음식을 사랑하고 즐겨 먹었다. 그는 유럽 전역을 여행하며 각 지역의 와인과 음식을 맛보았다. 그는 네덜란드에서 와플의 맛에 반해 와플기계를 샀고, 마카로니 도구를 구하기 위해 나폴리로 전령을 보내기도 했으며, 프랑스와 독일에서는 와인 만드는 법을, 이탈리아에서는 버터와 치즈 만드는 법을 배웠다. 그는 프랑스인에게 요리를 배운 노예를 데리고 있었다. 미국에 돌아온 후 그 노예를 해방시킬 때에도 새로 요리를 담당할 노예에게 요리법을 전수하게 했다. 제퍼슨은 또 파스타가 가득 든 상자와 함께 '마카로니'라는 단어도 미국에 들여왔다.

제퍼슨은 워싱턴에서 올리브유와 식초, 타라곤 머스터드 등을 넉넉하게 구할 수 없어 늘 안타까워했다. 그는 유럽으로부터 식재료와 와인을 수입했고, 미국과 유럽 각지의 원예학자들과 서신을 교환했으며, 채소의 최적수확기에 대해 기록을 해나갔다. 제퍼슨 대통령은 웨이터들이 식사시간에 다이닝룸에 머물지 않도록 두 가지 방법을 고안해냈는데, 이는 식당에서의 대화내용이 새어나가지 않도록 하기 위해서였다. 그중 하나는 주방에서 다이닝룸으로 음식을 나르는 작은 무인 엘리베이터였고 또 하나는 특별 제작된 선반이 있는 벽이었다. 사용된 접시들을 이 선반에 놓고 버튼을 누르면 벽이 회전하면서 식기실로 보내지고 같은 방법으로 다시 새 음식이 다이닝룸으로 보내지는 식이었다.

제퍼슨은 또 국제적인 에티켓에도 민주주의를 불어넣었다. 그때까지 식사 격식에는 누가 어디에 앉는지가 중요한 문제로 아주 엄격하게 지켜졌다. 외국

축제의 유래 … 선거일

민주주의를 자랑스럽게 생각하는 식민지 시대 뉴잉글랜드의 가장 큰 휴일은 5월 선거일이었다. 추수감사절과 크리스마스는 남북전쟁 이후에야 기념일이 되었지만, 선거일은 일찍이 모두가 쉬는 날이었다. 이날에는 흑인들도 노래를 부르고 춤을 추며 퍼레이드에 참가했다. 뉴잉글랜드에서 노예들은 자신들의 지도자를 선출하기 위해 투표했다.

흑인정부에는 재판관, 보안관, 치안판사가 있었고, 법원은 흑인들 간의 사소한 분쟁이나 노예와 주인 사이의 작은 사건들을 다루었다. 투표 장소가 선술집이었기 때문에 지지를 부탁하며 술을 몇 잔 사는 행위는 정당화되었다. 그러나 취하도록 마실 필요는 없었다. 선거 케이크에 이미 술이 많이 들어 있었기 때문이다. 19세기 말 개혁가들은 선술집에서 선거를 치르는 것과 투표자들이 술에 취하는 것에 반대하는 캠페인을 벌였다. 민주주의를 해치고 폭력을 조장하기 때문이라는 것이 주된 이유였다. 이러한 절제운동은 요리에도 적용되어 이후에는 선거케이크에 술을 넣지 않게 되었다.

축제의 유래 ⋯ 참회의 화요일 축제

기독교력에서 1월 6일, 크리스마스에서 12일 후인 이 날은 세 왕들이 탄생한 예수를 발견한 날이다. 루이지애나에서는 크리스마스 축제가 끝나고 참회의 화요일 축제가 시작된다. 참회의 화요일Mardi Gras은 프랑스어로 '기름진 화요일'을 일컫는데, 사순절 및 재의 수요일에 시작하는 40일 간의 금식에 들어가기 전 마지막 축제이다. 뉴올리언스에서 공식적인 참회의 화요일 행사는 1827년 처음 시작되었다. 가장무도회는 왕과 왕비의 행렬, 독특한 참회의 화요일 장식, 공식적인 색깔인 보라색, 금색, 녹색으로 만들어진 왕의 케이크와 함께 막이 오른다. 이와 같은 사순절 이전의 축제들은 세계 각지에서 열린다. 브라질에서는 카니발('안녕, 고기'라는 뜻이다)이라고 하는 큰 축제가 열리는데 이 축제를 위해 삼바 클럽에서는 연중 특별한 춤을 연습한다.

의 고위 인사들은 주로 국가수반의 오른편 상석에 앉았다. 제퍼슨은 이런 배치가 비민주적이라고 생각하여 서열에 관계없이 원하는 곳에 앉도록 했는데, 그의 주변에는 이를 모욕적으로 받아들이는 사람도 있었다.

버지니아에 있는 제퍼슨의 몬티셀로 대농장은 20km²의 과수원, 채소밭 그리고 수많은 부속 건물로 구성된 플랜테이션이었다. 부속 건물에는 티룸과 다이닝룸은 있었지만 주방은 없었다. 남부 대농장에서 주방은 별도의 건물에 위치했는데, 이는 주 건물이 주방의 열에 의해 더워지는 현상을 막고 화재위험에서 보호하기 위해서였다.

1802년 새해가 시작됐을 때 매사추세츠 체셔 지방의 시민들이 워싱턴에 있는 제퍼슨 대통령에게 900마리의 젖소와 560kg짜리 치즈를 선물로 보냈다. 이 커다란 치즈는 정치적이고 종교적인 목적을 가지고 있었다. 치즈에는 "독재자에 대한 저항은 신의 뜻에 따르는 것이다."라는 문구가 새겨져 있었다. 이는 그 당시 미국을 휩쓸고 있던 새로운 종교운동 중 하나인 침례교의 교리로 모든 사람들의 종교적인 영성을 깨우라는 주장이었다. 당시에 이러한 가르침은 '두 번째 대각성Second Great Awakening'이라 불렸다. 이 소식이 전해지자 사람들이 커다란 치즈를 보기 위해 백악관에 몰려들었는데, 이것이 바로 미국의 대통령 이 '빅 치즈'라 불리게 된 유래이다.

1803년 대통령은 고민에 빠졌다. 제퍼슨은 나폴레옹에게서 2,137,444㎢에 달하는 토지를 매입했는데 이것이 그의 양심을 자극했다. 헌법에는 그 어디에도 대통령이 스스로 펜을 들어 나라의 크기를 두 배로 늘리는 것을 허용하는 대목이 없었기 때문이다. 비록 그것이 4,046.8m3당 3센트의 헐값이라도 말이다. 하지만 그는 미 대사관이 뉴올리언스를 매입하는 것을 허가했다. 미국 농부들이 생산물을 유럽으로 실어 보내려면 항구가 필요했기 때문이다. 다른 지역의 주민들과 교류하기 위해서는 오하이오 강 계곡에서 나는 모든 작물들을 피츠버그까지 보내야 했고, 유럽과의 교역을 위해서는 미시시피강 하류인 뉴올리언스까지 이동해야 했다.

피츠버그는 미국인들이 소유하고 있었지만 뉴올리언스는 프랑스령이었으므로 미국은 무력으로 그 땅을 탈취하려고 시도했다. 나폴레옹이라는 탁월한 장군이 이끄는 강력한 군대에 맞서 작고 경험이 없는 신생국이 전쟁을 벌이려는 무모한 짓이었다. 하지만 제퍼슨은 나폴레옹이 자진해서 북미 대륙에서 프랑스가 소유했던 모든 땅을 매각하려 나서자 매우 놀랐다. 역사에 길이 남은 부동산거래 중 하나가 이렇게 맺어진 것이다.

13) 뉴올리언스: 크레올요리

뉴올리언스의 크레올 요리는 아프리카 출신 요리사들이 프랑스와 스페인의 요리를 만들면서 미국의 토착요소까지 혼합한 아주 독특한 요리이다. 이 퓨전요리의 대표적인 예가 소시지와 해산물로 만든 검보Gumbo 스튜이다. 검보는 아프리카어이고, 오크라(아프리카 채소를 일컫는 아프리카어)로 걸쭉하게 만드는 것도 아프리카식이다. 그러나 루roux를 기본으로 삼는 것은 프랑스식이고, 소시지와 해산물을 함께 요리하는 것은 부야베스bouillabaisse 같은 남부 지중해식이며, 양념으로 가루를 낸 사사프라스sassafras 잎을 사용하는 것은 미국 원주민식이다. 뉴올리언스의 또 다른 대표적인 요리로 잠발라야jambalaya가 있는데, 이것은 햄을 일컫는 프랑스어인 장봉jambon과 쌀을 의미하는 아프리카어 야ya가 합성된 말이다.

잠발라야

1791년부터 뉴올리언스 주민들은 시장에서 살아 있는 거북이, 게, 야채 그리고 노예를 살 수 있었다. 멕시코만에는 새우, 굴, 가재가 풍부했다. 남부의 모든 곳에서와 마찬가지로 옥수수는 가루를 내어 사용했다. 루이지애나는 아시아에서 유래한 두 가지 식재료인 쌀과 설탕으로 유명하다. 프랄린praline은 피칸, 버터, 황설탕으로 만든다. 사람들은 길거리 카페에서 튀겨내 설탕을 뿌린 도넛과 치커리 차를 간식으로 사 먹었다. 또 뉴올리언스는 바나나 포스터bananas Foster, 오이스터 로커펠러oysters Rockefeller, 타바스코tabasco 소스의 본고장이기도 하다.

뉴올리언스의 참회의 화요일 축제에 나오는 '왕의 케이크'는 속에 플라스틱으로 만든 작은 아기 인형이 들어 있다. 이 케이크를 먹은 사람은 그날의 왕 또는 왕비로 추대되고, 그 사람이 다음 번 파티를 대접해야 하는 관습이 전해지는데, 빵에 행운의 콩을 넣고 구웠던 고대 프랑스의 전통에서 유래되었다. 여기서 아기 인형은 물론 금방 태어난 예수를 의미한다.

여덟 번째 코스

19세기 유럽, 아시아, 아프리카 그리고 미국

식민주의와 코카콜라

AD 1800 ~ AD 1899

19세기 중반 아일랜드에 퍼진 감자기근은 감자만을 주식으로 하여 살아온 약 100만 명의 아일랜드인들의 목숨을 앗아갔다. 살아남은 아일랜드인들은 대거 미국으로 이주했다. 한편 통일된 이탈리아에서는 토마토소스 스파게티나 마르게리타 피자와 같은 전형적인 이탈리아 요리가 등장했고, 프랑스에서는 에스코피에 같은 유명 요리사가 프랑스 요리를 더욱 발전시켰다.

19세기는 제 2의 과학혁명 시대이다. 과학자와 엔지니어들은 17세기와 18세기의 과학혁명으로 발명된 이론과 도구들을 바탕으로 실용적인 응용을 시도했다. 그 결과 산업과 의학 그리고 과학 분야에서 혁신적인 기계들이 탄생했다. 과학자들은 현미경과 실험을 통해 육안으로는 보이지 않는 유기체들이 식품과 와인의 발효를 일으키고 인간과 동물에게 질병을 가져온다는 사실을 증명했다.

미국인들이 캘리포니아 금광에서 어떻게 하면 커피를 좀 더 손쉽게 갈고 작업용 바지를 오래 입을 수 있을까 궁리하는 동안, 유럽의 과학자들은 질병의 원인을 밝히는 데 큰 걸음을 떼기 시작했다. 19세기 후반은 건강과 과학에 대한 의식이 인류의 생활을 향상시킬 수 있다는 깨달음의 시대였다. 프랑스와 독일에서는 서로 더 많은 미생물을 발견하려는 경쟁이 전쟁을 방불케 할 만큼 치열하게 벌어졌는데, 프랑스에서는 파스퇴르Pasteur가, 독일에서는 코흐Koch가 그 흐름을 주도했다.

1. 생물학과 음식

18, 19세기 산업혁명으로 수백만 명의 사람들이 시골에서 도시로 일자리를 찾아 떠났으며 인구가 밀집된 슬럼가, 빈약한 영양상태, 위생관념의 결여로 사망자가 속출하였다. 보통사람들은 신이 노한 탓으로 여겼지만 과학자들은 이 문제를 영양과 위생이라는 새로운 시각으로 접근했다.

1) 영국: 스노우 박사와 식수공급

1854년 콜레라가 런던을 휩쓸었는데 이는 체내의 수분을 빠르게 고갈시켜 환자를 죽음에 이르도록 하는 무시무시한 질병이었다. 그런데 어떤 지역사람들은 콜레라에 걸린 반면 조금 떨어진 이웃마을에서는 환자가 발견되지 않는 이상한 일이 벌어졌다. 존 스노우John Snow 박사는 두 지역의 사람들이 다른 우물을 식수원으로 삼기 때문이라는 사실을 발견했다. 즉, 감염지역의 거주민들은 병에 걸린 아기의 기저귀에 묻은 분비물에 의해 오염된 우물을 식수원으로 사용하고 있었던 것이다.

스노우 박사가 이 우물을 폐쇄하자 콜레라는 사라졌다. 그 뒤로 과학자들은 여러 다른 실험들을 통해 세균이론과 질병의 전파경로를 이해할 수 있었다. 콜레라, 장티푸스, 살모넬라 같이 위생과 관련된 질병은 대변 속 오염된 물질이 입으로 음식을 통해 유입되면서 전이되므로 개인의 불결한 위생상태, 화장실에 다녀온 후 손을 씻지 않는 습관이 원인이 될 수 있음을 알게 되었던 것이다. 19세기 중반이 되자 런던과 파리에서는 보건부를 설립해 도시의 위생문제를 본격적으로 다루기 시작했다.

2) 미국: 콜레라와 헌법

콜레라는 미국에서도 발병했다. 이는 기독교를 믿는 한 콜레라에는 걸리지 않을 것이라고 확신했던 미국인들에게는 매우 충격적인 사건이었다. 이들은 '아시아 콜레라asiatic cholera'는 중국 '이방인들'의 질병이며, 미국은 이와 상관없는 깨끗한 신대륙이므로 슬럼, 죄수, 부패 등으로 얼룩진 더러운 구대륙과는 다르다고 생각하고 있었다. 그러나 콜레라는 14세기의 페스트처럼 19세기 무역로를 통해 유입되었다. 차이가 있다면, 19세기의 무역로는 세계화되어 있었다는 점이다.

1832년 콜레라는 다른 나라들과 마찬가지로 미국을 강타했고 매일 수천 명의 목숨을 앗아갔다. 미국인들은 이 질병이 하나님의 분노 때문이라고 믿었다. 미국의 부유층은 유럽의 부유층이 그랬던 것처럼 시골별장으로 피신했다. 그러나 도시에 남아 있던 사람들 중 누구는 죽고 누구는 사는 이유가 풀 수 없는 수수께끼가 되었다. 더구나 신앙심 깊고 바르게 생활하는 사람들이 죽은 반면, 결코 그렇게 살아본 적 없는 사람들은 살아남아서 더 충격적이었다. 그런데 그 이유는 실로 아이러니했다. 즉, 점잖고 정결한 생활을 하는 사람들은 오염된 줄 모른 채 우물물을 마셨지만 거리의 부랑자들은 유해균이 살아남을 수 없는 독한 와인, 럼, 진 등을 마셨기 때문이었다.

콜레라는 1848~1849년 다시 미국을 덮쳤다. 이번에는 뉴욕 등의 동부 도시에 사는 가난한 아일랜드인의 마을을 휩쓸어, 고향에서 이미 겪었던 감자 기근과 몇 주일에 걸친 항해로 쇠약해진 사람들의 목숨을 빼앗았다. 1866년 남북전쟁 직후 세 번째이자 마지막 콜레라가 미국에 상륙했을 때는 런던과 파리에서처럼 뉴욕에도 공중위생국이 창설되었다. 30년 남짓한 이 기간 동안 질병에 대한 미국인의 태도는 완전히 바뀌었다. 질병을 신의 영역에서 과학에 의해 예방할 수 있는 차원으로, 종교적 문제에서 세속적 문제로 여기게 된 것이다.

3) 프랑스: 이스트

19세기 중반 프랑스 와인이 오염되고 있었고, 이는 국가적인 재앙이었다. 프랑스 와인에서 신맛이 나기 시작했는데, 역한 냄새가 풍기고 맛이 변질되어 식초로도 사용할 수 없었다. 와인생산자들은 혼란스러웠다. 그들은 수세기 동안 내려온 방법으로 포도나무를 재배하고, 수확하고, 와인을 빚었으며, 포도나무에도 이상이 없었다. 그러나 진정한 프랑스 와인은 사라져갔고 이것은 국가 경제와 자존심에도 큰 타격이 되었다.

이집트인들은 5천 년 동안 그들의 발효법을 이용하여 곡물로 맥주를 만들었지만 정확한 메커니즘을 알 수는 없었다. 이때 루이 파스퇴르가 현미경을 사용해, 발효를 일으키는 것이 이스트라는 사실을 최초로 발견하였다. 또 그는 와인을 일정 온도 이상으로 가열하면 와인 발효를 주도하는 미생물을 그대로 둔 채 와인을 시게 만드는 미생물만 죽일 수 있다는 사실도 발견했다. 부패의 원인이 되는 미생물을 살균하는 이러한 가열방법은 파스퇴르의 이름을 따서 파스퇴라이제이션pasteurization 혹은 저온살균법이라 불리게 되었다.

4) 프랑스: 필록세라

콜럼버스의 교역Columbus Exchange이 계속되면서 과학조사의 일환으로 동식물이 범세계적으로 교환되었다. 그런데 이 때문에 재앙이 빚어졌다. 북미에서 건너온 포도나무가 유럽에 필록세라phylloxera라는 전염병을 옮긴 것이다. 필록세라는 작은 노란색의 진딧물로 나무뿌리에서 수액을 빨아먹고 사는데, 땅 윗부분에서는 아무런 병변을 보이지 않다가 어느 날 갑자기 나무를 죽게 만든다. 필록세라는 바람이나 물 또는 농부의 신발이나 연장에 묻어 있는 흙을 통해 쉽게 번졌다.

1860년대와 1900년 사이, 유럽 포도나무의 3분의 1이 이 병으로 죽었다. 그러자 미국의 뿌리줄기를 수입해 그 위에 프랑스 포도나무를 접목하는 치료법이 전해졌다. 그 뒤로 1900년대에 프랑스에서 자라는 포도나무 중 본래의 프랑스산 뿌리줄기에서 자라는 것은 3분의 1이 채 되지 않고 나머지는 모두 미국산 접목일 정도로 이 치료법이 성행했다.

5) 영국: 다윈과 진화설

1859년 찰스 다윈Charles Darwin은 『종의 기원On the Origin of Species』을 발간하고 동식물의 생존에 대한 혁신적인 이론을 제시했다. 다윈은 살아 있는 생명체는 생존을 위해 진화하고 변화하며, 인류는 유인원으로부터 진화했다고 주장했다. 다윈은 자연이 약자를 도태시키고, 생존을 위해 새로운 환경에 끊임없이 적응해 나간다고 믿었다.

진화론은 여전히 논쟁 중이다. 책 한 권으로 설명하려 했던 복잡한 이론을 한마디로 줄인다면 바로 '적자생존'이다. 대호황 시대Gilded Age(1870~1898) 동안 이 이론은 사회적 다윈주의의 근간이 되었고, 귀족이 약탈이나 다름없이 축적한 어마어마한 부를 정당화하는 데 사용되었다. 즉, 그들이 적자이고 그래서 생존하는 것이며, 공장에서 노동하는 이민자는 그렇지 못하기 때문에 많은 임금을 받을 자격이 없다는 주장이었다.

6) 체코: 멘델과 유전학

같은 시기 지구 반대편에서는 오늘날 체코공화국인 모라비아의 브르노에 있는 한 수도원에서 그레고르 멘델Gegor Mendel(1822~1884)이라는 농촌 출신의 수도사가 농학이라는 새로운 과학에 매료되어 있었다. 그의 상관인 수도원장도 과학에 관심이 많았다. 그리하여 이 수도원에서는 희귀한 식물과 허브, 온실 등으로 가득 찬 정원이 가꾸어졌으며 멘델이 완두콩을 가지고 실험을 시작한 곳도 바로 이 온실에서였다. 10년 후인 1866년, 그는 지역 농업신문에 자신의 실험 결과를 실었다. 아무도 알아주지 않았지만, 그로부터 35년 후 재발견된 이 보고서는 근대 유전학의 모태가 되었다. 그의 이론은 '유전적 형질에 대한 멘델의 법칙'으로 알려지게 되었다. 오늘날에는 '멘델식 형질'이 곧 '유전자'를 가리키는 말이 되었고, 그는 '유전학의 아버지'로 추앙받고 있다.

멘델은 브르노의 신학원에서 농학을 공부하고 빈 대학에서 식물생리학, 식물병리학, 수학을 전공했으며 도플러와 함께 실험물리학을 연구했다. 그는 『종의 기원』을 읽었고 모든 생명체가 저절로 만들어진 것이 아니라 기존의 세포가 분리되어 새 세포가 만들어지면서 형성되었다는 독일 식물학자의 흥미진진한 이론을 알게 되었다. 그는 천문학을 포함한 모든 과학에 푹 빠져 기상학을 공부하기 시작했고, 날씨를 연구하는 두 가지 과학적인 방법인 관찰과 통계학으로 변이를 계산해나갔다.

멘델은 이러한 실험방법들을 완두콩 연구에 적용했다. 7년 동안 그는 완두콩의 모양과 색깔, 콩깍지, 줄기의 길이, 꽃의 위치 등을 연구했다. 그는 후대에 이어지는 형질의 전이는 변하지 않으며, 열성유전자는 숨은 듯 보이지만 결코 사라지지 않는다는 사실을 발견했다. 여기서 우성유전자와 열성유전자는 항상 3대 1의 비율로 나타난다. 멘델은 식물을 대상으로 한 자신의 관찰이 동물에게도 적용될 수 있는지 알고자 했고, 곧장 벌을 연구하기 시작했다. 양봉장까지 만들었지만 그는 이 실험을 끝내지 못하고 세상을 떠났다.

멘델 이전의 유전이론은 부모가 가진 자질이 작은 입자를 통해 자식에게 전해진다는 아리스토텔레스의 학설에 바탕을 두고 있다. 그러나 이 이론은 왜 일부의 자질만이 후대에 나타나고 나머지는 나타나지 않는지를 설명하지 못했다. 당시의 과학자들은 종의 형질을 바꾸거나, 다른 종끼리의 교합이 불가능하다고 생각했다. 멘델의 실험은 그들이 모두 틀렸다는 것을 증명했고, 오늘날의 유전자변형식품GMO과 2003년에 비로소 완성된 인간 게놈 프로젝트의 초석이 되었다.

2. 대영제국

1) 아일랜드: 감자 기근

19세기의 영국은 더욱 부유해졌지만 아일랜드의 농부들은 굶주림으로 죽어가고 있었다. 영국의 북아일랜드 주둔은 점점 갈등의 불씨를 키워갔다. 『걸리버 여행기』로 유명한 영국 소설가 조나단 스위프트Jonathan Swift는 1729년 〈아일랜드의 가난한 아이들이 부모와 조국의 짐이 되지 않고 공공의 선이 되는 존재가 되기 위함〉이란 소제목을 가진 짧은 글을 썼다. 아래의 글은 아일랜드인의 빈곤과 그 개선방안에 대한 쓰디쓴 풍자이다.

> *건강한 한 살짜리 갓난아기가 가장 맛있는 재료이다. 이것으로 스튜를 만들거나 굽거나 끓여도 좋고, 프리카세fricassee*(가늘게 썬 고기스튜 혹은 프라이)*나 라구ragout*(고기와 채소로 끓인 스튜의 일종)*로도 맛있게 만들 수 있다.…… 한 아기로 두 접시를 만들어 친구와 함께 즐길 수도 있고, 가족끼리의 식사 때는 머리와 다리 부분도 좋은 재료가 될 것이다. 특히 겨울의 마지막 날, 약간의 소금과 후추를 넣어 끓이면 기가 막히다.*

굶주린 아일랜드 사람들은 웃음을 잃었다. 영국인이라면 이처럼 잔인한 짓도 서슴지 않을 것이라고 느꼈기 때문이다. 한 세기 동안 아일랜드의 상황은 악화되기만 했다. 중세나 미국 남부의 노예들처럼, 아일랜드인은 식량을 생산만 했지 먹지는 못했다. 수익을 남기기 위해 되도록 많은 양을 수출해야 했기 때문이다. 아일랜드인의 주식은 신대륙으로부터 수입된 뿌리채소뿐이었다.

척박한 토양에서도 잘 자라는 감자는 다른 어떤 식품보다 아일랜드의 인구증가에 기여했다. 감자는 보통 껍질째 삶아 먹었다. 감자를 담은 솥째로 바닥에 놓고 그 주위에 둘러앉아 소금과 겨자, 때때로 버터밀크를 발라먹었다. 으깬 감자요리가 나온 것도 바로 이때이다. 성인 남성은 하루에 13~14개의 감자를 먹었고 종종 달걀과 귀리도 곁들였다.

1840년대에는 감자의 잎과 줄기를 검게 물들이고 뿌리를 썩게 하는 감자마름병이 돌았다. 감자가 썩자 아일랜드인도 죽었는데 약 1백만 명의 아일랜드인이 기아로 목숨을 잃었다. 또 다른 1백만 명은 굶주리지 않고 종교박해도 받지 않는, 비옥한 토지와 금으로 도배된 거리가 있다는 신천지로 떠나기로 결심했다. 그들은 신천지 미국에서 새 삶을 시작했다.

2) 산업혁명

18세기 중반 영국에서는 기계를 사용하기 시작한 산업혁명이 일어났지만 아일랜드인들은 그 혜택을 받지 못했다. 기계화된 최초의 산업은 실을 잣고 천을 짜는 섬유업이었다. 섬유업이 발달하자 시골의 작은 농장에 살던 사람들이 도시로 몰려들었다. 그 당시 도시의 빈민층은 북적거리는 주거환경에 살면서 여섯 살짜리 아이까지 공장에서 하루에 15시간 이상 일했다. 공장노동자의 생활은 갈수록 궁핍해졌고, 농장을 떠난 뒤로 영양상태는 더욱 악화되었다. 그러나 공장소유자나 원자재 공급자, 완제품 판매상인들은 새로운 식습관을 도입하며 부유한 신중산층으로 성장했다.

3) 이사벨라 비톤: 신중상층의 식생활

1861년 이사벨라 비톤Isabella Beeton은 신중산층의 생활상을 그린 1,112쪽 분량의 『가정 관리서The Book of Household Management』라는 책을 펴냈다. 영국의 신중산층 가정주부는 가계살림의 관리자로 아이와 노약자를 돌보고, 유언장을 법적으로 비준하며, 탈모를 방지하는 일을 포함하여 많은 방이 딸린 주택과 식구 및 하인들의 영양과 위생을 책임졌다.

스노우 박사가 콜레라의 원인과 그 예방법을 발견한 직후에 발간된 책인 만큼 끓여서 먹는 요리가 많이 포함되어 있다. 신중산층은 주로 고기를 먹었는데, 845개의 요리법 중 255개가 끓여서 조리되는 육류요리였다. 그녀는 많은 실험을 통해 육수에는 많은 영양소가 녹아 있어 건강에 이롭다고 주장했다. 53

축제의 유래 … 3월 17일, 성 패트릭의 날

성 패트릭의 날St. Patrick's Day은 세계에서 가장 널리 기념하는 축제이다. 이날은 성 패트릭이 432년 아름다운 녹색 풍광으로 에메랄드 섬이라 불리던 아일랜드에 도착해 사람들을 기독교로 교화시키고 뱀을 모조리 내쫓은(비록 아일랜드에 뱀이 있었다는 증거는 없지만) 수호성자를 기리는 날이다. 미국에서 성 패트릭의 날 축제는 녹색 옷을 입고 아일랜드 드럼과 현악기, 백파이프에 맞추어 춤을 추며, 전통적인 콘비프와 양배추를 먹고, 녹색 맥주를 마시는 의식을 포함한다. 성 패트릭의 날은 1762년 뉴욕에서 최초로 기념하였다. 아일랜드의 거주민들은 영국법에 의해 자국에서는 이날을 기념할 수 없었다. 시카고는 성 패트릭의 날에 최초로 강을 녹색으로 물들인 도시이다.

쪽에 이르는 채소에 대한 내용 역시 주로 끓이는 조리법에 할애했다. 심지어 끓여서 만드는 샐러드에 대한 레시피도 있었다. 영국인의 디저트와 티타임에 대한 애정을 반영한 네 개의 장과 푸딩, 패스트리, 크림, 젤리, 수플레, 오믈렛, 단맛 나는 요리, 절임식품, 과자류, 빙과와 디저트, 빵, 비스킷, 케이크 등을 망라했다.

이 책의 구성은 뛰어나다. 모든 레시피들은 재료, 방법, 시간, 평균비용, 분량, 제철재료 등의 정보를 수록하고 있다. 대부분의 측량단위는 무게로 표시되어 있으나 '테이블 스푼으로 하나' 또는 '디저트 스푼으로 둘'처럼 예외도 있다. 그리고 모든 요리법에는 번호를 매겨, 요리사들이 쉽게 참조할 수 있도록 하였다.

3. 아프리카

1) 노예가 된 아프리카

아프리카는 거대한 대륙이다. 세계에서 가장 긴 나일강이 있고, 가장 큰 사하라사막, 네 번째로 높은 5,895m에 달하는 킬리만자로 산이 있다. 기후는 북부의 지중해성 기후부터 적도의 열대우림까지 다양하며 사자와 표범이 포효하고 얼룩말이 내달리는 거대한 초원 사바나가 있다.

19세기에 유럽인은 아프리카를 침범했다. 1878년과 1913년 사이, 서쪽 해안의 라이베리아와 동쪽의 에티오피아를 제외한 모든 아프리카 나라들이 유럽의 힘 앞에 굴복했고, 1935년에는 에티오피아마저 이탈리아에 점령당했다. 유럽의 아프리카 점령이 가능했던 요인은 세 가지였다. 첫째, 말라리아를 물리친

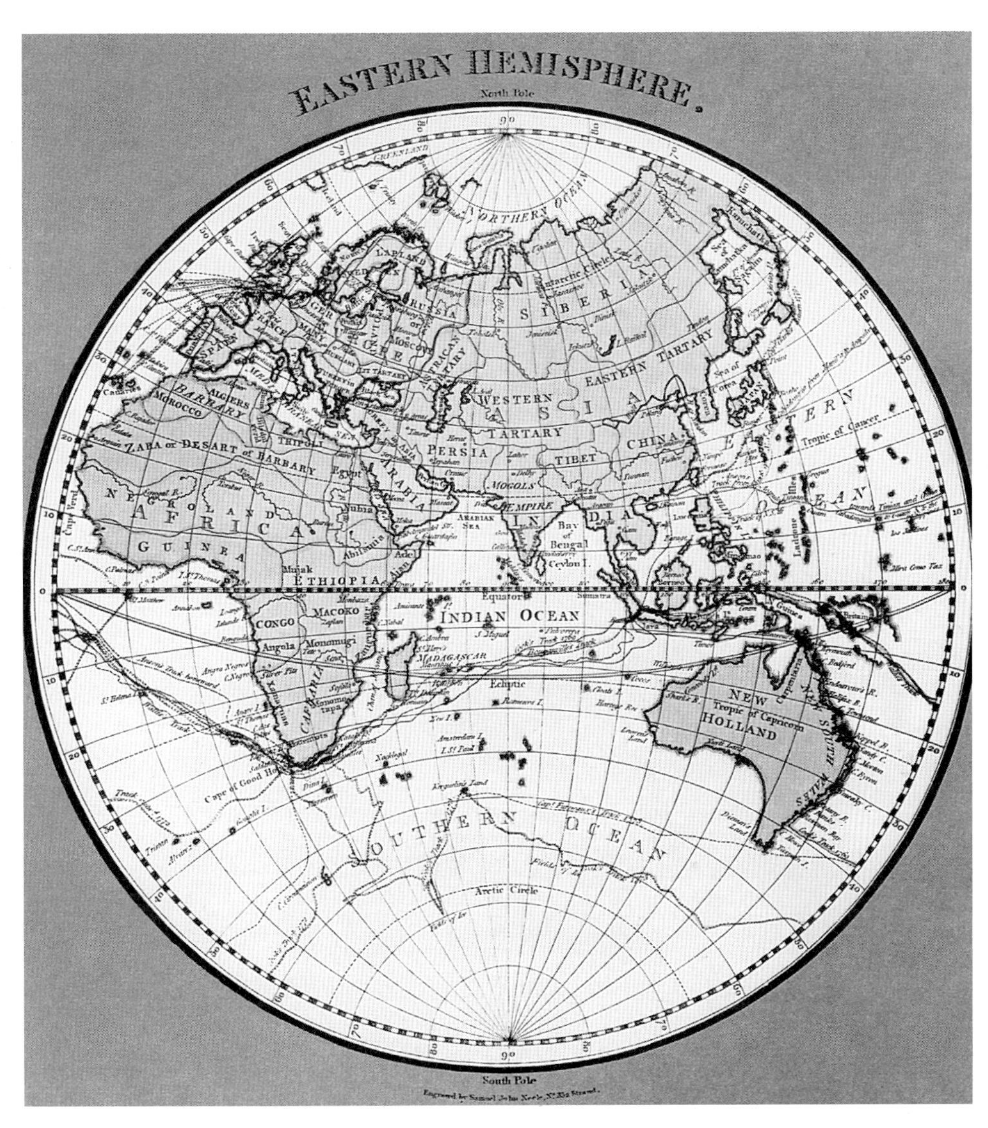
EASTERN HEMISPHERE.
North Pole
NORTHERN OCEAN
LAPLAND
RUSSIA
SIBERIA
EASTERN TARTARY
WESTERN
ASIA
TARTARY
PERSIA
TIBET
CHINA
ARABIA
MOGOLS
EMPIRE
INDIA
Bay of Bengal
Ceylon I.
ARABIAN SEA
MOROCCO
ALGIERS
BARBARY
TRIPOLI
ZAARA or DESART of BARBARY
Egypt
Nubia
Abissinia
NEGROLAND
AFRICA
GUINEA
ETHIOPIA
CONGO
MACOKO
Angola
Monomugi
MADAGASCAR
INDIAN OCEAN
Equator
Ecliptic
Tropic of Cancer
NEW HOLLAND
Tropic of Capricorn
NEW SOUTH WALES
Cape of Good Hope
Arctic Circle
South Pole

동반구

신대륙의 허브 키니네quinine, 둘째, 아프리카 내륙으로의 항해에 사용되던 증기선, 셋째, 수십 명의 사람들로 수백만 명을 통제할 수 있는 힘을 갖춘 총이었다. 점령당한 땅 중에는 프랑스령이 가장 많아 대륙의 약 36%를 차지했는데, 북서쪽에 있는 알제리, 모로코, 모리타니, 말리, 니제르, 차드 같은 나라들이 해당된다. 다음은 영국으로 대륙의 32%를 차지했다. 동남쪽에 있는 이집트, 수단, 우간다, 케냐, 탄자니아의 일부, 잠비아, 짐바브웨, 보츠와나, 남아프리카 공화국이다. 독일과 벨기에는 각각 8% 정도를, 포르투갈, 이탈리아, 스페인이 나머지를 나눠가졌다. 나이지리아와 서아프리카 아이보리코스트에서 크로와상과 바게트를, 동쪽 에티오피아와 에리트레아에서 스파게티를, 영국의 동부와 아프리카의 서부에서 카레와 처트니를 찾아볼 수 있는 것은 바로 이 때문이다.

영국은 다른 문화권에 대해 심한 인종주의적 태도를 보였다. 세실 로드Cecil Rhodes는 다음과 같이 말했다. "나는 영국인이 세계 최초의 인종이라는 것과 우리가 세계에서 점령하는 영토가 늘어날수록 인류는 향상된다는 것을 강력히 주장한다." 이런 식민주의적 사고는 식민지의 생활과 토지, 음식과 문화를 완전히 황폐화시켰다. 그들은 식민지 주민에게 자국의 주식 대신 땅콩이나 카카오 등을 재배하게 했고, 나중에는 전통음식까지도 대체하게 만들었다.

19세기 말에 아프리카는 세계 제일의 카카오 생산지가 되었다. 그러자 사람들은 돈으로 식량을 구입하게 되었고, 자급자족 교환경제에서 현금경제로 변하게 되었다. 돈을 벌기 위해 레오폴드왕의 혹독하고 잔악한 통치 아래 있던 벨기에령 콩고 고무농장으로 떠나는 사람들도 있었다. 그러나 그곳에는 일을 제대로 못하거나 제 시간 안에 끝내지 못하는 사람들의 손과 발을 자르는 처벌이 기다리고 있었다.

2) 아프리카요리

아프리카의 토종작물은 비교적 적은 편으로 오크라, 수박, 얌 등이 있다. 아프리카 음식의 대부분은 유럽인들이 19세기 또는 그 이전부터 아프리카인에게 강요해온 식민지문화의 일부이다. 고대의 근동 및 그리스 로마인들은 무역을 위해 알렉산드리아에 와서 밀, 보리, 양, 염소 등을 소개했다. 7세기부터 15세기에 걸쳐서는 아랍인들이 우세했다. 그들은 커민, 코리앤더coriander, 계피, 생강, 흑후추 같은 향신료를 아프리카의 북동해안으로 가져왔다. 노예상인들은 중간항로를 지나는 동안 노예에게 먹일 목적으로 신대륙의 땅콩을 가져왔다. 칠레고추는 이베리아반도 남쪽으로부터 유입되었다.

아프리카는 지형적, 문화적 다양성 덕분에 지역의 음식문화가 두드러지게 발달했다. 마그레브maghreb라 불리는 북아프리카 요리에 공통적으로 나타나는 재료는 하리사harissa에 사용되는 칠리 가루, 튀니지의 주요 양념인 마른 고춧가루, 올리브유, 커민, 계피, 코리앤더, 캐러웨이caraway 등이다. 칠리고추는 아프

음식 에피소드 얌과 고구마

미국인들이 얌yam이라고 부르는 것은 사실 얌이 아니다. 미국인들이 말하는 얌은 색이 진한 고구마로 미국의 토종작물이다. 아프리카와 아시아에서 발견되는 얌은 182cm나 되는 큰 녹말뿌리를 가지고 있어서 땅에서 캐기도 어렵다. 앨런 데이비슨은 "고구마를 아프리카에 소개한 것은 노예중개상일 것이다. 아프리카에서 고구마는 이그남 또는 니얌 아니면 줄여서 얌으로 불렸을 것"이라고 한다. 그 후 고구마는 열대 아프리카의 주요 탄수화물 섭취원으로서, 진짜 얌을 서서히 대체해갔다.

얌

타진

리카 전역에 걸쳐 주요 양념으로 쓰인다. 아프리카에서 칠리는 양념이자 약인 동시에 최음제이며, 불멸의 영혼을 만드는 음식으로 여겨진다.

아랍에서 고기와 과일 또는 채소로 만드는 스튜인 타진tajin(tagine)은 같은 이름을 가진 용기에 담겨 요리된다. 이 용기는 증기가 빠져 나가도록 윗부분이 원뿔 모양을 하고 있다. 찜통이 얹힌 냄비의 바닥에서 요리할 수 있게 만든 것도 있다. 찜통 위에는 쿠스쿠스couscous를 놓아 타진에서 올라오는 증기로 익힌다. 쿠스쿠스는 원주민 베르베르족으로부터 유래된 북아프리카의 주식이다. 쿠스쿠스는 세몰리나semolina, 보리, 기장, 옥수수, 밀가루와 소금물을 섞은 반죽을 0.15~0.3cm 정도의 작은 알갱이 모양으로 만든 것이다. 쿠스쿠스는 쿠스쿠시에르couscousière를 이용해 찔 수 있고 스튜로도 요리할 수 있다.

향신료로 양념한 고기는 네모난 모양으로 잘라 케밥kebab을 만들거나, 갈아서 케프타kefta를 만든다. 둘 다 꼬치로 만들어 숯불에 굽기도 한다. 케프타는 튀기거나 햄버거 패티처럼 납작하게 만들 수 있다. 매운 맛은 모로코의 향신료 믹스인 라 엘 하누Ras el Hanout, 올리브, 소금에 잰 레몬으로 낸다.

모로코 요리의 걸작은 서로 대조되는 맛과 질감의 재료를 켜켜이 쌓고 바삭한 얇은 반죽으로 싼 바스티야bastilla다. 모로코의 패스트리는 와르카warqa라고 부른다. 바스티야는 층 안쪽에 스튜로 만든 닭고기(원래는 비둘기나 새끼 비둘기)를 넣고 그 위에 향신료를 뿌린다. 졸인 스튜 국물 조금에다 레몬주스를 넣고 달

갈을 섞어 비단처럼 부드러워질 때까지 휘젓는다. 씹는 맛이 좋은 잘게 다진 아몬드를 버터에 살짝 튀기고 계피와 설탕을 덮은 후 버터를 입힌 와르카 패스트리 위에 뿌리고 감싼 다음 굽는다. 바스티야는 손으로 조금씩 뜯어먹으며, 반드시 오른손만 사용해야 하는데 엄지와 검지 또는 장지만 사용하는 것이 관례이다. 아랍에서 왼손은 개인위생을 위해서만 쓰기 때문이다. 기름지고 풍부한 맛이지만 바스티야는 주요리가 아닌 첫 번째 혹은 두 번째 순서로 제공된다. 디저트 또한 아랍의 영향으로 설탕 시럽이나 꿀을 사용해 매우 달다. 하지만 이 단맛은 스피어민트 차를 마시면 개운하게 씻겨나간다.

서아프리카에서는 파인애플, 망고, 파파야, 코코넛 등 열대과일이 많이 난다. 생선도 풍부해서 건조, 훈제, 염장 등 다양한 방법으로 보관한다. 카카오 역시 많이 생산되지만 유럽이나 미국으로 원두를 보내 가공처리되어 당과로 만들어진 뒤 다시 아프리카로 역수입된다. 그 때문에 산지에서 오히려 비싸고 도시에서 흔히 볼 수 있으며 주로 외국인들이 먹는다. 서아프리카의 음식은 대개 단품코스로 냄비 하나에서 요리가 가능한 스튜 종류이며, 땅콩을 넣어 걸쭉하게 만들기도 한다. 음식은 주로 야자나무 기름으로 조리된다. 주식으로 먹는 푸푸fufu라는 죽은 카사바cassava, 옥수수, 얌, 참마, 프렌테인plaintain(바나나의 일종) 또는 쌀을 다지거나 으깨어 끓이거나 찌거나 굽거나 튀겨서 만든다. 닭고기는 가장 중요한 육류지

푸푸를 만드는 모습

만 달팽이를 더 자주 먹는다. 나이지리아에서 인기 있는 길거리 음식 중 하나는 맥주에 재워둔 쇠고기를 으깬 땅콩과 칠리에 굴려 석탄에 구운 것이다.

이 지역은 이슬람의 영향을 받지 않아 야자수 와인, 구운 돼지고기, 옥수수, 사탕수수 또는 기장을 사용해 빚은, 집에서 만든 맥주를 먹는다. 열대우림에서는 으깬 바나나가 주 재료이다. 남아프리카 공화국의 맥주는 땅에 떨어진 마로엘라maroela 나무의 열매로 만들어 발효시킨다. 간식으로는 쪄낸 후 기름에 살짝 튀겨 칠리로 양념한 메뚜기가 있다. 흰개미도 좋은 먹을거리이다. 아프리카 흰개미는 지면 위에 거대한 흙무더기를 쌓는다. 그러면 개미핥기가 나타나 날카로운 발톱으로 진흙 같은 벽을 가르고, 긴 주둥이와 끈적이는 혀로 흙무더기 속에 좁은 터널을 뚫는다. 그렇게 집을 잃어버린 흰개미가 새로운 집을 찾아 모여드는 틈을 타서 잡는다. 흰개미는 단백질이 풍부하고 땅콩버터 같은 맛이 난다. 물론 사냥한 개미핥기, 영양, 사슴, 타조, 하마, 기린, 악어, 개구리, 쥐, 박쥐 등과 같은 야생동물도 음식으로 활용한다.

아프리카의 항구는 본래 유럽 선박의 수리와 물자공급을 위한 기지로 활용되었다. 남아프리카 공화국은 1652년 네덜란드 동인도회사가 이러한 목적으로 세운 식민지였다. 네덜란드인들은 선원들의 건강을 유지하고 괴혈병을 비롯한 비타민 결핍증을 예방하기 위해 아프리카에 고구마, 파인애플, 수박, 호박, 오이, 무, 레몬, 오렌지 등의 과일과 채소를 심었다. 18세기 네덜란드인들은 말레이시아로부터 노예와 함께 케리케리kerriekerrie(후에 커리curry로 불림) 같은 매운 요리들도 가져왔다.

동아프리카의 에티오피아와 에리트레아에서 만드는 인제라injera는 두껍고 탄력 있는 사워도우 크레이프 같은 빵으로, 매일 먹는 주식이자 그릇으로 쓰이기도 한다. 커다란 둥근 쟁반의 바닥에 인제라를 깔고 그 위에 스튜를 얹으면 빵에 스튜가 흠뻑 스며들어 음식을 떠먹을 수 있는 도구로도 활용된다. 동아프리카는 인도의 영향도 강하게 받았다. 영국이 아프리카에 철도를 건설하기 위해 숙련된 인도의 일꾼들을 데려왔기 때문이다. 그중에는 훗날 조국의 독립운동을 성공적으로 이끈 청년 간디도 포함되어 있었다.

4. 아시아

1) 인도: '왕관의 보석'

인도는 영국의 가장 중요한 식민지였으므로 '왕관의 보석'이라 불렸다. 비옥한 토지에서는 차와 커피 등이 생산되었으며 3억 인구의 인도는 영국의 아주 큰 시장이기도 했다.

인도에서 지배층을 차지한 영국인은 육군장교라도 마치 왕처럼 먹고 살 수 있었다. 끓이거나 튀긴 생선 또는 새우, 커리 또는 캐세롤casserole, 차가운 양고기, 빵과 버터 또는 쌀, 플렌테인 또는 오렌지로 아침식사가 차려졌다. 영국군 장교의 집에서는 사슴, 소, 송아지, 새끼 염소, 오리, 거위, 토끼 같은 식재료를 사용했으며, 중요한 저녁식사에는 무려 15~16가지의 육류코스를 내놓았다. 1780년대 한 여성은 일상적인 주요리를 다음과 같이 기술했다. "우리는 태양이 아직 내리쬐는 2시에 저녁식사를 한다. …… 수프, 구운 가금류, 커리와 쌀 요리, 양고기 파이, 양의 앞쪽 4분의 1, 라이스푸딩, 타르트, 양질의 치즈, 신선한 버터, 훌륭한 마데이라로 이어진다." 그리고 낮잠을 잔 후 사교와 방문이 계속

이어진다. 여기서 말하는 저녁식사는 가벼운 저녁의 한 끼를 가리킨다.

한 세기가 지나자 식사 패턴이 뒤바뀌었다. 점심은 가볍게 먹되 푸짐한 주식사는 저녁 7시 또는 8시의 사교적인 행사로 옮겨졌다. 1807년 이래로 티핀tiffin이란 단어가 생겼다. 이는 가벼운 점심식사로 영어의 스낵과 같은 뜻이다. 본토에서 부인들이 도착하면서 식민지 영국인의 식사는 토속 인도요리에서 구운 고기, 푸딩, 샌드위치 같은 순수 영국요리나 앵글로 · 인도요리로 바뀌었다. 커리는 인도에 거주하는 영국인들 사이에서 매우 인기가 있었다. 하지만 오늘날 커리는 남부에서 유래한, 향신료로 맛을 낸 요리가 아니라 브로스broth나 묽은 스튜 또는 물 없는 마른 요리를 가리키는 포괄적인 단어가 되었다.

인도는 대영제국이 세력을 확장하는 데 중요한 기여를 한 농작물을 생산했다. 저렴한 비용으로 인도에서 재배되고 영국 배에 실려 중국으로 가서 판매된 이 식물의 학명은 파파베라 솜니페라Papavera Somnifera(잠에 빠지게 하는)인데, 이 식물의 끈끈한 수액으로 가공한 것이 바로 아편이다.

2) 중국: 차와 아편

19세기에 영국 재무부는 중국과의 무역에서 적자를 면치 못했다. 영국은 차를 원했고, 중국은 오직 은으로 지불받기를 고집했기 때문에 영국은 중국에 판매할 무언가를 찾았고, 아편을 팔기로 결정했다. 아편은 매우 중독성이 강하여 끊임없이 다시 찾는 고객들이 생겼다. 중국 황제는 빅토리아 여왕에 반발했지만 그녀는 이를 무시했다. 이윽고 두 나라 사이에 전쟁이 일어났다. 그러나 중국의 해군은 영국의 증기선과 총에 대항할 힘이 없었다. 1842년 아편전쟁이 끝나자 중국은 영국의 강압에 못 이겨 홍콩을 이양했다. 예전에는 외국선박이 중국 남부 광저우에만 정박할 수 있었지만 아편전쟁 후에는 다섯 개의 주요 항구가 개방되었다. 그 영향으로 중국에 외국의 화폐, 사업, 통치, 총기가 난무하였다. 이런 상황은 중국 조정의 약화와 이후 한 세기 동안 지속된 내란이 원인이 되어 급기야 1911년 수천 년을 이어온 제국이 종식되었고, 1937년에는 일본의 침략까지 받게 되었다.

역사학자인 앤더슨E. N. Anderson은 『중국의 음식The Food of China』에서 "광둥식 요리는 중국에서 그리고 세계에서도 타의 추종을 불허하는 최고의 요리일 것이다."라고 말한다. 중국 전역에서 조달한 가장 신선한 재료, 초를 다투는 타이밍, 다양한 기법, 수백 가지에 이르는 훌륭한 요리들, 다른 문화로부터 새로운 음식과 기법을 빠르게 흡수하는 능력은 지속적으로 성장하는 혁신적인 음식문화를 가능케 했다. 새콤달콤한 돼지고기, 찹 수웨이chop suey, 차우멘chow mein, 기름진 에그롤, 볶음밥 등 1950~1960년대 미국에서 유명해진 음식들은 사실 광둥식 요리가 아니다. 이것들은 미국인의 입맛에 맞게 단맛을 가미하고 대중화한 요리에 불과하다. 광둥 사람들은 다른 지역에 비해 디저트를 거의 먹지 않고, 음식에도 설탕을 많이 쓰지 않는다. 진짜 광둥식요리에는 칠리소스, 매운맛 겨자, 식초, 참기름, 간장과 굴 소스 등이 아주 적게 들어간다. 대신에 굴, 해삼, 오징어, 해파리, 민어 등 지역특산물인 생선과 해산물을 찌거나 기

음식 에피소드 찹 수웨이의 기원

찹 수웨이chop suey는 미국에서 유래되었다는 설이 있다. 샌프란시스코 차이나타운에 있는 어느 레스토랑에 영업이 끝나기 직전 손님이 들어와 음식을 주문했다. 그러자 셰프는 남아 있는 모든 재료들을 한데 넣고 요리를 만들었다. 이것이 오늘날 찹 수웨이가 되었다고 한다. 이때 찹 수웨이는 먹다 남은 음식을 뜻하지만, 원래 광둥어로는 '잡다한 것을 모아둔다.'는 뜻이다.

이 시기 한반도에서는

우리나라 식생활문화의 전통은 조선시대를 거치며 한층 정비되었다. 16세기 말 임진왜란을 전후하여 고추, 호박, 감자, 고구마 등의 남방식품이 유입되고 재배에 성공함으로써 음식문화가 더욱 발전하게 되었다. 특히 고추는 전래된 직후 크게 보급되지는 않았으나, 19세기 말에 이르러 김치에 사용되면서 점차 우리의 식문화를 지배하게 되었다. 또 온돌의 보급으로 일상의 상차림이 좌식으로 정착되었으며, 분청사기, 청화백자, 옹기, 유기 등의 식기가 보편화되면서 상차림의 격조와 편이성이 한층 신장되었다. 조선시대의 숭유억불정책은 음식에도 그대로 적용되었는데, 불교의 상징인 차문화가 쇠퇴하고 육식복원에 따른 견육식犬肉食문화가 다시 생겨나기도 하였다. 또 의약연구가 발달하면서 약식동원藥食同源을 근간으로 한 식사관리가 이루어지기도 하였으며, 가부장권 대가족 생활을 바탕으로 각종 의례음식의 규범이 마련되었다.

조선 말 개화기에는 점차 외국의 식생활문화가 전래되었으며, 1902년 서울 정동에 세워진 손탁호텔Sontag Hotel에서 양식과 커피를 팔기 시작하면서 상류사회를 중심으로 서양요리가 보급되었다. 또 1890년 고종의 수랏간 내인으로 일했던 안순환이 세종로에 명월관이라는 한국음식 전문요정을 개점하면서 일반인들도 궁중요리를 접할 수 있게 되었다.

름에 볶거나 튀겨서 먹는다. 옥수수전분이나 캔에 든 파인애플주스, 화학조미료에 찌든 음식이 아닌 것이다. 광둥인들은 이런 조리법과 그렇게 만든 음식을 먹는 사람들을 야만인처럼 여겼다.

광둥요리의 섬세함은 '작은 먹을거리'라는 뜻의 딤섬dim sum에 잘 나타난다. 딤섬은 한입 크기의 덤블링으로, 반죽 속에 양념을 한 고기나 해산물 재료를 채우고 찐 요리이다. 연꽃잎이나 대나무잎으로 싸서 찌기도 하는데, 멕시코의 옥수수껍질로 타말레tamales를 싼 요리나 그 밖에 문화권에서의 바나나 잎을 사용한 것도 비슷한 요리이다.

요리 수첩 _ 톰양쿵Tom Yung Kung 또는 돔얌궁Dom Yam Gung '태국의 맵고 신 새우수프'

식물성 기름 1큰술
새우껍질
신선한 새우 1kg
닭 육수 8컵
남 프라 1큰술
소금 1과 1/2작은술
라임(2개) 주스
레몬그라스 세 줄기
빨간 세라노 고추 한 개
초록 세라노 고추 두 개
시트러스 잎 네 개
실란트로 다진 것 2큰술
라임 제스트 1큰술
파 다진 것 세 개

3) 중국과 인도: 새로운 노예, 쿨리

19세기 중국인과 인도인은 전 세계 노예노동력의 새로운 원천이었다. 이들에게는 '쿨리coolie'라는 모호한 어원을 가진 명칭이 붙여졌다. 이들을 실어 나르는 '쿨리선박'은 아프리카 노예선을 모델로 삼아 만들어졌으며, 아프리카 선박에서처럼 노예들은 죽거나 폭동을 일으켰다. 중국인들은 동족을 상대로 광둥의 프랑스 레스토랑 요리사나 육군병사로 취업할 수 있다고 꾀어 강제노동에 끌어들였다.

축제의 유래 … 왕실 농사 기념 축제

태국의 쌀농사는 왕실농사 기념축제와 함께 5월에 시작한다. 이 축제는 방콕의 대궁전 근처, 사남 루앙Sanahm Luahng(왕의 들판)이라 불리는 초록의 광대한 지역에서 펼쳐진다. 의식이 진행되는 동안 왕이 임명한 제의장은 흰 소가 끄는 쟁기로 들판의 긴 논을 일군다.
화려한 브라만 성직자와 볍씨를 담은 바구니를 머리에 인 네 명의 여성이 그 뒤를 따른다. 여성들은 논에 볍씨를 뿌린다. 일단 파종과 제의가 끝나면 구경꾼들이 고랑에서 볍씨를 앞다투어 집는다. 이 볍씨를 가져다 자신들의 씨와 함께 심으면 풍작을 기대할 수 있다고 믿었기 때문이다.

이렇게 끌려간 중국인과 인도인 노동자들은 선박에 실려 카리브해 같은 먼 곳으로 보내졌고 설탕 공장에서 하루 21시간을 일했고, 캘리포니아의 금광이나 철로 건설에 투입되는 경우도 있었다. 이들은 이때 자국의 문화와 요리도 함께 가져갔다.

4) 태국(시암)

동남아시아의 한 나라가 비범한 통치자를 둔 덕분에 유일하게 끝까지 독립을 지킬 수 있었다. 태국의 왕 라마 4세는 불교신자로, 왕이 되기 전에는 27년 동안 수도승이었다. 그가 지닌 인내와 겸손 그리고 지성과 통찰력은 그의 재위기 동안1851~1868년 미국과 유럽 외교관들과의 협상에서 큰 도움이 되었다. 태국의 영토는 3분의 2가 농사에 적당하지 않았지만 서양국가들이 탐내는 고무, 주석, 티크나무를 주요 품목으로 삼아 교역을 시작했다. 그러면서 서양의 선교사들로부터 인쇄술과 수두백신 같은 유용한 문물을 받아들이는 한편 자국의 문화도 지켜나갔다. 여기에는 노예제도도 포함되었다. 대부분의 서양인들은 안나 레오노웬스Anna Leonowens라는 영국 여성이 태국 왕가의 가정교사로 일한 경험을 바탕으로 1870년대에 발표한 자서전을 통해 19세기의 태국을 이해했다. 「안나와 시암의 왕Anna and the King of Siam」은 브로드웨이 연극으로 무대에 올려졌고 '왕과 나The King and I'라는 영화로도 제작되었다. 이 영화는 1999년 조디 포스터가 주연한 '안나와 왕'으로 리메이크되기도 했다. 하지만 이 영화는 현지인들의 항의로 정작 태국에서는 상영이 금지됐다.

요리 수첩 _ 마무앙 카오 니에오(Mamuang Kao Nieo) '찰진 밥을 곁들인 망고'

찰진 쌀 1과 1/2컵
소금 1/2작은술
진한 코코넛 밀크 1컵
잘 익은 망고 다섯 개
종려당 1/2컵
코코넛 크림 4큰술

태국의 주식은 다른 아시아 국가들처럼 쌀이었으며, 매년 쌀농사의 시작을 기념하는 신성한 의식이 거행됐다.

동쪽으로는 중국, 서쪽으로는 인도와 접하는 태국의 지리적 조건은 음식문화에 그대로 반영되어 있다. 신세계의 식재료인 땅콩과 칠리를 요리에 사용한다는 점에서는 중국 남부 쓰촨이나 윈난요리와 비슷하고, 커리를 사용한다는 점에서는 인도와 유사하다. 대표적인 조미료는 남 프라nam plah라고 불리는 자극적이고 짠 생선소스이며 바질, 민트, 실란트로cilantro 같은 신선한 허브도 사용되었다. 실란트로 뿌리는 서양에서는 쓰지 않지만, 태국요리에서 강한 풍미를 더하는 데 요긴하다. 레몬그라스, 라임 잎과 주스는 시큼하고 톡 쏘는 맛을 더해준다. 반면 태국의 음료와 디저트는 아랍 디저트처럼 매우 달다. 톰양쿵과 찰밥을 곁들인 망고는 이를 잘 보여준다.

5) 인도네시아: 향신료의 섬

세계에서 네 번째로 인구가 많은 인도네시아는 큰 섬들로 이루어진 나라이다. 이 지역은 화산재가 비료의 역할을 대신할 정도로 화산, 지진, 조류 등 대자연의 강한 영향을 받았다. 수백만 명에 달하는 인도네시아 시골 사람들의 일상 주식은 완전히 도정된 흰 쌀밥과 건어물 약간, 칠리고추로 구성된다. 왕겨가 남아 있는 갈색 쌀은 영양가치가 높아 어린이와 병자들을 위해 비축한다. 이러한 일상 주식은 리스타펠Rijsttafel(쌀의 식탁)이라 불리는 축제와 뚜렷한 대조를 보인다. 리스타펠은 모든 음식을 테이블에 한꺼번에 차려놓는 인도네시아 관습을 따르지만 순전히 네덜란드인들이 만든 것이다. 마치 미국으로 건너온 이주민들이 전형적인 미국의 휴일 식사가 무엇이냐는 질문에, 신년 전야의 샴페인과 캐비아, 슈퍼볼의 구아카몰guacamole, 밸런타인데이의 초콜릿, 독립기념일의 핫도그, 추수감사절의 칠면조 그리고 크리스마스의 햄이라고 주장하는 것과 마찬가지다.

5. 동부 유럽

1) 동화 속에 나올 법한 궁정주방

1864년 루트비히 2세는 19세의 나이로 독일 남부 알프스 산맥에 위치한 아름다운 바바리아Bavaria의 왕이 되었다. 대부분의 미국인들은 바바리안 모토 워크스BMW에서 만든 차 때문에 이 지명을 알고 있는데, 독일어로 바바리아는 아스피린으로 유명한 바이에르Bayer를 가리킨다. 루트비히는 바이에른 문장에 새겨진 궁정과 백조를 사랑했다. 그는 일자리를 창출하고 왕국의 경기침체를 해결하기 위해 성을 건축했다. 그는 자신이 성장했던 중세의 성을 본떠 19세기 고딕 양식으로 지을 것을 명했다. 성의 내부를 장식한 그림, 프레스코 벽화, 벽걸이 융단, 조각들은 지크프리트 같은 독일신화의 영웅을 기려 제작되었다. 천장에는 바그너 같은 독일 작곡가의 오페라에 나오는 명장면을 재현했고, 기계로 만든 백조가 인공개천을 따라 헤엄치기도 했다. 그러나 이러한 화려한 건축물은 결국 왕국의 재정을 바닥나게 했다. 1886년에 루트비히는 네 번째 성을 세우겠다고 공표한 후 익사했는데, 이와 관련하여 '귀족들이 그를 꾀어내어 보트에 태우고 호수 가운데로 가서 물속에 밀어넣었다.'는 소문이 돌았다.

루트비히는 특히 1869~1886년에 세워진 노이슈반스테인Neeschwanstein, 즉 '새로운 백조의 성' 안의 최신식 주방을 만드는 데 예산을 아끼지 않았다. 이 주방은 커다랗고 둥그런 화강암 기둥이 아치형태의 천장을 지탱하고 있었다. 또 화강암으로 만든 어항, 온수와 냉수 시설, 그릴, 나무바닥 밑에 배출구를 갖춘 거대한 캐비닛형 레인지, 조리대, 벽 오븐 등을 갖추고 있었다. 이 주방에서 열기는 두 가지 용도로 사용되었다. 스토브에서 굴뚝을 타고 나가는 동안 접시 온열기를 덥혔고, 로스트 오븐을 돌리는 기어의 엔진날을 돌렸다. 또 덤웨이터dumbwaiter(식품과 식기 운반용 승강기)는 스토브에 사용할 장작을 운반하고 준비된 음식을 3층에 있는 화려한 다이닝룸으로 날랐다. 대부분의 미국인들은 이 성을 실제로 본 적은 없지만 아주 친숙하다. 디즈니랜드에 있는 백설공주 성의 모델이기 때문이다. 물론 실제의 성은 이보다 훨씬 더 아름답다.

뮌헨의 바이에른에서는 매년 세계에서 가장 큰 맥주 축제인 옥토버페스트Oktoberfest가 개최되는데, 그 기원은 루트비히 2세의 조부 때로 거슬러 올라간다.

축제의 유래 … 옥토버페스트

1810년 10월 12일 훗날 왕이 된 루트비히 1세 왕자와 테레사 공주의 결혼을 축하하기 위해 최초의 옥토버페스트가 열렸다. 축제의 대미는 경마로 장식됐다.

옥토버페스트는 매우 호응이 좋아서 이듬해에도 다시 개최되었다. 해를 거듭하며 농사와 관련된 쇼와 회전목마, 맥주 스탠드도 추가되었다. 오늘날 옥토버페스트로 유명세를 타게 된 '맥주 텐트'는 1896년에 처음 들어선 이래 매년 수 백만의 사람들이 방문하여 소시지와 함께 맥주를 마신다.

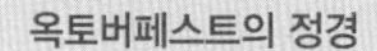

옥토버페스트의 정경

2) 1870년 프랑스-프러시안 전쟁: 군대를 위해 요리한 에스코피에

1870년 프랑스가 독일에 선전포고를 하자, 프랑스군 장교들은 최고의 요리사를 찾아나섰다. 요리사 없이 전쟁터에 나가는 것은 문명화가 덜 된 증거라고 여기던 시절이었다. 그 당시 파리에서 주목받는 요리사 중에 프랑스의 리비에라 출신으로 갓 21세를 넘긴 오귀스트 에스코피에Auguste Escoffier라는 사람이 있었다. 그는 타고난 재능과 넘치는 열정으로 군속 요리사가 되었다. 전쟁 초기에 에스코피에는 전장과 가까운 곳에서 화이트소스를 곁들인 송아지 요리, 구운 쇠고기, 돼지지방, 코냑, 화이트와인으로 요리한 토끼고기 등을 준비했다. 그는 늘 식량이 부족해질 때쯤 되면 미리 대비책을 세웠다. 작은 농장의 앞마당을 가꾸고 그곳에서 신선한 달걀, 우유, 닭, 거위, 토끼, 돼지, 양, 칠면조 등을 조달한 것이다.

장교들은 전용 와인과 브랜디의 비밀저장고도 사용할 수 있었다. 그들은 포위 공격이 한창일 때에도, 기병대가 마지막 남은 말馬로 최후의 만찬을 끝낸 한참 후에도 부족함 없이 잘 먹었다. 그러나 막판에 가서는 에스코피도 요리에 기병대의 말을 가져다 쓸 정도로 쪼들리는 재료 수급에 애를 먹었다.

3) 알자스: 프랑스–독일요리

분쟁지역 중 하나인 알자스는 라인강을 따라 독일과 프랑스의 국경이 맞닿은 곳이자 샹파뉴 지방의 동쪽에 위치한다. 이 지역에는 자연스럽게 기름진 프랑스와 독일의 음식문화가 혼재하고 있다. 가장 친숙한 음식은 베이컨이나 햄을 넣은 커스터드 타르트인 키슈quiche인데, 키슈는 1990년대에 미국에서 큰 인기를 끌었다. 이 음식은 리슬링Riesling과 같이 알자스에서 생산되는 화이트와인과 잘 어울린다. 그러나 알자스인들은 프랑스의 다른 지방보다 두 배나 많은 맥주를 소비하며 가까운 벨기에와 마찬가지로 이곳에서도 맥주를 요리에 많이 활용하며 수프에 넣기도 한다. 알자스인들은 돼지고기, 소시지와 함께 사워크라우트sauerkraut(소금에 절인 양배추)를 곁들인 슈크루트choucroûte를 매우 좋아한다. 고딕양식의 성당으로 유명한 스트라스부르는 패스트리 크러스트에 넣고 구운 파테 프와그라pâté foiegras로도 유명하고 뮌 스터는 치즈로 유명하다. 프랑스의 흰 빵과는 달리 이곳의 빵은 독일처럼 호

쿠겔호프

밀 또는 통밀로 만들어 색이 진하다. 알자스 요리에는 주니퍼juniper, 캐러웨이, 호스래디시horseradish 같은 전형적인 독일양념을 사용한다.

알자스의 제과점에서는 근처 숲의 이름을 딴 독일의 블랙 포리스트 케이크black forest cake(초콜릿 제노아즈genoise, 휘핑 크림, 키르시kirsch에 담근 체리로 켜를 만든 케이크)를 살 수 있다. 알자스의 신부들은 쿠겔호프kugelhopf를 만들 때 필요한, 속이 깊은 소용돌이 모양의 독특한 빵틀을 신혼살림의 필수품으로 꼽는다. 쿠겔호프는 견과류와 건포도를 넣은 단맛 나는 빵으로 예전에는 특별한 날에만 만들어 먹었지만 오늘날에는 아침식사로 애용되고 있다. 쿠겔kugel은 구球를 뜻하며, 호프hopf는 홉hops에서 이름을 따왔는데 예전에는 맥주가 반죽을 부풀리는 팽창제로 사용되었기 때문이다. 알자스 사람들은 그 밖에도 웨이퍼wafers 틀인 고프레gaufre뿐 아니라 향신료 케이크 또는 진저 브레드ginger bread를 만들기 위한 다양한 종류의 빵틀을 사용했다. 그중에는 크리스마스를 위한 별 모양, 신년을 위한 생선 또는 한때 라인강에 풍부했던 장어 모양, 기독교를 위한 붓꽃 모양, 부활절을 위한 양 모양, 세례식을 위한 아기 모양, 애국 행사를 위한 유명한 닭 모양의 빵틀이 있었다.

4) 오스트리아 – 헝가리제국

오스트리아의 가장 유명한 요리는 비너 슈니첼wiener schnitzel(빈 송아지 커틀릿)과 애플 스트루델apple Strudel(겉이 얇게 벗겨지는 속을 채운 패스트리)이다. 커틀릿은 빵가루 옷을 입혀 튀기는데, 파프리카 슈니첼은 파프리카로 양념을 하고 사워크림과 약간의 토마토소스를 이용하여 만든다. 애플 스트루델은 설탕과 건포도로 단맛을 내고 계피를 넣은 타르트로 만든다. 크림 퍼프profiterole 역시 햄, 간, 닭고기 같은 짭짤한 속재료와 베샤멜béchamel을 기본으로 한 소스를 곁들일 수 있다. 동유럽 요리의 주재료인 양배추, 캐러웨이, 버섯, 사워크림 등은 종종 돼지고기와 감자 등과 함께 요리된다. 육류에 흔히 곁들이는 것으로는 파슬리 감자가 있다. 립타우어liptauer는 케이퍼, 허브, 앤초비 등으로 맛을 낸 크림치즈인데 오픈 샌드위치처럼 빵이나 토스트에 발라 애피타이저 또는 간식으로 먹을 수 있다. 노케를nockerl은 스푼으로 떼어내 수프에 넣거나 성긴 체에 걸러 만든 덤블링이다. 비트, 양배추, 뿌리채소도 수프와 샐러드 등에 사용되었다. 또 다른 유명한 디저트로는 자허토르테sachertorte, 즉 살구잼과 초콜릿 글레이즈를 펴 바른 초콜릿 케이크가 있다.

오스트리아-헝가리 제국, 특히 헝가리 쪽은 수도인 부다페스트를 중심으로 세련된 음식문화가 발달했다. 이 지역의 대표적인 향신료인 파프리카는 피망과 마찬가지로 신대륙에서 유래한 것이지만 유전적 조작을 거쳐 헝가리 특유의 채소로 재배되었다. 무엇보다 유명한 헝가리 요리는 굴라시gulyas이다. 아울러 헝가리의 옛 귀족가문의 이름에서 온 '에스테르하지식으로à la Eszterhazy' 먹는다는 말은 호화로운 식사를 가리키는 관용적 표현이다.

그러나 대부분의 헝가리인은 너무 가난해서 새로운 과자나 설탕절임 등을 만들 여유가 없었다. 그들은 고향을 떠나 땅이 기름지고 거리가 온통 금으로 포장된 신천지, 미국에서 새 삶을 시작했다.

6. 통일 이탈리아, 지역요리

"와인 없는 식탁은 햇빛 없는 날씨와 같다."

— 이탈리아 속담

19세기 초 이탈리아는 여덟 개의 왕국이 있었다. 그중 하나는 이탈리아인이 통치했고, 다른 나라는 교황의 지배 아래 있었으며, 그 밖의 나라들은 다른 나라에 속해 있었다. 서기 476년 로마제국이 멸망한 뒤로, 다른 나라의 이탈리아 도시국가 점령은 계속되었다. 프랑스, 독일, 스페인, 아랍, 비잔틴, 그리스, 노르망디등과 같은 정복국들은 이탈리아 국민들의 희생으로 자신의 부를 채우고 떠나갔다. 1871년 이탈리아는 결속력이 없는 도시국가의 시대를 청산하고 하나의 통일국가를 이룩했다. 하지만 정치적으로만 통합되었지 문화적으로는 여전히 분리되어 있었다. 이전의 도시국가들은 각각의 요리와 문화, 방언을 가지고 있었다. 이탈리아의 방언은 미국처럼 지역마다 억양이 다른 정도가 아니라 아예 단어 자체가 달랐다. 이러한 지역적 차이를 극복하기 위해 이탈리아는 1879년 교육령을 선포했다.

1) 북부 이탈리아요리

1881년 가장 영향력 있는 이탈리아 요리책『요리의 과학과 잘 먹는 법La Scienza in Cucina e L'arte di Manigiar Bene』이 출판되었다. 이 책은 특히 북부의 신중산층 도시 거주자의 식습관과 스타일을 반영했다. 에밀리아-로마냐Emilia-Romagna는 이탈리아에서 가장 부유한 식도락 지역인데, 이곳에서 알프레도Alfredo라는 크림

소스의 주재료인 파마산 치즈와 버터를 생산하는 낙농업이 발달했다. 북부에는 리조또와 폴렌타의 주재료인 쌀과 옥수수가 풍부했고, 종종 오소부코osso buco(구멍이 난 뼈)라고 부르는 뼈가 붙은 송아지 정강이 살로 만든 스튜를 먹었다. 항구도시인 제노바에서는 바질, 올리브유, 잣, 파마산 치즈로 만든 제노바식 페스토pesto genovese라는 소스가 탄생했다. 프로슈토 디 파르마proscuitto di parma는 이탈리아 북부에서 생산되는 햄이다. 살라미salame 같은 건조햄 역시 북부산이다. 모르타델라mortadella라는 소시지도 유명한데, 미국인들은 이 소시지에 원산지인 볼로냐Bologna를 엉뚱하게 발음한 '발로니'라는 이름을 붙였다.

모르타델라

2) 남부 이탈리아요리

이탈리아에서는 로마 아래쪽의 남부지방을 메쪼조르노Mezzogiorno(정오 또는 한낮)라고 부른다. 태양이 밝게 빛나는 곳이라는 뜻이다. 이탈리아의 봉건제는 1806년에 종식되었으나 소수의 상류층과 간신히 생계를 이어가는 다수의 농민층으로 갈리는 양극화는 그대로였다. 대부분의 남부인들은 복층으로 된 한 칸짜리 오두막에 살았다. 먼지 가득한 아래층 바닥에는 가축이 살았고, 사다리로 이어진 2층은 침실로 사용되었다. 그들의 음식은 돈키호테와 산초 판차가 200년 전 스페인에서 맛본 것 또는 100년 전 중세의 농부들이 먹던 것과 크게 다르지 않아서 렌즈콩, 빵, 양파, 약간의 치즈, 과일과 고기 등이 주메뉴였다. 고기는 1년에 두 번뿐인 중요한 가톨릭 축일에만 농부의 식탁에 오를 수 있었다. 크리스마스에는 암탉이나 거세한 수탉을, 부활절에는 구운 영양을 먹었다. 파스타 역시 사치품이었다. 아일랜드의 농부나 미국 남부에서 모든 일을 도맡았던 노예들처럼 이탈리아 남부의 농부들은 가축을 키우고 씨를 뿌리고 추수했으나 배불리 먹을 수는 없었다. 음식은 상류층의 전유물에 불과했다.

반면 도시의 사정은 달랐다. 상류층들은 대대로 남부 유럽에서 유명했던 천혜의 하사품을 요리에 최대한 활용했다. 그들은 기원전 4세기 그리스에 점령당한 이래 와인, 무화과, 건포도, 시금치, 감귤류, 양과 염소, 치즈, 올리브유, 곡물을 지켜왔던 것이다. 바다에는 해산물이 풍부했다. 18세기의 나폴리는 세계 파스타의 수도라 할 만큼 파스타 식당만도 거의 300개에 달했다. 길거리 가게에서는 손님들이 기다란 스탠드에 앉아 파스타를 손으로 집어 먹었다. 플럼 토마토, 특히 산 마르자노San Marzano산 토마토로 만든 소스는 남부 요리를 일반적인 이탈리아 요리와 차별화시켰다. 그런데 이 플럼 토마토는 1700년대까지 요리책에 등장하지 않았고, 그 뒤에는 '스페인 스타일'의 토마토소스라고 소개되었다. 파스타는 토마토소스, 리코타ricotta 치즈로 층을 쌓고 모짜렐라 치즈를 위에 얹어 라자냐로 만들거나, 간 고기 혹은 리코타 치즈와 허브로 속을 채워 네모난 라비올리로 만든 후 소스를 뿌렸다. 페코리노pecorino 치즈는 갈아서 위에 뿌렸다. 미트소스와 폴페테polpette라고 부르는 미트볼은 특별한 경우에만 넣었다. 이렇게 만든 파스타에 완두콩이나 콩을 곁들여 먹었다.

나폴리의 또 다른 전통음식인 피자는 다양한 토핑을 얹은 둥글고 납작한

나폴리에서 파스타를 말리는 모습

빵이다. 피타pita와 관련이 있는 이 이름은 10세기 이후로 사용되었다. 나폴리 피자는 바삭하고 얇은 반죽을 사용하며, 시칠리아 피자는 좀 더 두껍고 빵과 같은 반죽을 사용한다. 간단한 피자는 피자 반죽 위에 토마토, 올리브유, 마늘, 오레가노oregano를 얹어 만드는데, 특히 1889년에 이탈리아 여왕 마르게리타를 위해 만들어진 마르게리타margherita 피자는 붉은색의 토마토소스와 흰색의 모짜렐라 치즈, 녹색의 신선한 바질 잎으로 이탈리아 국기를 표현하였다.

이탈리아에서 빵을 굽는 일은 종교와 관련된 행위이다. 이탈리아에서 열리는 수많은 축제에는 각기 독특한 빵 또는 디저트가 정해져 있다. 망자의 날인11월 2일에는 뼈 모양의 빵을 굽고, 부활절에는 리코타와 쌀, 보리 또는 밀로 속을 채운 파이와 함께 이스트로 부풀린 특별한 달걀빵을 만든다.

많은 축제일들은 모두 각 지방의 수호성인을 기념한다. 예를 들어 산 마우라San Maura는 류머티즘과 관절염 환자들의 수호성인으로, 사람들은 1월 15일 지팡이 모양을 한 작은 빵을 구워 그를 기념한다.

스트루폴리

아랍인들이 중세 이후 시칠리아에서 설탕을 재배했기 때문에 남부지방은 패스트리와 단맛 과자 제조기술이 매우 발달하였다. 이탈리아에서는 스펀지케이크를 본래 판 디 스푸냐pan di spugna 또는 스페인의 빵이라는 뜻의 판 디 스파냐pan di spagna라고 불렀는데, 그 이름에서 알 수 있듯이 그 기원이 스페인으로 알려져 있다. 몇 개의 층으로 만드는 단맛의 이 케이크는 허브와 나무 열매로 만든 장미향의 로졸리오rosolio나 스트레가strega 같은 리큐르로 촉촉하게 적신 뒤 생과일과 잼으로 토핑한다. 세련스러움을 가미하려면 케이크를 잘라 럼에 담그고, 바닐라와 초콜릿 패스트리 크림 또는 리코타 크림을 바른 다음 휘핑 크림으로 토핑한다. 제폴레zeppole는 튀겨서 패스트리 크림으로 채운 것으로 3월 19일 성 요셉의 날에 만든다. 자발리오네 마르살라zabaglione marsala 또는 자바이오네 마르살라zabaione marsala를 만드는 방법은 세미－프레도semi-freddo와 비슷하다. 달걀노른자와 설탕을 거품기로 몇 분 간 저어 공기가 들어가서 걸쭉해지도록 만든다. 유럽 및 이탈리아의 많은 지역에서는 패스트리 반죽만으로 꽈배기를 만들거나, 매듭을 엮어 튀긴 다음 과자용 설탕을 뿌린다. 스트루폴리struffoli는 반죽을 작은 공 모양으로 만들어 튀기고 따뜻한 꿀을 바른 다음 여러 색으로 토핑한 것이다. 리코타는 특히 남부지방과 시칠리아의 디저트에 사용된다.

3) 시칠리아요리

리코타는 '다시 끓였다re-cooked.'는 의미이다. 본래 염소와 양의 젖으로 만드는 리코타는 자극적인 맛의 딱딱한 이탈리아 숙성 치즈인 프로볼로네provolone의 제조과정 중 만들어진 부산물이지만 오늘날에는 하나의 독립된 제품으로 여겨진다. 리코타를 건조시킨 것이 리코타 살라타ricotta salata인데, 톡 쏘는 냄새가 나고 작은 덩어리로 쉽게 부서지는 특징이 있다.

리코타는 시칠리아의 가장 유명한 디저트인 카놀리에 사용된다. 카놀리cannoli는 패스트리 반죽을 튜브 모양으로 바삭하게 튀긴 후 달고 부드러운 리코타를 채워 만든다. 카놀리니cannolini는 작게 만든 카놀리를 말한다. 또 다른 시칠리아의 디저트로 카사타cassatta가 있다. 카사타는 스펀지케이크와 리코타를 합친 것으로, 오늘날에는 초록빛이 도는 아몬드 페이스트로 겉을 감싸지만 초기에는 중동의 영향을 받아 피스타치오 페이스트를 사용했다. 카사타는 콰사qas'ah라고 부르는 아랍의 모양틀에서 그 이름이 유래됐다. 카사타 젤라타

음식 에피소드 아이스크림과 젤라토

시칠리아의 젤라토gelato는 본래 냉동된 음식을 의미한다. 스페인어의 엘라도helado와 같지만 프랑스와 미국의 아이스크림과는 다르다. 프랑스 아이스크림은 달걀을 사용하여 농도가 진하고 맛도 풍부하다. 미국 필라델피아 스타일의 아이스크림은 프랑스 아이스크림보다 더 많은 크림을 사용하지만 달걀은 들어가지 않는다. 젤라토는 본래 염소젖으로 만든다. 염소젖은 소젖보다 지방 함유율이 높지만 크림은 적다. 미국의 아이스크림은 본래 밀 녹말로 농도를 맞추며, 19세기에는 옥수수전분이 사용되었다. 시원한 얼음으로 만드는 그라니타granita에는 물, 설탕, 레몬 주스, 오디, 시나몬, 자스민 꽃 등이 들어간다.

cassata gelata는 카사타를 얼린 것인데 세 가지 다른 맛을 가진 젤라토로 층을 쌓아 만든다.

시칠리아의 주 요리에는 주로 설탕을 사용하기 때문에 종종 시면서 단맛이 나는데 식초와 설탕으로 만든 가지 피클 카포나타caponata가 있다. 또 시칠리아에서는 음식을 만들 때 종종 오렌지 또는 귤즙, 건포도 또는 커런트로 단맛을 내며, 케이퍼도 흔히 사용한다. 쿠스쿠스, 쌀과 시금치를 사용한 요리, 병아리콩을 사용한 요리에서는 북아프리카와 아랍의 영향을 엿볼 수 있다. 갈치와 정어리는 속재료로, 참치와 앤초비는 파스타 소스로 사용되며 이것들 모두는 상류층을 위한 요리에서 볼 수 있다. 미국에서 한때 노예로 생활했던 부커 워싱턴Booker Washington은 시칠리아 농부들의 비참한 생활을 목격하고는 충격을 받았다고 한다. 교육이나 어떤 사회적 배려도 받지 못한 미국 남부에서 가장 뒤처진 구석의 흑인 농부들도 시칠리아 농부들에 비하면 형편이 나은 편이었다.

1890년대 초 가뭄이 이어지면서 시칠리아의 곡물, 포도, 감귤류 작물들이 피해를 입었고, 필록세라가 이탈리아 남부 전역의 포도나무를 휩쓸었다. 그러나 굶주림이 시칠리아 인구의 40%를 몰아낸 유일한 이유는 아니었다. 산업화와 위생관념의 부재 또한 원인이었다. 젊은이들에게 7년 간의 군 복무를 강요한 정부, 매년 2만 명의 목숨을 앗아간 말라리아, 시칠리아의 주요 수출품인 유황의 가격을 폭락시킨 미국의 산업화, 이 모두가 고향을 떠나고 싶다는 생각을 자극했다. 게다가 1880년 중반 콜레라가 3년 동안 지속되어 5만 5천 명이 목숨을 잃었고, 1908년 화산폭발과 조석파潮汐波로 10만 명 이상이 희생되었다. 이러한 연이은 재앙을 맞은 150만 명의 사람들에게는 마치 시칠리아에서 도망치는 것이 살아남을 수 있는 유일한 길이자 신의 계시처럼 느껴졌을 것이다. 마침내 이들은 자신의 처지를 저주하며 시칠리아를 떠났다. 이들은 토양이 비옥하고 거리가 금으로 포장된 신천지, 미국에서 새 삶을 시작하기 위해 배에 올랐다.

7. 미국

1) 남부: 노예들의 음식, 소울푸드

노예를 거느린 대농장의 주인들은 남부 백인 인구의 25% 정도로, 대저택에서 관리인을 두고 영화 '바람과 함께 사라지다.'의 한 장면에 나올 법한 풍요를 누렸다. 그러나 대부분의 남부 백인들은 힘들고 어려운 농부생활을 이어갔다. 그들의 집은 저택이 아니라 허름한 오두막이었다. 이들이 소유한 작은 농장에서는 자급자족을 위한 가축, 곡식, 채소를 포함해 내다 팔기 위한 담배와 쌀 그 밖에 작물들을 생산했다.

그러나 노예의 처지와 비교하면 이런 농부의 생활은 차라리 호사였다. 남부에서는 돼지의 어느 부위를 먹느냐에 따라 사회적 지위가 갈렸다. 대농장주의 가족들은 갈비, 구이, 햄 등 주요 부위를 먹었다. 반면에 노예들은 귀, 코, 꼬리, 족 같은 자투리 부위나 곱창 따위의 내장을 먹었다. 백인들은 가끔 곱창을 소시지 껍질로 사용했지만 그 자체를 먹지는 않았다. 노예 요리사는 돼지의 주요 부위로 요리를 했지만 본인이 먹지는 못했다. 식품창고에 보관하는 쇠고기, 양고기, 닭고기, 칠면조, 거위 등은 말할 것도 없었다.

남부와 북부 주방의 차이는 단지 노동력뿐이 아니었다. 북부에서는 주방의 화로가 그 집의 심장과도 같았다. 남부 대농장의 주방은 착유장, 마굿간, 헛

간과 함께 별도 건물에 속해 있었다. 대농장에서 생필품은 큰 단위로 구입하고 고기도 통째로 도축했다. 밀가루와 위스키는 대형 통으로, 닭은 수십 마리씩, 돼지도 몇 백kg씩 사들였다.

2) 노예해방과 여성해방

남부의 고급요리는 여성노예들이 만들어냈다. 음식 역사학자인 캐런 헤스Karen Hess는 19세기 초에 백인 여성들이 쓴 남부 요리책의 대부분이 흑인 요리사의 요리법을 모아놓은 것에 불과하다고 주장했다. 노예요리사들은 대부분 여성이었는데, 세대를 거쳐 전해지거나 구전으로 내려오는 요리법을 실생활에 활용하면서 배워나갔다. 백인 안주인은 지시만 할 뿐 요리는 하지 않아 남부지방의 주방에서는 흑인 여성 노예가 우두머리였다. 요리사는 숙련된 직업이었고, 들판이 아닌 집 안에서 일했기 때문에 흑인 요리사들은 자신의 일을 자랑스러워했다. 하지만 백인 주인들은 요리사에게 독살당할지 모른다는 걱정 때문에 이들을 두려워했는데 실제로 그런 사례도 있었다.

당시 자신의 처지가 노예나 다름없다고 여긴 북부의 백인 여성들 중에서 여성과 노예의 자유를 주장하는 이들이 생겨났다. 19세기 초까지는 '엄지손가락 법rule of thumb'에 따라 엄지손가락보다 두껍지 않는 회초리를 사용하는 한 남편들은 합법적으로 아내를 때릴 수 있었다. 1848년 100여 명의 백인 남녀가 뉴욕 북부의 세네카 폴에 모여 여성의 독립선언서인 '소신 선언문the Declaration of Sentiment'을 채택했다. 여기에는 모든 남자와 여자가 평등하게 태어났으며, 소득이 있어도 투표권 없이 납세의무만 지고 있는 여성들에게 투표권을 주어야 한다는 주장이 실려 있다. 하지만 언론은 이 집회에 참석한 사람들을 철저하게 조롱했다. 그럼에도 이 운동은 큰 반향을 불러일으켰고, 그 후로 여성들이 노예제도를 폐지하는 활동에 더욱 적극적으로 참여하는 계기가 되었다.

노예는 지하철길을 통해 탈출하곤 하였다. 이 지하철길 탈출의 동조자 중 많은 수가 퀘이커 신도였다. 북부에서 자유 신분으로 태어났거나 혹은 자유를 찾아 도망친 흑인들 중 성직자들로 구성된 이들은 1775년 미국 최초의 노예폐지협회를 설립했다.

흑인노예들은 노예생활에서 벗어난 첫날부터 자유를 만끽했다. 이들은 평등한 관계 이상으로 자신을 대하는 백인들과 한 테이블에 앉아 있다는 사실을 믿을 수가 없었다. 자신이 요리하고, 냄새 맡고, 눈으로 보며 늘 갈망했지만 결코 먹을 수는 없었던 바로 그 음식들을 대접받았던 것이다. 마침내 자유의 몸이 된 이들은 이제 돼지의 맛있는 부위를 마음껏 먹으며 살 수 있게 되었다.

3) 남북전쟁(1850~1865년)

1861년 4월, 에이브러햄 링컨이 대통령으로 당선된 지 한 달 후, 남부 연방은 사우스캐롤라이나에 있는 숨터요새에서 미합중국을 향해 대포를 발사했다. 이것으로 남북전쟁이 발발했고 초기에는 남부군이 기세를 잡았다. 그러나 서서히 북부가 인구, 식량, 산업(철로와 총기 공장의 2/3를 포함)의 우세를 앞세워 목화를 바탕으로 한 남부의 경제력을 제압하기 시작했다. 펜실베이니아 게티즈버그를 제외한 큰 전투들은 모두 남부에서 벌어졌다. 북부의 주요 전략은 식량 공급을 통제하는 것이었다.

남북전쟁이 시작됐을 때 군대의 영양상태와 위생 분야에서 세계 최고의 권위자는 영국의 상류층 여성들이었다. 영국, 프랑스, 터키가 1854년 크림전쟁에서 러시아에 대항하여 싸울 때 수많은 영국군인들이 전투가 아닌 질병으로 사망했는데, 그 사망률은 1660년 런던의 페스트 전염병으로 인한 것보다 훨씬 높았다. 플로렌스 나이팅게일Florence Nightingale은 그 원인을 밝히는 데 앞장섰다. 그녀는 소금 섭취를 줄이고, 재료를 완전히 익히고, 채소섭취를 늘리고, 발효시킨 빵의 섭취를 줄이면 괴혈병이 나을 수 있다고 주장했다. 괴혈병은 환자가 다른 질병에도 쉽게 걸리게 만들었다. 그러나 캠프에는 쓸 만한 주전자도, 요리에 사용할 연료도 없었다. 나이팅게일과 38명의 간호사들은 남성 군의관들의 적대적인 태도를 견디며 더 나은 음식과 의복을 구하기 위해 애썼고, 병자

축제의 유래 … 12월 25일, 크리스마스

크리스마스는 독일, 영국 그리고 미국의 전통이 한데 어우러진 축제로, 이교도의 의식도 남아 있다. 고대 로마에서는 사투르날리아Saturnalia라는 연말 축제가 있었다. 이날에는 특히 빨간색 모자가 각별한 의미를 가졌다.

1800년대 중반, 영국의 빅토리아 여왕과 남편 알버트 공은 여왕이 어린 시절을 보낸 독일의 전통에 따라 크리스마스트리를 세우고 기념으로 왕궁에서 사진을 촬영하였다. 그 사진이 미국의 어느 잡지에 실리자 크리스마스트리가 즉각적으로 사람들의 관심을 끌었다. 독일어로 크리스마스트리라는 뜻의 노래「오 타넨바움」을 부르고, 겨울철 큼지막한 생나무를 집에 들여놓는 독일의 풍습과 함께 지팡이 사탕과 진저 브레드 등도 유행했다. 자두 푸딩은 곧 영국의 크리스마스 전통이 되었다. 이 푸딩에 자두가 진짜로 들어 있는 것은 아니었다. 서양에서 자두는 근사하고 최상의 것을 상징한다. 크리스마스가 상업화된 것은 19세기에 생겨난 백화점이 선물 구입을 유도하기 위해 쇼윈도를 장식하기 시작했을 무렵부터다.

몇몇 나라에서는 이듬해 1월 6일까지, 즉 크리스마스 후 12일까지를 기념한다. 열두 번째 밤 또는 예수공현 축일은 세 명의 현자가 아기 예수를 발견한 날이다. 영국에서 '배나무 아래의 자고a Partridge in a Pear Tree'라는 노랫말로 유명한「12일 간의 크리스마스The Twelve Days of Christmas」라는 캐롤이 이 의식을 기념하기 위해 불린다. 이탈리아에서 열두 번째 날인 라 베파나La Befana에는 착한 마녀가 날아와 아이들에게 선물을 나눠주고 나쁜 짓을 한 아이들에게는 석탄덩어리를 준다고 한다.

아프리카계 미국인의 휴일도 따로 있는데, 크완자Kwanzaa는 12월 26일과 1월 1일 사이에 기념된다. 그들 가족과 문화의 기념의식은 1960년대 민권운동의 산물이며, 첫 기념행사는 1966년에 있었다.

들을 씻기며 더러운 막사를 세척했다.

1861년 미국의 남부군은 전쟁 준비를 하며 〈버지니아 군대를 위한 캠프와 병원에서 요리하는 법에 대한 지침서〉라는 제목의 팸플릿을 인쇄했고, 공중위생국장의 명령에 따라 나이팅게일의 에세이 『음식을 먹는 것』과 『무슨 음식을 먹을까』를 배포했다. 나이팅게일의 두 권의 책에는 '100명을 위한 커피 각 0.55L씩', '100명을 위한 비프 수프' 그 밖에도 비프 티, 농도가 진한 비프 티, 비프 에센스, 치킨 브로스, 쌀밥, 쌀물, 보릿물, 칡즙, 병자를 위해 칡즙으로 농도를 맞춘 당화우유 등의 요리법이 들어 있었다. 환자식에 대한 그녀의 철학은 관찰에 바탕을 두며 관습에서 탈피한 것이었다. 그녀는 밤새 열에 시달리며 탈수 현상을 보인 환자들이 딱딱한 음식으로 힘들게 아침식사하는 모습을 본 후 이러한 음식 대신 매시간 비프 티나 칡즙, 와인, 에그노그를 먹을 수 있도록 메뉴를 바꾸었다. 병사들은 한밤중에 램프를 손에 들고 병동에서 자기들을 살피는 그녀를 '램프를 든 부인'이라고 불렀으며, 나이팅게일은 간호사를 존경받는 직업으로 만들었다.

한편 1863년 미국의 링컨 대통령은 이 수많은 죽음의 와중에도 여성단체의 압력을 받아 추수감사절을 국경일로 선포했다. 또 많은 사람들이 크리스마스를 기념하기 시작했다.

1865년 4월 9일 버지니아 아포맷톡스에 있는 법정에서 리 장군이 그랜트 장군에게 항복하면서 남북전쟁은 끝났다. 하지만 이로부터 일주일도 채 지나지 않아 링컨이 암살되었고 미국은 깊은 시름에 빠졌다.

4) 서부: 철도와 인디언전쟁(1860년대~1886년)

미국에 부설된 철로는 이미 세계 철도의 반 이상을 차지하고 있었지만, 태평양에 닿기 위해서는 대륙횡단철로를 새로 놓을 필요가 있었다. 그러나 노동력확보가 쉽지 않았는데, 캘리포니아의 남성들은 하루에 3달러를 받고 선로에서 일하기보다는 금을 찾고자 했기 때문이다. 마침내 르랜드 스탠포드Leland Stan ford가 아이디어를 냈다. 중국인들을 고용하자는 것이었다. 당시 캘리포니아에는 많은 중국 이주자들이 살고 있었는데, 그들은 금을 찾아 들어왔지만 백인들에 의해 차별받고 강제로 추방당한 상태였다. 당시의 통념으로는 중국인들이 키가 작고 체구가 왜소해서 철도 노동에 적합하지 않았다. 하지만 스탠포드는 중국인이 만리장성을 쌓은 민족이라며 반박했다.

물론 만리장성이나 피라미드를 세운 선조들을 가진 중국과 이집트의 철도노동자들도 먹어야 했다. 그런데 백인 작업부들이 종종 장 질환으로 고생한 반면, 중국인들은 아무 탈이 없었다.

차이는 음식에 있었다. 백인은 쇠고기나 감자를 주로 먹으면서 오염된 시냇물을 그냥 마셨지만 중국 인부들은 샌프란시스코의 중국 상인들로부터 식재료를 얻어 직접 요리하고 차를 끓여 마셨다. 즉, 이들은 제대로 먹는 법을 알고 있었던 것이다. 중국인들은 또 굴, 갑오징어, 전복, 과일, 야채, 죽순, 해초, 버섯을 포함해서 쌀, 염장 배추, 쌀국수, 베이컨, 단맛 과자와 아주 가끔 쇠고기, 돼지고기, 닭고기를 먹었다. 그들은 건강하다는 이유로 '지독하다.'는 비난을 받았으며 매일 목욕하고 술을 마시지도 않았다. 유일한 악습은 일요일마다 아편을 피우는 것이었는데 이는 영국이 전해준 것이었다.

인도가 대영제국의 지배 아래 들어가던 해 미국에서는 동서해안을 잇는 철도가 개통되었다. 시카고에 본사를 둔 풀먼Pullman 회사는 1869년 10월 궁궐 같은 객차에 가죽의자와 황동램프 그리고 커튼을 드리운 '선로 위의 호화호텔'을 만들었다. 식당차도 고급이었다. 새하얀 린넨과 은제품이 테이블 위에 놓였으며, 여기서는 샴페인, 송아지 스테이크, 송어, 신선한 과일 등을 먹을 수 있었다. 창밖으로 미국의 시골농가 풍경을 구경하며 셰프가 요리하는 프랑스풍 요리를 맛볼 수 있는 문명의 대조가 승객들에게 깊은 인상을 남겼다. 서비스 또한 인상적이었으며, 모든 웨이터와 포터는 흑인이었다. 20세기 중반까지 이 두 직업은 흑인들 사이에서 최고의 일자리였고, 최초의 흑인 노동조합이 만들어진 분야 중 하나였다.

대륙횡단철도가 완성될 즈음 캘리포니아 노동인구의 25%는 중국인이 차지하고 있었다. 하지만 더 이상 중국인 노동력을 필요로 하는 대형사업이 없었으므로 그들은 미국인에 비해 적은 임금을 받고서라도 일을 계속하고 싶어 했다. 그러자 성난 백인노동자들이 샌프란시스코, 로스앤젤레스, 워밍에서 중국인들을 폭행하는 사건들이 이어졌다. 1882년 미국의회는 중국인과 빈민, 정신장애자, 매춘부들을 추방하는 중국인 추방령을 통과시켰다.

하지만 인디언들은 여전히 골칫거리였다. 미국 군대는 남북전쟁 동안 실행했던 초토화정책을 인디언에게도 적용했다. 하지만 군대는 전투에서 인디언을 사살할 필요 없이 식량공급을 차단하면 끝이었다. 버펄로는 대평원의 인디언에게 식량 이상의 의미였다. 버펄로는 인디언의 문화였다. 그들은 버펄로 가죽으로 테페스teppes라는 보금자리를 만들었고, 옷과 담요, 가운, 모카신moccasin이라는 신발을 만들었다. 버펄로의 뿔은 의식에 쓰는 의상에 사용되었고, 뼈로는 바늘을, 인대와 힘줄로는 밧줄과 전선을 만들었다. 버펄로의 방광과

위는 저장용기가 되었다. 이 당시 약 5천만 마리의 버펄로가 군대에서 탄약을 제공받은 수렵꾼들에 의해 사살당했다.

5) 메뚜기 전염병

미국 중서부의 농장경제는 가족 단위로 꾸려졌다. 농장 일에는 가족구성원 모두가 참여했으며 특히 여성과 아이의 노동력이 중요했다. 성별에 따라 일이 주어졌는데 여성은 임신이 잦아 집 주위에 머물렀으나 수확기 같은 때에는 들에 나가 함께 일했다.

끊임없는 고된 노동에도 농장 일에는 자연환경이 여전히 큰 변수였다. 1873~1878년에는 메뚜기떼가 성경에 나오는 역병처럼 중서부 농장 일대를 휩쓸었다. 해를 거듭할수록 메뚜기떼는 닥치는 대로 먹어치우며 알을 낳았다. 미네소타의 농부들은 이 작은 알이 매서운 겨울과 비가 많은 봄을 견디지 못할 것이라고 확신했지만 알들은 살아남아 성충이 되었고, 막 싹을 틔운 밀, 귀리, 보리와 옥수수를 먹어치웠다. 무려 50년 동안 이러한 악순환이 반복되었다. 농부들이 들판에 불을 놓아도 메뚜기떼는 날아서 도망갔다가 곧 다시 돌아왔고 농부들은 다시 종이나 담요로 곡식을 덮었지만 이마저도 소용없었다. 결국 메뚜기떼의 피해로 생활이 어려워진 사람들은 들판을 떠났다.

6) 카우보이 음식

소몰이는 1866년 남북전쟁 후에 시작되었다. 이때는 소가 남아돌아 텍사스에서는 소 값이 1마리당 1달러로 추락했고, 동부의 도시에서는 쇠고기 부족 사태가 벌어졌다. 남부에는 철로가 없어 텍사스의 소몰이꾼들은 북부의 철도가 연

취사용 마차

결되는 곳, 전설적인 카우 타운인 캔자스의 위치타, 닷지, 아비레인 그리고 네브래스카의 오마하로 기수를 돌리기로 결심했다. 그 철로들은 키솔름Chisolm, 굿나잇 러빙Goonight-Loving 같은 이름으로 불렸다. 1855년에는 거의 600만 마리에 해당하는 쇠고기가 북쪽으로 보내졌고, 값싼 텍사스 롱혼 쇠고기longhorn beef가 유럽산을 대체했다.

소떼몰이 행렬은 모두 식량마차를 관리하고 음식을 준비하는 요리사를 대동하고 있었다. 주전자, 압력솥, 프라이팬 등 모든 식기구가 무거운 철이었기 때문에 요리사는 십장 못지않게 체격 조건이 아주 중요했으며 신경질적인 태도로도 악명 높았다. 요리사들은 날마다 다른 장소에서 마차 뒤편에 선 채로 100명분의 식사를 요리했다. 음식을 미리 준비했다가 일행의 일과가 끝날 때 제공해야 했기 때문에 대부분의 시간을 홀로 일하며 보냈다. 식사는 커피, 콩 요리, 커피, 쇠고기, 커피, 비스킷, 커피 순이었다. 날것도 신선한 채소도 없었으므로 통조림 복숭아가 가장 인기 있는 식재료였고, 통조림 토마토는 비타민 C를 제공해 괴혈병을 예방했으며, 향신료는 주로 칠리를 사용하였다. 이러한 재료와 함께 커피와 과립 흑설탕도 중요한 식재료였는데, 이것들은 바짝 말라 너무 딱딱해진 탓에 조각을 내서 분쇄기에 넣고 갈아야 할 정도였다. 커피분쇄기와 커피 45kg이 담긴 주머니는 늘 마차 한쪽 구석에 비치되어 있었다.

1873년 일리노이주의 데 칼브에서 열린 카운티 박람회에서 소개된 철조망은 방목의 끝을 알리는 신호였다. 농부들이 울타리를 치는 데 철조망을 사용하자, 농부들과 소몰이꾼들 사이에서 누가 어떻게 토지를 사용할지를 두고 싸움이 벌어졌다. 여기에는 날씨 또한 중요한 역할을 했다. 결국 1886년 텍사스 대평원에서 소몰이가 사라졌다. 1886~1887년에 불어온 심한 눈보라 때문에 실명한 소들은 본능적으로 남쪽으로 향했다. 이윽고 눈이 멈추자 수 천 마리의 소가 철조망 울타리에 걸려 얼어붙어 있는 것이 발견되었다.

1886년 인디언 전쟁이 끝났다. 전쟁에 뛰어든 모든 인디언들은 죽거나, 감옥에 수감되거나, 보호구역으로 보내졌다. 최후에 항복한 인디언은 코치스Cochise의 아들이며 키리카후아 아파치의 추장이었던 제로니모Geronimo였다. 1887년 미국 의회는 '도스 단독토지법Dawes Severalty Act'을 통과시켜 인디언 부족의 토지 공동 소유권을 없애고 그들에게 미국인의 생활방식을 따르도록 강요했다.

7) 금박시대(대호황시대)

19세기 마지막 25년 동안의 미국은 모든 것이 금으로 덮여 있는 것처럼 보였다. 1873년 마크 트웨인Mark Twain과 찰스 더들리 워너Charles Dudley Warner가 쓴 소설 제목『금박시대Gilded Age』와도 같았다. 산업혁명과 풍요로운 천연자원 덕에 미국은 부유해졌고 자신의 부를 과시하기 시작했다. '백만장자millionare'라는 단어는 1840년대 이전에는 존재하지 않았는데 1901년 US스틸사United States Steel가 최초의 10억 달러대 기업으로 등극하면서 생겨났다. 미국의 부자들은 유럽의 궁전과 같은 대저택을 지었고, 종종 유럽에서 진품 조각상들을 분해해서 배로 실어와 재조립하기도 했다. 접시도 금으로 만들거나 가장자리를 금으로 둘렀다. 연회장과 화실의 천장과 벽도 금 장식으로 덮여 있었다.

이 시기에는 소비주의가 하나의 특징으로 급속히 발전하였다. 공장들은 어마어마한 양의 소비재를 생산했고, 소비를 부추기기 위해 온갖 광고를 했으며, 백화점이 생겨났다. 쇼핑은 중산층 부인들의 고상한 용무 중 하나가 되었다. 또 19세기 말에는 오티스Otis가 엘리베이터를 발명하고 고층빌딩이 탄생했다. 백화점에 올 수 없는 소비자를 위해서는 백화점이 그들을 찾아가기도 했다. 시카고에 본사를 둔 시어즈Sears가 보낸 수백 페이지의 쇼핑 카탈로그에는 스토브, 접시, 주전자, 팬, 연장, 씨앗, 트랙터, 히터, 깔개, 신발, 의류, 가구류 등의 사진이 실려 농부의 가족을 유혹했다. 모든 상품은 우편주문이 가능했고 기차로 배달되었다.

주택에도 큰 변화가 있었다. 집마다 배관과 전기시설이 설치되기 시작하자 식사를 위한 공간으로 한 개 이상의 방이 사용되었다. 다이닝룸은 격식 있는 자리를 위한 곳이었으며, 가족만 사용하는 편안한 분위기의 아침식사 장소

VALUABLE ARTICLES FOR THE HOUSEHOLD.

SILVER-PLATED WARE.

LATEST [1885] PATTERNS.

No. 1.—Cat or Dog Napkin Ring.—Price $1.50.—A novel and amusing design for a Napkin Ring, being the head and limbs of a solemn little Pug-dog, with the ring in place of his body. Prettily chased and ornamented. Another ring has the head and limbs of a demure-faced Cat instead of those of a dog. These rings are especially acceptable to children, and either one of them will be **Presented** for **2** subscriptions at $1.50 each; OR, supplied for $1.50. Post-paid in either case.

No. 2.—Napkin Ring.—Price 75 cts.—A remarkably fine Ring for the price, being one and three-quarter inches wide, and of the best quadruple plate. The chasing is very elegant, and of a new design, a spirited boating scene. This ring will be **Presented** for **1** subscription at $1.50; OR, supplied for price. Post-paid in either case.

No. 3.—Butter Dish.—Price $5.50.—An excellent article in every respect, prettily chased and ornamented. Provided with a perforated drainer for the melting ice, a dome-shaped cover bearing a shield, on which an initial or monogram can be engraved, and a pair of rests for the butter knife. This last will be found a great convenience in saving the table linen from greasy spots. **Presented** for **6** subscriptions at $1.50 each; OR, supplied for price. Recipient to pay small expressage in either case. (See below.)

No. 4.—Fruit Dish.—Price $9.00.—A very elaborate center-piece for a dinner table, consisting of an ornamental glass dish, supported by a massive stand of best quadruple silver plate. A charming little figure in Kate Greenaway costume, and surrounded by cupids and a wreath of roses, peeps out from beneath the stand. This dish would be a handsome present for a friend. Stands nine inches high, and when filled with large fruit is very imposing and elegant. **Presented** for **10** subscriptions at $1.50 each; OR, supplied for price. Receiver to pay small expressage. (See below.)

No. 5.—Dinner Caster.—Price $7.00.—This handsome Caster will give an air of elegance to the dinner table. It is of best quadruple plate, elaborately chased in flower and butterfly pattern shown in the engraving, and contains five shapely glass bottles, three of them with silver stoppers. It has the "Patent Non-friction Bearing," by means of which it revolves smoothly, producing no jarring of the bottles, nor noise. **Presented** for **7** subscriptions at $1.50 each; OR, supplied for price. Receiver to pay small expressage.

No. 6.—Breakfast Caster.—Price $6.00.—Simple but elegant design. Each of the four cut-glass bottles rests in a silver cup, and is encircled by a wreath-pattern; two of the cruets have silver tops, and two, cut-glass stoppers. This caster is of the best plate, is easily cleaned, and of the most appropriate size for the breakfast table. **Presented** for **6** subscriptions at $1.50 each; OR, supplied for price. Small express charges to be paid by receiver. (See below.)

No. 7.—Sugar Basin.—Price $6.00.—This Sugar Basin has the satin finish, which is superior to others in not scratching easily. It is of a substantial looking shape, with a cover and an ornamental shield for the owner's name or monogram. It will be **Presented** for **6** subscriptions at $1.50 each; OR, supplied for the price. Receiver to pay small expressage.

No. 8.—Cream Jug.—Price $5.50.—This Jug is of the same workmanship and design as the preceding sugar basin, and the two together will make a pretty pair, though either one alone will be both ornamental and serviceable on a tea table. The Jug will be **Presented** for **6** subscriptions at $1.50 each; OR, supplied for price. Expressage to be paid by the receiver.

여러 가지 은 식기류

도 별도로 있었다. 중상류층의 식사는 아침, 저녁, 야식으로 구성되었다. 여성을 위해서는 여성전용 오찬luncheon 그리고 차와 간식을 먹는 오후의 하이 티 타임high tea time이 할애되었다.

이 같은 생활수준의 향상에는 통조림과 냉장열차도 일조했다. 통조림(아페르Appert가 발명한 것으로, 1876년부터 미국의 조립 라인에서 대량생산되었다) 덕분에 이국적이며 부패하기 쉬운 계절음식들을 편리하게 먹을 수 있었다. 통조림은 1820년대 미국에서 바닷가재, 굴, 연어 등으로 만들기 시작했는데 1882년에는 토마토와 옥수수, 콩, 완두콩 등을 비롯해 그 종류가 50가지가 넘을 정도로 인기가 높아졌다. 또 냉장열차는 시카고의 세계 최대 육류시장에 출하되는 쇠고기와 돼지고기 제품을 미국 전역으로 실어 날랐다.

8) 식이장애: 거식증과 폭식증

빅토리아 시대 영국과 미국에서의 식욕은 성욕과 함께 금기의 대상이었다. 커피, 차, 초콜릿, 겨자, 식초, 피클, 향신료, 견과류, 건포도, 빵, 패스트리, 캔디, 알코올 등은 여성에게 건강하지 않은 식욕을 일으키는 음식으로 여겨졌다. 또 육류는 정신병이나 색정증 또는 둘 모두를 일으키는 가장 나쁜 음식으로 여겼기 때문에 육류와 감자를 먹는 여성을 마치 짐승처럼 보았다. 그래서 많은 여성들은 아무도 보지 않는 곳에서 음식을 먹었다. 여성과 함께 남성의 성적 충동도 사회적으로 통제를 받았는데, 남성들의 불건전한 생각을 자극하지 않도록 피아노 다리까지도 가렸다. 여성은 무릎까지 버튼이 달린 신발을 신고, 그 위에 발목까지 내려오는 치마와 페티코트를 입고, 심지어 불투명한 스타킹까지 신었기 때문에 각선미를 과시하는 것은 불가능했다. 이러한 성적 회피 경향은 음식과 관련된 단어에도 반영되었다. 고상한 사람들은 '가슴'이나 '다리' 같은 단어를 언급할 수 없었기 때문에 이를 대신해서 '흰 살코기', '붉은 살코기' 같은 말로 돌려 표현했다.

여성의 식욕과 성욕을 억제하는 세상에 새로운 매너와 음식이 등장했고 미국 중상류층의 10대 소녀들 사이에서는 이상한 질병이 나타났다. 음식과 부가 풍족한 시대임에도 소녀들은 건강을 해치거나 목숨을 잃을 지경이 될 때까지도 도통 음식을 먹지 않았다. 이러한 현상을 한 영국 의사가 1868년에 처음으로 거식증이라고 명명하였다. 그 후 거식증은 1960년대가 되자 급격히 증가했다.

식이장애에는 두 가지 형태가 있다. 거식증은 식욕 거부를 포함한다. 폭식증은 폭식을 한 후 억지로 설사를 유도하거나, 관장을 하거나, 구토에 의해 먹은 것을 다시 몸 밖으로 배출하는데, 처음에는 목구멍에 손가락을 넣어 강제로 토해내야 하지만 나중에는 뜻대로 구토를 유도할 수도 있다. 두 형태의 식이장애에서 모두, 체중이 정상 최저치보다 15% 이상 감소하며, 월경이 3회 이상 중단되고, 외모에 집착하는 증세를 보인다. 지나친 체중미달임에도 소녀들은 거울에 비친 자기 모습이 뚱뚱하다고 생각한다.

이 증상은 남성보다 여성에게서 10배 이상 높게 나타나는데, 모델이나 발레리나 같은 직업에서 흔하다. 체급을 유지하려는 남성 레슬러에게서도 이 증상이 보인다. 영양실조는 대사불균형을 일으키고 비타민과 무기질을 고갈시킨다. 지방이 손실되면 항상 한기를 느끼고, 체온을 유지하기 위해서 잔털이 몸 전체에 자라난다. 이 환자들은 식도에 손가락을 넣어 구토를 유발하므로 손등에 굳은살이 박이고, 구토와 함께 넘어온 위산으로 치아와 식도가 부식되며 혈압이 떨어져 심장기능까지 저하되는데, 이로 인한 치사율이 약 11%에 달한다.

축제의 유래 … 2월 14일, 밸런타인데이

밸런타인데이는 미국에서 두 번째로 외식을 많이 하고(첫 번째는 어머니의 날) 카드를 많이 보내는(첫 번째는 크리스마스) 날이다. 밸런타인데이를 기념하는 음식과 의식은 그리스, 로마, 기독교 등 여러 문명이 복합되어 탄생한 것이다. 2월 14일은 제국시대에는 다산의 축제였으나, 498년경 교황 제라시우스는 이날을 밸런타인데이로 선포했다. 성 밸런타인과 관련해서는 예로부터 여러 가지 전설들이 내려온다. 밸런타인은 어린 연인들을 위해 비밀 결혼식을 거행하거나 감옥에 수감된 기독교인들의 탈출을 도왔다고 한다. 그 자신도 감옥에 갇혀서는 '밸런타인으로부터'라고 적힌 연애편지를 보냈다고도 전해진다.

인간의 가슴에 사랑의 화살을 쏘는 그리스 신화 속의 사랑의 신 큐피드는 신체 조건이 완벽하고 멋있는 운동선수였다(로마 신화에서는 에로스인데, '에로틱'이란 단어가 여기서 유래했다). 그의 어머니는 아프로디테(로마 신화의 비너스)였는데, 사이키(영혼)라고 불리는 아름다운 젊은 여성을 시샘하여 큐피드를 보내 그녀가 못생긴 남자와 사랑에 빠지도록 했다. 그러나 정작 큐피드가 사이키에게 한눈에 반하고 사랑에 빠졌다. 그는 사이키에게 결코 자신을 쳐다보지 않을 것을 맹세하게 했다. 그렇지 않으면 그들은 절대 다시 만나지 못할 것이기 때문이었다. 사이키는 큐피드의 얼굴을 보지 못한 채 그와 사랑을 나누었으나, 그녀의 자매들은 계속해서 큐피드의 얼굴을 살짝 훔쳐보라고 유혹했다. 어느 밤 사이키는 잠든 큐피드의 얼굴을 램프로 비추어 보았다. 그녀의 손은 기쁨으로 떨린 나머지 큐피드의 어깨에 그만 뜨거운 램프기름 한 방울을 떨어뜨리고 말았다. 몸과 마음에 상처를 받은 큐피드는 믿음 없는 사랑은 불가능하다며 그녀의 곁을 떠났다.

사랑을 잃고 괴로워하던 사이키는 아프로디테를 찾아가 다시 큐피드를 볼 수 있게 해달라고 빌었다(그는 그곳에서 상처를 치유 중이었다). 그러자 아프로디테는 사이키에게 불가능한 임무를 맡겨 그녀를 없애버리려 했다. 그러나 사이키는 큐피드를 사랑하는 마음에서 모든 주어진 임무를 완수했다. 그러는 동안 상처에서 회복된 큐피드도 그녀를 다시 만나고 싶었다. 신들의 왕인 제우스는 사이키에게 약간의 암브로시아ambrosia(신들의 음식)를 나눠주고 그녀를 신으로 만들어 주었다. 제우스는 사랑과 영혼이 서로 떨어져서는 살 수 없다며 그 둘의 결혼을 허락해 영원히 함께 살도록 했다.

중세에 들어서 이 같은 밸런타인과 큐피드의 두 이야기가 뒤섞이는 바람에 밸런타인은 연인을 위한 수호성인이 되었다. 이날에는 연인끼리 카드를 주고받는다. 현존하는 가장 오래된 밸런타인 카드는 1415년에 씌어진 것이다. 1840년대에 미국 여성 에스더 하우랜드는 최초로 밸런타인 카드를 대량생산한 것으로 유명하다.

오늘날의 연인들은 카드뿐 아니라 꽃다발, 특히 열정을 상징하는 빨간 장미를 보낸다.

밸런타인데이의 음식은 샴페인, 캐비아, 굴, 거위 간, 패션 푸르츠, 송로버섯, 초콜릿 등 최음성이 있는 것들이다. 레스토랑에서는 메뉴판, 린넨, 꽃, 앞치마 등을 핑크색과 빨간색으로 장식한다. 음식 역시 같은 색의 라즈베리raspberry로 비네가렛vinaigrette, 쿨리coulis, 제레이gelee, 수플레soufflé를 만든다. 파테, 라비올리, 케이크, 타르트, 머핀, 팬케이크, 쿠키, 캔디 등도 하트모양으로 꾸민다.

9) 채식주의

19세기의 채식주의에는 두 단계가 있었다. 첫 단계는 남북전쟁 전인 1830년대에 시작되었다. 둘째 단계는 앞에서 언급한 금박시대였다. 19세기의 사람들은 육식을 중단하면 동물적인 행동도 멈출 것이라는 생각에서 채식주의를 지지했다. 여기서 동물적인 행동이란 이기주의, 섹스, 전쟁이었다. 1830년대에 실베스터 그라함Sylvester Graham 박사는 상류층 음식의 상징이던 정제된 흰 밀가루에 반대하면서, 도정搗精 과정은 온전한 자연상태로부터 인공적인 문명상태로 타락하는 징조라고 주장했다. 그는 중세 농부들이 먹던, 거친 통밀로 만든 밀가루가 건강에 더 좋다고 주장했다. 또 상업적인 제빵사는 진정한 빵을 만들 수 없다고도 말했다. 진정한 빵이란 오직 남편과 자식을 사랑하는 마음을 지닌 아내와 어머니의 손에서 만들어진다고 믿었다. 그의 신념에 따라 만들어진 밀가루와 그것을 사용해 만든 크래커에는 그라함 박사의 이름이 붙여졌다.

건강과 자족自足을 인생에서 최고의 가치로 끌어올린 사람은 철학자 헨리 데이비드 소로우Henry David Thoreau이다. 1845년 7월 4일부터 1847년 9월 6일까지 그는 인간에게 육식과 문명은 필요하지 않다는 것을 증명하기 위한 실험에 나섰다. 소로우는 매사추세츠에 있는 월든 호수 근처의 숲 속에서 평화롭게 살았고, 인간의 삶과 산업혁명의 의미에 대한 통찰을 글로 썼으며, 자기가 먹은 음식과 요리법, 그 비용 등에 대한 기록을 상세히 남겼다. 소로우는 대부분의 미국인과는 다르게 채식주의를 신봉했다.

소로우는 자신이 구입하고 고르고 재배한 식품만 먹고 살았다. 그는 쌀, 엿당, 호밀, 옥수수, 밀가루, 약간의 염장 돈육, 돼지기름, 설탕 등을 샀다. 그리고 포도, 야생사과, 밤, 땅콩 등 제철 야생과일과 견과류로 보충했다. 그는 콩과 감자, 완두콩 등을 재배했고 먹고 남는 것은 내다 팔았다. 소로우의 주당 식품 구입비는 27센트에 불과했다. 그는 육식과 문명 없이 사는 것이 가능함을 증명했다.

10) 켈로그 대 포스트: 아침식사 전쟁

미시건의 배틀 크리크에서는 켈로그Kellogg 집안의 형제들 사이에서 분쟁이 이어지고 있었다. 존 하비John Harvey는 무설탕으로 만든 시리얼을 고집했고, 그들이 싸우는 사이에 다툴 형제가 없었던 포스트C. W. Post가 기습공격을 가했다. 포스트는 그가 만든 시리얼에 설탕을 첨가했다. 그러자 결국 켈로그도 콘 프레이크에 엿당을 넣기 시작했다. 존 하비는 배틀 크리크 요양소인 샌San을 건립했는데, 이곳은 19세기 말에 건강식 운동의 중심이 되었고 현대식 스파spa의 전초기지가 되었다. 채식주의는 엘리노어 루즈벨트Eleanor Roosevelt(후에 영부인이 되었다)와 헨리 포드Henry Ford 같은 상류층 고객의 취향에 딱 맞았다. 켈로그 박사는 무엇보다 음식을 잘 씹어 먹는 것이 중요하다고 강조했다. 당시에 또 다른 건강식 전문가인 샐리스베리Salisbury도 마찬가지 견해를 가지고 있었다. 그는 제대로 씹을 수 없거나, 씹지 않는 사람들을 위해 타원형 모양으로 갈아 만든 고기 패티를 발명했다. 이렇게 나온 샐리스베리 스테이크Salisbury Steak는 그의 이름을 딴 것이다.

켈로그 박사는 씹어 먹는 것에 대한 노래도 썼다. 지금 그 노래의 원본은 사라졌지만, 1994년 제작된 샌 요양소에 대한 영화 〈웰빌로 가는 길The Road To Wellville〉에서 리메이크되기도 했다. 또 켈로그 박사는 변비가 자가중독autointoxication을 일으킨다고 생각해서 경계하였고, 수음이 중죄 중 하나라고 굳게 믿은 나머지 부모로 하여금 밤에 아이들 방을 불시 점검하여 그들의 행동을 통제하라고까지 하였다. 그는 또 여성의 할례(성적 쾌락을 방지하기 위해 여성의 생식기를 자르는 수술)를 옹호했으며, 수술을 마취 없이 해야 한다고 주장했다.

켈로그 박사는 다이어트와 음식에 대한 많은 논문들을 썼다. 그는 아내의 도움을 받아 파스타를 한 시간 동안 끓여야 한다는 생각에까지 이르렀다. 그리고 고기를 뜯는 데 쓰이는 치아의 기능을 무시한 채, 모든 동물들이 원래 견과류를 먹었다고 주장했다. 그가 제안한 많은 요리법들은 견과류로 만든 버터, 특히 땅콩버터를 기본으로 한다. 그는 이 방법을 농업의 천재였던 조지 워싱턴 카버George Washington Carver에게서 배웠다.

켈로그는 샌 요양소에서 땅콩버터 판매에 열을 올렸다. 땅콩버터는 원래 노예 또는 흑인이 연상된다는 이유로 중산층 미국인에게서는 경시되는 음식이었다. 그러나 샌 요양소로 이주한 상류층 사람들은 다른 사람의 시선을 신경 쓸 필요가 없었다. 그들은 땅콩버터가 건강에 좋다는 주장을 받아들이고 이 사실을 전파했다. 반 채식주의자들은 켈로그 박사에 대항해서, 인류가 생존해오는 긴 세월 동안 육류를 소화할 수 있는 요리법을 만들어냈기 때문에 육식은 나쁜 것이 아니라고 주장했다. 그러나 켈로그의 목표는 세계에 만연하는 변비와 자가중독에서 인류를 구하는 것이었다.

11) 애틀랜타의 신성수: 코카콜라

중세의 약제사가 설탕과 약을 팔았던 것처럼, 금박시대 약사들은 약국에서 설탕물로 만든 음료를 팔았다. 미국의 약국에는 소다 파운틴soda fountain(손님이 무알코올 음료를 접대받는 바bar처럼 생긴 기다란 카운터)이 있었으며, 여기서 소다를 파는 점원을 소다저크soda jerk*라고 하였다. 1880년대 들어 이러한 음료 중 몇 가지는 특허를 받았는데, 이 음료의 발명가들은 한 잔당 0.5센트도 안 들이고서 10센트에 팔아 일약 백만장자가 되었다. 물론 그들은 자기 발명품이 뿌리성분과 허브의 혼합음료이므로 건강에 이롭다고 주장했다.

애틀랜타의 내과의사이자 약사인 존 스틸스 펨버톤John Stilth Pemberton은 자신을 모르핀 중독에서 해방시키기 위한 약물의 개발에 몰두했다. 1885년에 그는 뱅 마리아니Vin Mariani 같은 다른 강화 와인들을 본 떠, 펨버톤의 프랑스 와인 코카Pemberton's French Wine Coca를 개발했다. 이 음료에는 페루의 코카 잎에서 추출한 코카coca와 아프리카의 콜라 너트kola nut에서 추출한 카페인caffeine이 포함되어 있었는데, 둘 다 자극제인 동시에 최음제였다. 그는 이 음료가 미국인을 병들게 하는 과로, 변비, 우울증, 성기능 장애, 두통, 히스테리, 아편과 모르핀 중독 등에 효과가 있다고 주장했다(물론 사실이 아니다). 애틀랜타에서 알코올이 들어간 모든 것의 판매를 중지했을 때도 이 두 성분은 법적으로 사용 가능했기 때문에 펨버톤은 와인 코카에서 와인만 빼내고 '7X'로만 알려진 일곱 가지 극비 성분을 첨가하여 코카콜라를 탄생시켰다.

코카콜라의 첫 번째 광고는 1886년 5월 29일에 등장했다. 그로부터 1년 후 펨버톤은 코카콜라에 대한 특허를 출원했고 이듬해 세상을 떠났다. 코카콜라 회사는 1892년 법인이 되었다. 코카콜라 제조법은 기자인 마크 펜더그래스트Mark Pendergrast가 코카콜라의 역사를 조사하면서 서고를 검색했던 1993년에 이르기까지 거의 100년 이상 극비에 부쳐졌다. 그의 손에 펨버톤의 오리지

* 기계의 손잡이를 아래로 갑자기 잡아당기는 행위를 저크jerk라고 하는데, 여기서 유래되어 소다를 기계에서 따라 수백 가지의 맛을 섞어 판매하는 점원을 소다저크라 부르게 되었다.

214 ***This Catalogue Is America's Price Maker—the Merchant's Book of Profits***

SODA FOUNTAINS AND SUPPLIES

Prepare for the Summer season **now**—put in one of the late model fountains and complete outfits shown on this page. The best of materials and workmanship make our soda fountains reliable in every way. Fountains are equipped with the newest sanitary, labor and time saving improvements. A fountain will soon pay for itself and is a fine investment. **We ship promptly.**

New "Missouri" 6½ FT. GUARANTEED ICELESS SANITARY SODA FOUNTAINS New "Illinois"

GOLDEN OAK FINISH | **GOLDEN OAK FINISH**

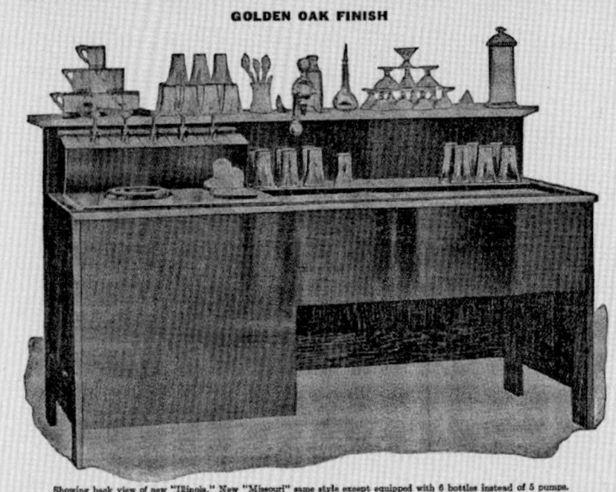

Showing back view of new "Illinois." New "Missouri" same style except equipped with 6 bottles instead of 5 pumps.

WE BUY and sell large numbers of soda fountains and outfits, thereby keeping our cost, and consequently the selling price to you, at the lowest possible level. Our profit on each sale is small—we depend upon volume, as in all other dpartments, to carry us through. The fact that we sell through "Our Drummer" instead of the usual costly roundabout way also helps to keep the price down. No mechanic or expert needed to set up and operate these fountains, which are very simple in principle and construction. Golden Oak and Birch Mahogany finishes.

COUNTER—6 ft. 6 in. long, 2 ft. 6 in. wide, 42 in. high. Panel design, made of kiln dried oak with solid and three ply veneer panels in front and end, finished in dark golden oak.

WHITE MARBLE SLAB—6 ft. 6 in. long, 8 in. wide, and ¾ in. thick, Crated separately.

INTERIOR—Made of cypress, the best wood for this purpose. Finished in golden oak or birch mahogany to match exterior finish.

EQUIPMENT—2 porcelain crushed fruit jars with sanitary glass covers 1 silver plated double stream draft arm with onyx ball handle, latest model which leaves the entire counter clear; 1 soda cooler, block tin lined, 2½x16 in. with air vent and connection pipes to draft arm and soda tank, 48 in. leader pipe to tank.

DRAIN BOARD—Best zinc, corrugated by hand. Galvanized iron sink 13 in. x18 in., with inlet, outlet and overflow connections.

INSULATION—The highest quality of pure nonpareil cork board 2 in. thick, most efficient insulation manufactured and the same as that used on the most expensive of soda fountains. Heavy galvanized iron lining, double seamed and soldered at all the joints.

COMPARTMENTS—2 compartments, 1 for a 5 gal. ice cream packer, the other for the soda water cooler with space for storage purposes and 2 glass crushed fruit containers.

The New 5 Pump "Illinois"—Complete with 5 silver plated syrup pumps and other labor saving devices. Note the sanitary design. It allows no impurities to collect. An up-to-date fountain at a reasonable price. Crated, about 500 lbs.
1C6000—Golden oak finish.
1C6001—Birch mahogany finish.
Each, **$140.00**

ACCESSORY SODA FOUNTAIN OUTFIT

Partly illustrated in cut of fountain shown above

For those customers wishing to obtain accessories neccessary to operate a fountain we recommend the following list:

1C6049—Contains everything necessary (except drum of gas) and nothing unnecessary. With this outfit in conjunction with any one of our fountains, one is able to serve soda 1 hour after arrival of shipment.

1 only 10 gal. Soda Tank.
1 " Charging Outfit (gauge, regulator hose, wrench, rocker, wall bracket, washers and connections).
6 gal. Concentrated Syrup (chocolate, vanilla, strawberry, lemon, pineapple and orange).
2 only ½ gal. jar Crushed Fruit (pineapple and strawberry).
1 pt. Phosphoric Acid.
1 doz. 5 in. Spoons.
1 " 8 in. Spoons.
½ " Silver Plated Soda Holders.
1 doz. 8 oz. Bell Tumblers.
1 " 12 oz. Bell Tumblers.
1 " Coca-Cola or Phosphate Glasses.
1 " Footed Sherbets.
2 only Crushed Fruit Bowls.
1 " Spoon Holder.
1 " Straw Jar.
1 box Straws.
1 only Phosphate Bottle.
1 " Lemon Extractor.
1 " Ice Cream Disher. State size desired.
2 " Crushed Fruit Ladles.

Complete outfit as above, **$54.00**

Note—Drum of gas can be obtained from dealers in almost every town of 3000 or more in the United States.

"NEW YORK" SODA DISPENSER

A practical soda fountain which will give as good service as the highest priced.

1C6006—"New York" Enameled Dispenser. Length 31 in., width 11, ht. 14½. Pan in which dispenser sets is 33x19 in. The entire outfit made of and lined with galvanized iron. Insulated with 1 in. of sheet cork on bottom, all four sides and removable top. Box equipped with 6 porcelain enameled syrup jars of 4 pint capacity each, 6 white metal quick opening faucets, 20 in. block tin cooler, 3 ft. block tin leader pipe with clamp connections, 1 silver plated clear counter double stream draft arm, connected to cooler. Syrup faucets will not corrode or contaminate the syrup. All drainage from dispenser runs into pan and from pan to waste outlet. Leader pipes and waste connections so arranged that it is not necessary to cut hole through counter to connect. 6x30 in. drip plate under faucet. White waterproof enameled finish. Soda and syrup always cold. Crated, 110 lbs. Complete, ready to operate. Each, **$50.00**

6½ FT. BACK BAR—Golden Oak Finish

To Match "Missouri" and "Illinois" Fountains

Showing 1C6004 also front of 1C6000 and 1C6002 to match.

A well made but inexpensive back bar; built especially for our "Illinois" and "Missouri" Soda Fountains. Adds much to the attractiveness of the fountain and aids in service.

Length 6½ ft., ht. 7½ ft., base 1 ft. 2 in., ht. of base 3 ft. 6 in., plate glass mirror 32x36 in. The superstructure has four massive columns, giving a very substantial effect. Paneled front and overlapping paneled doors with brass hinges and latch. The cupboard base may be used for storage purposes. It offers every convenience for service. It is a most attractive addition to any fountain of this size. Shipped complete ready to install. Crated, about 250 lbs.

1C6004—Golden oak finish.
1C6005—Birch mahogany finish.
Each, **$54.00**

10 GAL. STEEL SODA TANK

Very best drawn steel

1C6020—Ht. 26 in., diam. 14 in., cap. 10 gal., very best drawn steel, standard gauge, 11 lbs. pure block tin lining. Tested to 500 lbs. hydraulic pressure. 1 in pkg. 60 lbs. Each, **$30.00**

CHARGING OUTFIT

Drum of gas or soda tank not included with this outfit.

1C6021—Consists of heavy brass regulation gauge, hose, tank clamp, wall clamp, wrench, extra washers and connections, 1 rocker. 1 in pkg., 26 lbs. Each, **$9.75**

THE "ELECTRIC" DRINK MIXER

You see this electric drink mixer everywhere. Every user is a booster.

It enables you to serve a great many more people in a given time. Its electric motordriven agitator, whirling at the rate of 10,000 revolutions a minute, whips the drinks into smooth creamy berverages that delight your customers. It stimulates the demand for mixed drinks on which you make a bigger profit.

The "Electric" is an absolute necessity. Some of the big dispensers keep several in steady use. It pays for itself many times over with the time and money saved.

Order now, and start the season RIGHT.

Model "Electric"—Ht. overall 18 in., 6 in. wide and 1 in. thick, nickel plated and polished, with white Italian marble base. Shipping wt. about 15 lbs.
1C6018—Attached stirring rod........Complete, **$14.25**

Sanitary "Electric"—With detachable mixing rod. Just press the clip with the thumb and the agitator slips off the motor shaft and can be thoroughly cleaned. Shipping wt. about 15 lbs.
1C6019—As 1C6018, with detachable "Sanitary" stirring rod........Complete, **$15.50**

Extra Agitators—For above........Each, **75c**

Note—"Electric" Mixers will operate on any 110-120 volt circuit, either A. C., or D. C., 25 to 60 cycles.

1910년대 카탈로그에 실린 소다 파운틴

널 제조법이 담긴 파일이 전해진 것은 누군가의 실수였다고 한다. 코카콜라 맛의 성분인 라임주스와 오렌지, 레몬, 넛맥, 시나몬, 코리앤더, 오렌지 꽃 등에서 추출한 오일은 모두 동양에서 온 재료였고 유일한 신대륙의 성분은 바닐라 뿐이었다. 오렌지 꽃을 사용하는 것은 분명 중동식인데, 어쩌면 알 바그다디al-Baghdadi의 중세요리책으로부터 힌트를 얻었을 수도 있다.

코카콜라는 애초에 약으로 시판되었다가 1898년 미국의회가 약품에 세금을 부과하기 시작하자 음료로 전환·판매되었다. 1899년까지는 소다 파운틴에서만 맛볼 수 있었는데 코카콜라 시럽 28g이 탄산수와 섞이면 빠르게 가스가 빠지며 쉽게 맛이 밋밋해졌기 때문이다. 그러던 중 테네시 주 카타누가 출신의 두 변호사가 코크를 병에 담아 팔 수 있는 권리를 취득했다. 코카콜라의 이사회가 병에 담긴 코크라는 아이디어가 헛소리일 뿐이라며 그 둘에게 해당 권리를 아무 대가 없이 양도하는 계약서에 서명했기 때문이다.

1898년 4월 미국이 스페인과 전쟁을 벌이자 코카콜라는 군수품으로 선정되었다. 럼, 코카콜라, 라임주스로 만들어진 새 음료의 이름은 미국이 이 전쟁에서 의도했던 바를 대변했다. 바로 '쿠바 리브레Cuba Libre(해방 쿠바)'였다. 4개월 후 스페인이 마지막 식민지인 쿠바로부터 물러나자 마침내 전쟁이 끝났다. 미국은 카리브해에서 푸에르토리코와 쿠바의 관타나모 해군기지를, 태평양에서 괌과 필리핀을 손에 넣었다.

아홉 번째 코스

20세기 초

유럽과 미국

AD 1900 ~ AD 1950

20세기 초 유럽, 에스코피에와 리츠의 만남으로 레스토랑과 호텔업에서 큰 변화가 일 무렵 미국에서는 유럽에서 이주한 이민자들에 의해 다인종 · 다문화의 장이 열리면서 이들의 식문화가 자연스럽게 뿌리를 내리기 시작했다. 이후 두 번에 걸친 세계대전은 전 세계 식문화에 많은 영향을 미쳤고, 때로는 식량이 무기를 대신해 전쟁의 수단으로 이용되기도 하였다.

1. 유럽의 호화로운 저녁식사

1) 에스코피에와 리츠: 클래식요리와 일류호텔

'요리사들의 왕이자 왕들의 요리사'였던 오귀스트 에스코피에Auguste Escoffier는 어릴 적 요리사가 되기를 꿈꾼 적이 없었다. 그러던 그가 열세 살이 되던 해에 니스의 숙부가 운영하던 레스토랑 프랑세즈The Restaurant Français의 견습요리사가 되었다. 영민함이 돋보이던 그는 견습기간이 끝날 무렵 그 지역 모든 요리사들의 꿈이던 파리에서의 일자리를 얻어 1870년대 프랑스와 프러시아의 전쟁이 끝나자 파리로 떠났다.

호화로운 일류호텔들이 부유한 여행객을 상대로 세계 곳곳에 설립되고 있을 때 에스코피에와 세자르 리츠Cesar Ritz의 만남은 요식업과 호텔업에 큰 변화를 가져온 계기가 되었다. 그 본보기로 들어선 런던의 사보이 호텔은 부유한 고객층을 확보하기 위해 미국 호텔들과 치열한 경쟁을 벌였다. 이때 미국에서는 전기와 전화기가 발명되었는데, 미국인들은 여행 중에도 이를 이용할 수 있기를 기대했고, 샤워시설이 발명되면서 객실 내에서 간편하게 샤워하기를 원했다. 리츠는 이러한 고객의 니즈needs를 잘 이해했고, 호텔에 이 시설들을 적용하였다.

에스코피에는 여러 유명인사들, 특히 여성의 이름을 차용한 새로운 요리를 개발했다. 일례로 피치 멜바peach melba(복숭아 위에 아이스크림을 얹은 디저트)는 호주의 유명 오페라가수인 넬리 멜바의 이름을 빌려온 것이며, 이외에도 각국의 공주들을 비롯해 여배우 사라 번하트의 이름을 딴 요리를 선보였다.

에스코피에

2) 에스코피에의 주방조직체계: 주방여단

카렘이 프랑스요리를 표준화하기 위하여 소스를 체계화한 것처럼, 에스코피에는 주방의 조직체계를 확립했다. 19세기에 태어나 중세의 견습제도 하에서 교육을 받은 에스코피에는 주방조직에 20세기적 방식을 도입하여 군대식 명령체계를 바탕으로 한 주방여단the kitchen brigade을 조직했다.

총 지휘를 맡은 셰프는 메뉴를 계획하고 식재료와 소모품의 주문 및 예산을 결정하고 작업일정을 짠다. 규모가 큰 식당이라면 셰프의 임무는 경영관리와 창의적 측면을 더 많이 포함한다. 주방과 직원들의 감독은 수 셰프sous chef('sous'는 프랑스어로 '아래'라는 뜻)가 담당한다. 요리의 각 분야는 셰프 드 파리테chef de parite 또는 스테이션 셰프station chef가 맡는다. 셰프 드 파리테는 때로 콤미commis라 불리는 보조요리사들을 거느린다. 투르낭tournant 또는 스윙 쿡swing cook은 유사시에 빈자리를 메운다. 아보예aboyer, 즉 말 그대로 소리치는 사람인 바커barker는 주문을 큰 소리로 복창한다. 식당규모에 따라서 이 주방여단은 확대 혹은 축소될 수 있다.

주방여단은 홀 서비스의 조직체계에도 적용되었다. 홀 서비스는 고객을 맞이하는 호스트 또는 메트르 도텔maitre d'hotel이 감독한다. 와인 스튜워드wine steward는 와인재고, 와인리스트, 테이블 서비스를 통제하고, 헤드 웨이터head waiter는 나머지 웨이트 스태프wait staff들을 감독한다.

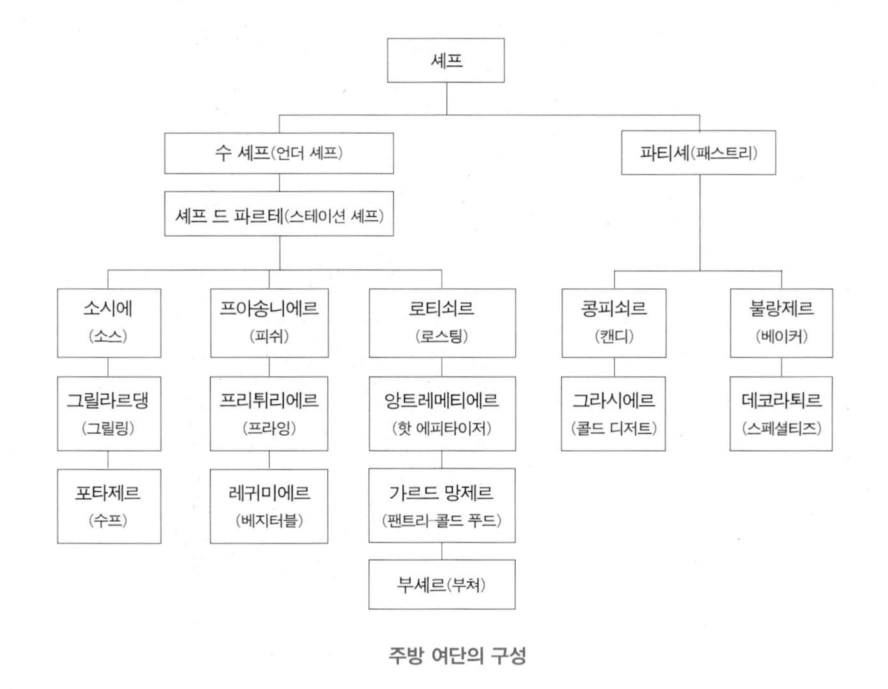

주방 여단의 구성

3) 에스코피에, 요리법을 체계화하다: 요리법 가이드

"나는 단순한 레시피 책이 아닌 유용한 도구를 원했다."

1903년 에스코피에는 두꺼운 책 『요리법 가이드Le Guide Culinaire』를 발간했다. 이 책은 단지 요리법뿐 아니라 그 원리에 대해 상세하게 담고 있다. 약 5천 개의 요리법과 함께 스톡stock, 루roux, 소스sauce 등 프랑스요리의 기본에 대해 개괄하고 나서 가니쉬garnish, 수프, 오르 되브르hors-d'oeuvre, 달걀, 생선, 고기, 가금류, 야생육류 등의 내용을 실었다. 달걀에 관한 요리법은 무려 202개나 되며 로스팅roasting, 즉 굽기에 대해서는 별도의 장章으로 구성했다. 에스코피에는 로티쇠르rôtisseur 또는 로스팅 셰프roasting chef라는 고난도 기술이 필요한 역할

음식 에피소드 리츠가 가는 곳이면 우리도 간다: 웨일스 왕자

훗날 영국의 에드워드 7세가 된 웨일스 왕자는 에스코피에를 존경하여 사보이호텔을 런던의 명소로 만들어 준 은인인 동시에 리츠를 파멸로 몰고간 장본인이기도 했다. 웨일스 왕자의 대관식은 사보이에서 열리는 가장 중요한 행사가 될 예정이었다. 완벽주의자였던 리츠는 여러 달 동안 계획을 세웠고, 모든 세부사항을 빈틈없이 완벽하게 준비했다.

그러나 대관식 이틀 전 왕자의 갑작스런 맹장염으로 대관식이 연기되고 말았다. 이 사건이 리츠에게 미친 영향은 가히 치명적이었다. 그는 바텔처럼 자살을 시도하지는 않았지만 충격으로 크게 좌절했고, 이후 호텔 일에서 손을 뗐다. 전기와 객실에 배관설비를 도입했고, 셰프를 경영진의 반열에 끌어올렸으며, 모든 일을 완벽하게 해내던 그였지만 이 사건의 충격에서는 헤어나질 못했다. 이로부터 16년 후 그는 스위스 로잔에 있는 요양소에서 쓸쓸히 세상을 떠났다. 로잔은 그가 태어났고 성공가도의 첫발을 내디딘 곳이었다.

세자르 리츠

을 맡았는데, 이 일은 마치 곡예와도 같았다. 로스팅 셰프는 여러 종류의 다양한 육류와 가금류를 정확한 시간에 알맞게 구워내기 위하여 쉬지 않고 불판 위의 커다란 고기조각을 뒤집어가며 요리를 했다. 그는 소갈비처럼 격식있는 상차림에 어울릴 부위와 돼지 어깨살처럼 가족 상차림에 어울릴 부위 등 용도별 고기를 추천했다. 150년 전의 한나 글라세Hannah Glasse처럼 그는 토끼의 연령을 가늠하기 위해 토끼의 귀를 잘라볼 것을 권했는데, 어릴수록 자르기가 수월하기 때문이었다. 또 영국식 푸딩이나 고기파이는 일단 조리되고 나면 양념이나 그 밖의 실수를 바로잡기 힘들기 때문에 처음부터 주의해서 만들기를 권고

했다. 가금류와 야생육류는 얇게 썬 염장 돼지고기나 돼지고기의 지방으로 표면을 덮어줄 것을 지시했는데, 이것은 굽는 동안 수분을 유지하기 위함이었다. 그리고 상차림에서는 야생조류의 깃털로 장식하는 등의 중세의 관습들을 과감히 청산했다.

에스코피에는 조리 중 안전에도 큰 관심을 가졌다. 요리사의 안전을 위해서는 사용이 쉽고 결함이 없는 기구를 사용할 것을 강조했다. 특히 튀김에 관련한 장에서는 양 기름이 아닌 소의 콩팥에 붙어 있는 지방을 사용하도록 권했다. 양 기름을 쓰면 거품이 일어 끓어 넘칠 위험이 있기 때문이었다.

음식 에피소드 움직이는 호화로운 식사 공간: 타이타닉호

1902년 205,000명의 승객들이 유람선을 타고 대서양을 횡단했다. 11개의 갑판을 가진 길이 269m, 중량 46,328톤의 타이타닉 호는 절대 가라앉을 것 같지 않았다. 하지만 1912년 4월 14일 밤 11시 40분, 북대서양의 빙하에 부딪힌 지 약 3시간 후인 4월 15일 새벽 2시 20분 이 배는 침몰하고 말았다. 승객 중에는 아스토, 구겐하임, 비데너를 포함하여 10명의 백만장자가 타고 있었다. 322명의 1등실 승객에게만 서비스되는 다이닝룸에서의 저녁식사에는 런던의 리젠트 스트리트의 골드스미스와 실버스미스 회사에서 제공한 1만 개의 접시가 사용되었다.

영국의 유람선답게 저녁식사는 「옛 영국의 로스트 비프 The Roast Beef of Old England」를 연주하는 나팔수들에 의해 화려하게 시작되었다. 마지막 식사서비스는 1912년 4월 14일 일요일 저녁에 있었는데, 유람선에서 제공하는 가장 호화로운 만찬이었다. 또 굴, 연어, 안심, 구운 오리, 푸아그라, 새끼비둘기, 아스파라거스, 초콜릿과 바닐라 에클레르, 프랑스 아이스크림 등으로 구성된 2천 인분의 아침과 저녁식사를 준비하고 서빙하기 위해 60명의 셰프와 40명의 보조 요리사(거의 프랑스인) 그리고 50명의 웨이터(대부분이 이탈리아인)가 필요했다.

그날 밤 일요일 저녁식사가 서빙된 뒤 주방은 뒷정리를 하고 있었다. 거의 모든 승객들은 48시간 후면 도착할 뉴욕에 대한 기대를 품고 일찍 잠자리에 들었다. 그러나 배의 측면이 빙하에 부딪히면서 90m 정도 깊은 틈이 파였다. 이 배가 가라앉으리라고 아무도 예상하지 못했기에 구명보트에는 물과 식량, 나침반 등의 비상장비가 제대로 실려 있지 않았다. 결국 1,490명이 익사했다. 역사학자들의 추정에 의하면, 단 한 명을 제외하고는 모든 주방직원들이 목숨을 잃었다고 한다. 우연히 구조된 17살의 보조 요리사는 배가 전복될 때 갑판 위로 휩쓸려가는 바람에 간신히 구명보트에 몸을 실을 수 있었다. 이 사고로 2001년 9월 11일 세계무역센터 테러 때보다 두 배나 많은 주방직원들이 목숨을 잃었다.

4) 서부의 파리와 서부의 에스코피에

캘리포니아 샌프란시스코는 '서부의 파리'를 갈망했는데, 마침 샌프란시스코에는 미국의 에스코피에를 자칭하는 셰프가 있었다. 호텔 세인트 프랑시스에서 일하던 빅터 허츨러Victor Hirtzler가 그 주인공이다. 그는 스트라스부르에서 태어나 열세 살에 견습생활을 시작했고, 파리에 있는 일류호텔에서 교육을 받은 후 러시아 황제 니콜라이 2세의 검식관으로 일했다.

1906년 4월 18일 오전 5시 13분, 세인트 프랑시스와 페어몽 호텔은 강도 8.3에 이르는 캘리포니아 대지진으로 완전히 폐허가 되었다. 2년 후 새로운 세인트 프랑시스 호텔이 같은 장소에 문을 열자 허츨러는 예전 그대로 셰프로 고용되었다. 1901년에 그는 『요리의 기술L'Art Culinaire』을 발간했고, 1919년에는 일상의 요리형식으로 1년 365일 아침 · 점심 · 저녁의 요리법을 담은 증보판을 출간했다.

2. 미국: 이민자들의 요리, 다인종 · 다문화의 장

1900년대 영국으로부터 독립한 지 한 세기 남짓 지나자 미국은 세계를 지배할 힘을 기르게 되었다. 1870~1920년 동안에 이탈리아, 헝가리, 그리스, 리투아니아, 유데아, 체코, 루마니아, 러시아 등지로부터 2,600만 명의 이민자가 미국으로 이주했다. 이민자가 주로 정착한 뉴욕, 보스턴, 필라델피아 같은 동부 해안 도시들은 인구가 급격히 증가했다. 낯선 음식과 언어, 옷차림, 관습을 지닌 수백만 명의 이민자에 더해 미국인들도 농장을 떠나 공장이 있는 도시로 옮겨가

기 시작했다.

1) 이탈리아식 미국요리

"미국인들의 생활방식에 아직 적응되지 않아 우리는 여전히 이탈리아 음식을 먹는다." 19세기 말에 이 글을 쓴 이탈리아 출신의 여성노동자는 아마도 마카로니를 가리켰을 듯한데, 그 당시 마카로니는 고기와 감자를 주로 먹던 미국인에게는 끔찍한 음식이었다. 이 파스타가 해로운 음식이 아니더라도 올리브유, 마늘, 토마토로 만든 소스는 분명 목숨을 앗아갈 듯 느껴졌다. 게다가 피자는 똑같은 소스를 빵 위에 발라 만든다. 더 고약한 것은 빵 반죽을 튀기고 그 위에 토마토소스를 얹은 후에 치즈를 뿌리는 피자 프리타pizza fritta, 즉 튀긴 파이였다. 게다가 이탈리아인들은 아기가 이가 나거나 배앓이를 할 때 와인을 잇몸에 문지르거나 조금씩 마시게 했다.

미국에 정착해서 조금씩 번창함에 따라 고향에서는 보잘것없는 재료만 구할 수 있었던 이탈리아 이주민 여성들은 육류로 많은 요리를 할 수 있다는 사실에 환호했다. 휴일마다 파스타를 먹은 후에 미트볼, 소시지, 돼지갈비, 브라촐라braciola*를 토마토소스와 곁들여 먹었다. 엄마들은 딸에게 레시피 없이도 감각에 의존해 요리하는 법을 가르쳤다. 친구와 친척과 나눠 먹는 패스트리, 단맛 나는 달걀빵, 리코타 파이를 만드는 크리스마스와 부활절의 전통도 이어졌고, 성 제나로San Gennaro 축제처럼 새로운 나라에서 이민자의 공동체 의식을 다지는 장도 계속되었다.

* 소 옆구리 살을 이용한 스테이크. 소금, 후추, 파마산 치즈, 다진 마늘, 파슬리, 신선한 제철 바질을 뿌리고 돌돌 말아 실로 묶은 후 올리브유와 마늘을 넣고 갈색이 날 때까지 구운 다음 소스에 넣어 약한 불로 조리한다.

추수감사절에는 먼저 이탈리아식으로 수프, 라자냐, 미트볼, 소시지, 이탈리아 빵을 먹은 후에 미국식 추수감사절 정찬을 먹는다. 칠면조와 크랜베리 소스, 이탈리아 빵, 소시지, 내장으로 속을 채운 요리 뒤에는 으깬 감자와 고구마를 먹었고 올리브유, 레몬주스, 마늘을 넣은 브로콜리 같은 이탈리아식 채소도 곁들여 먹었다. 이탈리아식 신선한 녹색 채소 샐러드와 함께 석류, 배, 귤 같은 제철 과일도 빼놓지 않았다. 다음에는 미국식 단호박 파이와 애플파이를, 맨 마지막으로는 이탈리아 전통식인 호두, 아몬드, 말린 무화과를 즐겼다. 이렇듯 추수감사절에는 이탈리아와 미국의 전통요리가 절충되어 나타나는 특징을 보였다.

2) 유대계 미국요리

미국 사람들이 현재 전형적인 미국, 특히 뉴욕 음식으로 여기는 것들 중 많은 음식은 동유럽에서 건너온 250만 유대인에게서 유래되었다. 아일랜드인과 이탈리아인처럼 유대인도 그들의 음식문화를 발전시켰고, 미국의 풍부한 식재료를 맘껏 활용하면서 과거 유럽에서는 상류층이나 특별한 때만 먹을 수 있던 음식들을 일상적으로 즐겼다.

크레플라크kreplach, 크니쉬즈knishes 같은 국수와 덤블링은 전통식인 감자뿐 아니라 고기로 소를 채우기도 했다. 치킨수프, 베이글, 비알리bialy, 훈제연어, 크림치즈, 사워크림, 치즈케이크, 보르시츠borscht, 거필트 피쉬gefilte fish(송어, 잉어살에 달걀과 양파 따위를 섞어 둥글게 알심을 만들어 끓인 요리)도 자주 먹었다. 육류가 주재료인 독일계 유대인의 델리카트슨delicatessen(소시지, 살라미, 파스트라미 등 조리된 육류나 치즈, 흔하지 않은 수입식품을 파는 상점)요리는 모든 유대 이민자들의 새로운 전통이 되었다. '식욕

축제의 유래 … 9월 12~22일, 성 제나로 축제: 뉴욕의 리틀 이탈리아

성 제나로 축제는 미국에서 가장 큰 이탈리아계 미국인의 축제이다. 성 제나로는 나폴리의 수호 성인으로, 예수를 믿은 죄로 서기 305년 9월 19일에 참수형을 당했다. 거리 축제는 1926년 뉴욕의 리틀 이탈리아에서 시작되었고, 현재는 매년 9월 12일~22일에 열린다.
100만 명 이상의 사람들이 거리로 몰려나와 300개가 넘는 가판대에서 이탈리아 요리, 특히 소시지와 피망, 서브마린 샌드위치를 사먹으며 성 제나로의 동상이 멀베리 스트리트를 따라 행진하는 것을 지켜본다.
2002년에는 카놀리 먹기대회가 추가로 진행되기도 하였다.

을 돋우는 상점'이라고 불리는 델리카트슨이 뉴욕 유대인 공동체 지역에 속속 생겨났다.

음식 준비를 책임진 여성들은 고급재료를 원했고, 하인즈Heinz 같은 회사들은 코셔음식을 생산하기 시작했다. 이탈리아 여성과 달리 더 나은 요리 실력을 갖추고 싶었던 유대인 여성들은 지방정부나 자선단체가 주최하는 무료강습에 참가하기도 했다.

3) 그리스계 미국요리

그리스인 역시 고국에서의 극빈한 생활로부터 벗어나기 위해 미국으로 건너왔다. 이탈리아인과 마찬가지로 이들에게도 빵이란 신성한 것이었다. 그리스인은 땅에 떨어뜨린 빵도 다시 주워 성호를 긋고 먹는다고 할 정도였다. 일반적으로 여성들이 요리를 하고 남성들은 땅에 쪼그리고 앉아 꼬치에 양고기를 끼워 불에 굽는 일을 맡았다. 그리스인 가정은 특히 부활절 같은 종교적 기념일을 꼭 지켰다.

금식은 부활절 2주 전부터 시작한다. 예수의 보혈寶血을 기린다는 의미에

서 피가 흐르는 생선, 가금류, 고기 등은 먹지 않았고, 유혈동물에서 나오는 우유, 달걀, 치즈, 요구르트 등도 허용되지 않았다. 많은 가정에서는 콩, 렌즈콩, 녹색 채소로 연명했고, 일부 주부들은 올리브유의 신성함을 지키기 위하여 이조차 요리에 사용하지 않았다. 음식으로 빵, 피망 피클, 쌀을 곁들인 오징어와 시금치 그리고 콩, 단맛의 할바halvah(깨와 꿀로 만드는 터키의 과자)를 먹었고, 간식으로 소금 간을 한 마른 병아리콩을 먹었다. 부활절 금식은 구운 양고기와 그리스식 부활절 빵으로 끝이 났는데, 이 빵은 다른 유럽국가의 빵처럼 달고 달걀과 버터가 풍부했다.

그 밖에 전통요리로는 아브골모노aavgolemono(쌀과 레몬을 곁들이고 달걀로 걸쭉하게 만든 치킨 수프), 스코르달리아skordalia(으깬 감자에 마늘과 아몬드 소스를 넣은 것), 돌마dolma(포도 잎에 속을 채운 것), 무사카moussaka(라자냐와 비슷하나 토마토소스와 베사멜 소스에 파스타 대신 가지로 층을 쌓은 것), 그리스 샐러드(토마토, 오이, 양파, 녹색 피망, 검은 올리브, 페타 치즈를 사용하고 양상추는 넣지 않은 것) 등이 있었고, 흔히 사용되는 채소로는 가지, 시금치, 아티초크artichoke, 감자가 있었다. 양고기를 먹은 후에는 생선과 해산물을 올리브유, 레몬, 오레가노를 뿌려 굽거나 올리브유에 튀겨 내왔다. 라이스 필라프와 국수는 감자와 함께 주요 탄수화물 섭취원이었고, 대표적인 허브로는 말린 오레가노oregano가 사용되었다.

그리스 이주민 남성들은 고국에서와 같은 저녁시간을 보냈다. 멋진 옷을 차려 입고 커피하우스에서 담배를 피우며 정치토론을 벌이고, 카드게임을 하면서 그리스어로 된 신문을 읽었다. 커피하우스는 은행과 우체국의 기능도 겸했으며 영어와 미국의 법제도를 공부하는 장소로 활용되기도 했다.

여성들에게 교회는 한데 모여 잘 알려진 그리스계 미국요리인 바클라바baklava, 디플레스diples(꿀맛 나는 롤빵), 코우람비데스kourambiedes(진한 버터 쿠키), 파시마시아paxximathia(그리스식 비스코티)를 듬뿍 준비하는 특별한 공간이었다.

4) 폴란드계 미국요리

음식문화의 전통이 강한 또 다른 이민자 집단은 폴란드인이다. 이들은 주로 중서부, 특히 시카고, 일리노이, 밀워키, 위스콘신에 정착했다. 이탈리아인이나 그리스인과 함께 1880~1920년에 미국에 온 폴란드인의 음식문화는 지리적으로 독일과 러시아 사이에 있었기 때문에 양국의 영향을 많이 받았다. 가장 유명한 폴란드 음식은 비고스bigos라 불리는 사냥꾼의 스튜였다.

요리 수첩 _ 폴란드 사냥꾼의 스튜, 비고스

갓 잡은 고기를 푸짐하게 사용하는 비고스는 전통적으로 사냥 후 왕족에게 진상되는 요리였다. 오늘날에는 다양한 육류(쇠고기, 양고기, 돼지고기, 사슴고기 또는 토끼고기, 닭고기 또는 오리고기, 햄, 소시지, 송아지고기)를 이용해 하나의 스튜로 만든다. 양파와 사워 크라우트는 톡 쏘는 신맛을 더해 주고, 마데이라madeira로 질감을 부드럽게 하며, 루roux로 농도를 조절한다. 한번에 많은 양을 만들 뿐 아니라 각각의 육류를 섞기 전 따로 따로 조리해야 하기 때문에 시간이 많이 소요된다.

자주 먹는 간단한 음식은 양배추, 콜리플라워, 브뤼셀 스프라우트, 셀러리루트, 파슬리 루트, 당근 등과 같은 뿌리채소로 만든 것들이었다. 캐러웨이와 딜dill은 대표적인 향신료와 허브이며, 딜 피클은 양념으로도 사용되었다. 버섯은 종종 속재료나 패티에 사워크림과 섞어서 넣었다. 과일수프는 베리 종류 또는 살구와 자두 같은 핵과核果 종류로 만들었다. 심지어는 계피로 향을 내고 달걀노른자로 농도를 맞추어 럼으로 풍미를 돋운 맥주수프도 있었다. 프랑스의 영향은 패스트리와 퀸넬quenelle, 고기와 버섯으로 속을 채운 러시아 스타일의 피에로기pierogi 반죽에서 잘 나타났다. 폴란드판 쿨레비악kulebiak은 덜 복잡하고 층이 얇았다. 동물의 내장과 뇌로는 수프, 파테, 크레이프의 속재료를 만들었다. 우크라이나의 비트 수프인 보르시치borscht는 폴란드의 바르시치barszcz의 모태가 되었다.

5) 브런치

브런치는 '어머니의 날'을 기념하는 전통적인 방식으로 미국에서 시작되었다. 브런치brunch는 아침식사breakfast와 점심식사lunch의 합성어로, 여성들이 아침식사로 파티를 하기 시작한 19세기 미국의 금박시대 때 유래되었기 때문에 근래까지도 영국의 옥스퍼드 영어사전에는 등재되어 있지 않고 미국사전에만 그 정의가 실려 있었다.

브런치는 셰프들에게는 평범한 식사 메뉴 대신 키슈quiche, 시푸드 뉴버그seafood Newburg, 프리타타frittata 같은 세련된 요리들을 선보일 수 있는 기회가 되었다. 메인주의 켄네벙크포트의 페데럴 잭스Federal Jack's에서 일하던 요리사인 크리스천 고든Christian Gordon은 1920년대 델모니코Delmonico가 발명한 에그 베네딕트egg benedict(잉글리시 머핀 위에 햄과 수란, 홀랜데이즈 소스를 얹은 것)를 개작하여 크로와상에 수란과 랍스터, 홀랜데이즈 소스를 얹어냈다.

축제의 유래 … 폴리시 페스트Polish fest

미국에서 열리는 최대 규모의 폴란드 축제는 위스콘신 밀워키 시의 폴리시 페스티벌Polish festival이다.6월 중 사흘 동안 수천 명의 사람들이 폴란드, 독일 그리고 유럽식의 다양한 특별 요리를 즐긴다. 미식가들은 소시지 제조업자들이 70종 이상의 소시지를 바쁘게 요리하는 모습을 보며 즐거워한다. 쉴 새 없이 소시지를 먹고 폴카 춤을 추는 동안 타오르는 갈증은 맥주로 시원하게 해소한다.

싱가포르의 품격 있는 래플즈 호텔의 '어머니의 날' 브런치에는 연어와 캐비아 요리가 별도로 준비되고, 즉석 요리대를 마련해 노랗고 붉은 설탕절임 과일을 곁들인 푸아그라 프라이를 제공한다.

미모사

브런치는 또 이른 시간에 술을 마실 좋은 핑곗거리가 되기도 했다. 전통적 브런치음료는 샴페인과 오렌지주스를 섞은 미모사mimosa이다. 미모사 로열mimosa royale은 미모사에 프랑스산 블랙 라즈베리 리큐르인 샹보르chambord를 추가한 것이다. 하와이에 있는 카팔루아 베이 호텔에서는 열대풍(샴페인+복숭아 스넵스+오렌지주스), 딸기(샴페인+딸기주스), 프러메리아 테라스(살구 브랜디와 오렌지주스) 등의 다양한 미모사가 제공되고 있다. 또 다른 브런치 음료로는 보드카와 토마토주스를 섞어 만든 블러드 메리blood mary와 알코올을 제거한 버진 메리virgin mary가 있다.

'어머니의 날'에 상응하는 기념일로 '아버지의 날'도 비공식적으로나마 시작되었다. 그 뒤로 1966년 존슨 대통령은 6월의 셋째 일요일을 '아버지의 날'로 정하고 공식적인 국경일로 선포했다.

6) 금주령과 대공황

1920년 1월 18일 18차 헌법개정으로 미국 7위 규모의 양조산업이 막을 내리게 되었다. 금주운동은 19세기 초에 럼rum에 대한 종교적인 반대로 시작되었다. 이는 1832년 미국 육군의 기본 음료가 럼 대신 커피로 대체된 이유이다. 금주운동은 19세 중반 맥주 문화권인 독일과 위스키 문화권인 아일랜드의 이민자가 대거 늘어남에 따라 지지를 얻었다. 19세기 말에는 와인 문화권인 이탈리아와 헝가리, 보드카 문화권인 폴란드와 러시아, 맥주 문화권인 체코와 리투아니아의 이주민들이 미국으로 건너왔다. 미국 여성들은 여성기독교금주조합Women's Christian Temperance Union을 결성하여, 술집 앞에서 피켓 시위를 하거나, 때로는 안으로 쳐들어가 내부를 도끼로 때려 부수기도 했다. 진보주의 개혁자들은 알코올을 여러 가지 사회적 질병의 원인으로 보고 그 유일한 해결책을 금

축제의 유래 … 5월의 둘째 일요일, 어머니의 날

어머니의 날은 미국 사람들이 가장 많이 외식을 즐기는 날이다. 고귀한 사랑을 실천한 모든 어머니들을 기리기 위해 특별한 날이 지정되기를 바라던 안나 자비스는 자신의 어머니의 소망을 이루기 위해 노력했다. 안나의 어머니 이름도 안나 자비스였는데, 그녀는 평생을 타인을 위해 봉사하며 살았다. 남북전쟁이 발발하기 전 그녀는 높은 영아 사망률을 개선하기 위해 어머니의 날 추진모임을 발족했다. 그녀 자신도 11자녀 중 일곱 자녀를 잃었는데, 당시 영아사망의 주요 원인은 질병이 아닌 영양결핍과 불결한 위생상태였다. 남북전쟁 중에 이 모임은 활동을 전환해 남과 북을 구분하지 않고 부상당한 병사들을 간호하였다.

안나 자비스가 1905년 5월의 둘째 주에 세상을 떠나자, 그녀의 딸 안나는 어머니의 날을 휴일로 지정해달라고 탄원하는 편지를 주의회와 연방정부에 보냈다. 안나는 오늘날 어머니의 날을 기리는 전통적인 꽃이자 생전에 어머니가 가장 좋아하던 화이트 카네이션을 나눠주었다. 1914년 의회는 어머니의 날을 휴일로 정하는 안을 통과시켰고, 윌슨 대통령이 이를 공식 선포하였다.

마더스 쿠키 컴퍼니The Mother's Cookies Company가 같은 해에 창립되었고, 오늘날까지 존속하고 있다. 화원과 카드회사의 광고뿐 아니라 어머니의 날을 기리는 노래들도 쏟아져 나왔다. 안나 자비스가 생전에 다니던 웨스트 버지니아의 교회는 현재 국제 어머니의 날의 기념관으로 쓰인다.

주라고 믿었다.

하지만 양조업계의 종사자들은 이런 금주운동에 맞서 별다른 행동을 취하지 않았는데, 금주령이 생계에 직접적인 영향을 미칠 줄은 미처 몰라서였다. 미국의 청교도 전통에 익숙하지 않은 유럽 이민자들에게 맥주와 와인은 마치 물 같은 또는 물을 대신하는 음료였다. 그들은 최악의 경우라도 독주만 금지될 것이라고 생각했다. 그러나 0.5% 이상의 알코올이 함유된 모든 술이 대상이 되자 사람들은 약으로 사용한다면서 알코올 처방을 얻기 시작했다.

알코올 중독자들은 교회와 유대교회당에 몰래 숨어들어가 제사용 와인이나 연료용 알코올을 훔쳤다. 와인생산은 1919년 약 2억L에서 1925년 1,500만L로 급감했다. 그러나 포도생산은 법 개정안이 통과된 직후 하락세를 타다가 다시 증가했다. 발 빠른 와인생산자들은 포도주스와 건포도 브릭스 Bricks를 출시했다. 이 건포도에는 절대 물이나 이스트를 넣지 말며, 이를 어길 시에는 포도가 발효되어 와인이 될 수 있다는 경고문이 붙어 있었다.

요리 수첩

_클레어 크리스쿠올로Claire Criscuolo의 호박꽃 팬케이크 (6인분, 약 32개)

다목적 밀가루 두 컵
파슬리 곱게 다진 것 1/4컵
베이킹파우더 2작은술
소금, 후추 약간
달걀 세 개
올리브유 1/2컵
물 한 컵
호박꽃 헹군 후 굵게 다진 것 8~10개

1. 밀가루와 베이킹파우더를 계량한 후 잘 섞는다. 별도의 그릇에 물과 달걀을 넣고 저어준 후 달걀을 밀가루에 모두 넣고 잘 섞일 때까지 젓는다.
2. 호박꽃, 파슬리, 소금과 후추를 반죽에 넣고 잘 섞는다.
3. 두 겹의 종이타월을 쿠키 팬에 깔고 스토브 옆에 놓아둔다. 프라이팬에 3큰술의 올리브유를 넣고 중간 불에 가열한다. 프라이팬이 달궈지면 반죽을 넣는다(반죽이 서로 붙지 않도록 주의한다). 아랫면이 노란빛이 도는 갈색이 될 때까지 2~3분간 익힌다. 반죽을 뒤집어 반대편도 같은 방법으로 익히고 준비해둔 쿠키 팬에 옮겨 담는다.
4. 나머지도 같은 방법으로 요리한다. 필요하면 기름을 더 붓는다. 상온에서 뜨거울 때 먹거나 식혀 먹는다.

금주령은 유럽에서 캘리포니아 와인산업을 붕괴시켰다. 프랑스 레스토랑도 타격을 입었다. 식사에 곁들이는 와인뿐 아니라 술을 기본으로 한 마리네이드와 소스 때문이었다. 와인이 없는 코코뱅coq au vin과 버건디 와인이 빠진 뵈프 부르귀뇽boeuf bourguignon은 상상도 할 수 없었다. 프램베flambé에 사용할 알코올이 없다면 체리 쥬빌레cherry jubilee와 크레페 슈제트crêpe suzette도 기대할 수 없었다. 테이블 곁에서 드라마틱한 프레젠테이션을 연출하는 흰 장갑의 숙련된 웨이터 또한 할 일을 잃었다.

7) 대공황과 뉴딜정책

수프키친과 빵 배급 미국은 다른 나라들에 비해 산업화가 앞서 있었기 때문에 대공황으로 받은 타격도 더 심각했다. 실업난이 중산층에까지 퍼져 수많은 사람들이 집을 잃었다. 그들은 빈 창고나 철로 밑, 양철이나 판자로 만든 허름한 오두막에서 살았고, 빈 통에 불을 피워 난방을 하며, 훔치거나 구걸한 음식찌꺼

음식 에피소드 범죄: 맥주 전쟁과 알 카포네

금주령은 범죄율을 오히려 증가시켰다. 술을 마실 때도 아무 문제가 없던 준법정신이 강한 미국 시민들까지도 자연스럽게 범법자로 만들었다.
잔악한 범죄 역시 증가했다. 시카고에서는 조직범죄가 기승을 부렸다. 갱단들은 정부관료에게 뇌물을 바치며 운영해온 양조장을 서로 차지하기 위해 총구를 겨눴다. 1929년 2월 14일 밸런타인데이에 알 카포네의 조직이 상대편 조직원 일곱 명을 클락 스트리트의 차고에서 사살했다. 정부는 알 카포네를 잡기 위해 '언터쳐블The Untouchables'로 알려진 연방수사관을 파견했다. 알카포네가 미리 모든 증인을 제거할 것이므로 형법상의 혐의로 체포할 수 없음을 예상했던 당국은 그를 소득세 미납으로 기소했다. 알 카포네는 조지아 애틀랜타에 있는 연방형무소에 수감되었다가 1934년에 샌프란시스코 베이에 세워진 알카트라즈Alcatraz로 이송되었다.

기나 쓰레기를 먹었다. 수백만 명의 사람들이 직업을 잃으면서 공공기금과 민간 자선기금은 금세 동이 났다. 알 카포네가 세운 수프키친과 일부 기관들에서 무료로 빵을 나누어주었지만 당시 사람들은 자선을 받아들이는 것을 수치로 여겼기 때문에 무료급식을 받기 위해 줄지어 있던 사람들은 얼굴을 숨기려고 애를 썼다. 로스앤젤레스 카운티의 치안부서에서는 수프와 빵보다 나은 아이디어를 냈다. 매년 바비큐 파티를 열자는 것이었다. 이렇게 시작된 무료 바비큐파티에서는 고기를 불에 놓고 14~15시간 동안 요리했다. 동부의 뉴잉글랜드에서 즐기는 클램베이크clambake(바닷가에서 조개를 구워 먹는 파티)와 비슷했지만 재료가 고기라는 점이 달랐다.

뉴딜정책에서의 알코올: 금주령 해제 루즈벨트 대통령의 취임 후 가장 먼저 추진한 일 중 하나가 맥주와 와인을 합법화하는 것이었다. 1933년 3월 22일 의회는 국세 증가가 필요하다는 사유로 맥주와 와인 과세법령을 통과시켰다.

음식 에피소드 미국 대 코카콜라: 법정에 선 카페인

1911년 와일리Wiley 박사는 두 가지 혐의를 들어 코카콜라를 법정에 세웠다. 첫째는 잘못된 제품표기 혐의였는데 당시 라벨은 마치 코카인 함유를 암시하는 듯했으나 실제로는 그렇지 않았기 때문이다(이 라벨은 1902년에 폐기되었다). 둘째는 사기혐의로, 라벨에 표기되진 않았지만 카페인이 들어 있었기 때문이다. 와일리 박사가 코카콜라에 불만을 품은 이유는 미국 남부에서 시작되어 급속히 확산된 코카콜라 소비가 특히 아이들에게 마치 마약처럼 중독현상을 초래했기 때문이었다. 그는 코카콜라에 카페인이 들어 있다는 사실을 모든 부모가 알 권리가 있다고 믿었다.

판사는 코카콜라의 제품표기에는 문제가 없다는 판결을 내렸지만 코카콜라 회사는 결국 카페인 함량을 낮출 수밖에 없었다. 또 광고에서 12세 이하의 어린이가 콜라를 마시는 장면이 노출되지 않도록 정책을 바꾸었다(이 정책은 1986년에 폐기되었다).

음식 에피소드 무비스타 요리

1920년대 초 할리우드 영화배우들은 외모만큼은 역대 최고였다. 당시는 무성영화 시절이었기 때문이었다. 그들은 프랑스식 샤토, 이탈리아식 빌라, 스페인식 아시엔다스 또는 유럽식 궁정과 같은 저택에서 살았다. 수영장, 테니스장, 대리석 바닥, 현관, 드넓은 잔디밭을 갖추어놓고 야외 파티를 열었다. 배우들은 할리우드 바인 가街에 있는 클라라 보우Clara Bow 소유의 잇 카페It Café나 윌셔 가에 있는 브라운 더비Brown Derby에서 식사를 했다.

코브 샐러드

브라운 더비는 밥 코브Bob Cobb가 양상추, 닭고기, 베이컨, 아보카도를 사용하고 자신의 이름을 붙인 코브샐러드를 만들어낸 곳이기도 하다. 캘리포니아의 티후아나에서는 셰프 시저 카르디니Caesar Cardini가 개발한 것으로 추측되는 시저 샐러드가 큰 인기를 끌었다.

1930년대에 배우들이 자주 모인 장소로는 체이슨스Chasen's라는 새로운 바비큐 명소도 있었다.

당시 영화배우의 계약서에는 외모상의 어떤 변화도 계약파기의 사유가 될 수 있다는 이른바 '감자조항potato clause'이 있었다.

사저 샐러드

1933년 12월 5일 제 21차 헌법개정으로 모든 알코올이 합법화되자 마침내 금주령이 종식되었다. 그러나 이후 금주법의 적용은 각 주에 일임되었고, 일례로 유타 주에서는 아직까지도 금주법이 적용된다.

미국인은 다시 술을 마실 수 있었지만 양조산업은 13년이란 긴 휴지기를 거친 뒤였다. 1933년 캘리포니아에는 약 130개의 와이너리가 있었다. 미국 전역에는 약 150개로, 금주령 전에 1천 개 이상이었던 것과는 천양지차였다. 와인생산 기구에는 녹이 슬고 나무통은 썩었다. 1934년 빈티지는 지금껏 생산된 와인들 중 품질이 최악일지도 모른다. 어떤 와인들은 배에 실려 운반되는 도중에도 발효가 진행되어서 상점 진열대에 놓인 후에는 말 그대로 와인병이 터져버리는 사고가 빈번했다. 와인의 명성은 추락했고 와인산업은 더 침체되어 회복까지 그로부터 수년의 시간이 필요했다.

식품산업의 새로운 마케팅 대공황 동안 미국은 식품판매의 활로를 모색하고 있었다. 도시의 거리 구석구석에는 사과를 파는 사람들이 모습을 나타냈고, 중국식당에는 행운쿠키fortune cookies가 선을 보였다. 극장에서는 팝콘을 팔기 시작했는데 영화표보다 팝콘의 판매가 더 이윤이 높았다. 또 이웃주민들에게 피해를 주기는 했지만 스크린 위에 거대한 스피커를 설치하고 차 안에서 영화를 감상할 수 있게 한 드라이브 인 극장이 1933년 개장되었고, 이미 1920년대에 음식을 차 문까지 배달해주는 카홉carhop(드라이브 인 레스토랑의 웨이터와 웨이트리스)이 있는 드라이브 인 레스토랑이 도입되어 새로운 자동차문화를 선도하며 그 인기를 더해갔다.

오리건의 과일재배사인 해리 앤드 데이비드Harry & David는 배 과수원을 살리기 위해 우편주문판매제도를 도입했다가 후에 미국 최대의 우편주문판매자로 성장하였다. 냉장기술도 발전하여 처음에는 상업용에서 시작해 가정용까지 식재료 준비에 혁신을 일으킨 워크인walk-in 냉장고 및 냉동고가 출시됐다.

아르데코 드라이브 인 레스토랑

3. 제 1차 세계대전

1) 제 1차 세계대전: 유럽의 화약고, 발칸

보스니아는 쇠락하는 오스만제국에서 독립한 발칸반도의 신생국 중 하나였다. 이 지역은 로마가톨릭의 유럽이 그리스 정교회와 이슬람교를 만나 충돌한 곳으로, 오랫동안 지속된 종교적 · 인종적 대립으로 화약고와 같은 상태였다. 러시아와 오스트리아-헝가리 제국은 약체인 신생국들을 쉽게 손에 넣고 영토를 넓힐 수 있으리라 생각했다.

1914년 6월 28일, 보스니아의 수도 사라예보에서 오스트리아-헝가리 제국의 계승자인 페르디난트 대공부부가 암살자의 총에 맞아 숨졌다. 대공의 죽음으로 독일, 오스트리아-헝가리 제국, 이탈리아는 프랑스, 영국, 러시아에 맞서 전쟁을 일으켰다. 얼마 후 이탈리아는 입장을 선회했고, 러시아는 전쟁에서 발을 뺐으며, 미국이 프랑스와 영국 편에 합류했다. 그 당시에는 공격력이 방어력을 능가했다. 새로운 공격수단은 비행기, 화학가스, 탱크, 기관총 등으로 발전했지만, 방어수단은 진흙 속에 참호를 파고 숨는 원시적인 수준이었다. 이 전쟁에서 사상자의 수는 상상을 초월했다. 프랑스 북동부 베르둔과 솜므 강의 전투에서는 각각 100만 명이 목숨을 잃었다.

2) 아르메니안요리

제 1차 세계대전은 동쪽으로 오스만제국에까지 번졌다. 이곳에는 자신의 국가를 열망했던 아르메니아 기독교인이 많이 살고 있었다. 아르메니아는 터키, 그리스, 시리아, 페르시아 그리고 아랍의 영향이 뒤섞인 음식문화를 유지하고 있었다. 오스만제국 동쪽의 음식문화처럼 아르메니아인은 납작한 빵, 라이스 필라프, 보리를 즐겨 먹었다. 또 서쪽의 음식문화를 닮아 요구르트가 덥고 찬 수프에서부터 딥dip, 치즈, 스튜, 패스트리, 음료, 샐러드, 케이크 등 여러 요리에 응용되는 주재료였으며, 병아리콩과 렌즈콩도 널리 사용되었다. 그리고 가지를 튀기거나 속을 채우고 굽거나 으깨서 캐서롤이나 샐러드를 만들어 먹었다. 그리스식 요리인 무사카moussaka나 페르시아 이맘 바얄디imam bayaldi처럼 양고기와 함께 먹기도 했다. 오크라okra는 호박, 콜리플라워, 시금치, 양배추, 돌마(특히 포도 잎에 야채로 속을 채운 것)와 함께 많이 사용되었다. 아르메니아 음식의 특별함은 타불레tabouleh 샐러드와 필라프에 넣는 밀의 일종인 벌거bulghur에서 나온다. 디저트는 밀가루 반죽을 잘게 찢은 카다이프kadayif와 필로phyllo로 만들고, 파클라바paklava처럼 설탕 시럽에 적셨다가 지중해 동부의 과일과 건포도, 대추, 살구, 호두, 아몬드 등의 견과류를 곁들인다. 참깨는 남쪽의 레바논과 시리아에서 기름이나 페이스트 형태인 타힌taheen 또는 타히니tahini로 사용된다.

3) 미국요리: 핫도그에서 리버티 도그까지

1917년 독일이 무제한 잠수함 전쟁을 재개하고 대서양에서 미국의 무역선을 침몰시키자 미국도 제 1차 세계대전에 뛰어들었다. 하지만 이 전쟁은 국민 다수의 지지를 얻지 못해 군인 모집이 어려웠다. 제 1차 세계대전은 미국의 많은 이민자에게도 골칫거리였다. 아일랜드인은 영국과 미국의 동맹을 달갑게 받아들이지 않았고, 유대인은 그들이 도망쳐 나온 국가인 러시아가 미국의 동맹국이라는 사실에 반감을 품고 있었다. 미국에는 독일어권의 이민자와 독일계 시민권자가 많았지만 독일은 엄연히 미국의 적국이었다. 미국인은 독일과 관련된 모든 것에서 등을 돌렸다. 그들은 독일인에게서 전해진 핫도그와 사워크라우트를 먹는 대신, 100% 미국에서 만들어진 리버티 도그liberty dog와 리버티 캐비지liberty cabbage를 먹었다. 이탈리아가 전쟁 중반에 입장을 바꿀 때까지 이탈리아계 이민자들 역시 적으로 간주되었다. 하지만 훗날 '스파게티'는 동맹국의 요리가 되었다. 시간이 지남에 따라 미국인은 남녀노소를 막론하고 전쟁을 지원하기 시작했다. 그들은 자급자족을 위해 그리고 잉여분으로는 국가의 식량 공급을 지원하기 위해 집뜰에 '승리의 정원'을 가꾸었다. 또 밀가루를 땅콩가루로 대체했고, 농부를 돕기 위해 서머타임을 제도화했다.

4) 러시아혁명: 빵과 평화

1917년 미국의 참전과 동시에 러시아가 전쟁에서 물러났다. 러시아는 당시에 이미 700만 명의 병사를 잃었고 혁명상황에 직면해 있었다. 이때 중요한 원인이 된 것이 바로 식량이었다. 병력의 대다수를 차지하던 농부들은 더 이상 농사를 지을 수 없었다. 시골에서는 식량부족이, 도시에서는 폭동이 일어났다. 공산주의 혁명가들은 빵과 평화를 외치며 울부짖었다. 제정 러시아의 황제와 황후, 네 딸과 외아들은 망명을 시도하다 혁명세력의 손에 처형당했다.

5) 혁명 전 러시아요리

러시아는 두 대륙에 걸친 광대한 영토를 가진 나라이다. 모스크바, 상트페테르부르크 같은 대도시가 있는 서쪽은 유럽이고, 동쪽은 아시아에 속해 몽골과 중국에 국경을 맞대고 있으며, 남쪽의 조르지아Georgia 지방은 터키와 면해 있었다. 러시아의 음식문화는 자연스럽게 인접국가들의 영향을 많이 받았다. 제 1

차 세계대전이 발발하기 하루 전까지도 러시아는 유럽 요리문화의 최고봉을 이루었다. 하지만 부유한 상류층을 위해 가난한 하류층이 굶주려야 하는 사회 구조였다.

표트르 대제가 서양에 문호를 개방하기로 결정한 지 200년이 지나자 러시아는 유럽의 정치와 음식문화를 지배하게 되었다. 감자가 주식이 되고 호밀로 만든 흑빵과 커피를 먹었다. 러시아의 추운 기후에서는 순무, 비트와 같은 뿌리채소들이 주식으로 사용되었다. 보르시치는 사워크림으로 풍미를 돋운 비트 수프이다. 딜dill과 캐러웨이는 일상적인 허브이고 향신료였다. 아시아에 면한 곳에서는 펠메니pel'meni라는 라비올리나 완탕과 같이 밀가루와 에그누들 반죽으로 만들고 생선, 버섯, 고기로 속을 채운 요리를 먹었는데, 원래는 말고기를 사용했다. 시베리아처럼 연중 내내 땅이 얼어붙는 추운 곳에서는 식량보존에 별 문제가 없었다. 러시아에서는 많은 음식들이 절임으로 보존되었는데 오이, 버섯, 사과, 레몬, 양배추가 사워크라우트로 만들어졌다. 시골스런 소박한 러시아 요리로는 시치shchi(캐비지 수프), 카샤kasha(메밀가루), 크바스kvass(남은 흑빵, 과일 또는 야채 등으로 만든 발효음료) 등이 있었다.

피에로기pierogi(작은 형태는 피로츠키pirozhki라고 한다)는 얇게 켜가 일어나는 바삭바삭한 패스트리에 사워크림을 얹고 고기 간 것, 쌀, 달걀, 버섯 또는 치즈 등으로 속을 채운 후 반원형으로 접은 파이다. 이런 다양한 종류의 파이들은 길거리에서 팔리거나 연회에서 제공했다. 상류층이 선호하는 세련된 재료로 만든 패스트리는 쿨리비악koulibiac으로, 19세기 초에 카렘이 파리에 소개한 피쉬 앙 크루트fish en croute였다. 그 밖의 혁명 전 러시아의 고전 요리로는 비프 스트로가노프beef stroganoff(사워크림 소스에 넣은 쇠고기 요리), 샴페인을 넣은 철갑상어 수프, 닭고기와 감자에 마요네즈를 넣은 샐러드 올리비에salad olivier가 있었다. 또 하나의 호화로운 러시아 요리는 우크라이나의 수도의 이름을 딴 키예프kiev가 있었다. 러시아의 음식역사학자 다라 골드스테인Darra Goldstein에 따르면 치킨 키예프chicken kiev는 러시아 오트 퀴진haute cuisine, 즉 고급요리의 상징이라고 한다. 러시아의 요리책 저자 앤 볼로크Anne Volokh는 키예프의 유래가 1900년대 초로거슬러 올라간다고 전한다.

애피타이저는 자쿠스키zakuski라고 부르는데, 향신료를 넣고 피클로 만든 체리, 오이 또는 사워크림에 넣은 버섯, 비트 샐러드, 속을 넣은 양배추 등이 있었다. 가장 유명한 자쿠스키는 블리니blini라 불리는 작은 메밀 크레이프에 작은 은수저로 캐비아를 올리고 그 비린 맛을 말끔하게 씻어줄 보드카로 구성되었다. 블리니는 러시아의 마르디 그라스mardi gras(재의 수요일에 이어지는 축제)인 버터위크butterweek의 전통 음식으로, 이때는 버터를 바르고 사워크림을 위에 얹어 내었다. 캐비아는 카스피 해에서 발견되는 철갑상어의 알이며, 크기 순서대로 오세트라osetra, 세브루가sevruga, 벨루가beluga로 등급이 구분된다. 제정 러시아의 황제는 유라시아 철갑상어의 한 종류인 스털렛 피쉬sterlet fish에서 얻어낸 특별한 금빛 캐비아를 먹었다. 보드카는 30~40가지 풍미로 다양하게 만들어진다.

요리 수첩 _ 치킨 키예프

치킨 키예프는 다음의 주새료로 만는다. 납작하게 두드린 닭 가슴 안심살에 허브버터, 레몬주스, 프랑스 머스터드를 넣고 말아 밀가루, 달걀, 빵가루로 튀김옷을 입히고 기름에 튀긴다. 튀긴 닭을 썰면 버터가 흘러내린다. 자칫 지저분해 보일 수 있으므로 일부 레스토랑에서는 첫 조각은 서버가 직접 썰어 주기도 한다.

혁명 전 러시아에서는 모든 계급의 사람들이 때를 가리지 않고 차를 마셨다. 하류층은 치아 사이에 각설탕을 끼우고 그 사이로 차를 빨아 마셨고, 상류층은 세련되고 값이 비싼 이브닝 티를 마셨다. 상류층이 차에 곁들여 먹는 여섯 종류의 케이크 하나하나는 서로 다른 베이커리에서 정성껏 구입한 것이었으며, 여성들은 사기잔에, 남성들은 포드스타칸니키podstakanniki라는 금속 또는 은으로 세공된 홀더를 끼운 유리잔에 차를 따라 마셨다. 이때 테이블 중앙은 차 끓이는 주전자인 사모바르로 장식하였다.

6) 파베르제Fabergé, 황실의 부활절 달걀

러시아 황실의 부활절 전통은 원래 농촌에서 달걀에 그림을 입히는 풍속에서 비롯되었다. 이보다 더 화려한 달걀은 동유럽 특히 우크라이나에 있는 러시아 기독교에서 전해진 것이다. 크라샨키krashanky는 단색으로 염색한 완숙달걀로 식용이 가능하다. 반면 순전히 장식용인 피산키pysanky는 날달걀을 여러 번 염색해서 다양한 색깔의 정교한 무늬를 만든다. 각각의 색은 상징적인 의미를 가진다. 노란색은 성공적인 수확을, 녹색은 봄의 재림을 의미한다. 검정색은 죽은 영혼이 여행하는 새벽 전의 어둠, 특히 첫 번째와 세 번째 수탉이 우는 사이를 상징한다. 이때 쓰는 염료는 모두 식물성이다. 적색은 비트에서, 오렌지색은 양파 껍질에서, 파란색은 적색 양배추 잎에서, 갈색은 견과류 껍질에서 얻는다. 오늘날에는 작은 메추리알부터 커다란 타조알까지 색을 입힌다. 러시아 황실에서는 매년 부활절 달걀을 주고받는다. 파베르제 황실시절에는 보석세공사들이 금, 은, 백금, 크리스털 등에 다이아몬드, 루비, 진주, 에메랄드, 사파이어 등을 아름답게 박아넣어 만들었다. 달걀의 내부에는 기계 장치를 이용한 신기한 구조를 삽입하기도 했다. 예를 들어 26cm 높이의 백금 달걀에 달린 태엽을 감으면 뚜껑이 열리면서 금으로 된 자그마한 기차 모형이 튀어나와 움직이기 시작했다. 전체 높이가 15cm인 달걀 안에서 역시 금으로 만든 황실 요트가 크리스털 바다를 항해하기도 했다. 아니면 금과 보석이 박힌 달걀 속에서 제정 러시아 황제와 황후가 1896년 그들의 대관식에 썼던 코치버스를 타고 나타났다. 황실에서 마지막으로 만들어진 달걀은 흰색 바탕에 붉은 십자가가 그려진 소박한 모양이었다. 국가가 전쟁과 기아로 고통받는 때에 황실의 부를 자랑하는 것이 부적절하다는 반성이 있었기 때문이다. 1911년의 부활절 달걀은 작은 오렌지 나무를 형상화한 것이었다. 금으로 만든 줄기, 보석으로 만든 오렌지와 꽃들이 달린 30cm 높이의 이 나무에서는 작은 새가 튀어나와 노래를 불렀다.

파베르제 황실의 부활절 달걀 조각

7) 도시: 공동체 식사

러시아혁명은 시민이 국가와 식량생산 그리고 분배제도와 맺은 관계를 완전히 바꾸어버렸다. 볼셰비키 정부의 새 지도자인 레닌은 러시아를 소비에트 사회주의 연방공화국으로 바꾸고 제 1차 세계대전에서 철수시켰다. 1917년~1921년까지 4년 동안 지속된 내전이 끝나자 사적 소유는 일절 허용되지 않았다. 모든 것이 국가의 공공재산으로 귀속되었다. 모든 직위가 없어지고 공주와 왕자, 공작과 공작부인도 사라졌다. 상대를 '동지'로 부르는, 새로운 무계급 사회에서는 모두가 평등했다. 이것은 곧 음식, 식사시간과 장소, 생산방식에서의 급격한 변화를 의미했다.

정부는 한때 도시 상류층의 전유물이었던 레스토랑, 호텔, 저택 등을 인수해 모든 노동자의 공동체 식당으로 만들어버렸다. 그리고 마치 거대한 하나의 주방으로 연결된 것처럼 국가 전체의 식량준비와 배급을 조직화했다. 공동체 식사는 여성들이 전통적인 가사노동에서 벗어나 공장이나 농장에서 일할 수 있음을 의미했다. 그러나 숙련된 주방인원의 부족은 불결한 주방과 끔찍하게 맛없는 배고픈 한끼 식사를 가져왔고, 전염병과 파업까지 몰고 왔다. 식사는 보리죽 한 접시나 정어리 대가리 또는 상한 양배추를 넣은 수프가 고작이었다. 곰팡이 핀 곡물, 진흙 같은 반죽의 빵, 도토리로 만든 커피가 그나마 식사를 식사답게 해주었다.

혁명 후에도 사람들은 전에 즐겨 먹던 음식을 여전히 갈망했다. 일부는 돈을 지불하고 식량을 샀다. 비밀 레스토랑이 생겨나 연줄이 닿고 비밀번호만 알면 운 좋게도 테이블보와 냅킨이 깔린 곳에서 구운 고기와 야채, 밀가루와 설탕으로 만든 디저트를 먹을 수 있었다. 소련은 절망적인 식량부족에 허덕이고 있었다. 매일 지급되는 빵은 1917년 1인당 450g에서 1919년 56g으로 급감했다.

8) 농촌: 집단농장

1703년 표트르 대제에 의해 건립된 상트페테르부르크는 1924년 레닌이 사망한 후 그를 기리기 위해 레닌그라드로 개명되었다. 스탈린은 농업과 산업의 5개년 계획을 세우고 레닌의 뒤를 이었다. 그의 목표는 소련을 미국과 대등한 산업부국으로 만드는 것이었다. 이 목표를 이루기 위해 그는 기계와 엔지니어들을 필요로 하였다. 탈곡기를 제작했던 미국회사인 인터내셔널 하베스터International Harvester는 소련에 공장을 열었다. 소련은 중공업 기계를 사들이기 위해 유일한 자원인 곡물을 팔았다. 수백만 톤의 곡물이 팔려나가자 수백만 명의 러시아인이 굶주렸다. 큰 농장들을 분할했고, 사람들을 강제로 집단경작에 징용했다. 자급자족을 위한 비축이나 이윤을 위한 판매의 동기도 없었기 때문에 식량생산은 자연히 줄어들었다. 스탈린이 주장하는 식량과 산업생산에서의 성공사례들은 단순히 서류상의 숫자에 불과했고 현실은 엄연히 달랐다.

9) 제 2차 세계대전의 원인, 베르사유조약

1918년 11월 11일 오전 11시에 제 1차 세계대전이 종식되었다. 이 날짜와 시간은 전쟁의 폐해를 오래도록 상기하기 위해 의도적으로 정해진 것이다.

1919년 승전국인 영국, 프랑스, 미국, 이탈리아, 일본은 베르사유궁전에 모여 평화를 약속하고 패전국인 독일의 처리 문제를 결정하는 베르사유 조약을 맺었다. 이 조약에 대한 설명에서 빠지지 않는 문구는 바로 '응보의punitive 또는 죄를 처벌하는punishing'이었다. 독일은 전쟁주도국임을 인정하고 영국과 프랑스에 그 대가를 지불해야 했다. 아시아의 식민지는 일본에, 아프리카의 식민지는 영국과 프랑스에 나누어 넘겼다. 1870년 프랑스-프러시아 전쟁에서 획득한 알자스-로렌지방은 프랑스에 돌려주었다. 동쪽 국경, 단치히 회랑Danzig Corridor으로 알려진 길쭉한 지역은 신생국 폴란드의 일부로 편제되었다. 베르사유조약의 이러한 조건들로 독일의 경제회복은 거의 불가능했다. 화폐가치가 폭락해 미화 1달러가 8억 마르크를 웃돌았다. 식량가격도 치솟았다. 빵 한 덩어리 값이 쇼핑카트 하나를 채울 만한 돈과 비슷했다. 이런 가혹한 항복조항에 분노한 독일인들은 복수를 꿈꾸기 시작했다.

독일은 제 1차 세계대전에 의해 말 그대로 지도를 다시 그려야 했다. 오스트리아-헝가리 제국은 오스트리아, 헝가리, 체코슬로바키아로 분할되었다. 또 이탈리아, 루마니아, 불가리아에 영토를 양보했다. 보스니아, 세르비아, 알바니아는 통합되어 유고슬라비아가 되었다. 서러시아는 새로운 핀란드, 폴란드의 일부, 에스토니아, 라트비아, 리투아니아 등의 더 작은 국가로 나뉘었다.

아시아의 지도 역시 바뀌었다. 오스만제국이 멸망했다. 그 전에 이미 오스만제국은 유럽 동남쪽에 있는 발칸국가들에 영토를 빼앗겼고, 오늘날의 서남아시아에 있는 영토를 잃었다. 그리고 시리아, 이라크, 요르단과 권세 있는 사우드 가문의 이름을 딴 사우디아라비아 등의 신생국들이 생겨났는데, 그중 사우디아라비아는 매우 보수적인 이슬람 국가로 음주가 법적으로 금지되었다. 오스만제국의 중심인 이스탄불과 아시아 아나톨리아 평원은 1923년 유럽과 아시아에 걸친 국가인 터키가 되었다.

그 당시 조국의 독립을 바라던 프랑스 식민지 인도차이나 출신의 한 젊은이가 런던에 있는 리츠의 사보이 호텔에서 접시를 닦고 있었다. 그는 식민지 조국을 위해 미국 독립선언서를 참고해 작성한 문서를 미국 대통령 윌슨에게 직접 보여주고 싶었다. 그러나 윌슨은 이 젊은이를 만나주지 않았다. 그로부터 40여 년이 흐른 후 미국은 당시의 젊은이 호치민과 그의 조국 베트남에서 협상을 벌여야 했다.

4. 제 2차 세계대전

1939년 9월 1일, 독일이 폴란드를 침공했다. 이로써 종전 후 20여년 만에 두 번째 세계대전이 발발하게 되었다. 영국과 프랑스는 독일에 맞서 전쟁을 선포했으나 전세는 급격히 한편으로 기울었다. 독일은 베르사유조약을 어기고 몰래 전쟁을 준비해왔지만 영국과 프랑스는 사정이 달랐기 때문이다.

독일은 쉽게 폴란드를 손에 넣었고, 덴마크와 노르웨이도 차지했다. 덴마크에서는 독일군이 모든 유대인에게 노란 별이 그려진 옷을 입도록 강요하자 왕과 왕비마저 이 명령에 따를 수밖에 없었다. 독일의 나치는 계속해서 서쪽으로 진군해 네덜란드에 이르렀다. 네덜란드군이 국경을 사수하자 나치는 새로운 병기인 낙하산 부대를 파견했다. 이 공격에 압도당한 네덜란드는 항복했고, 뒤이어 룩셈부르크와 벨기에도 무릎을 꿇었다. 프랑스도 무너졌다. 1년 이상 나치에 두 손 들지 않은 유럽의 유일한 나라인 영국은 유럽과 아프리카에서 홀로 나치제국에 맞서 싸웠다. 나치는 유럽과 아프리카에서 수에즈 운하를 점령하고 중동의 석유를 확보하기 위해 애썼다. 미국은 선박, 탄약, 연료, 식량을 제공하며 영국을 원조했다. 히틀러는 러시아를 무너뜨린 직후 영국과 미국을 차례로 침공하기 위해 계획을 세웠다.

1) 나치의 레닌그라드 포위공격: "그들을 굶겨라."

나치는 러시아인도 유대인처럼 인간 이하로 취급했다. 1941년 6월 22일, 독일공군인 루프트바페Luftwaffe는 불가침협정을 깨고 러시아를 겨냥한 공격을 개시했다. 독일은 러시아 공군이 이륙하기도 전에 기선을 제압했고 육지로도 진격했다. 1941년 9월 8일 독일군은 레닌그라드를 포위하고 저장고를 폭격하여 식량을 모두 불태웠다. 2,500톤의 설탕이 불에 타자 거리에는 캐러멜이 흘러넘쳤고 이내 딱딱하게 굳어버렸다. 정부는 캐러멜 조각을 부수어 덩어리째 팔았다. 나치의 전략은 겨울이 될 때까지 기다려 레닌그라드 주민들이 모두 굶어 죽게 만드는 것이었다. 그때가 되면 러시아인들도 별 수 없이 항복할 것이라 생각했다.

히틀러는 레닌그라드에 특별한 관심이 있었다. 레닌그라드에는 세계에서 가장 큰 종자은행 이 있었기 때문이다. 이 종자은행은 25만 종 이상의 식물을 보유하고 있었다. 이 종자은행은 세계의 식량증진에 일생을 바친 니콜라이 바빌로프Nikolai Vavilov의 열정으로 완성한 작품이었다. 그 덕분에 히틀러는 세계의 식량공급을 통제하고 나치군대를 지원할 수 있는 초강력식량을 확보할 수 있었다. 1942년 레닌그라드가 나치에 포위된 지 넉 달이 지나자 빵 배급이 하루에 1인당 113g으로 줄었고 굶어 죽는 러시아인이 20만 명에 달했다. 그러나 이들은 항복하지 않았다.

2) 스팸과 전쟁케이크

미국은 식량이 풍부했다. 불과 몇 년 전만 해도 사치품으로 여겨졌던 초콜릿 사탕을 전쟁터의 미군들에게 보냈다. 의회가 전투와 무관하다는 이유로 사탕 보급을 중지하려 하자, 허쉬Hershye는 초콜릿이 병사의 사기를 높이는 데 아주 유용하다고 설득했다. 그 덕분에 미군병사들은 전쟁터에서도 허쉬바와 그 경쟁제품인 엠 엔 엠즈M & M's를 먹을 수 있었다.

최일선의 병사들은 맥스웰 하우스, 네스카페 등 미국의 12개 회사에서 만든 인스턴트 커피를 마셨다. 미군병사들은 배급식량의 메인코스인 스팸에 금방 진력이 났기 때문에 커피와 사탕은 행운과도 같았다. 제2차 세계대전 동안 미국정부는 호멜Hormel 사가 생산한 캔 제품의 90%를 매입했는데, 그중에는 호멜 칠레 콘 카르네, 딘티 무어 비프 스튜Dinty Moore Beet Stew, 캔에 담긴 햄 등이 포함되어 있었다. 그러나 가장 눈에 띄는 제품은 스팸이었다. 병사들은 스팸 프리터, 스팸 수프, 스팸 샌드위치, 스팸 샐러드, 스팸 스튜, 스팸과 마카로니, 스팸과 건조 달걀, 스팸과 감자, 스팸 미트볼, 스팸 찹 수웨이 등 온통 스팸 천지에서 살았다. 겉포장을 포함해서 스팸은 조금도 버릴 것이 없었다. 스팸 캔 제품에 사용된 금속은 재활용되어 냄비나 팬으로 만들어지고 알코올 증류기로도 쓰였다. 또 스팸에서 나온 기름은 총을 닦거나 피부 보호를 위해 바르거나 초로도 사용되었다. 병사들이 농담삼아 미국의 상징인 엉클 샘을 엉클 스팸uncle spam이라고 부를 정도였다.

스팸은 무기대여 프로그램의 일부로 해외에도 보내졌다. 영국에서는 시민들이 폭격대피소에서 스팸을 먹었고, 고급 레스토랑에서는 프랑스 소스를 교묘하게 곁들여 제공했다. 유럽인들은 스팸SPAM을 '특별히 마련된 미국산 육류

음식 에피소드 1941년 12월 7일, 진주만

루즈벨트 대통령은 중국에서 일본이 떠날 것을 요구했다. 일본이 불응하자 미국은 곧 석유공급을 중단했다. 이에 대한 보복으로 일본은 1941년 12월 7일 오전 8시, 미군기지가 있던 하와이 진주만을 공습했다.
진주만의 참전용사 중 취사병이 하나 있었다. 그는 제 2차 세계대전 최초의 흑인영웅이었다. 1등실 식사 당번인 도리 밀러Dori Miller는 당시까지 인종차별이 남아 있던 군대에서 사격훈련조차 받지 못했지만 웨스트버지니아호의 갑판에 50구경 기관총을 장착하고 일본군을 향해 사격을 시작했다. 그가 일본 전투기 몇 대를 격추시켰다는 소문이 퍼졌고, 이 공로로 그는 해군 훈장을 받았다. 밀러는 군함의 3급 요리사로 복무했고, 그가 탔던 군함인 리스콤 베이는 일본군 잠수함의 어뢰에 맞아 1943년 11월 24일에 가라앉았다. 밀러는 전사 후 퍼플 하트Purple Heart훈장을 받았고, 그의 이름을 딴 군함 USS 밀러가 1973년에 취역했다.

Specially Prepared American Meat'의 이니셜로 생각했다. 러시아에서도 스팸이 군대를 먹여 살렸다. 전쟁 후에 적십자가 보급한 스팸을 먹은 유럽 피난민들은 이를 사치품이라 여겼다.

전시에는 설탕이 배급되었기 때문에 디저트 공급이 모자랐다. 미국의 동맹국인 호주와 뉴질랜드 여성들은 호주-뉴질랜드 군단인ANZACAustralia and New Zealand Army Corps의 비스킷을 구웠다. 이 비스킷은 귀리, 밀가루, 설탕에 절여 잘게 썬 코코넛과 꿀로 만들어졌다. 미국에서 일부 제과사들은 코카콜라와 펩시를 당화제로 사용했다. 케이크를 굽고 커다란 구멍을 낸 후 그 안에 코카콜라를 부었다. 전쟁 케이크에는 버터, 달걀, 우유, 백설탕이 들어가지 않았고 고대 중동에서처럼 흑설탕과 건포도를 물에 담가 단물을 우려내어 사용했다. 그래야 맛도 좋고 해외로 선적 가능할 만큼 보존기간도 길었다.

미국의 시민들은 주재료 없이도 케이크 굽는 법을 고안하기 위해 애를 썼으며, 병사들도 스팸 일색의 식단이 불만이었지만 어쨌든 운이 좋은 편이었다. 제 2차 세계대전 중 미국에서는 전쟁이 일어나지 않았고 누구도 식량부족으로 굶어 죽지 않았다.

요리 수첩 _ 전쟁 케이크(두 개 분량)

- 흑설탕 두 컵
- 정향 1큰술
- 뜨거운 물 두 컵
- 밀가루 세 컵
- 쇼트닝 2작은술
- 소다 1큰술
- 소금 1큰술
- 씨 없는 건포도 한 팩
- 계피 1작은술

설탕, 물, 쇼트닝, 소금, 건포도, 향신료를 5분 동안 끓인다. 식은 뒤에 밀가루와 소다를 소량의 뜨거운 물에 녹여 첨가한 후 162。C에서 45분 동안 굽는다. 이렇게 만든 케이크는 질감이 좋고 얼마간은 수분을 유지할 수 있다.

3) 포로수용소 음식

일본군에 생포되어 수용소에 갇힌 14만 명의 미군포로들은 영양부족과 각기병, 펠라그라pellagra, 괴혈병 같은 비타민 부족 질환으로 고생했고, 수천 명이 사망했다. 쇠약해진 탓에 말라리아, 이질, 콜레라, 티푸스 같은 전염병에도 쉽게 걸렸으며, 작은 상처나 모기에라도 물리면 괴저병에 시달리다 며칠 내로 목숨을 잃었다. 평시에 미국 군대의 식량 배급은 하루에 2kg 정도였고, 전시에는 더 많은 양을 받았다. 하지만 일본군은 고된 육체노동에 동원되는 전쟁포로에게 불과 하루 760g밖에 배급하지 않았다.

수개월 또는 수년 동안 지속되는 수감생활에서 유일한 즐거움은 식량, 담배, 항생제가 들어 있는 적십자 구호품이 도착하는 날이었다. 수감자들은 즉시 초콜릿, 담배, 통조림 고기 등의 물건을 교환했다. 그중 결코 교환이 성립되지 않는 식품이 하나 있었는데, 바로 치즈였다. 포로들은 오랫동안 어떤 형태로든 낙농제품을 먹지 못했기 때문에 허겁지겁 치즈를 먹었고 강한 집착을 보였다. 그러나 예외는 있었다. 담배를 끊을 수 없던 사람들은 모든 식량을 담배와 교환했고, 그러다 굶어 죽는 경우도 있었다. 미국에 수용된 약 40만 명의 독일군 포로들은 1929년의 제네바 협정에 따라 미군과 동일한 양의 식량배급을 받았다. 이들은 제 2차 세계대전 동안 미국 시민들보다 오히려 더 잘 먹고 산 셈이었다.

4) 최후의 해결책

1943년 초 히틀러는 최후의 해결책을 내놓았다. 그것은 유럽에 있는 모든 유대인을 말살하려는 계획이었다. 이 계획에 따라 유대인, 집시, 동성애자, 정치

음식 에피소드 할리우드 구내식당

할리우드의 영화배우들은 자원봉사를 하며 전쟁을 도왔다. 클라크 게이블, 지미 스튜어트, 타이론 파워 같은 대스타들이 군대에 합류했다. 여배우들도 전국을 돌며 전쟁채권을 팔았다. 일부 스타들은 밤에 할리우드 구내식당에서 커피와 도넛을 돌리거나 병사들과 이야기를 나누고 춤을 추었다. 흑백영화 스튜디오의 뮤지션들도 라이브 음악을 들려주었다. 영화배우들의 이러한 인간적인 모습은 흑인과 백인이 한데 섞여 춤을 춘다는 것으로 알려져 정치적인 파장을 불러일으켰다. 이내 흑백 간에 구내식당을 분리한다는 이야기가 돌았다. 하지만 두 번이나 아카데미상을 수상한 베티 데이비스와 존 가필드가 구내식당에서 인종차별이 일어나면 배우들은 더 이상 출입을 하지 않을 것이라고 말하자 분리계획은 일축되었다. 제 2차 세계대전 중에 군대나 나이트클럽에서는 여전히 흑백이 차별되었지만 할리우드의 구내식당에서는 모두 하나가 되었다.

범, 기독교 성직자들이 검거되어 식량이나 난방뿐 아니라 화장실 같은 위생시설도 없는 화물칸에 실려 중앙캠프로 호송되었다. 600만 명의 유대인을 포함하여 1,200만 명의 사람들이 굶어 죽거나 병들어 죽었고, 폴란드의 아우슈비츠 같은 캠프에 있는 가스실로 보내졌다. 그전까지만 해도 문명인이었던 사람들도 자신의 생존에만 급급하게 되었다. 캠프에서의 생활신조는 '너의 빵을 먹고, 할 수만 있다면 너의 이웃의 빵도 먹어라.'였다. 전쟁이 끝날 무렵 사람들이 다시 음식을 서로 나눠 먹기 시작하는 모습에서 비로소 인류애가 되살아나고 있다는 징조가 보였다.

히틀러는 유대인 학살의 와중에도 슬라브인들을 빼놓지 않았다. 레닌그라드는 여전히 독일군의 수중에 있었다. 도시에는 동물 한 마리도 살아남지 않았다. 포위된 주민들이 고양이, 개, 새를 포함해 자신들의 애완동물까지 잡아먹었다.

5) 역사상 가장 큰 탱크전: 대기아

1943년 7월, 쿠르츠크 근처 우크라이나의 평야에서 역사상 가장 큰 탱크 전투가 있었다. 2주 동안 독일과 러시아는 탱크 위에서 서로를 겨누며 싸웠다. 이 전투에서 러시아가 승리를 거두었지만 러시아뿐 아니라 유럽의 곡창지대까지 초토화된 뒤였다.

여전히 포위되어 있던 레닌그라드의 굶주린 사람들은 영양가 있어 보이는 것, 심지어 가죽신발, 서류가방, 립스틱까지 모두 먹어 치웠다. 이들은 벽지를 뜯어내고 도배용 풀을 핥아먹은 후 벽지를 씹었고 급기야 벽까지 먹어 치울 태세였다. 그러나 식물연구소에서는 종자를 먹는 대신 차라리 굶는 편을 택하며 끝까지 종자를 지켰다. 1944년이 다가옴에 따라 전 세계에서 수백만 명의 사람들이 기아로 죽어갔다. 영국은 미얀마전선의 일본군에 맞서 싸우는 자국의 병사들을 먹이기 위해 인도의 쌀을 가져갔다. 그 탓에 거의 600만 명의 인도인이 굶어 죽거나 영양실조의 합병증으로 목숨을 잃었다. 일본에서도 엄격한 식량배급이 실시되었고, 네덜란드 사람들은 튤립의 알뿌리를 끓여 죽으로 만들거나 얇게 썰어 칩처럼 튀겨 먹었다. 영국에서 아이들은 장미열매로 만든 시럽을 먹으며 비타민 C를 보충했다.

레닌그라드에서는 인육을 먹는 일까지도 자행되어 아이들이 겁에 질려서 감히 외출도 못 하였다. 포위공격은 1944년 마침내 끝이 났다. 기아로 인한 사망자 수는 약 100만 명에 이르렀는데, 이는 레닌그라드 전체 인구의 3분의 1에 달했다. 그리고 더 많은 사람들이 폭탄투하로 목숨을 잃었다. 그 긴 시간 동안 레닌그라드가 항복하리라 기대했던 쪽은 나치뿐이었다.

5. 제 2차 세계대전 후와 냉전시대

제 2차 세계대전은 세계정치와 경제에 중대한 변화를 가져왔다. 전후에도 미국은 석유생산을 이어가고 있었지만 자국의 수요를 맞추기에 충분하지 못했다. 세계의 관심은 석유가 풍부한 중동, 특히 이란과 사우디아라비아로 쏠렸다. 한편 제 2차 세계대전에서 불안한 동맹관계를 맺었던 러시아와 미국은 러시아가 1949년 원자폭탄 실험에 성공하자 완전히 적으로 돌아섰다. 같은 해 10월 중국의 마오쩌둥은 중국 내전에서 장제스를 누르고 승리를 거두면서, 지구 전체 인구의 4분의 1을 차지하는 공산주의 국가의 탄생을 선포했다. 그러자 수천 명의 중국인들이 본토를 떠나 오늘날 타이완이라 불리는 포모사 섬으로 건너갔다.

민주주의와 자본주의 대 공산주의라는 냉전체제가 시작되었다. 양 진영에서 핵무기와 스파이 활동을 포함한 어마어마한 군사적 준비태세가 갖춰졌다. 미국인들은 뒷마당에 공습 대피소를 팠고, 만일의 경우를 대비하여 통조림식품 등을 쌓아두었다.

제 2차 세계대전 중에 가장 많은 군인과 민간인 사상자가 발생한 나라는 러시아였다. 약 2천만 명의 인구가 전사 혹은 아사했다. 러시아의 시골에서는 말들이 절반 이상 사라졌다. 2천 3백만 마리의 돼지 중에 단지 3백만 마리만 살아남았다. 거의 5백만 채의 주택이 붕괴되었고, 수십만 대의 트랙터와 마차, 수천 채의 농장 건물들이 파괴되었다. 미국은 유럽국가들이 공산주의로 물드는 것을 막기 위해, 특히 이탈리아와 프랑스, 그리스의 재건을 원조하기 위해 수백만 달러를 쏟아부었다.

당시 이탈리아의 파시스트 독재자 무솔리니는 파스타를 가리켜 국민을 유약하고 게으르게 만드는 주범이자 청산해야 할 구시대의 유물로 지적했다. 그러자 음식이 정치적 이슈로 떠올랐다. 무솔리니의 새로운 제국은 국민을 강건하게 만들 새로운 음식이 필요했다. 이탈리아 전역에 걸쳐 열띤 논쟁이 일었다. 이 사이 파스타보호운동이 저항과 탄원으로 이어지며 지지를 얻었다. 반대편에서는 '트럼펫 소리에 찢긴 날고기와 투기장의 황소'와 같은 새로운 요리를 원했다. 마침내 음식문화와 관련된 사회적 갈등을 해결하기 위해 셰프들의 회의가 열렸다. 하지만 이 회의에서 그들이 발견한 해결책이란 고작 상대편 진영을 비난하고 헐뜯는 것이었다. 전쟁이 끝날 무렵 이탈리아의 폭도들은 무솔리니를 살해하고 그의 주검을 푸줏간의 갈고리에 걸어 매달았다.

제 2차 세계대전이 끝나자 식민지 국가들에서 독립운동의 바람이 불었다. 기아와 질병으로 황폐해진 인도에서 병사들은 영국으로부터 해방을 원했던 장교들의 뜻에 따랐다. 종교지도자 간디는 미국이 200년 전에 사용했던 불매운동이라는 전술을 이용했다. 그 상품들 중 하나가 영국이 독점해온 소금이었다. 1930~1932년 간디는 수십만의 인도인을 바다를 향한 소금행렬로 이끌었다. 당시에는 바닷물을 증발시켜 소금을 얻는 것이 불법이었다. 이러한 염전활동 금지는 인도인을 자극했고, 1947년 독립을 쟁취할 때까지 다양한 시민불복종운

음식 에피소드 미군과 제 2차 세계대전 음식

제 2차 세계대전 중 유럽에서 이탈리아와 프랑스요리에 매료된 미군들은 고국으로 귀환한 뒤로도 그 맛을 잊지 못했다고 한다. 하지만 이는 낭설일 것이다. 전쟁 중 그리고 전후의 유럽은 식량부족이 극심했기 때문에 미국에서 유럽으로 구호식량이 전해졌지, 그 반대의 경우는 불가능했을 것이기 때문이다. 전쟁 중 미군병사가 맛본 이탈리아 요리는 다름 아닌 캔에 든 셰프 보야르디 스파게티였을 것이다.

동에 참여하게 만들었다. 하지만 곧바로 힌두교와 이슬람교의 분쟁이 뒤따랐고 파키스탄이라는 신생 이슬람국가가 탄생할 때까지 이 분쟁은 계속되었다. 간디는 두 종교 간의 평화를 위해 노력했지만 그가 이슬람교에 가깝다고 의심한 어느 힌두교인의 손에 살해당했다. 이웃나라 인도네시아는 1949년 네덜란드로부터 독립했다.

고국으로 귀환한 1천 6백만 미군 병사들은 직업을 바꾸기를 원했다. 그중에는 전쟁 동안 자신에게 요리의 재능이 있다는 것을 발견한 이들도 있었다. 1946년 오늘날의 미국요리학교The Culinary Institute Of America의 전신이 코네티컷 뉴헤븐에 세워졌다.

캘리포니아 파사데나 출신으로 1934년 스미스 칼리지를 졸업한 미국 여성이 1946년 주 프랑스 대사관에 근무하게 된 남편을 따라 파리로 건너갔다. 그녀는 코르동 블루Cordon Bleu 요리학교에 입학했고, 곧 프랑스요리에 매료되었다. 그 뒤로 프랑스요리의 맛과 요리법을 미국에 알리고 싶어 했던 그녀의 이름이 바로 줄리아 차일드Julia Child이다. 미국에 돌아온 후 그녀는 소망하던 모든 것을 실행에 옮겼다.

열 번째 코스

20세기 중반 ~ 21세기

현대음식

AD 1950 ~ 현재

인류는 끊임없이 새로운 바람을 불어넣어 식문화를 변화시키고자 하지만 세상만사가 그렇듯 식문화에서도 모든 옛것이 다시 새것이 된다. 오늘날 요리를 하는 모든 사람들은 과거를 거슬러 올라가 식문화에 큰 공헌을 한 사람들 그리고 사건들과 깊은 관계를 맺고 있고 또 이에 공감을 느낀다. 즉, 우리 모두는 음식을 사랑하고 아끼는 사람들과 그 소중한 음식을 함께 나누기를 소망하는 것이다.

1. 패스트푸드

1950년대 '화학을 통해서 더 나은 생활을 영위하자.'는 슬로건이 일대 유행했다. 1945년 제 2차 세계대전이 끝나자 남자들이 전쟁터에서 귀환하고 여자들은 공장을 그만두었다.

2차 세계대전 이후 미국의 출산율은 기록적이었다. 1945년부터 1950년 말까지 5천만 명이 태어났고, 이 베이비붐으로 어린이를 공략하는 식품마케팅이 등장했다. 1951년 토니 더 타이거Tony The Tiger는 아침식사용 시리얼을 팔기 위해 출현했다. 아이들의 눈길을 끌기 위해 피쉬스틱과 같이 얇게 저민 생선을 이용한 핑거푸드도 나왔다. 어른들은 군대에서 익숙해진 인스턴트 커피와 스팸을 먹었다.

스완슨Swanson은 패스트푸드와 냉동식품을 결합하여 데우기만 하면 되는 선조리 냉동식품 텔레비전 디너를 선보였다. 소비자들은 99센트만 내면 메인요리, 채소, 디저트가 나뉘어 담긴 알루미늄 접시를 살 수 있었다. 텔레비전을 보려고 많은 사람들이 집에 머무르자 영화관람객 수와 함께 팝콘의 소비량도 줄었다. 그러자 팝콘 생산자들은 텔레비전 시청자들을 공략하기 위해 지피 팝Jiffy pop(손잡이 달린 밀봉 포장의 올드 스타일 팝콘)을 선보였다. 1955년 밀크셰이크 판매원이던 레이 크록Ray Kroc이 캘리포니아 샌 버나르디노에서 맥도널드 형제의 햄버거 스탠드를 매입함에 따라 공장 조립라인의 원리가 음식에도 적용되기에 이르렀다.

2. 고급식사, 예술작품 같은 인생

프랑스에서는 1950~1960년대를 통해서 새로운 스타일의 요리가 개발되고 있었다. 이 흐름을 주도한 셰프는 페르디낭 푸앙Ferdinand Point, 폴 보퀴스Paul Bocuse, 미셸 게라르Michel Guerard, 장 앤 피에르 트루아그로Jean and Pierre Troigros, 알랭 샤펠Alain Chapel이었다. 이 새로운 스타일의 셰프들은 에스코피에의 그랑 퀴진을 여러 가지로 변화시켰다. 농도를 맞추기 위해 루roux를 사용하는 300년 이상 이어 내려온 전통에서 벗어나 육수를 졸여서 지방이 적은 소스로 만드는 방식으로 바뀌었다. 에스코피에의 파슬리장식은 사라졌다. 프리젠테이션은 아시아 요리의 영향을 받아 비대칭적이 되었고, 색채, 질감, 크기, 모양 등에 중점을 두었다. 음식이 접시 위에 펼쳐지는 하나의 예술이 된 것이다.

축제의 유래 … 3월 16일, 세인트 얼호 데이St. Urho's Day

1956년 미네소타 주에 살던 핀란드계 미국인 리처드매트슨Richard Mattson은 아일랜드 출신 친구들이 성패트릭을 찬양하며 그가 아일랜드로부터 뱀을 쫓아냈다는 이야기를 듣는 것에 진력이 났다. 매트슨은 세인트 얼호라는 핀란드 성인을 꾸며내고 그가 핀란드에서 개구리떼를 쫓아내어 포도수확을 무사히 건사했다는 전설을 지어냈다(이 말은 새빨간 거짓말이다. 핀란드는 알래스카만큼 북쪽에 위치한다).

그럼에도 이 이야기는 개구리떼를 메뚜기떼로 바꾸어도 세간의 이목을 끌었다(아마도 19세기 미네소타에 메뚜기떼로 인한 병충해가 있었기 때문일 것이다). 세인트얼호를 상징하는 색은 메뚜기의 녹색과 포도의 보라색이다.

이날은 3월 16일로 성 패트릭 데이보다 하루 앞선다. 세인트얼호 데이의 특선요리는 진짜 메뚜기를 쿠키, 카라멜콘, 튀김, 엔칠라다스(아마도 남부 핀란드로부터 유래된 음식)에 넣는 것이다. 칼라모자카Kalamojakka라는 핀란드식 생선과 감자스튜도 있었는데, 세인트얼호가 메뚜기에 맞서 싸우는 동안 체력을 유지하기 위해 매시간 이를 먹었다고 한다. 세인트얼호의 메뚜기음료는 초록색의 크림 드 멘트와 흰색의 크림 드 카카오 그리고 핀란디아 보드카를 섞어 만든 것이다.

이 축제는 각종 퍼레이드, 노래, 시, 폴카 그리고 세인트 얼호의 후렴구(메뚜기야 메뚜기야 지옥에나 가라) 등으로 기념된다.

위대한 미국의 건축가 프랭크 로이드 라이트Frank Lloyd Wright는 예술로 영위하는 삶을 믿었다. 그가 위스콘신 스프링 그린에 창립한 학교인 탈리에신Taliesin에서는 매일 아침 일어나 다른 학생을 위한 가구, 냅킨, 컵, 컵받침 같은 작품을 만드는 것이 일과였다. 다이닝 룸의 테이블은 마치 조립식 장난감처럼 둥글거나 정사각형, 직사각형 등 다양한 모양이었다. 학생들은 이 요소들을 결합해 새로운 디자인으로 재탄생시켰다. 냅킨과 매트를 고르고 계절마다 야생

음식 에피소드 주州로 승격한 하와이: 푸 푸 플래터Puu Puu Platter

1959년 하와이는 미국의 주로 승격되었다. 이듬해 알래스카 역시 주로 승격되자 미국 국기에는 50개의 별이 새겨졌다. 1860년대 마크 트웨인Mark Twain이 당시 샌드위치 아일랜드라고 불리던 하와이를 방문했을 때는 1820년대 도착한 선교사들이 원주민을 기독교로 개종시키기 이전이었으므로 여전히 전통적인 생활방식을 지키며 사는 사람들이 있었다.

그들은 개를 식용으로 길렀다. 1819년 카메하메하 왕의 장례식에는 3백 마리의 개가 희생되었다고 한다. 당시에는 여자가 바나나, 파인애플, 오렌지 등을 먹는 것이 금기였으나, 선교사들이 이러한 풍습을 바꾸었다.

트웨인은 체리모야cherimoya(맛 좋음 그 자체)와 타마린드tamarind(신맛의)를 맛보았고, 원주민들이 생선을 날로 먹는 것을 목격했다. 시장에서 그는 보통의 밀가루 반죽처럼 보이는 하와이의 주식인 포이poi를 보았다.

원주민들은 땅속에서 자란 토란뿌리를 구워 화산암으로 만든 절구에 넣어 잘 으깬 다음 페이스트가 될 때까지 물에 섞었는데, 이 반죽을 발효시키면 포이가 완성되었다. 완성된 포이는 집게손가락을 사용해 음식이 담긴 그릇을 꾹꾹 눌러 찍어가며 먹었다.

원주민 음식은 하와이, 일본, 중국, 필리핀, 태평양 제도, 미국의 음식문화가 혼합된 형태로 쌀이 주식이었다. 또 마리네이드하여 땅 밑에서 구운 통돼지 루아우luau가 하와이식 파티에서 가장 중요한 요리였다. 스팸은 스팸스시, 스팸어묵과 같은 일본식, 스팸완탕 같은 중국식, 스팸룸피아 같은 필리핀식으로 만들어졌다. 음식 역사학자 레이첼 로던Rachel Laudan에 따르면 하와이에서 스팸 요리는 끝없이 이름을 열거해야 할 정도로 그 종류가 많다고 한다.

1950~1960년대 폴리네시아 음식이라 불리는 메뉴가 미국 레스토랑에 첫선을 보였다. 과일 음료에 작고 화려한 종이우산이 장식되어 있었다. 푸 푸 플래터Puu Puu Platter는 튀김요리에 통조림 파인애플 조각, 마라스키노maraschino, 체리, 옥수수시럽 등을 듬뿍 얹은 것이었다. 진짜 폴리네시아인들은 토란, 포이, 얌, 프렌테인(요리용 바나나), 코코넛, 신선한 열대과일을 바나나 잎에 싸서 굽거나 찐 채로 먹었다. 이들은 또 튀긴 야생쥐와 벌레도 먹었으며 과일을 먹고 사는 박쥐의 살코기스튜는 매우 훌륭한 고급요리여서 이 박쥐는 거의 멸종위기에 처했다.

화를 꺾는 것도 일과의 한 부분을 차지했다. 이런 방법으로 학생들은 매일 최초의 것, 새로운 형태, 모양, 색, 질감에 자극을 받고 도전의식을 느꼈다. 1973년 두 명의 음식평론가인 앙리 골Henri Gault과 크리스티앙 미요Christian Millau는 새로운 요리법에 누벨 퀴진nouvelle cuisine이라는 이름을 붙였다.

코르동 블루와 백악관: 줄리아 차일드와 재키 케네디

1961년, 몇 년에 걸쳐 레시피를 기록하고 테스트하며 코르동 블루Cordon Bleu를 졸업한 지 11년 되던 해에 줄리아 차일드Julia Child는 시몽 베크Simone Beck, 루이제트 베르톨레Louisette Bertholle와 함께 『프랑스의 요리예술정복서Mastering the Art of French Cooking』를 발간했다. 이 책은 미국과 음식, 특히 프랑스 음식과의 관계를 혁신적으로 바꾸어놓았다. 줄리아 차일드는 이 책으로 프랑스요리를 둘러싼 신비주의를 걷어내고 모든 사람이 접근 가능하도록 문턱을 낮추려는 목적을 달성하였다. 그녀의 텔레비전 프로그램에 나온 주방은 남편 폴이 직접 디자인한 것으로, 평범한 가정의 조리기기와 다름없어 보였다. 그녀는 전기스토브와 평범한 요리칼과 근처 슈퍼마켓에서 볼 수 있는 식재료를 사용했다. 그러자 키슈quiche를 비롯한 프랑스요리들이 많은 인기를 끌기 시작했다.

1963년 줄리아 차일드가 보스턴 국영보도국WGBH에 프랑스요리사로 소개된 후 요리교육에 혁신이 일었다. 1966년 그녀의 사진이 '국자를 든 우리의 숙녀Our Lady of The Ladle'라는 표제와 함께 시사주간지 『타임』의 표지를 장식했다. 텔레비전 프로그램으로 '줄리아 차일드 앤드 컴퍼니', '줄리아 차일드 앤드모어 컴퍼니' 그리고 '디너 위드 줄리아'가 연이어 방송되었다. 1981년 그녀는 미국의 '와인과 음식협회American Institute of Wine and Food, AIWF'의 창시자 중 한 사람이

프랑스요리를 대중화한 요리사 줄리아 차일드

되었다. 1989년 그녀는 '이달의 책 클럽The Book of The Month Club'의 주요부문에 선정된 최초의 요리책인『요리의 길The Way to Cook』을 발간했다. 이 책은 그녀가 창립에 기여한 '요리전문가국제협회International Association of Culinary Professionals, IACP'에 의해 최고의 저서로 뽑혔다. 미국의 모든 전문가와 아마추어 요리사들은 그녀가 쓴 많은 책들을 사 보았다. 그녀의 주방은 스미소니언 국립역사박물관에, 그녀가 쓰던 냄비와 팬들은 코피아의 '미국 와인, 음식 그리고 예술센터The American Center for Wine, Food, and The Arts'에 보존되어 있다.

프랑스요리는 1961년 젊고 준수하며 하버드를 졸업한 매사추세츠 출신의 아일랜드계 가톨릭 상원의원인 존 F. 케네디와 그의 아내 재클린 부비에 케네디가 미국의 대통령 부부가 되었을 때 워싱턴에도 전해졌다. 미국을 대표하는 사교의 장인 백악관에서 케네디부부는 전통적인 프랑스요리 교육을 받은 셰프 르네 베르동René Verdon을 고용했다. 재키는 잘 알려진 대로 어린 시절을 프랑스 바사르에서 보낸 프랑스계 미국인이다.

3. 요리와 문화혁명

1) 1960년대

녹색혁명: 농업 1960년대에는 비만이 문제로 떠올랐다. 1963년 '체중감시단Weight Watcher'이 최초의 회합을 열자 다른 다이어트 단체들도 뒤따랐는데, 금주협회프로그램Alcoholics Anonymous Program을 본떠 비만방지협회Overeaters Anonymous가 만들어졌다. 호주 출신 제니 크레그Jenny Craig는 하나님을 위해 날씬한 몸매를 유지해야 한다고 교인들을 설득했다. 수백만 명의 미국인들은 체육관에 나가 다이어트 라이트, 탭, 다이어트 펩시, 프레스카와 같은 다이어트 소다를 마시며 운동했다. 1975년 밀러의 다이어트 맥주가 선보인 뒤로 술에까지 다이어트 열풍이 미쳤다.

반면 지구 반대편에서는 수백만 명의 사람들이 굶어 죽고 있었다. 지정학적으로 굶주린 인구의 반란은 세계의 힘의 균형을 바꾸어버리기 때문에 산업화된 국가에서의 식량은 국가안보와 관련된 문제로 인식된다. 그래서 마치 기적과도 같이 식량 유전자를 이용해 콩, 재배일수가 짧고 수확량이 엄청난 난장이 쌀dwarf rice 등이 발명되었다. 아시아 어느 곳에서도 재배될 수 있는 이 쌀은 1958~1961년 중국에서 2천만 명의 목숨을 앗아간 기아를 근절시켰다. 세계 최대의 쌀 생산국인 미국은 필리핀에 '국제쌀연구소International Rice Research Institute'를 세웠고, 1965년 페르디난드 마르코스Ferdinand Marcos는 '한 톨의 쌀이 곧 진보다.'라는 구호를 내걸고 필리핀의 대통령으로 선출되었다. 그렇게 개발된 쌀의 기술명은 IR 8이었으나 베트남 농업신의 이름을 따서 탄농Than Nong이라 불렸다. 탄농쌀은 빨리 자라서 이모작이 가능할 뿐 아니라 산출량도 많았다. 이는 과학과 유전기술을 농업에 적용해 세계를 기아에서 구하는 것을 목표로 하는 이른바 '녹색혁명'의 시작이었다.

블루혁명: 수산양식 녹색혁명과 유사한 집약농법을 바다에서도 연어, 새우, 홍합, 틸라피아tilapia, 송어 등을 대상으로 적용하고 있었다. 여기서도 찬반양론이 팽팽했다. 찬성론자는 어류양식이 수확량을 늘리고 세계의 식량문제를 해결할 것이라고 주장했다. 반대론자는 생태계가 무너질 수 있다고 지적하는 한편 양식한 생선의 품질에 의문을 제기했다. 양식장에 갇혀 살면서 체내지방이 늘고, 어떤 경우에는 자연산과 똑같아 보이도록 염색을 하기 때문이다.

그럼에도 양식은 세계에서 가장 빠르게 성장하는 식량생산의 한 형태이며, 2030년이 되면 수산양식이 인간이 먹는 생선의 대부분을 제공할 것이라고 예측하기도 한다.

반백색혁명: 반문화counterculture 요리 1960년대의 사회혁명은 음식혁명을 포함

한 것이었다. 1962년에 생물학자 레이첼 칼슨Rachel Carson이 살충제 사용결과에 대한 책 『침묵의 봄Silent Spring』을 발간한 뒤로 사람들은 음식을 먹으면서 식재료의 원산지와 생산방식 같은 환경적 요소에 신경을 쓰기 시작했다. 이때 등장한 신조어인 '생태학ecology'은 모든 생명들이 서로 관계맺고 있음을 인식하는 체계이다. '자연으로 돌아가자.'는 모토의 운동을 시작한 베이비붐 세대는 이스라엘의 키부츠를 본뜬 공동체에서 살고 손수 노동하면서 산업화에 대항했다. 이들은 과일, 채소, 허브 등을 재배하고 가축의 젖을 짰다. 그리고 환경운동과 인권운동의 정치적 연대의 표현으로써 흰색 음식에 저항했다. 도정한 쌀, 휘핑크림, 즉석 매쉬트포테이토, 백설탕, 껍질을 깐 사과 그리고 물론 흰 빵까지. 대신 이들은 통밀로 빵을 굽고 흑설탕과 갈색달걀을 먹었다. 이러한 반문화 요리는 도시로 전파되면서 샐러드 바, 허브티, 통밀빵 등의 형태로 나타났다. 1960년대식으로 말하자면, 이들은 환경문제에 대한 경각심을 불러일으켰고, 그 결과 1980년부터 매해 4월 22일이 지구의 날로 제정되었다.

우주시대 1969년, '자연으로 돌아가자.' 운동이 사회적으로 성장하는 한편 미국의 우주인 닐 암스트롱Neil Armstrong이 달에 착륙했다. 우주시대의 과학은 미국의 주방까지 변화시켰다. 제 2차 세계대전 때 개발한 레이더로 전자레인지를 발명했다. 분말형태의 오렌지주스인 탱Tang은 우주선에 실려 우주로도 날아갔고 미국 주방에도 선보였다. 당시에 새로 출시된 어떤 요리기구는 로켓의 원추형 머리 부분과 같은 재질로 만들어졌다는 광고를 내보내기도 했다.

2) 1970년대

캘리포니아 요리: 앨리스 워터스 캘리포니아를 하나의 국가로 가정한다면 미국, 일본, 독일, 영국에 이어 세계 5위의 부국이다. 캘리포니아는 연간 경제규모가 1조 달러이고 미국에서 가장 인구가 많은 주이며 세계에서 식량이 가장 풍부하게 생산되는 곳이다.

1971년 캘리포니아 버클리에서는 음식의 역사에서 이정표가 될 만한 사건이 벌어졌다. 앨리스 워터스Alice Waters가 셰 파니스Chez Panisse라는 레스토랑의 문을 연 것이다. 파니스는 버클리 중심가에 작은 레스토랑을 소유한 남자의 이름으로, 그는 책을 바탕으로 한 1932년작 영화의 프랑스 리메이크판 〈파니Fanny(1961)〉를 너무나도 사랑했다. 영화는 앨리스 워터스의 영감을 자극한 음식문화의 본고장 프로방스를 배경으로 했다. 음식으로 성공한 다른 유명인들처럼 워터스는 음식을 직업으로 삼을 생각이 애초에는 없었다. 유치원 교사였던 그녀는 프랑스로 건너갔다가 그곳 음식에 매료되었다. 그녀는 메스클런mesclun(어린 모듬 잎 채소) 샐러드용 채소를 발견하고는 씨를 가져와 직접 재배할 정도로 열성적이었다. 그녀는 또 영국의 작가 엘리자베스 데이비드Elisabeth David의 지중해요리에 대한 정열에 영감을 받았다(작가는 태양과 바다, 올리브나무들로 축복받은 땅의 맛을 영국주방으로 옮겨오고자 했다). 워터스 역시 마크 밀러Mark Miller, 린지 셰어Lindsey Shere, 볼프강 퍽Wolfgang Puck, 프란시스 포드 코폴라Francis Ford Coppola와 같은 후대의 셰프들과 식품생산업자들에게 영향을 미쳤다.

또 하나 음식의 역사에 있어 길이 남을 만한 사건이 1971년 서부해안에서 있었다. 세 명의 친구가 워싱턴 시애틀에 커피집을 열고 19세기 허먼 멜빌Herman Melville의 소설 『모비딕Moby Dick』에 나오는 주인공의 이름을 따 스타벅스

Starbuck's라 이름 붙인 일이다.

맹쇠르 그리고 채식주의요리 지방을 줄이다 못해 거의 무지방에 가까워진 누벨 퀴진은 스파 퀴진spa cuisine과 퀴진 맹쇠르cuisine minceur(프랑스의 저칼로리 요리)로 이어졌다. 많은 사람들은 지방제거가 불멸에 이르는 길이라고 생각했다. 캘리포니아 산타모니카의 해변에서 장수센터를 운영하던 나단 프리티킨Nathan Pritikin은 지방섭취를 피하고 조깅을 하는 습관이 신체에 유익하다고 대대적으로 선전했다. 1983년 그의 두 권의 책인 『프리티킨의 약속The Pritikin Promise』, 『28일간의 실천으로 더 오래 사는 법28 Days to A Longer Life』은 뉴욕타임스의 베스트셀러가 되었다. 프리티킨의 다이어트는 지방, 설탕, 기름의 섭취를 금했다.

같은 시기에 젊은 의사 딘 오르니쉬Dean Ornish는 심장마비나 수술에서 회복 중인 환자들이 식이요법을 적극적으로 실천한다면 약을 덜 먹고도 상태가 훨씬 호전될 수 있다고 생각했다. 그는 '심장을 건강하게 하는' 레시피의 전문가인 요리저술가 마사 로즈 슐만Martha Rose Shulman을 만났다. 그들의 실험은 대단히 성공적이었다. 미국심장협회American Heart Association는 곧 이 개념을 도입했고 곧이어 레스토랑들에서 건강식으로 인정받은 메뉴 옆에 심장을 상징하는 하트표시를 붙여주는 사업을 후원했다. 슐만은 『가벼운 지중해식Mediterranean Light』 같은 요리책을 여러 권 펴냈다. 1958년 캘리포니아 샌디에이고 북부에 건립된 스파 '골든도어Golden Door'는 자체 운영하는 정원에서 재배한 유기농 과일과 채소를 사용해 정식 셰프가 만든 저칼로리요리를 제공했다. 풍수원리에 따라 디자인된 이 스파들은 얼굴마스크, 바디 랩, 마사지 등에 당근, 레몬그라스, 생강, 감귤오일 같은 허브와 채소를 사용했다. 이처럼 신선한 식재료에 대한 수요가 늘어나자 시골장터와 음식 페스티벌이 미국 전역에 생겨났다.

1973년 조합형태의 채식주의자 식당인 무스우드Moosewood가 뉴욕의 이타카에 문을 열었다. 새로운 음식과 양념은 채식주의 요리를 더 흥미롭고, 맛 좋고, 이국적으로 만들었다. 이러한 흐름을 이어가는 『무스우드 요리책The Moosewood Cookbook』과 『매력적인 브로콜리 숲The Enchanted Broccoli Forest』 같은 책들도 그 흐름을 이어 발간되었다. 이 요리책들은 채식 요리에 새로운 맛을 더했고, 19세기 말 이후 유행에서 벗어났던 채식주의 운동에 다시 활력을 불어넣었다.

『무스우드 요리책』 표지

도시개혁과 고급 주택화: 보스턴 마켓과 비앤비스B&B's 보스턴 마켓Boston Market 레스토랑 체인을 낳은 보스턴의 패뉴얼 홀 마켓Faneuil Hall Market은 최초의 도시재개발 프로젝트 중 하나로 창고였던 지역을 인수해 작은 리테일숍과 푸드숍으로 재개발한 것이다. 다른 도시들도 이 성공사례를 따랐는데, 뉴욕커들은 수백kg을 견뎌낼 수 있는 나무 바닥이 깔린 오래된 공장과 창고들을 로프트로 개조하기 시작했다. 좀 더 외진 곳에서는

진저브레드 맨션 호텔

낡은 농장과 심지어 등대까지 최신형의 휴양지인 베드 앤 브렉퍼스트Bed-and-Breakfast, B&B로 개조하였다. 인간미 없는 호텔과는 달리 B&B에서는 다정한 집주인과 한 집에 함께 머물면서 안락한 벽난로, 때로는 욕실과 수제 오리털 이불까지 갖춰져 있는 침실에서 갓 구운 빵과 머핀으로 아침식사를 할 수 있었다.

3) 1980년대

정치 그리고 레스토랑 혁명 1960년대를 거치며 '30대 이상은 누구도 믿지 않는다.'고 주장해온 미국의 베이비붐 세대는 1980년대에 30대가 되자 불안해하기 시작했다. 불로장생을 추구하는 그들은 고급생수를 마시고, 피트니스클럽에 다니며, 신체에 무리가 갈 정도로 운동을 했다. 그들은 건강상 문제를 해결하기 위해 천연허브 비타민을 복용했다. 세인트 존스 워트St. John's Wort는 우울증을 치유하기 위해, 글루코사민과 콘드로이틴은 관절을 유연하게 하기 위해, 에키나시아echinacea는 감기를 치유하기 위해 복용했다. 징코 빌로바ginko biloba는 기억력을 강화해 그 밖의 다른 약들을 언제 복용해야 하는지 기억할 수 있게 도왔다.

비버리힐스 레스토랑의 이란혁명 1970년대 세계정치사에는 또 다른 중요한 변화가 있었다. 1971년 영국이 중동 진저브레드맨션 호텔에서 철수하자 1978년 종교 지도자 아야톨라 호메이니Ayatollah Khomeini가 이끄는 이슬람 원리주의 혁명은 이란의 왕권을 전복시켰고, 수도 테헤란에 있는 미대사관을 점령해 주재원 전부를 인질로 잡았다. 그러자 국왕과 왕족은 물론 미국 등의 서방국가와 사업을 벌이던 수천 명의 이란인들이 망명을 떠났다.

음식 에피소드 자갓 가이드Zagat Guide

1979년, 예일 법대를 졸업한 두 명의 뉴욕시 변호사들은 사소한 취미를 사업으로 전환하여 큰 성공을 거두었다. 그들은 레스토랑을 평가하고 점수를 매기는 취미를 팀과 니나 자갓Tim And Nina Zagat이라는 유명한 가이드로 발전시켰고, 이는 레스토랑 평가사업에 혁신을 가져왔다. 신문과 잡지의 평가와는 달리, 자갓 리뷰는 한 사람의 의견에 의존하지 않는다. 대략 10만 명 이상의 사람들이 참여해 세부문항에 답하는 형식으로 45개 도시에 있는 레스토랑을 평가한다.

자갓 레스토랑 서베이

이란인과 페르시아인은 미국, 특히 남부 캘리포니아로 그들의 음식문화를 전수했다. 비고정식 진흙 오븐인 탄누르tannur를 구비한 식당을 비롯해 이란식 레스토랑, 식료품점, 베이커리 등이 비버리힐스와 로스앤젤레스 서쪽에 생겨났다. 파르시Farsi어로 된 간판이 캘리포니아 남부에 있는 웨스트우드 대로에 줄을 이었다. 메뉴는 휴머스hummus, 폴로polo(쌀을 기본으로 한 고기 요리), 페센니얀fesenijan(부드러운 석류와 호두소스로 요리한 고기스튜) 등이 있었다. 바클라바baklava와 함께 에클레어Eclairs와 프티 푸르Petit Fours를 파는 고급 패스트리숍들이 중동음식에 미친 프랑스의 영향을 잘 보여주었다.

새로운 이민과 에스닉 레스토랑 1965년 미국에서 통과된 새 이민법은 1980년대에 나타난 이민자의 폭발현상으로 비롯된 것이다. 20세기의 마지막 20년 동안은 매년 100만 명의 이민자가 유입되었다.

뉴욕을 비롯해 19세기 말 동부 도시들에서 일어난 이민의 물결은 20세기 말 서부지역에서도 재현되었다. 한 가지 큰 차이점이 있다면 동부의 이민자들은 유럽 출신이었고, 서부의 이민자들은 아시아, 중동, 아프리카, 중앙아메리카 그리고 남아메리카 출신이라는 점이다. 뉴욕에 리틀이탈리아, 저먼 요크빌, 유대인 거주지가 있는 것처럼 캘리포니아 남부에는 리틀사이공, 리틀인디아, 리틀에티오피아, 코리아타운, 몬터리 파크Montery Park의 새로운 타운이 생겨났다. 캘리포니아 서부에는 이미 리틀도쿄를 중심으로 일본인 사회가 번성하고 있었다. 이러한 이민의 결과로 에스닉 레스토랑이 폭발적으로 생겨났다. 잠바주스jamba juice와 잭 인 더 박스jack in the box가 있는 거리에 이슬람 할랄정육점, 멕시칸 파나데리아스(베이커리), 스시바, 축구를 볼 수 있는 브라질 스포츠바, 홍콩스타일의 해산물 레스토랑, 프랑스식 카리브해 레스토랑, 베이글가게, 아르헨티나 엠파나다스, 타이 테이크아웃, 이탈리아식 레스토랑 등이 자리 잡았다.

오늘날 미국에서 '남서부southwestern'라는 말은 텍스—멕스tex-mex 또는 인도구역region of India을 의미할 정도이다. 안티파스토anitpasto, 안토히토스antojitos, 아뮈즈—부슈amuse-bouches를 스페인 타파스tapas, 중동의 메제mezze, 인도의 샤트chaat, 일본의 벤토 박스bento box와 함께 만날 수 있다.

중국의 맥도날드: 버거 혹은 바오 세계적으로 가장 널리 퍼져 있는 레스토랑인 맥도날드는 아시아에서도 문을 열었다. 맥도날드는 지역의 음식문화를 받아들였고, 또 그것에 영향을 미치기도 했다. 인도의 베지터블 맥너겟vegetable McNugget과 양고기로 만든 마하라야맥maharajah Mac, 무슬림지역의 할랄halal 등이 그 예이다. 1992년 맥도날드는 중국 베이징에 개장했는데, 7백 석 규모의 매

장은 그 당시 맥도날드 체인 중 가장 큰 규모였다.

그러나 햄버거와 프렌치프라이는 미국인에게는 제대로 된 한 끼 식사가 되지만 밥과 야채로 구성된 중국인의 식사기준에는 못 미치는 일종의 간식이었다. 홍콩에서도 맥도날드는 그 사회의 고기의 정의에 들어맞지 않았다. 고기가 들어간 덤블링은 바오Bao였다. 이국적인 수입품인 코카콜라 역시 중세유럽의 설탕처럼 약으로 취급되었고, 생강이나 허브와 함께 뜨겁게 제공되었다. 미국의 기준에 맞춘 서비스는 중국인에게 무척 빠르게 느껴졌지만 그들에게 패스트푸드란 노점에서 파는 것이지 테이블이 있는 레스토랑에 어울리는 것이 아니었다. 중국에서 레스토랑이란 느긋하게 앉아서 음식을 먹으며 시간을 보내는 곳이었다. 따라서 미국인이 맥도날드 매장에서 평균 11분을 보내는 데 비해 중국인은 그 두 배 이상인 25분을 머물렀다.

지구상에서 가장 인구가 많은 중국에서는 1980년 이후 정부정책에 따라 한 자녀 이상을 갖지 못했다. 따라서 그들은 형제자매가 없었고, 부모 역시 외동이기 때문에 이모, 삼촌, 사촌도 없었다. 그러던 참에 로날드 맥도날드Ronald Mcdonald(맥도날드의 마스코트), 즉 '엉클 맥도날드'와 그의 상대역 '앤트 맥도날드'가 소개되자 중국에서는 사라지고 없는 맘씨 좋은 이모와 삼촌을 연상시켰다. 어린이들에게 관심을 보이고 말벗이 되어 함께 놀아주는 친척 같은 이미지를 이용해 그 전까지 중국에는 알려지지 않은 미국의 풍속에

중국의 맥도널드

따라 아이의 생일에 축하파티를 열어주는 서비스를 제공하기도 했다. 이 전략은 한 자녀 가정들의 이목을 끌었고 미래의 고객을 늘리는 효과를 가져왔다. 엉클과 앤트 맥도날드는 학교와 가정으로 아이들을 찾아가기도 했는데, 이는 정작 맥도날드의 본고장인 미국에서는 아주 낯선 풍경이었다.

아시아인에게 익숙하지 않은 또 하나의 미국의 관습은 바로 상냥함이다. 미국인은 웃으면서 서비스하는 것이 몸에 배어 있다. 하지만 아시아에서는 처음 보는 사람이 웃는 낯을 보이면 필시 자신에게 아첨하거나 속이려는 것으로 간주한다. 반대로 미국인에게 식당서비스를 비롯해 여러 직종에서 드러나는 아시아인의 조심스러움은 무례함이나 고의적인 무관심으로 비치기도 한다.

동남아시아의 요리 미국인들은 동남아시아 요리로 알려진 대부분의 것들이 베트남전쟁을 연상시킨다는 이유로 그다지 좋아하지 않았다. 특히 미군병사들은 발효된 생선소스인 누옥맘nuoc mam에 대해 항상 불평을 늘어놓았다. 이 소스는 태국에서는 남프라nam pla라고 불린다. 미국인들은 밀가루가 아닌 쌀가루로 만든 섬세한 스프링롤, 레몬그라스와 생강 또는 칠리와 민트로 양념한 해산물의 제 맛을 잘 알지 못했다.

실란트로cilantro는 친숙한 허브였지만 홀리바질이라고도 불리는 타이바질은 친숙하지 않았다. 또 칠리, 마늘, 파로 향을 낸 기름 또한 낯설었다. 포pho라고 불리는 국수와 땅콩소스 사테sate도 그다지 입맛에 맞지 않았다. 하지만 오늘날에는 많은 미국인들이 이러한 아시아 퓨전요리의 세련된 조합을 즐길만한 미각을 지니고 있다. 타이의 맵고 신 요리들은 중국의 쓰촨성四川省과 윈난성雲南省의 영향을 받았다. 이들 요리는 새우수프, 톰양쿵tom yung kung처럼 라임잎, 코리앤더 뿌리, 칠리, 레몬그라스 등으로 강한 향을 낸다. 미크롭mee krob처럼 바삭하게 튀긴 국수는 중국의 영향을 받은 것이다. 자스민 에센스로 향을 낸 디저트는 아랍권의 영향일 것이다. 로스앤젤레스에 있는 베트남 레스토랑 미첼리아Michelia에서는 셰프이자 오너인 킴미 탕Kimmy Tang의 지휘 아래 프랑스, 중국, 이탈리아, 태국, 멕시코, 캘리포니아 등의 영향을 골고루 받은 베트남 요리를 제공한다.

셰프탕은 지방성분을 줄이고 쌀국수를 지카마jicama로 대체함으로써 속재료의 열량을 낮추었다. 지카마는 하얀색의 멕시칸 – 캘리포니아 채소로, 얇게 채를 썰어놓으면 마치 쌀국수 면발처럼 보인다. 그녀는 생강과 파를 섞어서 태국 – 중국의 영향을 가미했고, 어린 초록색 모듬 채소들은 프랑스의 영향을 보여준다. 또 콩나물 대신 당근 피클을 사용함으로써 전통적인 레시피에서는 느낄 수 없던 색채감과 풍미를 살렸다. 이 요리는 톡 쏘는 맛을 가진 새콤달콤한 생선–칠리소스와 함께 제공된다.

홍콩은 세계사에서 특수한 위치를 차지한다. 1997년 영국에서 중국으로 반환될 당시 많은 사람들이 홍콩을 떠났다. 대부분이 사회주의 체제에서 살기를 원하지 않던 자본주의에 익숙한 중산층 전문직 종사자들이었다. 이들은 태국, 베트남, 미국 등지로 떠나면서 광동식 음식문화를 함께 가져갔는데, 그중 대표적인 것이 양념 육수를 기본으로 한 해산물 요리 치우차우chiu chow이다.

1990년대 말과 21세기 초, 미국 출판계의 주된 흐름은 동남아 요리를 중심으로 한 요리책을 발간하는 것이었다. 단순히 요리법을 설명하는 것뿐 아니라 문화, 역사, 회고록 등을 포함하는 새로운 형식의 요리책이 나왔다. 글로벌화한 세계와 경제 체제에서 사람들은 점점 더 그들이 무엇을 먹고 있는지뿐 아니라

베트남의 가금류 시장

왜 먹는지에 대해서도 알기를 원했다.

레스토랑에서 일어난 변화는 단지 음식에 국한된 것이 아니었다. 엄청난 수의 라틴계 미국인들이 주방으로 진출했다. 2002년까지 고급레스토랑을 포함하여 모든 상업시설 요리사의 25%가 여기에 해당되었다. 여성들도 주방과 홀에서 변화를 일으켰다. 당시 몇몇 고급레스토랑에서는 여성에게는 요리명만 적혀 있는 메뉴판을 주고 남성에게는 요리명과 가격이 적혀 있는 메뉴판을 주었다. 대부분 남성들이 음식값을 지불하기 때문에 그들의 메뉴에만 가격을 적어놓은 것이다. 이 일은 소송이 뒤따랐고, 결국 레스토랑의 모든 고객들은 남녀를 불문하고 가격과 음식이 적힌 메뉴를 건네받게 되었다. 여성이 자신의 이름으로 대출을 받을 수 있게 된 이후에도 여성이 남성에게 저녁식사를 대접하는 것은 아무리 사업상의 만남이라 해도 드문 일이었다.

북부 이탈리아요리 1980년대 미국인들은 전국에서 이탈리아요리를 맛볼 수 있게 되었는데, 토스카나, 에밀리아-로마냐, 제노바 등 토마토가 적게 들어간 북부 이탈리아 요리가 대부분이었다. 바질, 잣, 올리브유, 파마산치즈 등을 주재료로 하는 제노바식 페스토pesto genovese가 큰 인기를 얻어 수많은 유사품이 쏟아졌으며, 파슬리, 세이지, 실란트로cilantro는 피칸, 아몬드, 호두 또는 호박씨와 섞여 사용되었다.

알프레도 파스타소스는 크림과 파마산 치즈를 사용하는 대신 토마토는 넣지 않았다. 쌀과 옥수수는 각각 리조또와 폴렌타로 만들어 파스타를 대신하는 주식으로 먹었고, '나를 끌어올린다.'라는 뜻의 티라미스는 인기 있는 디저트가 되었다. 이러한 음식은 평범한 이탈리아 가정에서 항상 갖추고 있는 커피, 레이디 핑거 또는 먹다 남은 스펀지케이크, 마스카포네치즈, 코코아 등의 재료로 만들수 있기 때문에 상황에 따라 편한 대로 조합하기만 하면 그만이었다. 뉴욕의 르 시르케Le Cirque 레스토랑이 채소를 넣은 파스타 프리마베라pasta primavera를 선보였던 1975년에는 이탈리아에도 누벨 퀴진이 퍼졌고, 더 이상 스파게티와 미트볼 토마토소스는 일류 레스토랑 메뉴에서 찾아볼 수 없게 되었다.

4) 1990년대

셀레브리티 셰프의 탄생 1991년 소련이 사라지고 냉전이 종식되었다. 그러나 셀레브리티 셰프의 탄생과 함께 텔레비전을 보면서 음식을 먹는 시청자들을 사로잡기 위한 새로운 전쟁에 불이 붙었다.

푸드 네트워크와 음식제국: 펵, 스튜워트, 라가스 푸드 네트워크Food Network에서 방영되었던 몇 가지 쇼는 다음과 같다. '레이첼레이의 30분 요리Rachel Ray's 30 Minute Meals', '가이다 데 라우렌티스와 함께하는 매일의 이탈리아 요리Every Italian With Giada De Laurentiis', '앤서니 부르뎅의 노 레저베이션Anthony Bourdains' No Reservation', '사라 물톤의 쿠킹 라이브Sarah Moulton's Cooking Live', '게일 갠드의 스위트 드림Gale Gand's Sweet Dreams', '더 투 핫 타말레The Two Hot Tamales', '수잔 페니거와 메리 수 밀리켄Susan Feniger and Mary Sue Miliken'까지. 바비 플레이Bobby Flay는 미국 전역을 일주하며 북아메리카의 토속요리를 재발견하는 프로그램을 진행했다. 그는 매사추세츠에서 클렘베이크Clambakes를, 켄터키에서 버구Burgoo라는 스튜를 발견했다. 마리오 바탈리Mario Battali와 그의 친구 루니Rooney는 이탈리아를 누비며 안티파스토Antipasto부터 젤라토Gelato까지 맛의 탐험을 즐겼다. 고든 엘리엇Gordon Elliott은 푸드 네트워크의 첫 장을 연 주역이라고 할 수 있다. 그는 평범한 미국 사람들에게 셰프를 소개하고 냉장고, 냉동고, 주방찬장에 있는 모든 잡동사니 재료들로 놀랄 만한 저녁식사를 준비할 수 있음을 보여주었다. 알톤 브라운Alton Brown은 컴퓨터 전문가와 그래픽의 도움으로 식품 화학을 설명할 수 있었다. '푸드 911'의 타일러 플로렌스Tyler Florence는 맛없는 부야베스Bouillabaisse를 시작으로 무엇이든 실수가 있는 요리를 바로잡았다.

푸드 네트워크에서 가장 유명한 쇼 중 하나는 '아이언 셰프Iron Chef'였다. 일본어로 더빙된 이 1시간짜리 쇼는 일본의 남성 셰프들을 데려다 요리대결을 붙이는 것이다. 쇼는 매번 참가자에게 비밀에 부친 주제를 주었으며, 자이언트 클램, 가지, 호박 등의 요리 재료를 가지고 검투사의 싸움처럼 스펙터클한 요리경연을 펼쳤다. 이 쇼는 존 벨루쉬John Belushi가 '새터데이 나이트 라이브 Saturdaty Night Live'에서 보여주는 '사무라이 셰프Samuri Chef'라는 코미디의 '정식' 버전이었다. 여기서 그는 사무라이 검으로 샌드위치를 썰어 마치 리본처럼 만드는 장면을 실제로 연기했다.

1970년대 볼프강 퍽Wolfgang Puck이라는 수줍음 많은 오스트리아 출신의 젊은 셰프는 '마 메종Ma Maison'이라는, 전화번호부에도 등재되지 않은 최신 유행의 할리우드의 레스토랑에서 일했다. 1982년 그는 독자적인 길을 걷기 시작해 할리우드 서쪽에 있는 선셋대로에 레스토랑 스파고Spago를 열었다. 퍽은 새로운 피자를 개발했다. 세계 각국의 요리를 응용한 퓨전 음식을 피자의 토핑으로 사용했다. 여기에는 블랙 포리스트 햄black forest ham과 고트 치즈goat cheese, 훈제연어와 골드 캐비아, 오리 소시지, 고추기름과 모짜렐라, 치킨, 할라피뇨 Jalapeño, 폰티나치즈 등이 포함되었다. 그는 매콤하거나, 시금치가 들어 있거나, 오징어 먹물을 넣어 검게 만들거나, 단호박, 프와그라, 송로버섯, 훈제가리비 등의 속재료를 사용하여 색다른 파스타를 만들어냈으며, 온실에서 재배되어 풍미 잃은 버섯을 표고버섯, 초고버섯, 느타리버섯, 포르치니버섯으로 대체하여 사용했다. 볼프강 퍽의 요리는 널리 알려져 할리우드 스타들이 개인적으로 식사를 하러오거나 그곳에서 아카데미상 수상 기념파티를 열기도 했다. 그 뒤로 퍽은 많은 레스토랑을 운영하게 되었고 그의 냉동식피자와 수프는 슈퍼마켓에는 물론 비버리힐스 서쪽에 위치한 센트리시티 병원에 납품되기도 했다. 그리고 2001년 1월, 드디어 그는 푸드 네트워크에서 자신만의 텔레비전 쇼를 시작했다.

마사 스튜워트Martha Stewart는 모델로 시작해 바나드Barnard 대학 졸업, 월스트리트 주식 브로커, 코네티컷의 케이터러, 마사 스튜워트 옴니미디어Martha Stewart OmniMedia의 오너까지 다양한 이력을 거치다가 기업의 불법 내부거래로 교도소신세를 지기까지 했다. 폴란드계 미국인인 그녀는 마치 중세의 연금술사조차 실패한 과업, 즉 손으로 만지는 모든 것을 금으로 바꾸려는 꿈을 이루려는 듯했다. 그녀는 하우스 키핑house keeping이란 말을 홈 키핑home keeping으로 대체했다. 페인트, 린넨, 하우스웨어 등 그녀가 만들어내는 모든 물건은 케이마트K-Mart에서 합리적인 가격에 세련미를 갖춘 제품으로 선보이게 되었다.

에머릴 라가스Emeril Lagasse는 메사추세츠 출신의 포루투갈계 미국인으로 로드 아일랜드에 있는 요리 및 호텔학교 존슨 앤 웨일스Johnson & Wales를 졸업한 뒤 1978년에 놀라운 작품을 내놓았다. 청중들은 그의 발랄한 성격과 함께 음식에 향신료를 재빠르게 뿌릴 때 그가 쓰는 독특한 유행어인 '한 단계 높이세요

아이엔 셰프

Kick it up a notch.'와 '짠BAM!'에 열광했다. 그는 몇 개의 레스토랑을 운영했고, 매일 방영되는 1시간짜리 텔레비전 쇼에 출연했으며, 소스와 식기 그리고 요리책까지 자신의 이름을 내건 일련의 제품군을 소유하고 있었다. 때로는 푸드 네트워크에 종일 에머릴만 나오는 것 같은 착각이 들 정도로 최고의 인기를 누렸다.

간편식 베이비붐 세대는 나이가 들어감에 따라 저지방 다이어트에서 벗어나 1950년대 어린 시절에 먹던 편안한 음식들, 예를 들어 그래비gravy와 매시트포테이토를 곁들인 미트로프, 팟 파이, 립스ribs, 마카로니와 치즈, 라이스 크리스피와 같은 음식을 다시 찾게 되었다. 그리고 연간 60억 달러어치의 쿠키와 여름캠프에서 모닥불 주위에 둘러앉아 먹던 그라함 크래커, 초콜릿바, 구운 마시멜로 샌드위치, 바나나 보트(바나나의 속을 파내고 초콜릿과 마시멜로로 채운 뒤 천천히 구워 먹는 것) 등으로 미각을 만족시켰다. 이러한 추억의 먹을거리는 이제 라즈베리 쿨리를 듬뿍 얹은 고급요리가 되어 테이블보를 깐 레스토랑에서 나이프와 포크를 사용해 맛볼 수 있게 되었다.

골든 라이스: 유전자변형 대 유기농 과학기술은 음식의 보존법은 물론 음식 자체를 변화시켰다. 미국인들은 음식의 부패를 방지하고 그 보존기간을 늘리기 위해 방사선을 쏘인 음식을 소개했다. 전자레인지에 데워 먹는 수프 'nuked soup' 같은 음식이 건강식품 상점에서조차 일회용 포장용기에 담겨 선보였다. 전 세계에 유전자변형식품Genetically Modified Food(GM)이 증가했다. 유전자변형식품을 발명한 목적은 질병에 잘 견디는 품종을 개발해 식량 수확량을 늘리는 것이었다. 프랑스는 이 목적에 반대했고 다른 유럽국가들도 유전자변형식품에

열의를 보이지 않았다. 이 국가들은 유전자변형식품이 와인에 적용되는 것을 원하지 않았다. 프랑스와 이탈리아에서 와인은 곧 전통주였다. 그들은 몇 대째 수백 년을 이어온 가업인 와인과 그 제조법을 신성하리만치 소중하게 여겨왔다. 하지만 이탈리아에서도 결국 유전자변형된 밀을 파스타에 사용하도록 허용했다.

과학자들이 기적의 쌀이라고도 부르는 골든 라이스golden rice는 유전자변형을 거쳐 수확량만 향상된 것이 아니라, 베타카로틴beta-carotene에서 유도되는 비타민 A 등 영양소 면에서도 개선되었다. 비타민 부족은 한 해에 백만 명의 아이들의 목숨을 앗아갔고, 2억 3천만 명 이상에게서 시력을 빼앗았다. 이런 질환은 쌀이 주식인 나라에서 특히 더 심각했는데, 일반 쌀에는 비타민 A가 부족했기 때문이다. 그러자 비영리단체인 록펠러Rockefeller 재단은 유럽, 미국, 아시아의 과학자들에게 골든 라이스를 발명할 수 있도록 10년 이상 수백만 달러를 투자했다. 그렇게 개발된 종자는 아시아의 농부들에게 무상으로 배포되었으며 그 이윤은 결국 쌀을 먹는 소비자에게 돌아갔다.

그 뒤로 유전자변형식품과 유기농식품에 대한 논쟁이 일었다. 재배지에 대한 현장검사를 실시한 결과 대부분의 유기농 농산물이 오염되었음이 밝혀졌다. 이는 잔여 살충제의 함유일 수도, 박테리아에 의한 자연적인 오염일 수도 있다. 원인이 무엇이든 이렇게 오염된 농산물로부터는 유전자변형식품만큼의 수확량을 기대할 수 없었다. 바로 이것이 전 세계가 기아에 직면한 이유였다. 몇몇 유기농 농부들은 바실루스 튜링지엔시스Bacillus thuringiensis 독소 같은 자연살충제를 농작물에 살포했다. 이 살충제는 유전자변형식품의 종자에 투여된 것과 같은 종류였다. 결국 전통적인 방식으로 생산된 식품이 잔여 살충제에 더

심하게 오염되었으며, 유기농 식품은 세균 같은 생물학적 오염이 더 심한 셈이 되었다.

축산물의 오염 역시 심각해졌다. 동물원성 감염증(동물로부터 인간에 전이되는 질병)은 영국에서 놀라운 속도로 증가했고, 광우병으로 불리는 질병이 인간에게 옮겨져 제이콥-크로이츠펠트Jakob-Creutzfeld라는 치명적인 뇌질환을 일으켰다. 그 원인은 소에게 양과 같은 다른 동물의 분사체를 먹였기 때문인 것으로 추정되고 있다. 이 질병의 정체가 밝혀진 이후 유럽에서는 육류 섭취에 대한 공포심이 번졌고 채소와 생선의 소비가 증가했다.

1996년 7월 25일, 미국 농무성 식품안전과 감사부는 '식품위해요소중점관리기준Hazard Analysis Critical Control Point(HACCP)'을 발표했다. HACCP는 감염과 식원성질병을 사전에 방지하기 위해 중점관리기준을 규정하고 질병의 원인이 될 수 있는 식품생산의 일곱 가지 주요 위해요소를 규정하고 있다.

슬로푸드Slow Food 운동 식품의 미래는 과거를 보존하는 데 있다. 일부 새로운 식물이 탄생하기도 하지만 수백 종의 식물이 매년 멸종된다. 과학자들은 이 현상을 생태학적 재앙이라고 부른다. 또 다른 비극은 이러한 멸종식물에서 새로운 음식 또는 신약이 개발될 수도 있다는 사실이며, 그 사실을 우리는 간과하고 있는지도 모른다.

1986년 패스트푸드 유행에 대처하는 슬로푸드 운동이 파리에서 시작되어 최근까지 이어지고 있다. 현재는 이탈리아에 본부를 두고 있는 이 운동은 100여 개국 이상에 8만 명 이상의 회원을 확보한 상태다. 이들은 고대 로마의 연회를 연상케 하는 콘비비아Convivia라 불리는 총회에 등록된다. 이 운동의 상징은

슬로 푸드 운동 로고

달팽이이며, 주요 프로젝트는 방주로 설명된다. 노아의 방주처럼 지구상의 생물을 살리자는 취지인데, 생물학적 다양성과 높은 품질, 환경친화적 식량생산을 촉진하는 것이다. 최근에는 미국가축종보존협회American Livestock Breeds Consevancy와의 연대를 통해 라지 화이트 버라이어티Large White Variety 종에 밀려났던, 네 종의 뛰어난 품질의 토속 칠면조를 재출시하기로 했다.

슬로푸드 운동과 여러 환경단체의 노력에도 일부 종들은 사라질 위기에 처해 있다. 2006년 캐나다 동부의 심해수에 서식하는 물고기 다섯 종이 심각한 멸종상태로 조사되었다. 비슷한 시기에 '멸종위기에 처한 종의 국제교역에 대한 회의The Convention on International Trade in Endangered Species'는 캐비아의 모든 수출을 일시 중지시켰다. 자연산 철갑상어와 그 알은 오염, 밀렵, 남획 등으로 희귀해져가고 있다. 캐비아 중 최상급인 벨루가beluga의 가격은 1년에 거의 두 배로 뛰어, 28g에 200달러를 호가하는 바람에 '검은 금'이라는 별명까지 붙었다. 철갑상어 양식은 미국을 비롯해 몇몇 나라에 생겨나고 있으나 품질은 그리 좋지 못하다.

4. 모든 옛것이 다시 새것

인류는 끊임없이 새로운 변화를 일으키며 음식문화를 재편하고 반복한다. 석기시대에 소비된 버펄로와 타조고기는 오늘날 미국 슈퍼에서도 팔린다. 석류주스는 5천 년 전 중동에서 음용되었고 현재 미국에서는 강력한 항산화 기능이 있는 건강음료로 팔린다. 로마시대 황실의 사치품이던 송로버섯, 초콜릿, 캐비아, 고급와인 등은 이제 요리에 널리 사용되고 있다. 덜 익은 포도로 만든 주스인 베르주스verjus는 중세 이래로 사라졌지만, 샐러드 드레싱에 식초 대신 쓰면 와인과 더 잘 어울리는 까닭에 오늘날 캘리포니아 나파에서 상업용으로 생산되고 있다.

중세로의 회귀를 보여주는 또 다른 예는 식용 가능한 금의 재등장이다. 하지만 오늘날에는 마티니 잔의 가장자리를 장식하는 파우더로만 제한적으로 사용된다. 다이어트를 위한 탄수화물 섭취권장량은 다시 낮아졌고, 틈새시장을 노린 베링거Beringer 사는 칼로리를 줄인 화이트 라이white lie라는 와인을 시장에 선보였다. 모로스 이 크리스티아노스Moros Y Cristianos는 중세 스페인에서 먹던 검은콩과 쌀요리인데, 지금도 여전히 쿠바 레스토랑의 메인요리를 장식하고 있다. 줄여서 모로스Moros라고 부르는 이 요리는 건강에 대한 관심이 높아지면서 현미를 사용하기도 한다. 스페인사람들이 16세기 먹지 못했던 아즈텍 음식인 스피룰리나spirulina는 오늘날 건강식품 상점에서 구할 수 있다. 중세의 단맛과 신맛의 조화는 오늘날 설탕, 꿀과 시트러스 소스로 재현되어 생선요리에까지 널리 사용된다. '코카콜라'는 '오케이'의 뒤를 이어 세계에서 두 번째로 널리 알려진 영어단어가 되었다.

2000년 여름, 메뚜기 전염병이 100년 전과 같이 미국 서부를 점령했다. 주민들은 이번에는 호퍼 도저Hopper Dozers 대신 독성물질과 살충제를 뿌려 해결하려 했다. 아이스크림콘이 발명된 지 100년 후에 나파의 레스토랑 프렌치 런드리French Laundry의 셰프인 토마스 켈러Thomas Keller는 아이스크림 콘을 세이

보리 콘savory cone 또는 코넷cornet으로 개조하여 그 속에 연어 타르타르를 담아냈다. 마크 밀러Mark Miller, 스테판 파일스Stephan Pyles, 존 세들러John Sedlar 같은 셰프는 타말레tamale를 저크 슈림프jerk shrimp, 트뤼플, 푸아그라, 구운 비둘기, 오리콩피confit, 사슴고기, 초리조chorizo 등으로 고급화했다. 셰프들은 마치 과거 프랑스혁명 직후처럼 유명인 계층이 되었다. 코카콜라와 펩시 같은 청량음료는 100년 전 약으로 특허를 받던 때처럼 소비자의 모든 병을 치유할 수 있다고 광고한다. 이 회사들은 허브첨가제를 넣은 건강음료를 도입하여 시장을 넓혀나가고 있다. 블랙 지브라black zebra, 박스 카 윌리box car willie, 빅 레인보우big rainbow 같은 유전자변형 토마토가 다시 슈퍼마켓에 선을 보였다.

반면 새로운 에스닉음식은 전형적인 미국식으로 자리 잡으며 더 오래된 에스닉음식과 결합했다. 피자, 햄버거, 핫도그 같은 이탈리아와 독일음식이 전형적인 미국음식으로 둔갑한 것처럼, 멕시코음식인 살사도 케첩을 대신하여 미국에서 널리 사용되는 양념이 되었다. 2005년 도미노는 미국 최고의 패스트푸드인 피자와 버거를 결합해 치즈버거 피자를 만들어냈다. 철로 위의 고급식당은 나파의 와인 트레인wine train에 다시 등장했다. 미국인들이 만들어낸 브런치는 프랑스에서 르 브랭슈le brunch로 인기를 끌었다. 2001년 누벨 퀴진을 시작한 셰프들인 폴 보퀴스Paul Bocuse, 미셸 게라르Michel Guérard, 폴 헤베르랑Paul Haeberlin, 피에르 트르와그로Pierre Troisgros, 로저 베르제Roger Vergé는 그 시대가 끝났음을 선언했다. 네덜란드에서 비롯되어 1796년 아멜리아 시몬스Amelia Simmons가 처음으로 책에 기록한 쿠키cookie라는 말은 오늘날 인터넷에서 '바로가기'를 의미하며, 스팸spam은 정크메일을 가리키게 되었다.

5. 식품: 과거, 현재, 미래

21세기로 접어들면서 세계 인구가 끊임없이 증가함에 따라 충분한 식수와 식량의 공급이 점차 큰 문제가 되고 있다. 1789년 경제학자 맬서스Malthus가 처음 제기한 인구론은 당시 인구의 기하급수적 증가에 비해 토지는 한정돼 있음을 지적하는 것이었다. 인간의 노력으로 늘릴 수 있는 것은 농작물의 생산량뿐이다. 집중적인 수확방식은 더 저렴한 식품을 생산할 수 있지만 질병이 더 쉽게 퍼질 수 있다는 약점이 있다. 조류독감이 그 좋은 예이다. 바이러스 H5N1은 중국에서처럼 수백만 마리의 닭을 비좁은 닭장에 몰아넣고 사육할 때 가장 이상적인 발병 조건을 갖추게 된다.

미래에는 과학에 바탕을 둔 다이어트를 기대할 수 있을 것이다. 만약 태어날 때 자신의 유전자 지도를 인쇄본으로 받아볼 수 있다면 세포구조를 손상시키는 음식을 사전에 피할 수 있고, 더 오래 더 건강한 삶을 누릴 수 있을 것이다. 더 나아가 출생전후로 음식 또는 그 밖의 것에 대한 과민반응과 건강문제를 해결하도록 유전자를 조작할 수 있게 될 것이다. 인간은 계속해서 음식을 통한 불멸을 추구할 것이며, 그 수단으로 항산화제가 다량 함유된 과일주스에서 이로움을 발견하려 할 것이다. 석류, 블루베리, 라즈베리, 녹차, 생강 추출액 같은 허브처방이 그 대표적인 사례이다. 새로운 기술은 음식의 가공과 제공 방식에도 영향을 끼쳐 그 과정을 더욱 편리하게 만들 것이다. 채소로 만든 잉크를 사용한 프린터, 라이스 페이퍼로 된 식용 가능한 메뉴판과 케이크 장식, 전표가 탄생할 것이다. 실리콘으로 만든 제과기구는 팬에 기름을 두르고 밀가루를 바르는 일을 과거의 유물로 밀어내고 있다. 이미 홀과 주방을 연결하는 컴퓨터는 주문을 큰 소리로 외쳐 알리는 레스토랑 직원들을 사라지게 했다.

식품포장에도 혁신이 일어났다. 진공포장은 참치포장에서조차 캔을 대신하여 사용되고 있다. 1920~1950년대까지 오븐도어에 음식별로 필요한 온도와 조리 시간을 붙여놓던 가스오븐과 전자오븐은 사라지고 냉동식품, 피자, 팝콘 등을 조리할 때 버튼만 누르면 되는 전자레인지가 발명되었다.

유전자변형식품의 생산은 계속될 것이고, 이에 대한 찬반 역시 이어질 것이다. 유기농과 환경친화적 농법에 대한 논쟁 역시 끊이지 않을 것이다. 어디에서 재배되고 어떻게 수확되어 가공되고 포장되어 운송되느냐의 문제에 관계없이 여전히 모든 음식은 조리되어야 한다.

현대 주방의 스토브 앞에 서 있는 모든 남성들과 여성들은 1천 년을 거슬러 올라가 코르동 블루에서 요리수업을 듣고 있는 줄리아 차일드, 프랑스-프러시아 전쟁 중 음식을 해 나르는 젊은 셰프 에스코피에, 위생 질병과 상한 와인, 탄저병의 원인을 밝히기 위해 실험에 몰두한 과학자 스노우, 파스퇴르와 코흐, 처음으로 상업 키친에 발을 들여놓은 열 살 난 노숙자 소년 카렘, 최초의 병조림 음식을 위해 샴페인병을 사용한 아페르Appert, 미국 남부의 대농장 주방에서 땀을 흘리며 일하던 무명의 흑인여성들, 모스크바에서 나폴레옹이 퇴각하는 중에 눈 속에서 얼어 죽은 무명의 요리사들, 러시아의 공동주방과 미국의 이민자정착소, 쿠미스koumiss를 마시는 몽고인들, 연회에서 돼지를 굽는 로마인들, 심포지엄에서 와인을 마시는 그리스인들, 피의 제물을 신에게 바치는 이집트와 메소포타미아의 고귀한 성직자들과 깊은 관계를 맺고 있다.

우리는 과거로 거슬러 올라가 뼈를 자르고 그 속의 골수를 뽑아낸 최초의 인류와 만난다. 티 하우스에서 차를 젓거나, 동남아시아에서 코코넛을 깨거나,

미국 원주민 바비큐를 위해 석탄을 캐거나, 뉴잉글랜드 클램케이크나 루아우 luau 또는 셀라메탄selametan을 위해 쌀을 준비하거나, 훈제하기 위해 햄을 걸어 놓거나, 지중해에서 포도를 밟거나, 안데스에서 감자를 캐거나, 채소로 속을 채우거나, 과일로 주스를 짜거나, 수프를 함께 나누거나, 빵을 자르거나에 상관없이 우리 모두는 같은 이유를 공감한다. 음식을 사랑하고, 아끼는 사람들과 그 소중한 음식을 함께 나누기를 소망하는 것이다.

BOOKS

Achaya, K. T. *Indian Food: A Historical Companion*. Delhi: Oxford University Press, 1994.

Ambrose, Stephen. *Nothing Like It in the World: The Men Who Built the Transcontinental Railroad 1863–1869*. New York: Simon & Schuster, 2000.

________. *Undaunted Courage: Meriwether Lewis, Thomas Jefferson, and the Opening of the American West*. New York: Simon & Schuster, a Touchstone Book, 1996.

Amitai-Preiss, Reuven, and David O. Morgan, eds. *The Mongol Empire & Its Legacy*. Leiden: Brill, 2000.

Anderson, E. N. *The Food of China*. New Haven: Yale University Press, 1988.

Anderson, Jean. *The Food of Portugal*. New York: William Morrow, an imprint of HarperCollins, 1986. Revised and updated 1994.

Anderson, Jennifer L. *An Introduction to the Japanese Tea Ritual*. Albany: State University of New York Press, 1991.

Andreason, Nancy C., M.D., Ph.D., and Donald W. Black, M.D. *Introductory Textbook of Psychiatry, Second Ed.* Washington, D.C.: American Psychiatric Press, 1995.

Apicius. *Cookery and Dining in Imperial Rome*. Translation by Joseph Dommers Vehling. New York: Dover Publications, Inc., 1977. Unabridged republication of the work originally published. Chicago: Walter M. Hill, 1936.

Archbold, Rick and Dana McCauley. *Last Dinner on the Titanic: Menus and Recipes from the Great Liner*. New York: Hyperion/ Madison Press, 1997.

Archestratus. *The Life of Luxury*. Translated with Introduction and Commentary by John Wilkins & Shaun Hill *[sic]*. Great Britain: Prospect Books, 1994.

Asala, Joanne, compiler. *The Legend of St.* Urho. Iowa City, Iowa: Penfield Press, 2001.

Atkins, Annette. *Harvest of Grief: Grasshopper Plagues and Public Assistance in Minnesota, 1873–78*. St. Paul: Minnesota Historical Society Press, 1984.

Bailey, Thomas, David M. Kennedy, Lizabeth Cohen. *The American Pageant, Vols. I and II*. Boston: Houghton Mifflin Company, 1998.

Bayless, Rick, with Deann Groen Bayless and Jean Marie Brownson. *Rick Bayless's Mexican Kitchen*. New York: Scribner, 1996.

Belasco, Warren and Philip Scranton, eds. *Food Nations*. New York: Routledge, 2002.

Benning, Lee Edwards. *Oh, Fudge!* New York: Henry Holt and Company, 1990.

Blockson, Charles L. *The Underground Railroad: First-Person Narratives of Escapes to Freedom in the North*. New York: Prentice Hall Press, 1987.

Boorstin, Daniel J. *The Discoverers: A History of Man's Search to Know His World and Himself*. New York: Vintage Books, 1983.

Bottero, Jean. *The Oldest Cuisine in the World: Cooking in Mesopotamia*. Trans. Teresa Lavender Fagan. Chicago: The University of Chicago Press, 2004.

Braudel, Fernand. *The Mediterranean and the Mediterranean World in the Age of Philip II, Vols. I and II*. Trans. Sian Reynolds.

Berkeley: University of California Press, 1995.

Brenner, Joël Glenn. *The Emperors of Chocolate: Inside the Secret World of Hershey & Mars*. New York: Broadway Books, 2000.

Brenner, Leslie. *American Appetite: The Coming of Age of a National Cuisine*. New York: HarperCollins, 1999.

Brillat-Savarin, Jean Anthelme. *The Physiology of Taste or, Meditations on Transcendental Gastronomy*. Translation by M. F. K. Fisher. Washington, D.C.: Counterpoint, 1949.

Brothwell, Don and Patricia Brothwell. *Food in Antiquity:*

a survey of the diet of early peoples. Expanded Edition. Baltimore: The Johns Hopkins University Press, 1998.

Brown, John Hull. *Early American Beverages*. Rutland, Vermont: Charles E. Tuttle Company, 1966.

Buell, Paul D. "Mongol Empire and Turkicization: The Evidence of Food and Foodways," in *The Mongol Empire & Its Legacy*, Amitai-Preiss, Reuven and David O. Morgan, eds. Leiden: Brill, 2000.

________ and Eugene N. Anderson. *A Soup for the Qan*. Appendix by Charles Perry. London: Kegan Paul International, 2000.

Burbank, Luther, with Wilbur Hall. *Harvest of the Years*. Boston: Houghton Mifflin Company, 1927.

Burke, Peter. *The Italian Renaissance: Culture and Society in Italy*. Princeton: Princeton University Press, 1986.

Cahill, Thomas. *How the Irish Saved Civilization: The Untold Story of Ireland's Heroic Role from the Fall of Rome to the Rise of Medieval Europe*. New York: Anchor Books, a division of Random House, Inc., 1995.

Camporesi, Piero. *Exotic Brew*. Trans. Christopher Woodall. Cambridge, England: Polity Press, 1994.

________. *The Magic Harvest*. Milan: Arnoldo Mondadori Editore S.p.A., 1989. Transl. Joan Krakover. Cambridge: Polity Press, 1993.

Cass, Joan. *Dancing Through History*. Englewood Cliffs, New Jersey: Prentice Hall, 1993.

Chamberlin, E. R. *The Bad Popes*. New York: Dorset Press, 1969.

Chang, K. C., Ed. *Food in Chinese Culture*. New Haven: Yale University Press, 1977.

Clark, Alan. Barbarossa: *The Russian-German Conflict, 1941–45*. New York: Quill, 1985. Originally published: New York: Morrow, 1965.

Coe, Sophie D. *America's First Cuisines*. Austin: University of Texas Press, 1994.

________ and Michael D. Coe. *The True History of Chocolate*. London: Thames & Hudson Ltd., 1996.

Coleman, Terry. *The Liners*. Middlesex: Penguin Books, 1976.

Coppin, Clayton A. and Jack High. *The Politics of Purity: Harvey Washington Wiley and the Origins of Federal Food Policy*. Ann Arbor: The University of Michigan Press, 1999.

Corn, Charles. *The Scents of Eden: A Narrative of the Spice Trade*. New York: Kodansha International, 1998.

Cott, Nancy F. *The Bonds of Womanhood: "Woman's Sphere" in New England, 1780–1835*. New Haven: Yale University Press, 1977.

Courtwright, David T. *Forces of Habit: Drugs and the Making of the Modern World*. Cambridge: Harvard University Press, 2001.

Cowan, Ruth Schwartz. *More Work For Mother: The Ironies of Household*
Technology from the Open Hearth to the Microwave.
BasicBooks a division of HarperCollins Publishers, 1983.

Cronon, William. *Changes in the Land*. New York: Hill and Wang, 1983.

________. *Nature's Metropolis: Chicago and the Great West*. New York: W. W. Norton & Company, 1991.

Dalby, Andrew. *Dangerous Tastes: The Story of Spices*. Berkeley: University of California Press, 2000.

________. *Flavours of Byzantium*. Devon, Great Britain: Prospect Books, 2003.

________. *Siren Feasts: A History of Food and Gastronomy in Greece*. London: Routledge, 1996.

Darnton, Robert. *The Great Cat Massacre and Other Episodes in French Cultural History*. New York: Vintage Books, 1985.

Daws, Gavin. *Prisoners of the Japanese: POWs of World War II in the Pacific*. New York: Quill-William Morrow, 1994.

De Kruif, Paul. *Microbe Hunters*. San Diego: A Harvest/HBJ Book, 1926, 1954.

De Talavera Berger, Frances and John Parke Custis. *Sumptuous Dining in Gaslight San Francisco 1875–1915*. Garden City, New York: Doubleday & Company, Inc., 1985.

Derry, T. K. *A History of Scandinavia*. Minneapolis: University of Minnesota Press, 1979.

DeWitt, Dave, Mary Jane Wilan, and Melissa T. Stock. *Flavors of Africa Cookbook*: Rocklin, California: Prima Publishing, 1998.

Diamond, Jared. *Guns, Germs, and Steel*. New York: W. W.

Norton & Company, 1997.
Diner, Hasia R. *Hungering for America*. Cambridge, Massachusetts: Harvard University Press, 2001. *Directions for Cooking By Troops*. Richmond, Virginia: J. W. Randolph, 1861.
Dor-Ner, Zvi. *Columbus and the Age of Discovery*. New York: William Morrow and Company, Inc., 1991.
Dorris, Michael. *The Broken Cord*. New York: HarperPerennial, 1990.
Dreyer, Peter. *A Gardener Touched With Genius: The Life of Luther Burbbiblio. bank*. Berkeley: University of California Press, 1985.
Druett, Joan. *Rough Medicine: Surgeons at Sea in the Age of Sail*. New York: Routledge, 2000.
Elias, Norbert. *The History of Manners*. Edmund Jephcott, trans. New York: Pantheon Books, 1978.
Ellington, Lucien. *Japan: A Global Studies Handbook*. Santa Barbara, California: ABC Clio, 2002.
Escoffier, A. *The Complete Guide to the Art of Modern Cookery*. H. L. Cracknell and R. J. Kaufman, trans. New York: John Wiley & Sons, Inc., 1979.
Evans, Joan. Ed. *The Flowering of the Middle Ages*. New York: Barnes & Noble Books, 1998.
Fagan, Brian. *The Little Ice Age: How Climate Made History, 1300–1850*. New York: Basic Books, 2000.
Farb, Peter and George Armelagos. *Consuming Passions*. New York: Pocket Books, Washington Square Press, 1980.
Farrar, Linda. *Ancient Roman Gardens*. Phoenix Mill: Sutton Publishing Limited, 1998.
Fedoroff, Nina, and Nancy Marie Brown. *Mendel in the Kitchen: A Scientist's View of Genetically Modified Foods*. Washington, D.C.: Joseph Henry Press, an imprint of the National Academies Press, 2004.
Flandrin, Jean Louis and Massimo Montanari, ed. *Food: A Culinary History from Antiquity to the Present*. New York: Columbia University Press, 1999.
Fletcher, Wyndham. *Port: An Introduction to Its History and Delights*. Covent Garden: Sotheby Parke Bernet Publications, 1978.
Foner, Eric. *Reconstruction: America's Unfinished Revolution, 1863–1877*. New York: Harper & Row, 1988.
Fox-Genovese, Elizabeth. *Within the Plantation Household: Black and White Women of the Old South*. Chapel Hill: The University of North Carolina Press, 1988.
Foy, Jessica H. and Thomas J. Schlereth, eds. *American Home Life, 1880–1930*. Knoxville: University of Tennessee Press, 1992.
Franklin, Benjamin. *The Autobiography & Other Writings*. New York: Bantam Books, 1982.
Frazer, Sir James George. *The Illustrated Golden Bough: A Study in Magic and Religion*. Abridged by Robert K. G. Temple. Britain: The Softback Preview, 1996.
Fussell, Betty. *I Hear America Cooking*. New York: Elisabeth Sifton Books, Viking, 1986.
________. *The Story of Corn*. New York: North Point Press; Farrar, Straus and Giroux, 1992.
Gabaccia, Donna R. *We Are What We Eat: Ethnic Food and the Making of Americans*. Cambridge: Harvard University Press, 1998.
Garcia, Sinikka Grönberg. *Suomi Specialties: Finnish Celebrations*. Iowa City, Iowa: Penfield Press, 1998.
Garnsey, Peter. *Food and Society in Classical Antiquity*. Cambridge: The Cambridge University Press, 1999.
Gaski, Harald, ed. *Sami Culture in a New Era: The Norwegian Sami Experience*. Davvi Girji OS, 1997. North American distributor: Seattle: University of Washington Press, 1997.
Geertz, Clifford. *The Religion of Java*. Chicago: The University of Chicago Press, 1960.
Gillespie, Angus K. and Jay Mechling. *American Wildlife in Symbol and Story*. Knoxville: The University of Tennessee Press, 1987.
Gin, Margaret and Alfred E. Castle. *Regional Cooking of China*. San Francisco: 101 Productions, 1975.
Gisslen, Wayne. *Professional Cooking, 4th Edition*. New York: John Wiley & Sons, Inc., 1999.
Gitlitz, David M. and Linda Kay Davidson. *A Drizzle of Honey: The Lives and Recipes of Spain's Secret Jews*. New York: St. Martin's Press, 1999.
Glants, Musy and Joyce Toomre, eds. *Food in Russian History and Culture*. Bloomington: Indiana University Press, 1997.

Glasse, Mrs. *The Art of Cookery Made Plain and Easy*. In facsimile (1805 edition), with historical notes by Karen Hess. Bedford, Massachusetts: Applewood Books, 1997.

Goldstein, Darra. *Àla Russe*. New York: Random House, 1983.

Goodwin, Lorine Swainston. *The Pure Food, Drink, and Drug Crusaders, 1879–1914.*

Jefferson, North Carolina: McFarland & Company, Inc., 1999.

Grant, Michael. *The Founders of the Western World: A History of Greece and Rome*. New York: Charles Scribner's Sons, 1991.

Gray, James. *Business Without Boundary: The Story of General Mills*. Minneapolis: University of Minnesota Press, 1954.

Gutman, Herbert G. *The Black Family in Slavery and Freedom 1750–1925*. New York: Vintage Books, 1976.

Hachten, Harva. *Best of Regional African Cooking*. New York: Hippocrene Books, 1970.

Hale, Sarah Josepha. *Early American Cookery: The "Good Housekeeper,"* 1841. Mineola, New York: Dover Publications, Inc., 1996.

Hamilton, Cherie. *Cuisines of Portuguese Encounters*. New York: Hippocrene Books Inc., 2001.

Hamilton, Edith. *Mythology: Timeless Tales of Gods and Heroes*. New York: Mentor Books, 1953.

Harris, Sheldon H. *Factories of Death: Japanese Biological Warfare, 1932–45, and the American Coverup*. London: Routledge, 1994.

Hatch, Nathan O. *The Democratization of American Christianity*. New

Haven: Yale University Press, 1989. Hayden, Dolores. *The Grand Domestic Revolution: A History of Feminist Designs for American Homes, Neighborhoods, and Cities*. Cambridge, Massachusetts: The MIT Press, 1981.

Hazelton, Nika Standen. *The Swiss Cookbook*. New York: Atheneum, 1967.

Heber, David, M.D., Ph.D., with Susan Bowerman, M.S., R.D. *The L.A. Shape Diet*. New York: Regan Books, an imprint of HarperCollins Publishers, 2004.

Hedrick, Joan D., ed. *The Oxford Harriet Beecher Stowe Reader*. New York: Oxford University Press, 1999.

Henisch, Bridget Ann. *Fast and Feast: Food in Medieval Society*. University Park: The Pennsylvania State University Press, 1976.

Hess, John L. and Karen Hess. *The Taste of America*. New York: Grossman Publishers, a division of the Viking Press, 1977.

Hirtzler, Victor. *The Hotel St. Francis Cook Book*. Chicago: The Hotel Monthly Press, John Willy, Inc., 1919.

Hofstadter, Richard and Michael Wallace, eds. *American Violence, a Documentary History*. New York: Vintage Books, 1971.

Holliday, J. S. *The World Rushed In: The California Gold Rush Experience*. New York: Simon & Schuster, a Touchstone Book, 1981.

Houston, Lynn Marie. *Food Culture in the Caribbean*. Westport, Connecticut: Greenwood Press, 2005.

Howard, W. L. *Luther Burbank's Plant Contributions*. Berkeley: University of California, Bulletin 619, March 1945.

Hsiung, Deh-Ta. *Chinese Regional Cooking*. Seacaucus, New Jersey: Chartwell Books Inc., 1979.

Hutchinson, Ruth. *The New Pennsylvania Dutch Cook Book*. New York: Harper & Row, 1985.

Josephson, Matthew. *Union House, Union Bar: The History of the Hotel & Restaurant Employees and Bartenders International Union, AFLCIO*. New York: Random House, 1956.

Josephy, Alvin M., Jr., ed. *America in 1492: The World of the Indian Peoples Before the Arrival of Columbus*. New York: Vintage Books, a division of Random House, Inc., 1993.

Kaplan, Steven Laurence. *The Bakers of Paris and the Bread Question 1700–1775*. Durham: Duke University Press, 1996.

Katatokis, Mary, ed. and Pana Rose, Despina Pallios, Georgia Papatone. *Hellenic Cookery from Modesto*. Modesto: Sisterhood Eleftheria [no date]. Kennedy, Diana. *The Cuisines of Mexico*. New York: Harper & Row, Publishers, 1986, 1972.

________. *Mexican Regional Cooking*. New York:

HarperPerennial, a division of Harper-Collins Publishers, 1978, 1984, 1990.
Kennedy, Paul. *The Rise and Fall of the Great Powers*. New York: Random House, 1987.
Kennett, Lee. *Sherman: A Soldier's Life*. New York: HarperCollins, 2001.
Kens, Paul. *Lochner v. New York: Economic Regulation on Trial*. Lawrence: The University Press of Kansas, 1998.
Kerber, Linda K. and Jane De Hart Mathews, Eds. *Women's America: Refocusing the Past*. New York: Oxford University Press, 1982.
Kia, Diana Johnson, compiler. *Sweden's Regional Recipes*. Iowa City, Iowa: Penfield Press, 2004.
Kimball, Marie. *The Martha Washington Cook Book*. New York City: Coward-McCann, 1940.
Klapisch-Zuber, Christiane. *Women, Family, and Ritual in Renaissance Italy*. Trans. by Lydia G. Cochrane. Chicago: The University of Chicago Press, 1985.
Klein, Herbert S. *African Slavery in Latin America and the Caribbean*. New York: Oxford University Press, 1986.
Koehler, Margaret H. *Recipes from the Portuguese of Provincetown*. Riverside, Connecticut: The Chatham Press, Inc., 1973.
Kuh, Patric. *The Last Days of Haute Cuisine: America's Culinary Revolution*. New York: the Penguin Group, Viking, 2001.
Kurlansky, Mark. *Cod: A Biography of the Fish that Changed the World*. New York: Penguin Books, 1997.
________. *Salt, a World History*. New York: Walker and Company, 2002.
Lacey, Robert and Danny Danziger. *The Year 1000: What Life Was Like at the Turn of the First Millennium*. Boston: Little, Brown and Company, 1999.
LaFleur, Robert André. *China: A Global Studies Handbook*. Santa Barbara, California: ABC-Clio, 2003.
Lamoureux, Florence. *Indonesia: A Global Studies Handbook*. Santa Barbara, California: ABC-Clio, 2003.
Lang, George. *Hungarian Cuisine*. New York: Bonanza Books, 1971.
Langseth-Christensen, Lillian, with the cooperation of The Marine Historical Association, Incorporated. *The Mystic Seaport Cookbook: 350 Years of New England Cooking*. New York: Galahad Books, 1970.
Le Goff, Jacques, ed. *The Medieval World*. London: Collins & Brown, 1990. (Originally published as *L'Uomo Medievale*, 1987, Giuseppe Laterza & Figli Spa, Roma-Bari.)
Levenson, Barry M. *Habeas Codfish: Reflections on Food and the Law*. Madison: The University of Wisconsin Press, 2001.
Levenstein, *Paradox of Plenty: A Social History of Eating in Modern America*. New York: Oxford University Press, 1993.
________. *A Revolution at the Table: The Transformation of the American Diet*. New York: Oxford University Press, 1988.
Luchetti, Cathy. *Home on the Range: A Culinary History of the American West*. New York: Villard Books, 1993.
Lukacs, Paul. *American Vintage: The Rise of American Wine*. Boston: Houghton Mifflin Company, 2000.
Luther, Martin. Trans. Preserved Smith, Ph.D. and Herbert Percival Gallinger, Ph.D. *Conversations with Luther*. New Canaan, Connecticut: Keats Publishing, Inc., 1979.
MacClancy, Jeremy. *Consuming Culture*. London: Chapmans Publishers Ltd., 1992.
Manchester, William. *A World Lit Only by Fire: The Medieval Mind and the Renaissance*. Boston: Little, Brown and Company, 1992.
Mangione, Jerre and Ben Morreale. *La Storia: Five Centuries of the Italian American Experience*. New York: HarperCollins, 1992.
Mango, Cyril. *The Oxford History of Byzantium*. Oxford: Oxford University Press, 2002.
Martino of Como. *The Art of Cooking: the First Modern Cookery Book*. Ed. Luigi Ballerini; Transl. and Annotated by Jeremy Parsen. Berkeley: University of California Press, 2005.
Mason, R. H. P., and J. G. Caiger. *A History of Japan*. Tokyo: Charles E. Tuttle and Company, Inc., 1972.
Mauseth, James D. *Botany: An Introduction to Plant Biology*. Sudbury, Massachusetts: Jones and Bartlett Publishers,

1998.
Mayer-Browne, Elisabeth. *Best of Austrian Cuisine*. New York: Hippocrene Books, 1997.
Mayson, Richard. *Port and the Douro*. London: Faber and Faber, 1999.
McCallum, Henry D. and Frances T. *The Wire That Fenced the West*. Norman: University of Oklahoma Press, 1965.
McGee, Harold. *On Food and Cooking: The Science and Lore of the Kitchen*. New York: A Fireside Book, Simon & Schuster, 1984.
McHughen, Alan. *Pandora's Picnic Basket: The Potential and Hazards of Genetically Modified Foods*. Oxford: Oxford University Press, 2000.
McMurry, Linda, *George Washington Carver: Scientist & Symbol*. New York: Oxford University Press, 1981.
McNeill, William H. *Plagues and Peoples*. New York: Anchor Books–Doubleday, 1976.
Medina, F. Xavier. *Food Culture in Spain*. Westport, Connecticut: Green-wood Press, 2005.
Mendelson, Anne. *Stand Facing the Stove*. New York: Henry Holt and Company, 1996.
Miller, J. Innes. *The Spice Trade of the Roman Empire, 29 B.C. to A.D. 641*. Oxford at the Clarendon Press, 1969.
Miller-Cory House Museum and the New Jersey Historical Society. *Pleasures of Colonial Cooking*. Orange, New Jersey: The New Jersey Historical Society, 1982.
Milton, Giles. *Nathaniel's Nutmeg*. New York: Farrar, Straus and Giroux, 1999.
Ministère de la Culture, Musée national des arts et traditions populaires. *Les Francais et la table*. Paris: Editions de la Réunion des musées nationaux, 1985.
Mintz, Sidney. *Sweetness and Power: The Place of Sugar in Modern History*. New York: Penguin Books, 1985.
________. *Tasting Food, Tasting Freedom: Exbbiblio. qxd cursions into Eating, Culture, and the Past*. Boston: Beacon Press, 1996.
Montanari, Massimo. Trans. Carl Ipsen. *The Culture of Food*. Oxford: Blackwell Publishers Ltd., 1994.
Morningstar, Amadea with Urmila Desai. *The Ayurvedic Cookbook*. Twin Lakes, Wisconsin: Lotus Press, 1990.
Nabhan, Gary. *The Desert Smells Like Rain: A Naturalist in Papago Indian Country*. San Francisco: North Point Press, 1987.
________. *Gathering the Desert*. Tucson: The University of Arizona Press, 1985.
________. *Why Some Like It Hot: Food, Genes, and Cultural Diversity*. Washington: Island Press/Shearwater Books, 2004.
Nash, Gary B. *The Urban Crucible: The Northern Seaports and the Origins of the American Revolution*. Cambridge: Harvard University Press, 1979, 1986.
Nearing, Helen and Scott. *The Maple Sugar Book*. New York City: Galahad Books, 1950, 1970.
Nestle, Marion. *Food Politics: How the Food Industry Influences Nutrition and Health*. Berkeley: University of California Press, 2002.
A New Booke of Cookerie. New York: Da Capo Press Inc, 1972. Facsimile of London: 1615. ("Set forth by the observation of a Traveller, I.M.")
Nightingale, Florence. *A Contribution to the Sanitary History of the British Army During the Late War with Russia*. London: John W. Parker & Son, West Strand, 1859.
________. "Taking Food," and "What Food," in *Directions for Cooking By Troops*. Richmond, Virginia: J. W. Randolph, 1861.
Ochorowicz-Monatowa, Marja. *Polish Cookery: The Universal Cook Book*. New York: Crown Publishers, Inc., 1958.
Ortiz, Elisabeth Lambert. *The Book of Latin American Cooking*. New York: Alfred A. Knopf, 1979.
Orton, Vrest. *The American Cider Book: The Story of America's Natural Beverage*. New York: North Point Press (a division of Farrar, Straus and Giroux), 1973.
Owen, Sri. *Indonesian Food and Cookery*. London: Prospect Books, 1976, 1980.
________. *Indonesian Regional Food & Cookery*. London: Frances Lincoln, 1994.
The Compact Edition of the Oxford English Dictionary. Oxford: Oxford University Press, 1971.
Paine, Thomas. *Common Sense*. New York: Penguin Books. First published 1776. Published in Pelican books 1976.

Papanikolas, Helen. *A Greek Odyssey in the American West.* Lincoln: University of Nebraska Press, 1987.

________. *An Amulet of Greek Earth* . Athens: Swallow Press, Ohio University Press, 2002.

Pares, Bernard. *A History of Russia.* New York: Vintage Books, a division of Random House, 1965.

Pearson, Michael N. *Port Cities and Intruders: The Swahili Coast, India, and Portugal in the Early Modern Era.* Baltimore: The Johns Hopkins University Press, 1998.

Peck, Gunther. *Reinventing Free Labor: Padrones and Immigrant Workers in the North American West, 1880–1930.* Cambridge: Cambridge University Press, 2000.

Pendergrast, Mark. For *God, Country and Coca-Cola.* New York: Basic Books, 2000.

________. *Uncommon Grounds: The History of Coffee and How It Transformed Our World.* New York: Basic Books, 1999.

Phillips, Rod. *A Short History of Wine.* New York: HarperCollins Publishers, Inc., 2000.

Poling-Kempes, Lesley. *The Harvey Girls: Women Who Opened the West.* New York: Paragon House, 1989.

Polo, Marco. *The Travels of Marco Polo [The Venetian].* New York: Boni & Liveright, 1926. Revised from Marsden's Translation and Edited with Introduction by Manuel Komoroff. Pringle, Peter. *Food, Inc.: Mendel to Monsanto–The Promises and Perils of the Biotech Harvest.* New York: Simon and Schuster, 2003.

Pryor, Elizabeth Brown. *Clara Barton: Professional Angel.* Philadelphia: University of Pennsylvania Press, 1987.

Pyne, Stephen J. *World Fire: The Culture of Fire on Earth.* New York: Henry Holt and Company, Inc., 1995.

Rajah, Carol Selva. *Authentic Asian Ingredients.* Sydney: New Holland Publishers, 2002.

Rawcliffe, Carole. *Medicine and Society in Later Medieval England.* London: Sandpiper Books Ltd, 1999. First published in 1995.

Read, Jan, Maite Manjon, Hugh Johnson. *The Wine and Food of Spain.* Boston: Little, Brown and Company, 1987.

Redon, Odile, Francoise Sabban, and Silvano Serventi. Transl. by Edward Schneider. *The Medieval Kitchen: Recipes from France and Italy.* Chicago: The University of Chicago Press, 1998.

Riley-Smith, Jonathan, Ed. *The Oxford Illustrated History of the Crusades.* Oxford: Oxford University Press, 1995.

Ringrose, Kathryn M. *The Perfect Servant: Eunuchs and the Social Construction of Gender in Byzantium.* Chicago: The University of Chicago Press, 2003.

Robertson, Carol. *Portuguese Cooking.* Berkeley, California: North Atlantic Books, 1993.

Rodinson, Maxime, A. J. Arberry and Charles Perry. *Medieval Arab Cookery.* Essays and Translations by Rodinson, Arberry, Perry. Foreword by Claudia Roden. Devon, England: Prospect Books, 2001.

Root, Waverly and Richard de Roche-mont. *Eating in America.* Hopewell, New Jersey: The Ecco Press, 1976, 1995.

Rose, H. J. *A Handbook of Greek Mythology.* New York: E. P. Dutton & Co., Inc., 1959.

Rose, Peter G., trans. and ed. *The Sensible Cook: Dutch Foodways in the Old and the New World.* Syracuse University Press, 1989.

Roueche, Berton. *The Medical Detectives, Volume I.* New York: Washington Square Press, 1982.

________. *The Medical Detectives, Volume II.* New York: Washington Square Press, 1986.

Saint-Ange, Mme. E. *Le Livre de Cuisine.* Paris: Librairie Larousse, 1927.

Sass, Lorna. *To the King's Taste, Richard II's Book of Feasts and Recipes adapted for modern cooking* [from *The Forme of Cury*]. New York: Metropolitan Museum of Art, 1975.

Sawyer, Peter, ed. *The Oxford Illustrated History of the Vikings.* Oxford: Oxford University Press, 1997.

Schama, Simon. *The Embarrassment of Riches: An Interpretation of Dutch Culture in the Golden Age.* Berkeley: University of California Press, 1988.

________. *Citizens: A Chronicle of the French Revolution.* New York: Alfred A. Knopf, 1989.

Schlosser, Eric. *Fast Food Nation.* New York: HarperCollins Publishers Inc., 2002.

Shapiro, Laura. *Perfection Salad: Women and Cooking at the*

Turn of the Century. New York: Farrar, Straus & Giroux, 1986.

________. *Something From the Oven: Reinventing Dinner in 1950s America*. New York: Viking, 2004.

Shaw, Timothy. *The World of Escoffier*. New York: Vendome, 1994.

Shephard, Sue. *Pickled, Potted, and Canned: How the Art of Food Preserving Changed the World*. New York: Simon & Schuster, 2000.

Shindler, Merrill. *American Dish: 100 Recipes from Ten Delicious Decades*. Santa Monica: Angel City Press, 1996.

Sim, Alison. *Food and Feast in Tudor England*. New York: St. Martin's Press, 1997.

Simmons, Amelia. *The First American Cookbook*. A Facsimile of "American Cookery," 1796. New York: Dover Publications, Inc., 1984 (unabridged and unaltered republication of *American Cookery* as published by Oxford University Press, New York, 1958).

Sklar, Kathryn Kish. *Catharine Beecher: A Study in American Domesticity*. New York: W. W. Norton & Company, 1976.

Smith, Andrew F., ed. *The Oxford Encyclopedia of Food and Drink in America*. New York: Oxford University Press, 2004.

________. *Peanuts*. Urbana: University of Illinois Press, 2002.

________. *Popped Culture*. Washington: Smithsonian Institution Press, 2001.

________. *The Tomato in America*. Columbia: University of South Carolina Press, 1994.

Smith, Eliza. *The Compleat Housewife*. London: 1727; London, fifteenth edition, 1753; Facsimile, London: Literary Services and Production Limited; T. J. Press Ltd., 1968.

Sokolov, Raymond. *Why We Eat What We Eat: How the Encounter Between the New World and the Old Changed the Way Everyone on the Planet Eats*. New York: Summit Books, 1991.

Spang, Rebecca L. *The Invention of the Restaurant*. Cambridge: Harvard University Press, 2000.

Spodek, Howard. *The World's History*. Upper Saddle River, New Jersey: Prentice Hall Inc., 1998.

Stewart, George. *The California Trail*. New York: McGraw-Hill Book Company, 1962.

Stewart-Gordon, Faith and Nika Hazelton. *The Russian Tea Room Cookbook*. New York: Perigee Books (The Putnam Publishing Group), 1981.

Symons, Michael. *One Continuous Picnic: A History of Eating in Australia*. Adelaide: Duck Press, 1982.

Tannahill, Reay. *Food in History*. New York: Three Rivers Press, 1988, 1973.

Taylor, Judith M., M.D. *The Olive in California*. Berkeley: Ten Speed Press, 2000.

Thoreau, Henry David. *Walden and Other Writings*. New York: Bantam Books, 1962.

Titanic: The Exhibition. Florida International Museum. Text by John P. Eaton and Charles A. Haas. Memphis, 1997.

Toussaint-Samat, Maguelonne. *A History of Food*. Oxford: Blackwell Publishers Ltd, 1992, 1994.

Twain, Mark. *Roughing It*. New York: New American Library, 1962.

Uccello, Antonino. *Pani e dolci di Sicilia*. Palermo: Sellerio editor, 1976.

La Varenne. *Le Cuisinier francois. Textes presentes par Jean-Louis Flandrin, Philip et Mary Hyman*. Bibliotheque bleue collection dirigee par Daniel Roche. Paris: Montalba, 1983.

Viola, Herman J. and Carolyn Margolis, eds. *Seeds of Change*. Washington: Smithsonian Institution Press, 1991.

Volokh, Anne with Mavis Manus. *The Art of Russian Cuisine*. New York: Macmillan Publishing Company, 1983.

Von Drachenfels, Suzanne. *The Art of the Table: a complete guide to table setting, table manners, and tableware*. New York: Simon & Schuster, 2000.

Washington, Booker T. *Up From Slavery*. New York: Penguin Books, 1986.

Martha Washington's Booke of Cookery and Booke of Sweetmeats. Transcribed by Karen Hess with historical notes and copious annotations. New York: Columbia University Press, 1981.

Watson, Ben. *Cider Hard and Sweet: History, Traditions, and Making Your Own*. Woodstock, Vermont: The

Countryman Press, 1999.
Watson, James L., ed. *Golden Arches East: Mc-Donald's in East Asia*. Stanford: Stanford University Press, 1997.
Weismantel, Mary J. *Food, Gender, and Poverty in the Ecuadorian Andes*. Prospect Heights, Illinois: Waveland Press, Inc., 1988.
Wels, Susan. *Titanic: Legacy of the World's Greatest Ocean Liner*. Tehabi Books and Time Life Books, 1997.
West, Karen. *The Best of Polish Cooking*. New York: Weathervane Books, 1983.
What Mrs. Fisher Knows About Old Southern Cooking. Facsimile, with historical notes by Karen Hess. Bedford, Massachusetts: Applewood Books, 1995. (Mrs. Abby Fisher. San Francisco: Women's Co-operative Printing Office, 1881.)
Wheaton, Barbara Ketcham. *Savoring the Past: The French Kitchen and Table from 1300 to 1789*. University of Pennsylvania Press, 1983.
White, Deborah Gray. *Ar'n't I a Woman? Female Slaves in the Plantation South*. New York: W. W. Norton & Company, 1985.
Willan, Anne. *Great Cooks and Their Recipes*. London: Pavilion Books Limited, 1995.
________. *La France Gastronomique*. New York: Arcade Publishing, 1991.
________ and l'École de Cuisine La Varenne. *The La Varenne Cooking Course*. New York: William Morrow and Company, Inc., 1982.
Williams, Eric. *From Columbus to Castro: The History of the Caribbean*. New York: Vintage Books, a Division of Random House, 1970.
Williams, Susan. *Savory Suppers & Fashionable Feasts: Dining in Victorian America*. Knoxville: University of Tennessee Press, 1996.
Wilson, David Scofield and Angus Kress Gillespie. *Rooted in America: Foodlore of Popular Fruits and Vegetables*. Knoxville: The University of Tennessee Press, 1999.
Woodier, Olwen. *Apple Cookbook*. North Adams, Massachusetts: Storey Books, 2001, 1984.
Woods, L. Shelton. *Vietnam: A Global Studies Handbook*. Santa Barbara, California: ABC Clio, 2002.
Wright, Clifford A. *A Mediterranean Feast*. New York: William Morrow and Company, Inc., 1999.
Wyman, Carolyn. *Spam: A Biography*. San Diego: Harcourt Brace & Company, 1999.
Young, Carolin C. *Apples of Gold in Settings of Silver*. New York: Simon & Schuster, 2002.
Zubaida, Sami and Richard Tapper, eds. *Culinary Cultures of the Middle East*. London: I. B. Tauris Publishers, 1994.

MAGAZINES, PERIODICALS, NEWSPAPERS, AND INTERNET SITES

National Geographic, August 2001, "France's Magical Ice Age Art, Chauvet Cave" *New Yorker*, 1/7/2002, "Ice Memory"
http://www.fdrlibrary.marist.edu/psf/box3/t3 7o02.html: "Ten Escape From Tojo," by Commander Melvin H. McCoy, USN, and Lieutenant Colonel S. M. Mellnik, USA, as told to Lieutenant Welbourn Kelley, USNR
Diabetes: http://www.cdc.gov/nccdphp/sgr/shalala.htm; http://www.cdc.gov/nccdphp/sgr/summ.htm
Diminished Capacity Defense: http://www.law.cornell.edu/background/insane/capacity.html
Doris Miller: http://www.navysna.org/awards/Miller.htm; http://www.history.navy.mil/faqs/faq57−4.htm; http://www.dorismiller.com; http://www.dorismiller.com/history/dorismiller/ussmiller.shtml;http://www.tsha.utexas.edu/handbook/online/articles/view/MM/fmi55.html
The Edible Schoolyard: http://www.edibleschoolyard.org/missionstatement
Sherman: http://hnn.us/comments/1802.html;"Are the Media Right to Single Out William Tecumseh Sherman As the Most Reckless Civil War General of Them All?" by Dr. Michael Taylor
Siege of Leningrad: http://www.cityvision2000.com/history/900days.htm#Siege;http://motlc.wiesenthal.com/text/x19/xm1962.html
Sumeria: http://news.nationalgeographic.com/news/2001/05/0518_crescent.html;Sumerian Dictionary Project: http://news.nationalgeographic.com/

news/2002/07/0723_020724_cuneiform.html
Thanksgiving Day: http://www.usus.usemb/se/Holidays/celebrate/thanksgi.html
United States Army rations: www.qmmuseum.lee.army.mil/historyweek/oct21−27.htm;www.qmmuseum.lee.army.mil/historyweek/dec2−8.htm
Civilian Conservation Corps: http://www.qmmuseum.lee.army.mil/ccc_forest.htm,accessed August 13, 2006"The EnchantedForest," by Major John A. Porter, Q.M.C.,*The Quartermaster Review*, March-April 1934.
Pamphlet.*Castles Neuschwanstein and Hohenschwangau*, by Verlag Kienberger [no date]

국립중앙도서관 출판시도서목록(CIP)

인류 역사에 담긴 음식문화 이야기 / 린다 시비텔로 저자 ; 최정희, 이영미, 김소영 역자. – 서울 : 린, 2017
p. ; cm

원표제: CUISINE & CULTURE : A History of Food and People
원저자명: Linda Civitello
영어 원작을 한국어로 번역
ISBN 979-11-87265-12-2 03900

식문화(食文化)
인류역사(人類歷史)

381.75-KDC6
394.12-DDC23 CIP2017008926

인류 역사에 담긴 **음식문화 이야기**
CUISINE & CULTURE | *A History of Food and People*

초판 1쇄 인쇄 2017년 4월 25일
초판 1쇄 발행 2017년 5월 10일
초판 2쇄 발행 2017년 8월 20일

저자 린다 시비텔로
역자 최정희, 이영미, 김소영
펴낸이 김호석
펴낸곳 도서출판 린
교정교열 유진희
편집부 박은주
마케팅 오중환
관리 김소영

등록 313-291호
주소 경기도 고양시 일산동구 장항동 776-1 로데오메탈릭타워 405호
전화 02) 305-0210
팩스 031) 905-0221
전자우편 dga1023@hanmail.net
홈페이지 www.bookdaega.com

ISBN 979-11-87265-12-2 03900